教育部哲学社会科学系列发展报告
MOE Serial Reports on Developments in Humanities and Social Sciences

中国现代物流发展报告2015

Report of China Logistics Development 2015

国家发展和改革委员会经济运行调节局
南开大学现代物流研究中心　主编

北京大学出版社
PEKING UNIVERSITY PRESS

图书在版编目(CIP)数据

中国现代物流发展报告.2015/国家发展和改革委员会经济运行调节局,南开大学现代物流研究中心主编.—北京:北京大学出版社,2015.11
(教育部哲学社会科学系列发展报告)

ISBN 978-7-301-26516-1

Ⅰ.①中… Ⅱ.①国… ②南… Ⅲ.①物流—经济发展—研究报告—中国—2015 Ⅳ.①F259.22

中国版本图书馆 CIP 数据核字(2015)第 269159 号

书　　　名	中国现代物流发展报告 2015 Zhongguo Xiandai Wuliu Fazhan Baogao 2015
著作责任者	国家发展和改革委员会经济运行调节局　南开大学现代物流研究中心　主编
责任编辑	高桂芳
标准书号	ISBN 978-7-301-26516-1
出版发行	北京大学出版社
地　　　址	北京市海淀区成府路 205 号　100871
网　　　址	http://www.pup.cn　新浪微博:@北京大学出版社
电子信箱	zyjy@pup.cn
电　　　话	邮购部 62752015　发行部 62750672　编辑部 62754934
印　刷　者	北京宏伟双华印刷有限公司
经　销　者	新华书店
	730 毫米×980 毫米　16 开本　22.25 印张　416 千字 2015 年 11 月第 1 版　2015 年 11 月第 1 次印刷
定　　　价	88.00 元

未经许可,不得以任何方式复制或抄袭本书之部分或全部内容。
版权所有,侵权必究
举报电话: 010-62752024　电子信箱: fd@pup.pku.edu.cn
图书如有印装质量问题,请与出版部联系,电话: 010-62756370

编 委 会

主　　任：李仰哲
副 主 任：刘秉镰　魏贵军
编　　委：卫　勇　王　微　王德荣
　　　　　王　玲　刘伟光　张文杰
　　　　　苏雄义　李少如　刘　军
　　　　　李兰冰　刘彦平　索沪生
　　　　　崔忠付
执行主编：蒋笑梅　陈　萍

总　　序

哲学社会科学的发展水平,体现着一个国家和民族的思维能力、精神状态和文明素质,反映了一个国家的综合国力和国际竞争力。在社会发展历史进程中,哲学社会科学往往是社会变革、制度创新的理论先导,特别是在社会发展的关键时期,哲学社会科学的地位和作用就更加突出。在我国从大国走向强国的过程中,繁荣发展哲学社会科学,不仅关系到我国经济、政治、文化、社会建设以及生态文明建设的全面协调发展,而且关系到社会主义核心价值体系的构建,关系到全民族的思想道德素质和科学文化素质的提高,关系到国家文化软实力的增强。

党的十六大以来,以胡锦涛同志为总书记的党中央高度重视哲学社会科学,从中国特色社会主义发展全局的战略高度,把繁荣发展哲学社会科学作为重大而紧迫的任务进行谋划部署。2004年,中共中央下发《关于进一步繁荣发展哲学社会科学的意见》,明确了新世纪繁荣发展哲学社会科学的指导方针、总体目标和主要任务。党的十七大报告明确指出:"繁荣发展哲学社会科学,推进学科体系、学术观点、科研方法创新,鼓励哲学社会科学界为党和人民事业发挥思想库作用,推动我国哲学社会科学优秀成果和优秀人才走向世界。"2011年,党的十七届六中全会审议通过的《中共中央关于深化文化体制改革、推动社会主义文化大发展大繁荣若干重大问题的决定》,把繁荣发展哲学社会科学作为推动社会主义文化大发展大繁荣、建设社会主义文化强国的一项重要内容,深刻阐述了繁荣发展哲学社会科学一系列带有方向性、根本性、战略性的问题。这些重要思想和论断,集中体现了我们党对哲学社会科学工作的高度重视,为哲学社会科学繁荣发展指明了方向,提供了根本保证和强大动力。

为学习贯彻党的十七届六中全会精神,教育部于2011年11月17日在北京召开全国高等学校哲学社会科学工作会议。中共中央办公厅、国务院办公厅转发《教育部关于深入推进高等学校哲学社会科学繁荣发展的意见》,明确提出到2020年基本建成高校哲学社会科学创新体系的奋斗目标。教育部、财政部联合印发《高等学校哲学社会科学繁荣计划(2011—2020年)》,教育部下发《关于进一步改进高等学校哲学社会科学研究评价的意见》《高等学校哲学社会科学"走出去"计划》《高等学校人文社会科学重点研究基地建设计划》等系列文件,启动了新一轮"高校哲学社会科学繁荣计划"。未来十年,高校哲学社会科学将着力构建九大体系,即学科和教材体系、创新平台体系、科研项目体系、社会服务体系、条件支撑体系、人才队伍体系、现代科研管理体系和学风建设工作体系,同时,大力实施高校哲学社会科学"走出去"计划,提升国际学术影响力和话语权。

当今世界正处在大发展大变革大调整时期,我国已进入全面建设小康社会的关键时期和深化改革开放、加快转变经济发展方式的攻坚时期。站在新的历史起点上,高校哲学社会科学面临着难得的发展机遇和有利的发展条件。高等学校作为我国哲学社会科学事业的主力军,必须充分发挥人才密集、力量雄厚、学科齐全等优势,坚持马克思主义立场观点方法,以重大理论和实际问题为主攻方向,立足中国特色社会主义伟大实践进行新的理论创造,形成中国方案和中国建议,为国家发展提供战略性、前瞻性、全局性的政策咨询、理论依据和精神动力。

自2010年始,教育部启动哲学社会科学研究发展报告资助项目。发展报告项目以服务国家战略、满足社会需求为导向,以数据库建设为支撑,以推进协同创新为手段,通过组建跨学科研究团队,与各级政府部门、企事业单位、校内外科研机构等建立学术战略联盟,围绕改革开放和社会主义现代化建设的重点领域和重大问题开展长期跟踪研究,努力推出一批具有重要咨询作用的对策性、前瞻性研究成果。发展报告必须扎根社会实践、立足实际问题,对所研究对象的发展状况、发展趋势等进行持续研究,强化数据采集分析,重视定量研究,力求有总结、有分析、有预测。发展报告按照"统一标识、统一封面、统一版式、统一标准"纳入"教育部哲学社会科学系列发展报告"集中出版。计划经过五年左右,最终稳定支持百余种发展报告,有力支撑"高校哲学社会科学社会服务体系"建设。

展望未来,夺取全面建设小康社会新胜利、谱写人民美好生活新篇章的宏伟目标和崇高使命,呼唤着每一位高校哲学社会科学工作者的热情和智慧。我们要不断增强使命感和责任感,立足新实践,适应新要求,以建设具有中国特色、中国风格、中国气派的哲学社会科学为根本任务,大力推进学科体系、学术观点、科研方法创新,加快建设高校哲学社会科学创新体系,更好地发挥哲学社会科学认识世界、传承文明、创新理论、咨政育人、服务社会的重要功能,为全面建设小康社会、推进社会主义现代化、实现中华民族伟大复兴作出新的更大的贡献。

教育部社会科学司

前　　言

《中国现代物流发展报告》（以下简称报告）由国家发展和改革委员会经济运行调节局与南开大学现代物流研究中心共同组织编写，是反映我国物流业发展状况的年度报告。报告力图及时追踪我国现代物流业的发展过程，客观反映我国现代物流业的发展现状，准确把握我国现代物流市场的最新动态和发展规律，深入研究其发展过程中的热点与难点问题，为政府、企业和学术界研究、了解中国现代物流的发展提供参考。本报告自 2002 年首次发行以来，已连续出版十二年，融权威性、系统性、史料性、连续性于一体，更兼顾学术性和创新性，具有较高的理论价值和应用价值。

2014 年，我国物流发展的内外部环境复杂严峻。世界经济复苏缓慢、国内经济步入新常态，物流市场增速放缓。互联网经济的快速发展和"一带一路"等重大战略的稳步推进，为我国物流带来新的发展空间。

《中国现代物流发展报告 2015》主要反映 2014 年度我国现代物流的发展状况。结合 2014 年我国物流业发展的最新动态，本报告主要突出了以下特点：

一是从宏观角度分析我国物流业的发展环境与发展特点。本报告对 2014 年我国物流业的发展环境、物流市场状况、物流设施设备与技术发展水平以及物流相关政策与规划的制定与发布情况进行了总结，分析了各部分的主要发展特点。

二是围绕国家重大区域发展战略，突出分析重点区域的物流特点与发展前景。2014 年，我国在国家层面重点提出和推进了"一带一路""京津冀协同发展"和"长江经济带"三项重大区域发展战略。本报告围绕这三大重点区域，分别对各区域的经济特点、物流产业的发展现状与特点进行了总结，同时剖析了三大区域发展战略对各区域未来物流发展前景的深刻影响。

三是及时追踪 2014 年物流业发展的最新热点问题。本报告在关注中国铁路、航空以及冷链物流三大特色行业物流发展的同时，对业界和学界普遍关注的我国电商物流"最后一公里"服务模式与发展趋势、港口的转型升级模式与发展趋势、自由贸易试验区以及物流装备的发展状况进行了深入探讨和分析。

报告编写过程中得到了相关政府部门、科研院所、高校、行业协会、物流企业和工商企业的大力支持，在此一并表示感谢！

本报告实行分章主编制,具体分工如下:

第一章　　主编　蒋笑梅
第二章　　主编　秦　凡　参编人员　肖　康
第三章　　主编　王　玲　副主编　李克娜　参编人员　王一烜
第四章　　主编　刘　军　参编人员　曲秋荣　周佳薇
第五章　　主编　李兰冰　副主编　吕　程
第六章　　主编　徐　亚　参编人员　龙　宁
第七章　　主编　肖建华　参编人员　徐思晴
第八章　　主编　魏　然
第九章　　主编　李　响　参编人员　王淑娴
第十章　　主编　杨静蕾　参编人员　朱正清　李　岑　蔡磊磊
第十一章　主编　刘　勇　参编人员　张秋晗
第十二章　主编　焦志伦　参编人员　周　行
第十三章　主编　刘伟华　参编人员　赵　璇　白恩泽　毛乔梅
附　录　　主编　李克娜　参编人员　王一烜　汤　宁

目　　录

综合篇

导　言 ……………………………………………………………………（3）

第一章　中国物流市场发展状况 ……………………………………（5）
  第一节　中国物流的发展环境 …………………………………（5）
  第二节　中国物流市场的总体规模 ……………………………（14）
  第三节　中国物流市场的主要特征 ……………………………（21）

第二章　中国物流设施设备与技术发展状况 ………………………（33）
  第一节　中国交通基础设施建设状况 …………………………（33）
  第二节　中国物流园区(中心)及仓储设施发展状况 …………（41）
  第三节　中国物流装备发展状况 ………………………………（47）
  第四节　中国物流信息化与标准化发展状况 …………………（49）

第三章　中国物流发展相关政策与规划 ……………………………（55）
  第一节　2014年中国物流发展相关政策规划出台情况 ………（55）
  第二节　《物流业发展中长期规划》解读 ……………………（66）
  第三节　我国物流政策与规划展望 ……………………………（70）

地区篇

导　言 ……………………………………………………………………（77）

第四章　"一带一路"区域物流发展状况 ……………………………（78）
  第一节　"一带一路"概况 ………………………………………（78）
  第二节　"一带一路"区域经济发展状况 ………………………（82）
  第三节　"一带一路"区域物流发展状况 ………………………（89）
  第四节　"一带一路"区域物流发展展望 ………………………（98）

第五章　京津冀地区物流发展现状与趋势 …………………………（103）
  第一节　京津冀协同发展的背景与总体要求 …………………（103）
  第二节　京津冀地区的经济发展特征 …………………………（105）

第三节 京津冀地区的物流市场状况 …………………………………… (110)
第四节 京津冀协同发展战略对物流发展的深刻影响 …………………… (120)
第六章 长江经济带物流发展状况 …………………………………………… (124)
第一节 长江经济带经济发展概况 ………………………………………… (124)
第二节 长江经济带地区物流市场发展状况 ……………………………… (132)
第三节 长江航运物流发展状况 …………………………………………… (142)

行业篇

导　言 ……………………………………………………………………………… (151)
第七章 中国铁路物流发展状况 ……………………………………………… (153)
第一节 铁路物流概述 ……………………………………………………… (153)
第二节 中国铁路物流发展环境 …………………………………………… (156)
第三节 中国铁路物流发展现状 …………………………………………… (159)
第四节 中国铁路物流存在的问题与发展趋势 …………………………… (167)
第八章 中国航空物流发展状况 ……………………………………………… (170)
第一节 航空物流概述 ……………………………………………………… (170)
第二节 中国航空物流发展的市场环境 …………………………………… (174)
第三节 中国航空物流发展现状 …………………………………………… (178)
第四节 中国航空物流发展存在的问题及趋势 …………………………… (180)
第九章 中国冷链物流发展状况 ……………………………………………… (184)
第一节 冷链物流概述 ……………………………………………………… (184)
第二节 中国冷链物流的发展环境 ………………………………………… (188)
第三节 中国冷链物流的发展现状 ………………………………………… (197)
第四节 中国冷链物流存在的问题与发展趋势 …………………………… (206)

专题篇

导　言 ……………………………………………………………………………… (211)
第十章 中国自由贸易试验区发展状况 ……………………………………… (213)
第一节 中国自由贸易试验区概述 ………………………………………… (213)
第二节 上海自贸试验区的主要建设成果 ………………………………… (217)
第三节 粤津闽自贸试验区建设方案概要 ………………………………… (225)
第四节 我国自贸试验区物流发展状况与展望 …………………………… (228)
第十一章 中国港口的转型升级模式与展望 ………………………………… (236)
第一节 我国港口转型升级的内涵及发展背景 …………………………… (236)

第二节　我国港口转型升级的主要模式 …………………………（242）
　　第三节　我国港口转型升级的展望 ………………………………（250）
第十二章　电商物流"最后一公里"服务模式与发展趋势 ……………（254）
　　第一节　电商物流"最后一公里"服务的发展背景及特征 ………（254）
　　第二节　电商物流"最后一公里"主要服务模式 …………………（257）
　　第三节　电商物流"最后一公里"服务发展现状与问题 …………（264）
　　第四节　电商物流"最后一公里"服务的发展趋势 ………………（267）
第十三章　中国物流装备的发展现状与趋势 …………………………（269）
　　第一节　物流装备概述 ……………………………………………（269）
　　第二节　物流装备与物流业的互动发展 …………………………（277）
　　第三节　中国物流装备市场发展现状和问题 ……………………（279）
　　第四节　物流装备市场的特征与发展趋势 ………………………（289）

附录

附录A　2014年中国物流相关政策规划一览表 ………………………（295）
附录B　2010—2014年中国物流相关统计数据 ………………………（310）

参考文献 …………………………………………………………………（338）

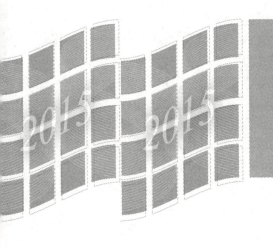

综合篇

导　言

2014年,我国物流发展的国内外经济环境复杂严峻,物流市场总体规模增速放缓,物流产业转型升级加快,物流技术水平进一步提升。互联网经济的快速发展以及"一带一路"等国家重大发展战略的稳步推进,为我国物流发展注入了新的活力,开辟了新的发展空间。本篇从市场状况、设施设备与技术以及相关政策与规划三个方面,对2014年度中国物流发展的总体状况与特征进行了全面总结。

第一章总结了中国物流的发展环境特点、物流市场的总体规模状况以及物流市场的主要发展特征。经济环境方面,世界经济复苏缓慢,全球贸易呈现低速增长态势。国内经济进入新常态发展阶段,经济结构调整稳步推进。互联网经济快速发展,新业态、新模式大量涌现。政策环境方面,我国积极主导和推动"一带一路"倡议,加快推进自由贸易区发展战略,对外开放水平不断提高。"京津冀协同发展"和"长江经济带"两项重大区域发展战略推出,使我国区域经济发展政策进一步完善。2014年,我国物流市场总体规模增速放缓。社会物流总额、社会物流总费用和物流业增加值等指标增速同比有所下降,货运量和货运周转量总量增长较为平稳,港口货物吞吐量和机场货邮吞吐量呈现总量增长、增速回落态势。我国物流市场发展的主要特征包括以下几个方面:一是物流体系加快完善,在跨境、区域、城市配送、农村双向物流体系等多个层面均取得积极进展;二是物流领域备受国内外资本市场关注,电商物流、餐饮O2O线下配送、快递快运、物流地产等多个细分市场成为投资热点;三是物流领域大力引进互联网以及移动互联网技术,物流运作效率得到明显提升;四是物流行业不断探索创新经营模式与开发新的服务产品,行业转型升级继续推进。

第二章总结了我国物流设施设备与技术发展状况。2014年,我国交通基础设施规模进一步扩大。综合交通运输网络不断完善,中西部地区及农村地区运输网络规模增长明显,公路、航道等级水平进一步提升,国际铁路货运通道建设快速推进。物流园区(中心)布局更趋于合理化,园区转型升级态势明显。保税物流中心和西部商贸物流园区建设明显加快,物流园区之间的网络协同运作能力开始提高。物流装备的技术水平不断提升,各类运输工具的载重能力进一步提高,自动化以及环保设备不断增加。信息技术和互联网技术在物流领域的应用进一步深化,物流标准化工作有序推进,为我国物流产业结构升级,乃至制造业、服务业产业结构升级提供了良好的技术与标准保障。

第三章是物流发展相关政策与规划。2014年,我国从促进物流对外开放、促进区域物流系统协调发展、加快交通运输领域改革、加快物流业转型升级、加强物流市场监管等诸多方面,出台了一系列政策,以促进物流业的健康发展。特别是《物流业发展中长期规划(2014—2020年)》的出台,对我国物流业发展问题进行了进一步总结,提出了全局性、统领性的发展方案,不仅进一步提升了我国物流业在国家产业战略中的地位,而且为物流行业的进一步发展提供了良好的政策环境。另外,2015年,预计我国政府还将紧紧围绕"一带一路""长江经济带""京津冀一体化"等国家重大战略,从区域物流通道建设、物流的对外开放、基于互联网的物流创新等方面,进一步出台鼓励物流业发展的相关措施。

第一章 中国物流市场发展状况

2014年,中国物流发展的国际国内经济环境复杂严峻,全球经济复苏艰难曲折,国内经济下行压力持续加大,物流市场总体规模增速放缓。互联网经济的快速发展以及"一带一路"等国家重大发展战略的稳步推进,为中国物流发展注入了新的活力,开辟了新的发展空间。

第一节 中国物流的发展环境

2014年,世界经济复苏缓慢,全球贸易呈现低速增长态势。国内经济进入新常态发展阶段,经济结构调整稳步推进。互联网经济快速发展,新业态、新模式大量涌现。我国积极主导和推动"一带一路"倡议,加快推进自由贸易区发展战略,对外开放水平不断提高。"京津冀协同发展"和"长江经济带"两项重大区域发展战略推出,标志着我国区域经济发展政策进一步完善。

一、世界经济缓慢复苏,全球贸易低速增长

(一)世界经济缓慢复苏

2014年,全球经济仍处于金融危机后的调整期,复苏缓慢。据世界银行预测,世界经济整体将增长2.6%,增速比2013年小幅提高0.1个百分点[①]。发达经济体运行分化加剧,美国经济回升较为明显,欧元区和日本增速在低位徘徊。南非、巴西等发展中经济体经济增长放缓。2012—2014年世界及主要经济体经济增长情况如表1-1所示。

表1-1 2012—2014年世界及主要经济体经济增长情况　　单位:%

国家	2012	2013	2014
世界	2.4	2.5	2.6
美国	2.3	2.2	2.4

---

① 国家统计局.2014年世界经济形势回顾与2015年展望[EB/OL].http://www.stats.gov.cn/tjsj/zxfb/201502/t20150227_686531.html.

（续表）

国家	2012	2013	2014
欧元区	-0.7	-0.5	0.8
日本	1.5	1.5	0.2
南非	2.5	1.9	1.4
巴西	1.0	2.3	0.1
印度	5.1	6.9	7.4
俄罗斯	3.4	1.3	0.7
墨西哥	4.0	1.4	2.1

资料来源：国家统计局. 2014 年世界经济形势回顾与 2015 年展望. http://www.stats.gov.cn/tjsj/zxfb/201502/t20150227_686531.html.

（二）全球贸易低速增长

2014 年，全球需求增长乏力，主要发达经济体消费低迷，国际市场大宗商品特别是原油价格大幅下跌。受此影响，全球贸易呈现低速增长态势。据联合国预测，2014 年世界贸易量将增长 3.4%，虽略高于 2013 年的 3%，但大大低于国际金融危机前约 7% 的平均水平①。

国际航运市场波罗的海干散货综合运价指数（BDI）是体现国际贸易景气的直接指标。2014 年，波罗的海干散货综合运价指数基本在海运平衡点（2000 点）以下，并呈波动回落态势。全年从 1 月 2 日的 2113 点降至 12 月 24 日的 782 点，累计下降 62.9%。2014 年波罗的海运价指数情况如图 1-1 所示。

受全球经济复苏缓慢、国内低成本优势减弱、制造业吸收外资下降、国际市场大宗商品价格持续下跌等因素影响，2014 年我国外贸总体增速明显回落。全年进出口总额 4.30 万亿美元，同比增长 3.4%，增速同比回落 4.2 个百分点。2006—2014 年中国进出口总额及增长速度如图 1-2 所示。

二、中国经济新常态下平稳运行，结构调整稳步推进

（一）国民经济实现平稳增长

2014 年，我国全年经济运行始终处于合理区间，各季度增速稳定在 7.3%～7.5%。实现国内生产总值 63.64 万亿元，按可比价格计算，同比增长 7.4%，在世界主要经济体中名列前茅。2006—2014 年国内生产总值及增长速度如图 1-3 所示。

（二）经济结构调整稳步推进

2014 年，我国经济结构出现较大幅度调整。其中，需求结构继续改善，全年最

---

① 国家统计局. 2014 年世界经济形势回顾与 2015 年展望［EB/OL］. http://www.stats.gov.cn/tjsj/zxfb/201502/t20150227_686531.html.

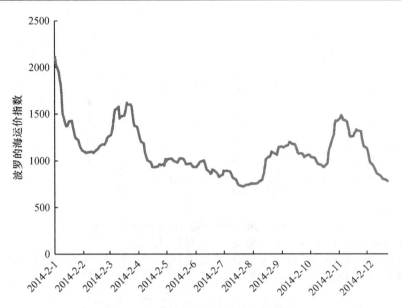

图1-1 2014年波罗的海运价指数情况

资料来源：凤凰财经. 干散货运输市场波罗的海综合运价指数BDI[EB/OL]. http://app.finance.ifeng.com/data/indu/jgzs.php?symbol=58?.

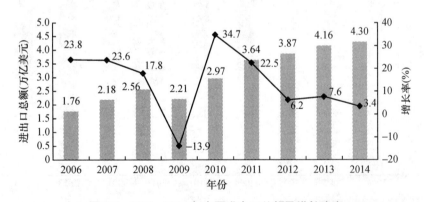

图1-2 2006—2014年中国进出口总额及增长速度

资料来源：根据国家统计局《中国统计年鉴》(2014)、《中华人民共和国2014年国民经济和社会发展统计公报》相关数据整理。

终消费支出对国内生产总值增长的贡献率为51.2%，比2013年提高3.0个百分点。产业结构更趋优化，第三产业增加值占国内生产总值比重提高到48.2%，并高于第二产业5.6个百分点。2006—2014年我国三次产业构成情况如图1-4所示。城乡居民收入差距进一步缩小，全年农村居民人均可支配收入实际增速高于

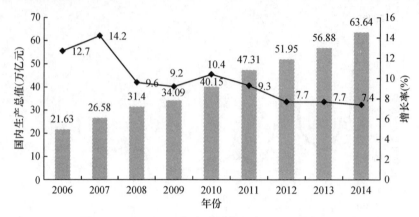

图1-3 2006—2014年中国国内生产总值及增长速度

注:国内生产总值按现价计算,增长速度按不变价格计算。

资料来源:根据国家统计局《中国统计年鉴》(2014)、《中华人民共和国2014年国民经济和社会发展统计公报》相关数据整理。

城镇居民2.4个百分点。城乡居民人均可支配收入倍差2.75,比2013年缩小0.06。[①]

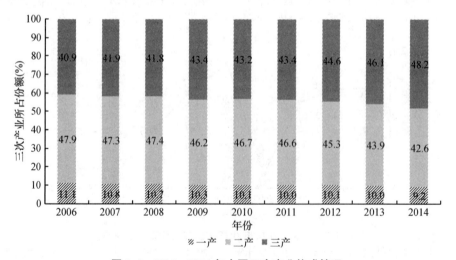

图1-4 2006—2014年中国三次产业构成情况

资料来源:根据国家统计局《中国统计年鉴》(2014)、《中华人民共和国2014年国民经济和社会发展统计公报》相关数据整理。

---

① 国家统计局.2014年国民经济在新常态下平稳运行[EB/OL].http://www.stats.gov.cn/tjsj/zxfb/201502/t20150211_682459.html.

(三)经济发展进入新常态阶段

从发展特点看,我国经济2012年以来已告别高速增长,进入新常态发展时期,呈现出诸多趋势性变化新特征,具体表现在九大方面,如表1-2所示。

表1-2 中国经济新常态的九大特征

	特　　征
消费需求	模仿型排浪式消费阶段基本结束,个性化、多样化消费渐成主流
投资需求	传统产业相对饱和,基础设施互联互通和一些新技术、新产品、新业态、新商业模式的投资机会大量涌现
出口和国际收支	高水平引进来、大规模走出去正在同步发生
生产能力和产业组织方式	传统产业供给能力大幅超出需求,产业结构必须优化升级,企业兼并重组、生产相对集中不可避免,新兴产业、服务业、小微企业作用更加凸显,生产小型化、智能化、专业化将成为产业组织新特征
生产要素	低成本劳动力优势减弱,经济增长将更多依靠人力资本质量和技术进步,必须让创新成为驱动发展新引擎
市场竞争	数量扩张和价格竞争正逐步转向质量型、差异化为主的竞争
资源环境约束	环境承载能力已经达到或接近上限,必须推动形成绿色低碳循环发展新方式
经济风险	总体可控,但化解以高杠杆和泡沫化为主要特征的各类风险将持续一段时间
资源配置模式和宏观调控方式	全面刺激政策的边际效果明显递减,需要通过发挥市场机制作用探索未来产业发展方向

资料来源:中央经济工作会议在北京举行[EB/OL]. http://news.xinhuanet.com/fortune/2014-12/11/c_1113611795.htm.

经济发展进入新常态后的趋势性变化表明,中国经济正在向形态更高级、分工更复杂、结构更合理的阶段演化。认识新常态,适应新常态,引领新常态,是当前和今后一个时期中国经济发展的大逻辑,也是中国物流发展的大逻辑。中国物流需要适应经济新常态的变化特点,加快提质增效,为促进经济的转型升级和为民生服务提供有力支撑。

三、互联网经济快速发展,新业态、新模式不断涌现

2014年是我国全面接入互联网的第20年。20年来,互联网在我国迅速发展壮大,不断向各行各业渗透,日益成为创新驱动发展的先导力量,催生大量新技术、新产品、新业态、新模式,深刻改变着人们的生产生活,有力推动了社会发展。

（一）创新性移动 O2O[①] 应用与市场机会大量涌现

2014 年，我国移动电子商务呈现迅猛发展态势。移动网络、移动支付、二维码、移动社交等移动互联网技术相继取得突破。移动互联网技术与电子商务相结合，推动零售、餐饮、金融、旅游、医疗、教育等传统产业加速互联网化，产生大量创新性 O2O 移动应用与市场机会。

移动购物和餐饮 O2O 市场增长迅猛。2014 年，我国网上零售额[②]已达 2.79 万亿元，连续两年位居全球第一，同比增长 49.7%，远高于全国社会消费品零售总额 12.0% 的增速[③]。其中，移动购物市场规模增速超 200%。移动端购物占比已达 33.0%，较 2013 年上升 19 个百分点[④]。餐饮行业 O2O 市场规模达到 943.7 亿元，比 2013 年增长 51.5%[⑤]。2011—2018 年中国移动购物市场规模及增长情况如图 1-5 所示。

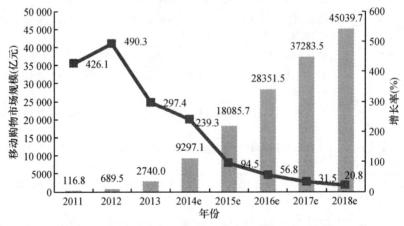

图 1-5　2011—2018 年中国移动购物市场规模及增长情况

注：2014—2018 年数据为预测值。

资料来源：艾瑞咨询. 2014 年中国移动购物市场交易规模达 9297.1 亿元 [EB/OL]. http://www.iresearch.com.cn/view/245969.html.

---

① O2O 即 Online To Offline（线上到线下），是指将线下的商务机会与互联网结合，让互联网成为线下交易的前台。

② 网上零售额是指通过公共网络交易平台（包括自建网站和第三方平台）实现的商品和服务零售额。

③ 国家统计局. 中华人民共和国 2014 年国民经济和社会发展统计公报 [EB/OL]. http://news.xinhuanet.com/2015-02-26/C-1114446937.htm.

④ 艾瑞咨询. 2014 年电子商务核心数据发布 [EB/OL]. http://www.iresearch.com.cn/view/246308.html.

⑤ 品途网. 2014 年中国餐饮行业 O2O 市场发展报告 [EB/OL]. http://www.pintu360.com/article/54d701f414ec53c11661063e.html.

(二) 跨境电商市场发展迅猛

国际金融危机之后,我国外贸需求开始发生明显转变。出口订单从大订单集中订货向小订单多频次订货转变,国内消费者对进口优质产品需求日益增长。与此同时,互联网以及移动互联网的普及,一方面消除了境内外商品价格、质量信息的不对称状况,另一方面为小规模、碎片化订单的跨境交易提供了基础条件,加之跨境支付、物流和海关监管等方面的改善,共同推动我国跨境电商市场实现迅猛发展。

2014年,我国跨境电商交易规模为4.2万亿元人民币,同比增长33.3%。其中,跨境出口占85.4%,跨境进口占14.6%;跨境B2B贸易占93.5%,B2C交易占6.5%[①]。跨境电商在进出口贸易总额中占比超过10%,成为我国对外贸易的突出亮点。

(三) 互联网倒逼制造业转型升级

目前互联网倒逼我国制造业转型升级的途径主要有两种。一是互联网释放个性化、多样化需求,倒逼生产制造柔性化加速,发展多品类、小批量生产以及大规模个性化定制等。二是需求端、零售端与制造业在线紧密连接与协同,创造出新的商业模式。

典型案例如尚品宅配,其利用互联网和先进的信息技术,构建了独特的家具C2B大规模数码化定制生产模式。大量客户首先在尚品销售店面下单购买"虚拟产品",然后尚品将"虚拟产品"的订单数据汇集于工厂,工厂将大量的"虚拟产品"按照零部件级别进行拆分,实现规模化生产。

再如广东东莞共创供应链公司,该公司针对服装电商"小多快、柔性"需求,以数据全流程贯通和共享为基础,通过IT系统(拉动式ERP、PMC)、管理方法(TPS和TOC)、设备(柔性化设备)、技术(互联网、大数据技术)和人(多能工)等五个要素对生产线、生产模式进行了彻底的改造,实现了真正柔性化生产。一个典型的应用场景是:服装品牌商每周上新款时,先用首单50～100件的小批量来测试市场;然后品牌商通过淘宝平台上消费者的点击、收藏、购物车等数据就可对消费偏好、销售数据进行动态监测。这些数据还可实时传递给生产车间;工厂与品牌商之间建立"动态补货-ERP系统—生产系统",工厂就可以根据销售和库存情况,进行物料和产能准备;当出现热销款时,车间多频次小批量补货。[②]

[①] 中国电子商务研究中心.2014年度中国电子商务市场数据监测报告[EB/OL].http://news.cnfol.com/chanyejingji/20150409/20507776.shtml.

[②] 商务部.阿里研究院:电子商务催生中国版工业4.0[EB/OL].http://www.mofcom.gov.cn/article/difang/henan/201503/20150300912911.shtml.

四、"一带一路"倡议与自贸区战略稳步推进,对外开放水平不断提高

2014年,我国积极主导和推动"一带一路"倡议,加快推进自由贸易区发展战略,旨在以新的形式使亚欧非各国联系更加紧密,互利合作迈向新的历史高度,以及统筹国际国内,构筑我国新一轮对外开放的"一体两翼"格局,提高对外开放水平。

(一)我国积极主导和推动"一带一路"倡议

共建"丝绸之路经济带"和"21世纪海上丝绸之路"(简称"一带一路")是国家主席习近平2013年9月、10月份出访中亚和东南亚国家期间提出的重大倡议,得到国际社会高度关注。2014年,我国积极主导和推动"一带一路"倡议,取得积极进展。

高层引领推动"一带一路"倡议。习近平主席、李克强总理等国家领导人先后出访20多个国家,出席加强互联互通伙伴关系对话会、中阿合作论坛第六届部长级会议,就双边关系和地区发展问题,多次与有关国家元首和政府首脑进行会晤,深入阐释"一带一路"的深刻内涵和积极意义,就共建"一带一路"达成广泛共识。

主导创设亚投行和丝路基金。2014年10月,我国提出设立亚洲基础设施投资银行(简称"亚投行")。亚投行的定位是一个政府间性质的亚洲区域多边开发机构,重点支持基础设施建设,促进区域合作与伙伴关系。截至2015年3月31日,正式提交申请加入亚投行的国家达到43个,并实现亚洲、欧洲、美洲、大洋洲、非洲全覆盖。2014年11月,我国宣布出资400亿美元发起成立"丝路基金",以其作为中国向各国进行资本输出的战略性平台,为"一带一路"沿线国家基础设施建设、资源开发、产业合作等提供投融资支持。

2015年3月,国家发展改革委、外交部、商务部联合发布《推动共建丝绸之路经济带和21世纪海上丝绸之路的愿景与行动》,提出了"一带一路"的共建原则、框架思路、合作重点以及合作机制。

此外,我国政府还与部分国家签署了共建"一带一路"合作备忘录,与一些毗邻国家签署了地区合作和边境合作的备忘录以及经贸合作中长期发展规划。研究编制与一些毗邻国家的地区合作规划纲要。加强与沿线有关国家的沟通磋商,在基础设施互联互通、产业投资、资源开发、经贸合作、金融合作、人文交流、生态保护、海上合作等领域,推进了一批条件成熟的重点合作项目。

(二)自贸区发展战略进一步扩大和深化

自2013年8月批准设立中国(上海)自由贸易试验区之后,2014年12月,国务院又批准上海自贸试验区面积从28.78平方公里扩至120.72平方公里,并在全国复制推广上海自贸试验区的28项改革事项。同时,批准新建广东、天津、福建三个自由贸易园区,并要求三个新建自贸区以上海自贸试验区试点内容为主体,结合地方特点,充实新的试点内容。

至此我国对应珠三角、长三角、环渤海三大经济圈以及海峡西岸,全面完成东部沿海地区的自贸区布局。四大自贸区将在构建开放型经济新体制、探索区域经济合作新模式、建设法治化营商环境等方面,率先挖掘改革潜力,破解改革难题。另外,根据《推动共建丝绸之路经济带和21世纪海上丝绸之路的愿景与行动》,各自贸区所在的上海、天津、广州、深圳、福州、厦门等城市还将成为"一带一路",特别是"21世纪海上丝绸之路"建设的排头兵和主力军。

五、"京津冀协同发展"和"长江经济带"发展战略推出,打造区域经济发展支撑带

2014年,中央政府在继续实施"西部开发、东北振兴、中部崛起、东部率先"的"四大板块"区域发展总体战略的基础上,又提出推进"京津冀协同发展"和"长江经济带"两项重大区域发展战略。这标志着我国区域经济发展进入"条块结合"时代,京津冀和长江经济带将和"一带一路"一起,构成我国区域经济发展的"三大支撑带"。

(一)"京津冀协同发展"战略取得积极进展

"京津冀协同发展"于2014年2月上升为国家战略,此后得到重点推进,目前该战略已在顶层设计,以及交通、产业、生态等领域取得诸多进展。

顶层设计基本形成。2014年8月,国务院成立由国务院副总理张高丽任组长的京津冀协同发展领导小组及办公室。2015年4月,《京津冀协同发展规划纲要》经中央政治局审议通过,纲要强调,京津冀协同发展战略的核心是有序疏解北京非首都功能,调整经济结构和空间结构,走出一条内涵集约发展的新路子,探索出一种人口经济密集地区优化开发的模式,促进区域协调发展,形成新增长极。

区域交通一体化率先推进。交通运输部成立了推进京津冀交通一体化领导小组,审议并同意《京津冀交通一体化率先突破任务分工方案(送审稿)》。三地政府在加强区域城际铁路建设、完善区域高速公路网、推动港口和机场协同发展、推进区域内交通基础设施互联互通和运输服务一体化进程、完善港口集疏运体系等方面也做了大量工作。

三地在产业转移方面取得积极进展。天津缓解北京非核心功能,同时向河北转移部分产业。天津与北京签署了《共建滨海——中关村科技园合作框架协议》《关于共同推进天津未来科技城京津合作示范区建设的合作框架协议》等六项协议,引进首都企业投资项目500余个。天津同时又将自身一部分企业向河北转移。河北主要承接京津产业转移,河北为承接京津功能疏解和产业转移,集中推出了全省对接京津功能疏解和产业转移的40个重要平台,已取得初步成效。

区域生态环保工作有序推进。三地成立了节能环保低碳环保联盟,建立了水污染突发事件联防联控机制,搭建了京津冀及周边地区机动车排放污染监管平台。三地还加快生态区建设,河北积极淘汰落后产能。

(二)"长江经济带"发展战略稳步推进

"长江经济带"覆盖上海、江苏、浙江、安徽、江西、湖北、湖南、重庆、四川、云南、贵州等11个省市,人口和生产总值均超过全国的40%。2014年3月,"长江经济带"发展战略上升为国家重大区域发展战略。

长江通道是我国国土空间开发最重要的东西轴线,在区域发展总体格局中具有重要战略地位。目前我国经济发展已经进入由东向西梯度推进的关键时期,依托长江黄金水道,建设长江经济带,不仅可以直接带动超过五分之一国土、涉及6亿人的发展新动力,缩小东中西差距,而且能优化经济结构,打造新的经济支撑带和具有全球影响力的开放合作新平台。

2014年9月,《国务院关于依托黄金水道推动长江经济带发展的指导意见》和《长江经济带综合立体交通走廊规划(2014—2020年)》出台。指导意见将长江经济带定位为具有全球影响力的内河经济带、东中西互动合作的协调发展带、沿海沿江沿边全面推进的对内对外开放带和生态文明建设的先行示范带,并提出从提升长江黄金水道功能、建设综合立体交通走廊、创新驱动促进产业转型升级、全面推进新型城镇化以及培育全方位对外开放新优势等多方面推动长江经济带发展。《长江经济带综合立体交通走廊规划》明确了长江经济带综合立体交通走廊的建设目标与重点任务。

第二节 中国物流市场的总体规模

2014年,受宏观经济增速放缓、经济结构调整等因素影响,我国社会物流总额、社会物流总费用和物流业增加值等指标增速有所放缓。货运量和货运周转量总量增长较为平稳。港口货物吞吐量和机场货邮吞吐量呈现总量增长、增速回落态势。

一、社会物流总额

2014年,全国社会物流总额增速继续呈现趋缓态势。全社会物流总额213.5万亿元,按可比价格计算,同比增长7.9%,增速同比回落1.6个百分点。2006—2014年社会物流总额及名义增速情况如图1-6所示。

从社会物流总额的构成看,工业品物流总额仍然是社会物流总额最重要的组成部分,为196.9万亿元。进口货物物流总额12.0万亿元,再生资源物流总额

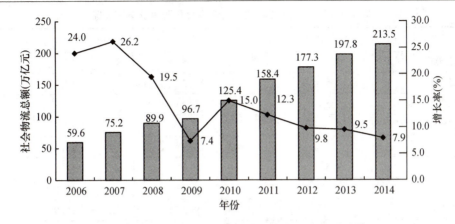

图1-6 2006—2014年全国社会物流总额及名义增速情况

资料来源：根据国家发展改革委、国家统计局、中国物流与采购联合会《全国物流运行情况通报》(2006—2014)相关数据整理。

8455亿元，农产品物流总额3.3万亿元，单位与居民物品物流总额3696亿元。2009—2014年社会物流总额构成情况如表1-3所示。

表1-3 2009—2014年社会物流总额构成情况

指标	2009		2010		2011		2012		2013		2014	
	绝对值(万亿元)	比重(%)	绝对值(万亿元)	比重(%)	绝对值(万亿元)	比重(%)	绝对值(万亿元)	比重(%)	绝对值(万亿元)	比重(%)	绝对值(万亿元)	比重(%)
工业品物流	87.4	90.4	113.1	90.2	143.6	90.2	162.0	91.4	181.5	91.8	196.9	92.2
进口货物物流	6.9	7.1	9.4	7.5	11.2	7.1	11.5	6.5	12.1	6.1	12.0	5.6
农产品物流等	2.4	2.5	2.9	2.3	3.6	2.7	3.8	2.1	4.2	2.1	4.6	2.2
合计	96.7	100.0	125.4	100.0	158.4	100.0	177.3	100.0	197.8	100.0	213.5	100.0

资料来源：根据国家发展改革委、国家统计局、中国物流与采购联合会《全国物流运行情况通报》(2009—2014)相关数据整理。

二、社会物流总费用

2014年，全国社会物流总费用为10.6万亿元，较2013年增长6.9%。社会物流总费用与GDP的比率为16.6%，比2013年下降0.3个百分点。社会物流总费用与GDP比率的变化一方面受货运量、货运周转量及GDP数据调整的影响，另一方面也是我国经济结构变化的结果。2006—2014年全国社会物流总费用及增速情况如表1-4所示。

表1-4 2006—2014年全国社会物流总费用及增速情况

年份	社会物流总费用(万亿元)	比上年增长(%)	与GDP的比率(%)
2006	3.8	13.5	18.3
2007	4.5	18.2	18.4
2008	5.5	16.2	18.1
2009	6.1	7.2	18.1
2010	7.1	16.7	17.8
2011	8.4	18.5	17.8
2012	9.4	11.4	18.0
2013①	10.2	9.3	16.9
2014	10.6	6.9	16.6

资料来源:根据国家发展改革委、国家统计局、中国物流与采购联合会《全国物流运行情况通报》(2006—2014)相关数据整理。

从构成看,运输费用、保管费用和管理费用较2013年均有一定幅度的增长,三项费用的比重较2013年变化不大。其中,运输费用仍是社会物流总费用中最主要的组成部分,占比达到52.9%,如表1-5所示。

表1-5 2014年全国社会物流总费用构成情况

指标	绝对值(万亿元)	比上年增长(%)	比重(%)
社会物流总费用	10.6	6.9	100.0
其中:运输费用	5.6	6.6	52.9
保管费用	3.7	7.0	34.9
管理费用	1.3	7.9	12.2

资料来源:根据国家发展改革委、国家统计局、中国物流与采购联合会《2014年全国物流运行情况通报》相关数据整理。

三、物流业增加值

2014年,全国物流业增加值为3.5万亿元,同比增长9.5%。其中,交通运输业增加值2.4万亿元,同比增长8.3%,贸易物流业增加值6781亿元,同比增长7.9%,仓储业和邮政物流业增加值分别增长4.8%和35.6%。2006—2014年全国物流业增加值及增速情况如表1-6所示。

---

① 2013年交通运输部调整了货运量、货物周转量的统计口径,国家统计局按照新的货运量、货物周转量统计口径,对2013年社会物流总费用及其与GDP的比率数字进行了重新调整。表中是调整后的数据。

表1-6 2006—2014年全国物流业增加值及增速情况

年份	物流业增加值(万亿元)	比上年增长(%)
2006	1.4	12.5
2007	1.7	20.3
2008	2.0	15.4
2009	2.3	7.3
2010	2.7	13.1
2011	3.2	13.9
2012	3.5	9.1
2013	3.9	8.5
2014	3.5	9.5

资料来源：根据国家发展改革委、国家统计局、中国物流与采购联合会《全国物流运行情况通报》(2006—2014)相关数据整理。

四、货运量与货运周转量

2014年，我国完成货运量439.1亿吨，比2013年增长7.1%。货物运输周转量18.46万亿吨公里，增长9.9%。2006—2014年全国货运量、货运周转量及增速情况如表1-7所示。

表1-7 2006—2014年全国货运量、货运周转量及增速情况

年份	货运量		货运周转量	
	绝对值(亿吨)	增长速度(%)	绝对值(万亿吨公里)	增长速度(%)
2006	203.70	9.40	8.88	10.70
2007	227.60	11.70	10.14	14.20
2008	258.60	13.60	11.03	8.80
2009	282.50	9.20	12.21	10.70
2010	324.10	14.70	14.18	16.10
2011	369.70	14.10	15.93	12.30
2012	410.00	10.90	17.38	9.10
2013	409.90		16.80	—
2014	439.10	7.10	18.46	9.90

注：2013年交通运输部开展了交通运输业经济统计专项调查，对公路水路运输量统计口径进行了调整。表中数据是口径调整后的数据。

资料来源：2006—2013年数据来自国家统计局《中国统计年鉴》(2014)，2014年数据来自国家统计局《2014年国民经济和社会发展统计公报》。

2014年,除铁路受相关产业增长放缓、大宗物资货源不足等因素影响,货运量与货运周转量出现较大幅度下降外,其他几种运输方式均实现较快增长。2014年我国各运输方式承担的货运量、货运周转量及增速情况如表1-8所示。

表1-8　2014年各运输方式货运量、货运周转量及增速情况

指标	绝对数	比上年增长（%）	比重（%）	比重同比变化（百分点）
货物运输总量(亿吨)	439.10	9.90	—	—
其中:铁路	38.10	-3.90	8.70	-0.10
公路	334.30	8.70	76.10	-2.70
水运	59.60	6.40	13.60	2.70
民航(万吨)	593.30	5.70	—	—
管道	6.90	5.20	1.60	0.10
货运周转量(万亿吨公里)	18.46	9.90	—	—
其中:铁路	2.75	-5.60	14.90	-2.50
公路	6.11	9.70	33.10	-0.10
水运	9.19	15.70	49.80	2.50
民航(亿吨公里)	186.10	9.30	—	—
管道	0.39	10.90	2.10	0.00

资料来源:根据国家统计局《2014年国民经济和社会发展统计公报》和《中国统计年鉴》(2014)相关数据整理。

五、港口货物吞吐量与集装箱吞吐量

2014年,受宏观经济增速放缓以及经济结构调整影响,我国港口货物吞吐量与集装箱吞吐量增速较2013年有明显回落。全国港口共完成货物吞吐量124.52亿吨,同比增长5.8%,增速回落3.4个百分点。其中,外贸货物吞吐量35.90亿吨,同比增长6.9%,增幅回落3个百分点。2006—2014年全国港口完成货物吞吐量及增速情况如表1-9所示。

表1-9　2006—2014年全国港口完成货物吞吐量以及增速情况

年份	全国港口货物吞吐量		其中:外贸货物吞吐量	
	绝对值(亿吨)	增长速度(%)	绝对值(亿吨)	增长速度(%)
2006	55.70	14.80	16.14	18.10
2007	64.10	15.10	18.50	14.60

(续表)

年份	全国港口货物吞吐量		其中:外贸货物吞吐量	
	绝对值(亿吨)	增长速度(%)	绝对值(亿吨)	增长速度(%)
2009	76.60	9.00	21.80	9.80
2008	70.20	9.60	19.90	7.40
2010	89.30	16.70	25.00	14.70
2011	100.40	12.40	27.90	11.40
2012	107.80	7.30	30.60	9.70
2013	117.70	9.20	33.60	9.90
2014	124.52	5.80	35.90	6.90

资料来源:根据中华人民共和国交通运输部《公路水路交通运输行业发展统计公报》(2006—2014)相关数据整理。

2014年,集装箱运输市场继续保持平稳增长势头。全年全国港口完成集装箱吞吐量2.02亿标准箱(TEU),比2013年增长6.4%,增幅回落了0.8个百分点(如图1-7所示)。

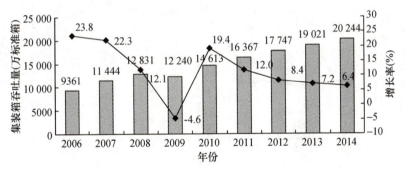

图1-7　2006—2014年全国港口集装箱吞吐量及增速情况

资料来源:根据中华人民共和国交通运输部《公路水路交通运输行业发展统计公报》(2006—2014)相关数据整理。

六、机场货邮吞吐量

2014年,全国机场货邮运输继续实现稳步增长,增速有所加快。全年共完成货邮吞吐量1356.1万吨,较2013年增长了7.8%,增幅较2013年上升了2.9个百分点(如图1-8所示)。

七、快递业务量

近年来,受电子商务迅猛发展驱动,我国快递业务量持续保持高速增长态势。

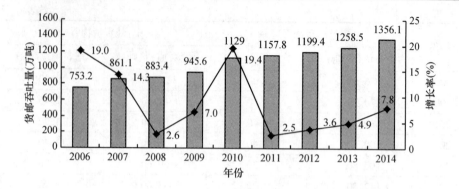

图1-8 2006—2014年全国民航机场货邮吞吐量及增速情况
资料来源：根据中国民用航空局《全国机场生产统计公报》(2006—2014)相关数据整理。

2014年，规模以上快递服务企业共完成业务量139.6亿件，同比增长51.9%。2008—2014年全国规模以上快递服务企业业务量及增长情况如图1-9所示。

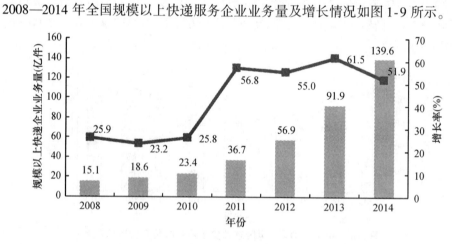

图1-9 2008—2014年全国规模以上快递服务企业业务量及增长情况
资料来源：根据国家邮政局《邮政行业发展统计公报》(2008—2014)相关数据整理。

我国快递市场的业务结构及地区分布状况近年来基本保持稳定。业务结构方面，同城业务量占比基本保持在25%以内，异地业务量占比除2008年外一直保持在70%以上，国际及港澳台业务量占比呈小幅下降趋势。地区分布方面，东部地区业务量占比一直保持在80%左右，中部占比在10%左右，西部地区占比呈小幅下降趋势。2008—2014年我国快递市场的业务结构及地区分布情况分别如图1-10和表1-10所示。

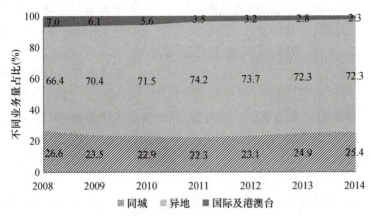

图 1-10　2008—2014 年我国快递市场的业务结构情况

资料来源：根据国家邮政局《邮政行业运行情况》(2008—2014)相关数据整理。

表 1-10　2008—2014 年我国快递业务量地区分布情况

年份	东部	中部	西部
2008	78.5	11.5	10.0
2009	80.2	10.6	9.2
2010	79.3	11.6	9.1
2011	79.9	11.2	8.9
2012	81.9	10.5	7.6
2013	81.3	10.8	7.9
2014	82.0	10.6	7.4

资料来源：根据国家邮政局《邮政行业运行情况》(2008—2014)相关数据整理。

第三节　中国物流市场的主要特征

2014年，我国物流体系加快完善，在跨境、区域、城市配送、农村双向物流体系等多层面均取得积极进展。物流领域备受国内外资本市场关注，电商物流、餐饮O2O线下配送、快递快运、物流地产等多个细分市场成为投资热点。物流领域大力引进互联网以及移动互联网技术，物流运作效率得到明显提升。物流行业不断探索创新经营模式与开发新的服务产品，行业转型升级继续推进。

一、物流体系加快完善

(一)"一带一路"物流体系建设加速推进

"一带一路"战略构想提出后，我国沿线各省积极对接该战略，迅速开通一批中欧班列。目前中欧班列已建成经满洲里、二连浩特和霍尔果斯出境,直达欧洲的三条国际大通道,开通渝新欧、蓉欧、汉新欧、郑新欧、苏满欧等多条线路。中国的商品从成都、重庆、武汉、郑州、苏州等地出发,15 天左右就可以运抵莫斯科、华沙、汉堡等城市,时间相当于海路运输的三分之一。据铁路部门的统计,截至 2014 年 11 月,国内各地开往欧洲的班列共 238 列,较 2013 年增长 166 列,增长了 231%①。但中欧班列在迅速发展的同时,也出现了线路重复、回程货源不足等问题。为此,中国铁路总公司出面组织协调,拟定了《中欧班列组织管理暂行办法》,对各条班列进行统一管理,目标是实现"品牌标志""运输组织""全程价格""服务标准""经营团队"和"协调平台"六统一。

此外,中巴经济走廊②从规划进入实际建设阶段。2014 年 11 月,中巴签署协议,在未来六年里,中国政府和银行将提供基础设施建设领域投资 118 亿美元,与巴基斯坦共同建设瓜达尔港等重大基础设施项目。同年 12 月,哈扎拉高速公路举行奠基仪式,标志着中巴经济走廊建设正式启动。

(二) 区域物流互联互通体系建设提速

2014 年,京津冀区域物流互联互通建设加速,三地在城际铁路、高速公路、港口与机场协同发展等方面取得积极进展。城际铁路方面,京津冀三省市政府与中国铁路总公司已合作成立京津冀城际铁路投资有限公司,负责京津冀城际铁路项目投资、铁路工程建设等。京石、津石城际铁路,京津二线的前期工作正在逐步推进。高速公路方面,三地加快打通省际"断头路"和"瓶颈路",北京与河北在京昆高速、111 国道实现同步建成通车,京台、京秦、津石高速公路快速推进。港口和机场协同发展方面,北京市和河北省签署了共建曹妃甸的框架协议,将联手合作共同把曹妃甸打造成首都战略功能区和协同发展示范区。天津港宣布在河北唐山、廊坊,天津静海、武清等地新建无水港。河北和天津各投资 10 亿元,组建了渤海港口集团。京津冀三地机场签署了协同发展战略合作框架协议,揭开了构建京津冀民航一体化系统的序幕。河北、北京也正在共同推进建设北京新机场临空经济区。

长江经济带综合立体交通走廊建设的部分项目已经启动。长江水道方面,南京以下 12.5 米深水航道一期工程已顺利建成,荆江段航道整治工程进展顺利。铁路方面,2014 年 7 月,"四纵四横"高铁专线之一的沪汉蓉高速铁路全线通车,标志着横跨东、中、西三大地区的我国铁路东西沿江快速大通道真正形成。

---

① 孙丽朝,武威."抢搭"中欧班列[N]. 中国经营报. 2015-01-19(A9).
② 中巴于 2013 年 7 月首次宣布建设经济走廊计划,该走廊南起瓜达尔港,北至中国新疆喀什,是一条包括公路、铁路、油气管道、通信光缆等在内的贸易走廊。

2014年,京津冀、长江经济带、广东地区三大区域通关一体化改革全面实施,三大区域报关单量占全国海关总报关单量的80%。7月,京津冀海关区域通关一体化率先在北京、天津海关启动。9月,区域通关一体化在广东地区的空运、海运口岸以及长三角地区的上海、南京、杭州、宁波、合肥海关启动,石家庄海关加入京津冀海关区域通关一体化改革。区域通关一体化改革后,企业可自主选择向经营单位注册地海关、货物实际进出境地海关或其直属海关集中报关点办理申报、纳税和查验放行手续,实现"多关如一关"。同时,取消报关企业跨关区从事报关服务的限制,允许报关企业"一地注册,多地报关"。从北京、天津等地海关的实践来看,通关一体化实现了跨区域通关更便捷、惠及企业范围更广泛、进出口物流更顺畅、海关协同监管更高效、海关服务更到位的改革预期目标。

(三)跨境电商物流体系发展迅速

为适应跨境电商的快速发展和提升跨境电商物流服务水平,2014年国内多家快递公司积极开发国际物流专线,开通海淘转运服务。如中邮速递国际小包开通了中—哈—俄等4条专线渠道,E邮宝业务新增了俄罗斯和法国路向专线。申通快递开通日本专线,与俄罗斯驿马快递和荷兰邮政达成合作登陆欧洲。顺丰速运开通俄罗斯小包专线和欧洲小包服务,韵达快递欧洲快递物流服务中心及美国服务中心正式运营,圆通速递推出"俄易邮"专线产品,百世汇通全球国际快递业务全线开通等。顺丰、中邮速递、韵达均开通了美中海淘转运服务,为国内海淘网购客户和全球华人提供美国仓储、转运及跨境物流运输咨询、查询服务。

国内各大跨境电商平台也在加快布局"海外仓"。如兰亭集势在2014年初欧洲海外仓投入运营后,又于2015年初开通了北美海外仓。阿里巴巴旗下的速卖通也在2015年初新增了美国、英国、西班牙、法国、德国、意大利、俄罗斯、澳大利亚、印尼9个海外发货地,速卖通卖家可以针对这9个国家及辐射区域提供本地化物流及服务。

(四)城市共同配送体系建设效果初显

自2013年商务部和财政部启动城市共同配送试点工作以来,首批22个试点城市逐步建立物流园区分拨中心、公共配送中心、末端配送点"三位一体"的三级配送网络,建立了物流唐山、太原同城配送等一批共同配送信息服务平台,探索并推广了依托物流园区开展干支结合的共同配送模式(如郑州长通物流等)、依托专业市场开展的商贸共同配送模式(如石家庄双鸽集团冷链配送中心等)、依托商贸连锁企业开展卖场、门店的共同配送模式(如太原唐久超市与京东深度合作的"京东唐久大卖场"等)、依托社区便利店、物业、院校等开展"网订店取(送)"、自助提货柜等的末端共同配送模式(如南京的云柜等)。目前南京、唐山等城市共同配送覆盖率达到50%以上,试点企业物流成本下降5个百分点以上。① 另外,江苏、山东、内蒙古还在省、区层面启动了共同配送工作,如山东在全省第六次人口普查城市地区常驻人口在100万以上、2013年社会消费品零售总额1000亿元的城市启动了共同配送工作。

城市配送"最后一公里"创新层出不穷,几十家不同模式的"最后一公里"平台陆续落地。如快递"最后一公里"平台方面,出现了顺丰嘿客、菜鸟驿站、万科幸福驿站、速递易等。O2O"最后一公里"平台方面,出现了生活半径、爱鲜蜂、趣活美食送等。

(五) 农村双向物流网络建设快速拓展

2014年,阿里巴巴、京东等电商巨头加速布局农村电商市场,中国邮政也将农村电商作为其转型发展的重点。在农村电商迅猛发展的推动下,我国农产品进城和城市工业品下乡的双向物流网络建设得到大力发展。

阿里巴巴于2013年12月向青岛日日顺物流投资28.22亿港元,使其成为天猫网站大家电物流配送的主要物流服务提供商,协助天猫商家将业务扩张到之前较难渗透的三、四级市场。日日顺拥有国内唯一能够实现进村入户、送装同步的大件物流服务网络,阿里巴巴的投资使其三、四级市场的网络覆盖面和物流服务能力得到进一步大幅提升。截至2014年年底,日日顺已形成由90个物流配送中心,2800多个县级物流配送站和1.7万多家服务商网点构成的完善物流网络,仓储面积接近200万平米,实现全国2600个区县覆盖无盲区,1500多个区县实现24小时内限时达,460个区县实现48小时内送达。

2014年,京东县一级物流配送体系实现高速拓展。配送中心布局方面,大家电、3C、日百仓储中心进一步围绕三、四线城市展开布局,以提高县一级地区的覆盖能力。配送网点布局方面,一是既有区县市场,不断投入人力、物力、运力等资源,进一步增加京东自营配送所能覆盖的乡镇及服务的客户数量。二是拓展新区县市场,推行"先锋站"计划和"京东帮"服务店。"先锋站"是京东自营网点,先锋站配送员从京东现有一、二线城市配送骨干中选拔,回乡之前接受专业服务技能培训。培训合格后的"先锋站"配送员工将负担配送和销售工作,同时还负责上门取件、换新、货到付款。"京东帮"服务店采用加盟模式,主要解决京东大家电商品在农村的配送和安装问题。此外京东还与河北省便利店合作,村民们能在"国大—京东"线上便利店下订单,商品将通过便利店的物流体系,送抵最近的农家店,完成农村配送的"最后一公里"。2014年,京东创立了192个"先锋站",新增

---

① 商务部.2014年商务工作年终综述之二:商贸物流发展取得阶段性成效[EB/OL]. http://news.hexun.com/2015-02-25/173532339.html.

区县覆盖600个,区县总覆盖面总计已达1900个,占全国区县总数量的一半。

中国邮政集团2014年依托旗下邮乐网,快速进入乡村电商市场。中国邮政的农村电商及物流的发展模式主要分两种:一是"活动推动+村邮站代购+目录营销+投递配送"的工业品下乡模式,另一种是"农产品加工企业+邮政网点+邮乐网""农户+村邮站+邮乐网"的农产品进城模式。此外,中国邮政还和阿里巴巴、亚马逊开展战略合作,挖掘中国邮政遍布全国的"三农"服务站、社区服务点等网点资源,支持电商企业的网上销售业务向三、四线城市及农村市场延伸,将优质的网购体验从城市带到农村。

快递和快运公司也在加大农村网点的布局力度。2014年,全国农村快递服务网点新建5万个,覆盖了全国乡镇的48%。零担快运龙头企业德邦物流2014年新增直营网点约1000个,重点布局在三、四线城市。

二、资本助推多领域物流发展

(一)海外融资促进电商巨头物流体系建设

2014年5月,京东在美国纳斯达克证交所上市,融资17.8亿美元。物流是京东的核心竞争力之一,物流体系建设是其IPO融资的主要用途之一。2014年,京东大幅提高了其三、四线城市以及农村地区物流网络的覆盖度。截至2014年年底,京东在全国已拥有7大物流中心,在全国40座城市运营123个大型仓库,建立3210个配送站和自提点,覆盖全国1862个区县。"211限时达"服务覆盖区县增加到134个,"次日达"服务覆盖区县增加到866个。与上市前相比,京东大型仓库数量增加了43个,配送点增加了1376个,"211限时达"和"次日达"服务区县分别增加91个和610个。①

2014年9月,阿里巴巴在美国纽约证券交易所上市,融资约250.3亿美元,成为全球有史以来最大规模的IPO。物流是电商的基础,也是阿里巴巴最需要提升的部分。阿里巴巴已于2013年提出"中国智能物流骨干网"发展战略,该项目的目标是用8~10年左右的时间,应用物联网、云计算、网络金融等新技术,通过自建、共建、合作、改造等多种模式,在全中国范围内形成一套开放的社会化仓储设施网络,为各类B2B、B2C和C2C企业开放的物流服务平台。2014年,阿里巴巴入股卡行天下、日日顺物流,就是该项目推进的具体举措。

(二)风险投资推动餐饮O2O线下配送体系加快完善

2014年,在线餐饮外卖O2O模式继续受到风险投资支持,发展迅速。但与

---

① 根据京东IPO招股书,2014年2月,京东在36座城市拥有86个大型仓库,并拥有1620个配送站和214个自提点,在43个城市提供"211限时达"服务,在另外256座城市提供隔天送达的配送服务。

2013年信息提供型的轻模式备受重视相比,资本的投资重点已转向能为商家提供物流配送服务的重模式平台企业,或专门从事线下配送的物流企业。其原因是,重模式可以通过自建及专业化配送体系有效控制食品安全和服务质量,具有更好的发展前景。2014年部分餐饮O2O企业融资及线下配送体系建设进展情况如表1-11所示。

表1-11　2014年部分餐饮O2O企业融资及线下配送体系建设进展情况

餐饮O2O企业	融资金额	线下配送体系建设情况
趣活美食送	数千万美元	在北京、上海等5个城市开通了自有专业团队配送到家服务
到家美食会	5000万美元	在北京、上海等8个城市开通配送服务,自建配送员1000余人
达达	数百万美元	拥有近万名的实名认证配送员,形成了完善的信用和服务质量体系,为饿了么、美团、淘点点、京东等一大批O2O平台提供第三方配送服务
生活半径	5000万元人民币	在北京、深圳等9个城市开通配送服务,自有配送员7000余人
点我吧	1000万美元	在上海、杭州提供餐厅外卖、超市商品的即时配送服务
易淘食	2000万美元	在北京、深圳等5个城市提供配送服务,拥有自有配送员200余人

(三)资本加速快递与快运企业运营网络扩张

2014年,多家快递、快运企业获得资本大笔注资,为其运营网络扩张提供了强有力的资金保障。新兴快递企业全峰快递获云峰基金数亿人民币投资,投资主要用于公司网络建设及营运布局。拥有十几年发展历史的快递企业宅急送获复星集团等五大投资方10亿元人民币战略投资,投资主要用于推动其国内仓配一体化网络和境外快递网络的拓展。

公路运输网络平台公司卡行天下获阿里巴巴数亿元人民币入股,大大加速了其运营网络的发展。2014年,其枢纽中心由2013年的9个增加到21个,加盟网点数量从300家增长到1300家,城际点对点直达货运班车线路从1000条增长到9000条。[①] 另一家公路运输网络平台公司安能物流获华平资本5000万美元投资,资金主要投向分拨中心扩张、网络线路拓展、人力资源的培养、IT系统升级等方面。2014年,该公司网络布局得到明显深化,分拨中心从2013年的20个增加到80个,网点数由750个增加到2000个。

---

① 边顺荣.2014年,他们有速度[EB/OL].http://www.itrans.cn/i/8731.html.

(四)资本推动物流 App 开发与推广

Uber、滴滴、快的等出租车领域 App 的巨大成功,激励大批资本在 2014 年涌入物流领域,极大地推动了物流领域 App 的发展。2014 年部分物流 App 的融资情况及服务模式如表 1-12 所示。

表 1-12　2014 年部分物流 App 的融资情况及服务模式

物流 App	融资金额	服务模式
快收	300 万元人民币	移动互联网快递配送服务平台,提供利用 LBS 位置服务的智能化配送模式。为用户解决同城两地之间往来的急件配送,为消费者提供"云端调度"。对发件人所处区域内的配送人员进行有效调配,配送人员可以更加便捷地选择离自己最近的订单,及时、精准地为客户提供配送等服务
骡迹物流	500 万元人民币和 300 万美元	物流移动信息平台,为物流公司、货运公司、配货站、车主、货主提供物流查询、物流专线信息发布等服务
oTMS	600 万美元	基于 SaaS 的社区型运输管理平台,提供了一个让货主和不同层级运输服务商,甚至司机共享的信息平台
GoGoVan	1650 万美元	提供 P2P 模式的货车对接服务,将货车司机和使用按需送货服务的用户连接起来,并且用户、司机两端都免费。目前提供中国大陆、香港、台湾、新加坡、澳洲和韩国 6 个区域的服务
神盾快运	近 1000 万元人民币	同城货运智能调度平台,主要利用移动互联网提供同城货运智能叫车服务
闪送	数百万元人民币	同城专人直送、快速直达服务的平台,提供一种更快速的专人递送服务。从闪送员接货到交付给收货方,进行全程监控。用户下单后,系统自动将任务发送到离用户最近的闪送员手机上,闪送员即刻上门为用户提供服务
1 号货的	数百万元人民币	免费找车运货的手机软件。整合闲置货车的实时位置信息,发布货主的实时货运需求,让货车跟货主直接对话,减少中间环节,解决找车难、找车贵的问题
蓝犀牛	3300 万元人民币	小型货车的信息服务召车平台,通过加盟的方式,整合社会上的车辆及司机资源来实现同城间的配送。用户键入起止地点、车型、人数及其他需求之后,平台会给出相应的价格,用户就可以确认叫车。在后端把需求推送到用户附近的司机那里,司机自行抢单。已在北京、上海等小城市开通服务

(五)物流地产领域获得大额投资

2014 年 2 月,普洛斯中国获得包括中国人寿、中银集团投资和厚朴基金等在内的中资财团最高约 152 亿元人民币的投资。其中,第一阶段的投资 97 亿元人民

币已于6月完成交割。此次融资使普洛斯中国继续保持在中国物流地产开发领域的领先地位。

2014年5月,易商仓储物流获得荷兰最大养老基金资产管理公司荷兰汇盈资产管理公司6.5亿美元的股权投资。易商仓储物流是一家为电子商务及零售业提供仓储设施开发及服务,为企业客户提供物流、生产及办公设施的开发、运营和管理服务的专业公司,目前已经开发了亚马逊、1号店、凡客、京东、新蛋、嘉里物流等大型电商客户,以及传统零售商如H&M等。易商和荷兰汇盈将联手共同组建一家合资公司,在全国范围内开发和运营标准化、现代化物流地产。

三、互联网技术提升物流运作效率

(一)云仓提升电商物流服务水平

云仓服务是物流企业基于大数据、云计算等信息技术,实现物流数据分析、智能化分单、优选派送组合等功能,为客户提供的线上线下一体化订单履行服务。

国内最早推出云仓服务的是百世物流公司。百世物流通过与淘宝大数据的对接和对商家历史运营数据进行分析,同时结合商家产品属性,帮助其构建全国平行分仓网络。利用人工智能和大数据分析的技术,根据拣选的最优路径来安排云仓内的每一个品类的货物摆放。在节日促销前夕,提前在分仓进行备货,以降低订单配送成本和提高配送时效。百世云仓平台还可以根据大量数据的分析计算,自动选出最合适的快递公司进行派送,进而保证时效。截至2014年9月,百世物流在全国30个中心城市已拥有近70个云仓服务,超过100万平米作业面积,服务上百家国内外知名品牌和中小企业。

2014年7月,邮政速递物流公司也为电商客户推出了包括单体总仓、客户总仓、邮政总仓在内的三种模式云仓产品。邮政速递物流通过物流数据分析和网络化分仓,为电商企业提供仓配一体化的物流服务,大大降低了电商大促时的爆仓风险,同时八成以上的地区将实现次日送达,物流成本也将明显降低。

(二)互联网技术提升快递服务水平

2014年,国内知名快递企业,如顺丰、EMS、宅急送、三通一达等基本上都推出了基于App、微信和Web网站的线上查询快递和发快递的服务,尝试用互联网的方式来降低派揽和内部调度管理成本。

快递电子运单是以一份电子数据的形式存在信息系统中,通过快递系统与用户系统对接、运单号与订单号自动捆绑、以热敏方式打印输出快件信息的电子运单。由于电子运单具有取消人工输入环节、运单现制、打印效率高、成本低、便于分拣处理等特点,经过2013年的试运营后,多家快递企业和电商平台企业均加大了电子运单的推广和使用力度。顺丰、圆通等多家快递企业力推电子运单,消费者通过手机 App 应用、微信等途径下单即可享受电子运单服务。2014 年 7 月，菜鸟网络电子运单平台正式上线，商家可以通过该平台与主流快递企业的电子运单系统进行免费对接。据抽样调查显示，2014 年快递企业电子运单的使用率达到 8%～20%，预计到 2015 年年末将达到 30% 左右①。

2014 年，一些基于互联网的新型商业模式也在快递领域得以应用。贯通云网公司首创了应用云计算和大数据技术以及互联网和移动互联网技术，集 App、Web 网页客户端、线下快递代办点于一身的快递领域的 O2O 模式，为用户提供查、发、管理快递包裹的最佳体验。人人快递尝试采用众包＋O2O 的方式、利用闲散劳动力（运力）来做同城快递业务。快收、闪送、风先生等通过手机 App 将线上线下结合，提升同城快速递送服务水平。

（三）货运 App 促进物流资源的整合与利用

2013 年年末货运 App 在我国开始萌芽，2014 年进入爆发期，一大批货运 App 集中上线。据不完全统计，市场上出现的货运 App 已有 200 余个。这些货运 App 的主要功能是用移动互联网为货主与司机搭建信息交流的桥梁，促进车货匹配，提高货运领域的资源整合与利用等。货运 APP 的主要类型如表 1-13 所示。

表 1-13 货运 App 的主要类型

类型	功能	典型代表
物流园区 App	货主、司机根据角色的不同均可使用。货主可以发布货源、管理货源、选择司机。司机可以发布车源、找货。这类 APP 一般不介入具体交易，只提供信息交互功能，以及提供第三方支付工具以及一些保险、加油等增值服务	林安物流、传化物流的 App
货主版 App	只适用于货主使用，提供货主询价、下单、跟踪、对账、查询等功能	车旺平台、靠谱平台、鹿鹿调车、OTMS、运满满、真好物流宝
管车版 App	提供给拥有自有车辆或需要管理外协车辆的物流公司，具备车辆建立档案、派车、跟踪等管理功能	G7 管车版、鹿鹿管车、爱递吉车队宝
司机版 App	专门提供给司机使用，提供发布车源、找货、建立司机人脉、反馈运输讨释等功能	G7 货运人、管车宝、好多车、运满满、快乐大车
运输企业 App	主要提供给自身货主或潜在货主应用，提供下单发货、查询跟踪、对账结算、业务介绍等功能	华宇、德邦的 App
同城配送 App	提供同城下单、标准车型运、快递响应、标准操作等	蓝犀牛、一号货车、一号货、神盾快运、货拉拉

---

① 徐勇. 2014 年快递业发展回顾与 2015 年展望[EB/OL]. http://www.cecss.com/index.aspx?article_id=39989&cat_code=sxgwzl.

四、物流行业转型升级继续推进

（一）物流园区加快经营模式复制与连锁化发展

浙江传化物流 2014 年在全国多个地区大力拓展其智能公路港网络。智能公路港是传化物流推出的第三代物流园区经营模式，通过把物联网技术、"云计算网络"技术、电商的运营理念引入公路港模式中来整合公路货运资源和搭建平台，带动中小物流企业提升物流运营水平和效率，加快社会车辆空车返程配货速度，最终帮助工商制造业企业大幅度降低物流成本。截至 2014 年年底，传化公路港项目已经受到全国 200 多个城市的邀请，青岛、天津、重庆、泉州、沈阳、宿迁、衢州等 20 多个城市已经落实，部分项目正在兴建，少数项目已建成运营。

广州林安物流集团经过多年摸索和实践，创新出"基地+电子商务""商贸+物流"的物流园区经营模式。2012 年以来，林安集团在全国多地大力推广复制"林安模式"。截止到 2014 年年底，先后成功复制的商贸物流园区项目已达 20 余个。

天地汇是全国第一家用"互联网+物流(园)"模式打造全国公路港园区连锁的物流平台企业。天地汇在整合线下物流园区和集聚园区物流资源的基础上，通过标准化体系优化升级物流园区为公路港园区，凭借拥有自主知识产权的天网信息化平台，和"互联网+公路物流"创新模式，构建了"物流淘宝"公路物流电子商务平台。截至 2014 年底，天地汇仅用 18 个月就在全国 28 个物流枢纽城市整合了 1 万亩 100 亿元的物流园资产，以优质的标准管理服务改变了物流园区"脏乱差"、信息孤岛的现状，大大提升了园区的运作效率。

（二）公路专线运输企业组建联盟共同发展

2014 是我国公路专线联盟兴起的一年。我国公路专线企业以中小企业为主，市场不景气、运营成本不断上升使得抱团取暖发展成为众多企业的共识。中小专线企业通过联盟这个平台，可以扩展业务增加收入、整合资源降低成本以及塑造品牌。

1 月，华中大道快运联盟在武汉成立。联盟以武汉大道物流品牌为依托，联合 10 余加优质中小专线企业加盟成立。该联盟计划采用共同投资、持股经营、实体运作方式，用 5 年时间使联盟成员达到 200 家，省内线路达到 100 条，跨省线路达到 200 条，日发车 2300 车次，年运量达到 2500 万吨，年产值达到 220 亿元，形成湖北省内大中城市直达全国省会城市，辐射全国县市和乡镇区域的全国快运网络[①]。

[①] 湖北省交通运输厅. 华中大道快运联盟成立[EB/OL]. http://www.hbjt.gov.cn/zwdt/ywkb/79427.htm.

3月,由9家河南本土专线企业联合成立河南胜邦物流集团。胜邦物流集团规划3年之内搭建以河南郑州为中心的全国性物流网络平台并成功运营,6年之内搭建以中部六省各省会,环渤海经济区,以北京、珠三角经济区,以广州、长三角经济区,以上海为中心的全国性物流网络平台,9年之内打通全国各省会城市为辐射中心的全国物流网络平台。

8月,黑龙江蓝盟物流有限公司成立。该联盟现有16个会员单位,市内自备车辆500余台,专线配送车辆300多台。在东北地区拥有300多个网点,支线128条,日货物吞吐量达6000多吨,总仓储面积3万余平方米。

11月,天津万众物流联盟成立。该联盟由天津13家民营物流企业组成,是国内首家以企业集团形式运营的物流联盟。联盟运营仓库面积5万余平方米,年货物吞吐量超百万吨,以天津为基点直达国内专线23条,覆盖国内近百个一级城市。

(三) 大型快递企业加强同行合作与服务拓展

2013年12月中国快递业前六强的圆通速递、申通快递、中通快递、韵达快递四家公司组建了蜂网投资有限公司,标志"三通一达"由竞争向竞合转型。蜂网投资主要定位于四个方面:一是向快递产业链的上游产业进行投资,通过对快递资源和快递上下游资源的集合、整合和融合,打造快递集约化的投资平台。二是以蜂网为平台向社区、校区和公共交通场所推广应用快递智能自助柜。三是推动"三通一达"跨境电子商务。四是以蜂网为龙头,集中采购各类装备和材料,包括干线运输车辆等。2014年,蜂网投资与奔驰、福田、斯堪尼亚、沃尔沃、广汽日野等几大车厂洽谈了战略合作事宜,与华东、华南、国外几家智能快件箱的生产运营厂家进行了洽谈合作,并与有关政府部门洽谈快递智能自助柜进入社区、校区事宜。

2014年,多家快递企业借助客户优势跨界进入冷链和O2O市场,向综合物流转型。顺丰在2014年启动了嘿客便利店战略,通过嘿客便利店构建社区综合服务平台;收购了落地配企业北京小红帽、深圳银捷速递、四川星程宅配等优质落地配企业,以提高"最后一公里"服务能力。单独推出"顺丰冷运"(SF Cold Chain)品牌,在整合顺丰现有物流、电商、门店等资源的基础上,为包括旗下顺丰优选服务在内的生鲜食品行业客户提供冷运仓储、冷运干线、冷运宅配、生鲜食品销售、供应链金融等一站式服务。联想佳沃、冷天关帝冰激凌、天猫与淘宝商户等公司,已和顺丰冷运开展业务。自顺丰嘿客开始布局以来,韵达、圆通等多家快递企业也相继通过合作的形式进入O2O市场。韵达与加利、大连太阳系便利店,正式进军O2O市场。圆通与倍全便利店展开合作,将以网上商城和线下门店为依托,为小区业主和周边人群提供代理收发快递的服务。圆通还与电视购物企业家有购物开展合作,为家有购物提供直发配送服务以及覆盖全国的COD(Cash on Delivery,代收货款)服务。

(四) 铁路大力开发货运新产品

2014年,铁路正式取消对货物的限制,敞开受理除危险品外的所有货种。铁路部门还与电商、快递企业合作,开办了货物快运、电商班列、高铁行包等一系列新业务。目前已在京沪、京广等主要干线新增16列长途货物快运列车,电商快递货运班列共开行3对6列,高铁行包也已覆盖了高铁沿线主要城市。新业务开办以来,零散货物运量不断攀升。每天运送小件货物约50万件,货物快运从初期的日发送货物1万吨迅速上升到6万吨,并保持了持续增长的态势。

此外,各铁路局推行准时制运输,大大压缩货物运到时限。提高货物装卸质量,最大限度减少货损货差,降低货运成本。不断完善接取送达网络,提高了"门到门"运输服务水平,铁路物流服务功能全面提升。开始研制高铁货运列车,为在高铁线路上大规模开行电商快递班列做准备。

第二章 中国物流设施设备与技术发展状况

2014年,在"一带一路"与长江经济带国家战略的引导和推动下,我国交通基础设施规模进一步扩大,综合交通运输网络不断完善。物流园区(中心)布局更趋于合理化,园区转型升级态势明显。物流装备的技术水平不断提升,自动化以及环保设备不断增加。信息技术和互联网技术在物流领域的应用进一步深化,物流标准化工作有序推进,为我国物流产业结构升级,乃至制造业、服务业产业结构升级提供了良好的技术与标准保障。

第一节 中国交通基础设施建设状况

2014年,我国综合交通运输体系继续完善,中西部地区及农村地区运输网络规模增长明显,全国运输网络结构进一步优化,公路、航道等级水平进一步提升,国际铁路货运通道建设快速推进,机场布局更加完善,为"一带一路"与长江经济带战略的实施提供了良好的交通基础设施保障。

一、公路基础设施建设状况

(一) 路网规模进一步扩大

2014年,全国完成公路建设投资15 460.94亿元,比2013年增长12.9%。截至2014年年底,全国公路总里程达446.39万公里,比2013年同期增长2.5%;公路密度达到46.50公里/百平方公里,比2013年同期增长2.5%[①]。2006—2014年我国公路总里程和公路网密度增长情况如图2-1所示。

(二) 路网结构继续优化

2014年,我国等级公路占全国公路总里程的比重继续提高。全国等级公路比2013年年末增加14.53万公里,总里程达到390.08万公里,占全国公路总里程的87.4%,比重提高1.2个百分点。其中,高速公路里程达到11.19万公里,比2013年年末增加0.75万公里;二级及以上公路里程达到54.56万公里,增加2.13万公

---

① 交通运输部.2014年交通运输行业发展统计公报[EB/OL].http://www.moc.gov.cn/zfxxgk/bnssj/zhghs/201504/t 20150430-1810598.html.

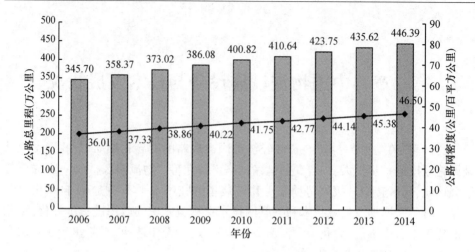

图 2-1　2006—2014 年中国公路总里程和公路网密度增长情况

资料来源:根据国家统计局《中国统计年鉴》(2011—2014)、交通运输部《公路水路交通运输行业发展统计公报》(2006—2012)和《交通运输行业发展统计公报》(2013—2014)相关数据整理。

里,占公路总里程的 12.2%,比重提高 0.2 个百分点。[①]

（三）农村公路等级继续提高

2014 年,全国农村公路建设完成投资 3030.99 亿元,同比增长 20.4%。全国农村公路里程达到 388.16 万公里,比 2013 年年末增加 9.68 万公里。通硬化路面的乡(镇)占全国乡(镇)总数的 98.08%,通硬化路面的建制村所占全国建制村总数的 91.76%,分别比 2013 年年末提高 0.28 和 2.76 个百分点。[②]

（四）西部公路建设取得新进展

2014 年,我国西部公路建设取得新进展,为"丝绸之路经济带"战略的推进提供了必要的交通运输保障条件。2014 年 9 月,广西河池至都安高速公路实现全面通车,为贵州等西部省份出海出边提供了一条重要的物流通道。[③] 2014 年 12 月,甘肃成县至武都、瓜州至敦煌两条高速公路正式建成通车。成武高速公路的通车,打通了甘肃中部通往西南部的快速通道;瓜敦高速公路是西部大通道西宁至库尔勒公路的组成路段,也是"丝绸之路经济带"的重要通道,该高速公路的建成

---

① 交通运输部.2014 年交通运输行业发展统计公报[EB/OL].http://www.moc.gov.cn/zfxxgk/bnssj/zhghs/201504/ t 20150430-1810598.html.

② 交通运输部.2014 年交通运输行业发展统计公报[EB/OL].http://www.moc.gov.cn/zfxxgk/bnssj/zhghs/201504/ t 20150430-1810598.html.

③ 新华网.河池至都安高速公路通车,西部省份出海出边更加便利[EB/OL].http://www.gx.xinhuanet.com/newscenter/2014-09-28/c_1112660612.htm.

通车,不仅使新疆、西藏增加了一条通往内地的重要通道,为两个自治区风力发电、农产品贸易等产业的发展创造了便捷的运输条件,而且对加快"丝绸之路经济带"甘肃黄金段建设、支撑国家新一轮西部大开发具有十分重要的意义。① 2014年12月,阿克苏至喀什高速公路、麦盖提至喀什高速公路、三岔口至莎车高速公路实现通车,大大改善了作为丝绸之路经济带核心区的新疆地区的交通运输条件。至2014年年底,南疆已经形成环状高速公路网,和田地区以外的全疆其他地区都实现了高速公路连接。②

二、铁路基础设施建设状况

（一）路网规模迅速扩大,路网结构继续优化

2014年,中国铁路路网规模迅速扩大,全国铁路营业里程比2013年增长8.4%,达到11.2万公里,是自2006年以来增长最快的一年。路网密度116.48公里/万平方公里,比2013年增加9.04公里/万平方公里。③

铁路路网结构继续优化。西部地区营业里程迅速增加,达到4.4万公里,比2013年增加4020公里,增长10.2%。铁路复线里程大幅增加,比2013年增长17.7%,达到5.7万公里,复线率50.8%,比2013年提高4.0个百分点;电气化里程比2013年增长16.9%,总里程达到6.5万公里,电化率58.3%,比2013年提高4.2个百分点。④ 2006—2014年西部地区铁路营业里程及增长情况如图2-2所示。

（二）国际铁路建设继续推进

2014年,我国国际铁路建设取得新进展,与周边国家的互联互通状况得到进一步改善。2014年2月,中俄首条铁路跨江桥"中俄同江—下列宁斯阔耶铁路界河桥"开工建设,建成后将结束中俄界河无跨江铁路桥梁的历史,形成又一条中国东北铁路网与俄罗斯西伯利亚铁路相连通的国际联运大通道,改善中国既有国际铁路运输格局。⑤ 连接中国和东南亚国家的泛亚铁路是落实"21世纪海上丝绸之路"战略的重要载体,2014年12月,泛亚铁路东线国内最后一段蒙河(蒙自—河口)铁路正式通车运营,位于中越边境的河口口岸首次接入全国准轨铁路网,标志

---

① 陈宏伟等. 成武、瓜敦高速公路建成通车[EB/OL]. http://szb.gsjb.com/jjrb/html/2014-12/04/content_141517.htm.
② 马婷. 新疆南疆三条高速路12月底前通车[EB/OL]. http://news.ts.cn/content/2014-12/04/content_10785227_13281.htm.
③ 国家铁路局. 2014年铁道统计公报[EB/OL]. http://www.nra.gov.cn/fwyd/zlzx/201504/t20150427.htm.
④ 同上。
⑤ 王栋梁. 中俄首条铁路跨江桥开工,设计年过货能力2100万吨[EB/OL]. http://intl.ce.cn/sjjj19y/201402/26/t20140226-2379345.shtml.

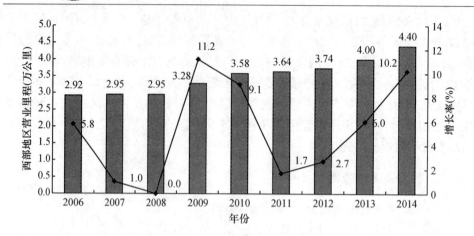

图 2-2　2006—2014 年西部地区铁路营业里程及增长情况

资料来源：根据中华人民共和国国家统计局相关数据、国家铁路局《2014 年铁道统计公报》相关数据整理。

云南形成了第一条沟通联系东南亚的国际铁路大通道。①

（三）煤运铁路建设取得新突破

2014 年，我国煤运铁路通道建设取得新突破，煤运铁路运输网络结构得到进一步完善。2014 年 12 月，晋豫鲁重载铁路通道开通运营，该铁路是我国继大秦、朔黄铁路之后的又一条"西煤东输"大能力煤炭能源运输通道，能够优化路网运输结构，显著提高山西中南部地区煤炭外运能力。② 另外，甘武铁路二线开工建设。甘武铁路是连接兰新线和京包兰线两大铁路通道，并通过相邻路网直接沟通西北与华北地区的便捷客货运输通道，也是疆煤外运、外煤进宁的重要通道之一。该项目建成后，将有效缓解包兰、兰新、宝中、太中银铁路的运力瓶颈问题，完善西北能源运输条件。

（四）西部地区高铁建设快速推进

2014 年 12 月，我国西部两条重要高铁干线——兰新和南广高速铁路开通运营。兰新（兰州—乌鲁木齐）高铁是我国首条在高原、高海拔和戈壁荒漠地区修建的高速铁路，它的全线通车进一步完善了西部铁路网结构，大大缩短了西北边疆与内陆省份的时空距离，对促进西部大开发具有重要意义。同时，该铁路的建成将大大提升亚欧大陆桥铁路通道运输能力，对打造我国向西开放的桥头堡、促进

---

①　观察者．云南至中越边境蒙河铁路通车，泛亚铁路东线国内段运营［EB/OL］．http：//www．guancha．cn/Project/2014_12_01_302110．shtml．

②　中国中铁网站．《中国中铁》：晋豫鲁重载铁路通道开通运营［EB/OL］．http：//www．crsg．cn/tabid/78/InfoID/20683/frtid/40/Default．aspx．

"新丝绸之路经济带"建设具有深远影响。南广(南宁—广州)高铁的开通运营,进一步完善了中西部和华南地区的铁路网结构,大大缩短了西南与珠三角地区间的时空距离,为推动广东和广西两省区之间的经贸往来与区域合作提供了便利条件。

三、水路基础设施建设状况

(一)水运基础设施规模不断扩大

2014年,我国全年内河及沿海建设完成投资1459.98亿元,比2013年下降4.5%。其中,内河建设完成投资508.12亿元,下降6.9%;沿海建设完成投资951.86亿元,下降3.1%。① 2006—2014年我国水运基础设施建设投资及增长情况如图2-3所示。

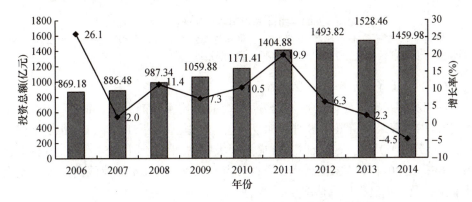

图2-3 2006—2014年中国水运基础设施建设投资及增长情况
资料来源:根据中华人民共和国交通运输部《公路水路交通运输行业发展统计公报》(2006—2012)和《交通运输行业发展统计公报》(2013—2014)相关数据整理。

水运基础设施规模继续扩大。港口建设方面,沿海港口新建及改(扩)建码头泊位170个,新增吞吐能力3.63亿吨;内河港口新建及改(扩)建码头泊位253个,新增吞吐能力1.62亿吨。内河航道建设方面,全年新增及改善内河航道里程2000公里,其中长江水系和珠江水系通航里程大幅增加,分别增加了120公里和281公里。截至2014年年底,全国内河航道通航里程达到12.63万公里,比2013年年末增加427公里②。2006—2014年我国港口新增吞吐能力情况如图2-4所示。

---

① 交通运输部.2014年交通运输行业发展统计公报[EB/OL]. http://www.mol.gov.cn/zfxxgk/bnssj/zhghs/201504/t20150430_1810598.html.
② 同上。

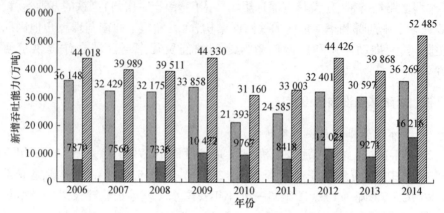

图 2-4 2006—2014 年中国港口新增吞吐能力情况

资料来源:根据交通运输部《公路水路交通运输行业发展统计公报》(2006—2012)和《交通运输行业发展统计公报》(2013—2014)相关数据整理。

(二) 航道等级水平进一步提高

内河高等级航道建设快速发展,高等级航道比重不断升高。截至 2014 年年底,我国内河等级航道里程达到 6.54 万公里,占总里程的 51.8%,比 2013 年提高 0.2 个百分点。其中,三级及以上航道里程大幅增加,达到 10 854 公里,占总里程的 8.6%,比 2013 年年末提高 0.5 个百分点①。2006—2014 年我国内河等级航道通航里程及占总里程比率情况如图 2-5 所示。

(三) 港口码头泊位的大型化水平不断提高

2014 年,中国港口码头泊位继续向大型化方向发展。截至 2014 年年底,全国港口拥有万吨级及以上泊位 2110 个,比 2013 年年末增加 109 个。其中,沿海港口万吨级及以上泊位 1704 个,增加 97 个,新增吞吐能力 33 123 万吨;内河港口万吨级及以上泊位 406 个,增加 12 个,新增吞吐能力 3094 万吨。2006—2014 年我国港口万吨级及以上泊位情况如图 2-6 所示。

四、民航基础设施建设进展状况

2014 年,我国新增境内民用航空(颁证)机场 9 个,其中 6 个来自中西部地区。截至 2014 年年底,我国境内民用航空(颁证)机场已达 202 个(不含香港、澳门和台

---

① 交通运输部.2014 年交通运输行业发展统计公报[EB/OL]. http://www.moc.gov.cn/zfxxgk/bnssj/zhghs/201504/t 20150430-1810598.html.

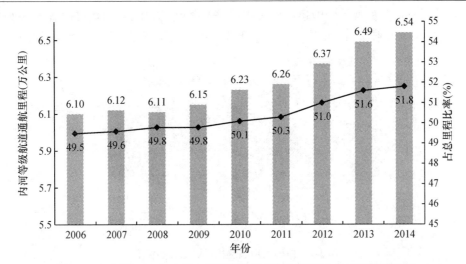

图 2-5 2006—2014 年中国内河等级航道通航里程及占总里程比率情况

资料来源:根据交通运输部《公路水路交通运输行业发展统计公报》(2006—2012)和《交通运输行业发展统计公报》(2013—2014)相关数据整理。

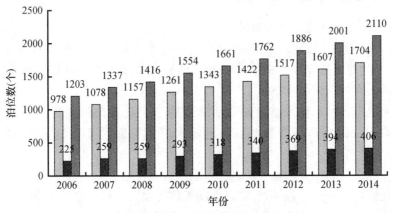

图 2-6 2006—2014 年中国万吨级及以上泊位情况

资料来源:根据交通运输部《公路水路交通运输行业发展统计公报》(2006—2012)和《公路水路交通运输行业发展统计公报》(2013—2014)相关数据整理。

湾地区,下同),覆盖了全国超过83%的经济总量①。其中,定期航班通航机场200个,定期航班通航城市198个。② 2014年我国民用航空机场区域分布情况如图2-7

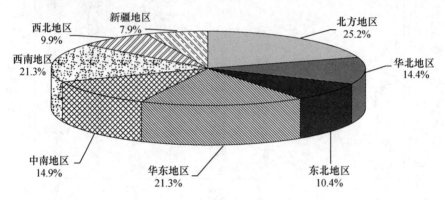

图 2-7　中国民用航空机场区域分布情况

资料来源:根据中国民用航空局《2014年全国机场生产统计公报》相关数据整理。

所示。

五、综合交通运输体系建设进展状况

(一)综合运输通道建设继续推进

2014年,我国"五纵五横"综合运输大通道建设取得新进展,在改善全国物流效率的同时,显著提高了"一带一路"和长江经济带区域范围内的物流通达能力,推动了两大发展战略的实施。

西北北部出海运输大通道方面,京新高速公路巴彦淖尔境内段开工,阿克苏至喀什高速公路通车。青岛至拉萨运输大通道方面,拉萨至日喀则铁路开通运营。

长江经济带的主要运输大通道——沿江运输大通道方面,长江南京以下12.5米深水航道建设一期工程、引江济汉通航工程等投入试运行,5万吨级海轮可从长江口直达南通港,10万吨级及以上海轮也可乘潮抵达;长江中游荆江河段航道整治工程顺利进行,上海国际航运中心洋山深水港区四期等开工建设③;沪蓉(上海—成都)高速全线通车。

---

① 新华网.民航"十三五"规划将系统破解延误问题[EB/OL]. http://news.xinhuanet.com/politics/2015-06/25/C-11/5726307.htm.

② 中国民用航空局.2014年全国机场生产统计公报[EB/OL]. http://www.caac.gov.cn/I1/K3/201504/t 20150403-73469.html.

③ 交通运输部网站.杨传堂部长在2015年全国交通运输工作会议上的讲话[EB/OL]. http://www.moc.gov.cn/zfxxgk/bnssj/zcyjs/201501/t20150108_1756508.html.

满洲里至港澳台运输大通道方面,改扩建后的京港澳高速河北段通车试运行,通行能力明显增强;京昆(北京—昆明)高速公路京冀段建成,位于京津冀交界处的北京新机场工程正式开工。包头至广州运输大通道方面,贵广(贵阳—广州)高铁全线通车。内蒙古临河至广西防城港运输大通道方面,钦州港域首条外贸航线开通。

另外,鲁辽(潍坊—营口)陆海货滚甩挂运输大通道航线实现首航。该通道是我国首条海上绿色货滚甩挂运输通道,以潍坊港和营口港为起点,以鲁、辽两省为中心区域,利用渤海湾水运资源,向南延伸至海峡西岸、向北延伸至哈大齐经济带,借助甩挂场站体系和陆路干线网络,形成纵贯我国东部地区南北方向千余公里的多式联运通道。①

(二) 公铁一体化桥梁建设取得新进展

2014 年,我国多个公铁一体化桥梁建成或开工,提高了部分省际范围内、区域范围内,乃至全国范围内的物流通达能力。2014 年 3 月,集国铁、城际铁路和高速公路"三位一体"的沪通(上海—南通)长江大桥开工建设。大桥建成投入使用后,将成为我国沿海重要的铁路、公路过江通道,对实现沿海铁路全线贯通,进一步完善区域交通运输结构,提高过江通道运输能力,促进长三角社会经济一体化,形成连接山东、江苏、上海、浙江、福建、广东六省市便捷通道等具有重要意义。② 2014 年 6 月,世界上跨度最大的公铁两用桥湖北黄冈长江大桥建成通车,该桥是新建武汉至鄂东黄冈城际铁路、黄冈至鄂州高速公路的共用过江通道的控制性工程,集公路、铁路及城际铁路三位一体,该桥的建成通车实现了武(汉)英(山)、大(庆)广(州)高速公路和武(汉)鄂(州)高速公路的全面对接,大大提升了我国中南地区的物流通达能力。

第二节 中国物流园区(中心)及仓储设施发展状况

2014 年,我国物流园区转型升级态势明显,保税物流中心和西部商贸物流园区建设明显加快,物流园区之间的网络协同运作能力开始提高。绿色仓储相关规划发布,引导仓储设施建设与管理的绿色化发展。受冷链物流需求增长的拉动,冷库建设继续推进。

---

① 江昆. 鲁辽陆海货滚甩挂运输大通道航线 23 日首航[EB/OL]. http://www.sd.xinhuanet.com/wf/2014-12/24/c_1113753317.htm.

② 王虎等. 沪通长江大桥正式开工,大桥将创多项世界之最[EB/OL]. http://www.hb.xinhuanet.com/2014-03/04/c_119605708.htm.

一、物流园区(中心)发展状况

(一) 多项物流园区中长期发展规划出台

物流园区是物流产业的重要集聚区和孵化器。经过20多年发展,我国物流园区在有效推动产业集聚、引导物流节点布局上,已经取得重大进展。2014年6月,国务院通过《物流业发展中长期规划(2014—2020年)》。该规划再次把物流园区工程列为十二大重点工程之一,明确了物流园区发展的要求,安排了物流园区的发展重点。

同时,全国各省区市陆续出台了支持物流园区发展的规划和政策措施。如2014年5月,江苏省出台了《江苏省物流园区发展规划(2014—2020)》。该规划提出江苏省到2015年,建设15家左右年经营收入超100亿元的物流园区,形成一批布局较为合理、功能较为完善、辐射带动作用较强的省级物流园区,力争建成5家在全国具有影响力的示范物流园区;到2020年,建设30家左右年经营收入超100亿元的物流园区,其中重点打造10家竞争力全国领先和5家具有国际影响力的示范物流园区,基本形成布局合理、层次分明、功能先进、集聚集约、绿色低碳的物流园区体系。2014年11月,四川省发展改革委、四川省人民政府物流办公室等13家省级相关部门联合出台了《四川省物流园区发展规划(2014—2020)》。该规划提出到2020年,基本形成布局合理、规模适度、功能齐全、绿色高效的全省物流园区网络体系,建设国家级和省级示范物流园区20个以上,着力打造"一核、四带、多点"的物流园区规划布局。

(二) 物流园区转型升级态势明显

2014年,我国物流园区转型升级态势明显。开发和运营模式呈现出从土地招商的初级阶段向服务创新、管理创新阶段过渡的趋势。收入结构上,除库房/货场租金、办公楼租金外,各种增值服务收入已开始成为园区重要的收入来源。尤其在经济发达的沿海地区,物流园区表现出明显的服务创新、管理创新特征,更多收入来源于产业融合、产业链延伸等增值服务,呈现出区域需求旺盛、功能定位明确、服务创新意识强、差异化运营明显的特征。[1]

例如,广东平湖物流园区正由原有的现代化综合立体交通物流货运平台逐步向高端商贸现代物流的方向发展。[2] 宁波开发区现代国际物流园区2014年以来不断优化和完善临港工业体系,改变过去配套加工和物流运输为主的合作模式,

---

[1] 中国物流与采购网.中国物流园区发展综述[EB/OL]. http://www.chinawuliu.com.cn/wlyq/201405/30/290277.shtml.

[2] 张帆.平湖物流园区:高端商贸物流项目"粉墨登场". http://www.sz-qb.com/html/2015-01/07/content_25923.htm.

培育了囊括产品检测、废物处理、环境保护等多个环节在内的关联企业。

同时,我国物流园区的网络协同程度也逐步提高。随着我国一些物流园区开始开展网络化经营,以此类物流园区为依托的布局合理、产业集聚、功能集成的网络化物流服务体系在我国部分省市逐步形成,这些物流园区整合区域网络资源、带动区域经济协调发展的功能日益增强。如浙江传化公路港已涵盖了杭州公路港、成都公路港、苏州公路港和富阳公路港四个公路港,在各公路港之间形成了一个物流服务网络。普洛斯在中国35个主要城市投资、建设并管理着172个物流园,基本形成了覆盖中国主要空港、海港、高速公路、加工基地和消费城市的物流配送网络。① 另外,林安物流、宝湾物流等园区经营企业也加紧连锁复制,编织园区资源、信息和服务平台。②

(三) 保税物流中心建设加快

随着国家"一带一路"和"长江经济带"发展战略的逐步落实,2014年我国保税物流中心建设加快。在长江经济带领域,2014年11月,浙江义乌保税物流中心正式封关运作,该中心的封关运作可有效满足义乌及周边区域进口贸易经营企业、外向型制造业、一般贸易出口企业对保税物流服务的需求,有助于加快义乌"大通关"建设,将义乌打造成亚太地区物流高地。③ 2014年12月,安徽首家保税物流中心——蚌埠(皖北)保税物流中心通过验收,并于2015年2月封关运行,为蚌埠及周边地区商品出口提供"境内关外"的退税便利,推动了安徽地区外贸物流的发展。

"丝绸之路经济带"领域,2014年9月,新疆奎屯保税物流中心达到国家验收标准,正式封关运营。该物流中心作为西部地区口岸货物转关、疏港承接地,将成为具有"港口内设、就地办单、铁路联运、无缝对接"的国际内陆港。④ 2014年10月,成都空港保税物流中心通过国家验收开始封关运行,该物流中心是目前四川唯一一家正式封关运营的保税物流中心,是成都机场处理空运进出口货物和保税物流的基础设施和平台。该物流中心的封关运行将极大地改善我国西部地区的物流服务功能。⑤ 与此同时,泸州港保税物流中心(B型)获批,该物流中心建成后

---

① 普洛斯中国主页[EB/OL]. http://www.glprop.com.cn/.
② 何黎明. 2014年我国物流业发展回顾与2015年展望[EB/OL]. http://www.chinawuliu.com.cn/lhh-kx/201501/16/297616.shtml.
③ 杭州日报. 义乌保税物流中心(B型)封关运作[EB/OL]. http://hzdaily.hangzhou.com.cn/dskb/html/2014-11/21/content_1843143.htm.
④ 刘杉. 奎屯保税物流中心通过国家验收正式封关运营[EB/OL]. http://news.iyaxin.com/content/2014-09/24/content_4677784.htm.
⑤ 钟华林. 成都空港保税物流中心封关运行[N]. 经济日报,2014-10-27(07). http://paper.ce.cn/jjrb/html/2014-10-27/content_219533.htm.

将成为四川境内最大的保税物流中心,与成都空港保税物流中心(B 型)、青白江铁路保税物流中心形成"三位一体化"的合作发展模式,对构建四川水陆空"三大开发口岸",支撑四川全域开放格局具有重要意义。另外,2014 年 10 月,甘肃首个海关特殊监管区——武威保税物流中心封关运营,该物流中心的运营将促进甘肃省外向型经济发展,辐射和服务青海、内蒙古、宁夏等周边省区的进出口和加工贸易企业,成为丝绸之路经济带上一个向西开放的国际物流平台。①

除此之外,其他地区也有多个保税物流中心建成并开始运营。2014 年 9 月,内蒙古自治区唯一一家保税物流中心——赤峰保税物流中心顺利通过国家验收,并于 2015 年 1 月封关运营,该保税物流中心是蒙东地区重要的无水港,将成为我国面向俄蒙乃至东北亚地区的一个重要国际贸易物流枢纽。② 2014 年 11 月,山东鲁中运达保税物流中心正式封关运行。该物流中心是滨州市重要的外向型经济服务平台和对外开放门户,为当地和周边企业开辟了一条连接国内和国际两大市场的便捷通道。③

(四)西部地区商贸物流园区建设进程加快

随着我国电子商务的持续高速发展,以电商、跨境电商,特别是商贸物流为引擎的国际化新型现代物流园区发展迅速。为贯彻落实建设"丝绸之路经济带"核心区发展战略,新疆持续加快推进商贸物流园区(中心)建设,如乌苏市投资 2.49 亿元兴建国际商贸物流园,项目建成后将带动公铁联运的发展和运输行业的升级,为乌苏的货运能力带来新的发展空间,也为乌苏货运向内地和口岸的运输提供方便的运输通道。同时,"丝绸之路经济带"上的许多地区(如陕西三原、甘肃兰州、宁夏银川、重庆、四川泸州、云南安宁、广西梧州等)开始规划建设新的现代商贸物流园区,或对当地现有的商贸物流园区进行升级改造,推动当地区域物流与区域经济的发展。2014 年 11 月,贵州思南西南国际商贸城一期项目正式开放,与铜仁西南国际商贸城一体共生,资源共享,共同发展,是黔东北规模最大的综合商贸物流园,④该园区的运营也将极大地促进我国西部地区商贸物流的发展。

---

① 张永生.甘肃省首个海关特殊监管区,武威保税物流中心正式封关运营[EB/OL]. http://www.gs.xinhuanet.com/news/2014-10/17/c_1112864572.htm.
② 屈广臣等.赤峰保税物流中心通过国家验收[N].内蒙古日报,2014-09-21(01). http://szb.northnews.cn/nmgrb/html/2014-09/21/content_1145233.htm.
③ 巩永,孙飞.鲁中运达保税物流中心揭牌[N].经济导报, 2014-11-26(A10/12). http://paper.dzwww.com/jjdb/data/20141126/html/10/content_4.html.
④ 刘大勇等.思南:黔东北最大综合商贸物流园正式开放[EB/OL]. http://www.tongron.gov.cn/html/2014/1129/she hui 88405.html.

（五）电子商务物流网络继续拓展

2014年,随着电子商务企业物流业务量的持续快速增长,电子商务企业继续拓展其自建物流网络。当当网"银河1号"天津仓储中心于2014年7月正式投入使用。2014年10月,京东位于上海的首个"亚洲一号"现代化物流中心(一期)正式投入使用,分拣处理能力16 000万件/小时,达到国际一流水平[1],此外,京东在北京、成都、西安等多地的"亚洲一号"项目也在规划和建设筹备当中。[2] 阿里巴巴启动"千县万村"计划,拟投资建立1000个县级运营中心和10万个村级服务站。

与此同时,许多快运、快递及第三方物流企业的物流网络不断向中西部地区、二、三线城市以及农村偏远地区拓展。如德邦物流2014年在全国开设直营网点5200余家,全年网点增长近千家,继续向中西部和三四线城市延伸。日日顺物流截至2014年年底在全国2800多个县建立了物流配送站和1.7万多家服务商网点,逐步形成大件商品送装一体化的服务网络。顺丰速运启动快递下乡计划,业务覆盖的县级市或县区已超过2300个。京东推出"先锋站"计划和"村民代理"模式。据统计,2014年我国农村新增快递网点近5万个,农村包裹超过20亿件。[3]

二、仓储设施发展状况

（一）《中国绿色仓储与配送行动计划》发布

2014年4月,在商务部的支持下,中国仓储协会在首届中国(国际)绿色仓储与配送大会上发布了《中国绿色仓储与配送行动计划》。该计划提出利用现代绿色仓储与配送新技术与新模式,按照政府推动、市场主导、广泛联盟、系统推进的原则,全面推进中国绿色仓储与配送的发展,为中国建设智慧和绿色的中国商贸物流生态系统做出贡献。该计划还包括仓库屋顶光伏发电、绿色仓库建筑、绿色仓储设备与技术、配送车辆节能降耗技术四个子计划。该计划的实施对我国仓储设施建设与管理的绿色化将起到积极的推动作用,也为相关单位践行绿色仓储的建设思路提供了一定的决策依据和标准化保障。

（二）仓储用地面积大幅减少

2014年,受我国城市规划等政策的影响,我国工矿仓储用地总面积大幅减少,为15万公顷,比2013年下降29.9%。2010—2014年我国工矿仓储用地面积及增

---

[1] 何黎明.2014年我国物流业发展回顾与2015年展望[EB/OL]. http://www.chinawuliu.com.cn/lhhkx/201501/16/297616.shtml.

[2] 中国新闻网.京东首个"亚洲一号"现代化物流中心正式投入运营[EB/OL]. http://finance.chinanews.com/it/2014/10-20/6695109.shtml.

[3] 何黎明.2014年我国物流业发展回顾与2015年展望[EB/OL]. http://www.chinawuliu.com.cn/lhhkx/201501/16/297616.shtml.

长情况如图 2-8 所示。

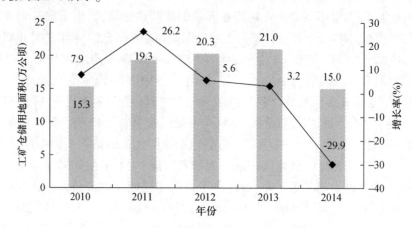

图 2-8　2010—2014 年中国工矿仓储用地面积及增长情况
资料来源:根据国家统计局《国民经济和社会发展统计公报》(2009—2014)相关数据整理。

(三) 冷库建设快速推进

随着商贸物流和农产品物流的发展,2014 年我国多地继续兴建冷库,以满足不断增长的冷链物流需求。据中物联冷链物流专业委员会不完全统计,2014 年在建万吨以上的冷库项目达到 52 个。① 其中,沈阳润恒国际农副产品交易中心在建冷库存储能力达到 40 万吨;太古冷链物流南京冷库在建容量达到 62 万立方米;太古上海冷库于 2014 年 9 月投入运营,该冷库为目前华东地区已投入运营的最大冷库,有助于提高华东地区冷链物流的存储能力,推动周边区域冷链物流的发展;太古廊坊冷库于 2015 年 2 月正式开业,是京津冀乃至华北地区规模最大的现代化冷库,对缓解京津冀冷库市场压力,促进冷链物流发展将起到巨大的推动作用。2014 年 3 月,北京新发地签订 12 万吨冷库及配套项目,该项目建成后,将成为国内自动化程度最高、物流设备规模最大、立体货架最高、功能最齐全的第三方物流冷库,可保障北京在遭遇极端天气时农产品 7 天供应不中断。②

---

　　① 中物联冷链物流专业委.2014 年部分在建万吨以上冷库项目介绍[EB/OL]. http://www.v2gg.com/lady/shishangzixun/20140125/69898.html.
　　② 制冷快报.北京新发地签订 12 万吨冷库及配套项目[EB/OL]. http://bao.hvacr.cn/201403_2045401.html.

第三节　中国物流装备发展状况

2014年，我国新型环保型和重载型运输工具的研发不断推进，各类运输工具的载重能力进一步提高。企业在仓储设备的选择和应用上，越来越注重设备的绿色化、智能化和标准化，以进一步提升物流效率和实现可持续发展。

一、运输工具发展状况

（一）运输工具保有量平稳增长

2014年，载货汽车保有量继续平稳增长，达到1453.36万辆，比2013年增长2.4%。运输飞机数量达到2365架[1]，比2013年增加220架，是近5年来运输飞机增量最多的一年。随着铁路货车与运输船舶重载化的发展，2014年我国铁路货车拥有量为71.01万辆，比2013年减少约0.54万辆。水上运输船舶17.20万艘，比2013年年末减少0.3%。[2]

（二）运输工具技术水平继续提升

各类运输工具重载能力均有不同程度增长。载货汽车平均吨位达到7.08吨/辆，比2013年增长0.31吨/辆。水上运输船舶平均净载重量比2013年同期增长6.0%，达到1499.34吨/艘，集装箱总箱位增长36.3%，达到231.87万TEU，为2006年以来增长幅度最大的一年。铁路运输方面，国产CRH5A型动车组结束正线试验，即将进入载客试验，中国高铁列车核心技术实现完全自主化生产。[3]

（三）运输工具研发取得新突破

在铁路货车研发方面，2014年7月，铁路部门成功开展30吨轴重重载铁路综合试验，标志我国重载铁路技术取得新的突破，这将为我国开通运营30吨轴重重载铁路打下坚实基础，也将进一步提升我国重载铁路技术创新水平，形成具有自主知识产权的30吨轴重重载铁路成套技术体系[4]。2014年10月，中国南车推出新型"绿色"机车，与传统内燃调车机车相比，在同等运用条件与同等功率下，该机

---

[1] 中国民航网.2015年全国民航工作会议暨航空安全工作会议召开[EB/OL]. http://www.caac.gov.cn/A2/201412/t20141226_70717.html.

[2] 交通运输部.2014年交通运输行业发展统计公报[EB/OL]. http://www.zgjtb.com/2015-04/30/content_27060.htm.

[3] 郭淼等.中国高铁列车核心技术实现完全自主化生产[EB/OL]. http://china.cnr.cn/news/201412/t20141215_517104173.shtml.

[4] 齐慧.我国重载铁路技术取得重大突破[EB/OL]. http://society.people.com.cn/n/2014/1230/c1008-26302281.html.

车燃油使用量可下降40%～70%,废气排放可降低60%～80%。[①] 同时,2014年10月,中国北车济南装备公司研制的时速200 km/h高速铁路货车转向架在西南交通大学牵引动力国家重点实验室滚动振动实验台上跑出了350 km/h(97.2 m/s)的最高试验速度,创造了世界铁路货车台架试验最高速,对加快研发200 km/h速度等级的高速货运列车、进一步提升铁路物流市场竞争力具有重要里程碑意义。[②]

公路货车研发方面,我国多家汽车制造商开始研发或推出电动货车新产品,有助于提高我国公路物流运输的环保水平。

二、仓储设备发展状况

(一)全国性托盘循环共用系统建设不断推进

加快推进标准化托盘的共用和循环推广,对于提高我国物流标准化水平,降低物流成本,提高物流效率具有重要意义。2014年,商务部开展了全国性托盘循环共用系统的研究,该系统实施后每年至少可降低物流费用5000亿元左右。在产业实践方面,上海百联集团物流公司已推动集团商超与上游供应商共用标准托盘并实现带板运输,装卸效率提高4倍,托盘使用量节约18%;太原市重点推动标准托盘"智能化标签+信息化管理+社会化服务"模式,可口可乐(太原)公司实施托盘交换后,货运量提高80%,卸货时间减少75%。[③]

(二)环保型叉车使用量快速增加

随着经济转型和绿色物流发展,2014年我国企业对电动叉车的使用量快速增加,电动叉车的需求量占叉车总需求量的30.6%,比2013年增长了3.5个百分点,是近年来增长最快的一年[④]。全年电动叉车(包括电动平衡重乘驾式叉车和各类电动仓储叉车)的销售量为11.02万台,与2013年同期的8.89万台相比,上升了23.92%。其中,全国共销售电动平衡重乘驾式叉车4.2万台,与2013年同期的3.33万台相比,上升了25.98%;电动仓储叉车6.8217万台,与2013年同期的5.56万台相比,上升了22.69%。[⑤]

---

① 新华网.中国经济简讯:中国南车推出新型"绿色"机车[EB/OL]. http://news.xinhuanet.com/fortune/2014-10/29/c_1113021201.htm.

② 吴荣欣等.济南研制高铁货车转向架跑出世界最高速[EB/OL]. http://paper.dzwww.com/dzrb/content/20141111/Articel09007MT.htm.

③ 中国物流产品网.托盘标准化发展取得新进展[EB/OL]. http://www.56products.com/News/2014-12-15/H478E9C31BIG0DI3721.html.

④ 中国物流产品网.2015年物流技术与装备主要产品的市场预测[EB/OL]. http://www.56products.com/News/2015-3-12/FDEF9GC2A6363I5182.html.

⑤ 张洁.2014年国内外工业车辆市场概况[EB/OL]. http://www.chinachuyun.com/yuedu/zhuangbei/142353583522133.html.

(三) 输送分拣设备应用日益广泛

自动分拣系统采用传票、计算机条形码技术、无线射频识别技术等自动化分拣方式,可实现正确而迅速的完成分拣作业,提升客户服务水平。2014年"双十一"期间电商企业快递包裹量达到5.86亿件,如此庞大的快件量能迅速送达全国各地的用户手中,得益于自动分拣机的广泛应用。2014年10月,位于上海的京东商城"亚洲一号"现代物流中心(一期)投入运营,其出货分拣区全部采用了自动化的输送系统和代表目前全球最高水平的分拣系统,分拣处理能力达16 000件/小时,分拣准确率高达99.99%,彻底解决了原先人工分拣效率差和分拣准确率低的问题。

第四节 中国物流信息化与标准化发展状况

2014年,我国物流信息化建设快速推进,各级物流云平台建设逐步推进,物流园区智能化水平不断提升,车联网应用得到快速推广,大大提高了我国物流管理与物流运作的可视化水平,提升了物流效率。物流标准化建设方面,出台了多项物流标准化相关规划以及一系列国家基础性物流标准和专业性物流标准。

一、中国物流信息化发展状况

(一) 国家级物流公共信息平台建设继续推进

国家级物流公共信息平台是指由国家部委或国家级行业协会建设的全国性物流公共信息平台,能够在全国范围内整合物流信息资源,促进我国物流的协同运作水平的提高和物流综合效率的提升。2014年,我国国家级物流公共信息平台建设取得新进展。

2014年6月,由中国银行业协会、中国物流与采购联合会联合支持的中国物流金融服务平台上线,该平台是一个为线上线下物流金融业务提供全过程管理与增值服务的平台,涵盖了存货担保质押登记、公示、查询的服务,在此基础上强化了物流金融业务过程管理,能够更好地防范银行业金融机构在动产质押融资业务中的风险,解决中小企业融资难题,规范行业秩序,进而促进物流金融业务持续健康发展。[1]

截至2014年12月,交通运输部、公安部、安监三部局共建的全国道路货运车辆公共监管与服务平台上线车辆数突破50万辆,这标志我国道路货运车辆动态

---

[1] 中国物流产业网. 中国物流金融服务平台上线运营[EB/OL]. http://www.xd56b.com/zhuzhan/wlzx/20140617/15649.html.

管理信息化水平迈上了一个新台阶。① 同时,国家交通运输物流公共信息平台已经完成东北亚中日韩三国 18 个港口的信息互联,并按平台统一标准提供信息服务,实现了中日韩三国物流信息系统的互联互通。②

(二) 区域物流云平台建设快速推进

物流云计算服务平台是一个面向各类物流企业、物流枢纽中心及各类综合型企业的物流部门等用户的信息服务平台,它依靠大规模的云计算处理能力、标准的作业流程、灵活的业务覆盖、精确的环节控制、智能的决策支持及深入的信息共享来满足物流服务各环节所需要的信息化要求。在物流云平台上,所有的物流公司、代理服务商、设备制造商、行业协会、管理机构、行业媒体、法律机构等都将其信息资源云整合成资源池,各个资源相互展示和互动,按需交流,达成意向,从而降低物流成本,提高效率。

2014 年,随着物流信息化建设的不断推进,我国出现了许多新的物流云平台,支持区域物流信息共享与交互,提高了相关地区的物流信息交换效率和物流运作效率,并为未来物流大数据分析提供了良好的数据基础。2014 年 7 月,甘肃"北斗物流云综合服务平台"省级应用平台建设完成,该平台融合了中国航天科技集团在北斗卫星导航系统、地理信息产业系统、云计算、车联网等领域的产业优势,将在甘肃省形成面向 15 万辆物流车辆的基于北斗卫星导航系统的智慧物流综合服务体系,为甘肃省物流和货代企业、货运车辆提供多方位的物流信息服务,极大提升甘肃省的物流信息化服务水平。该平台还将与全国物流公共信息服务平台进行标准协议对接,实现甘肃省与全国其他地区物流信息的互联互通。③ 另外,中国邮政、京东、四川灵动信息(INCITO)④等企业都在 2014 年推出了物流云服务。

(三) 物流园区智能化水平不断提升

2014 年,以物流园区为线下运营载体、公共物流信息平台为线上协同工具的新型物流园区 O2O 运营模式逐步在全国推广,物流园区车货匹配平台引入货运"淘宝"和"滴滴打车"模式整合货源和车源,使我国物流园区的智能化水平不断提升。

传化公路港推出"智能公路港"模式,在青岛、天津等地兴建公路智能网络平

---

① 中国道路运输网.全国道路货运车辆公共监管与服务平台上线[EB/OL]. http://www.chinarta.com/html/2014-12/20141225141123.htm.

② 中国公路网.浙江建国家交通运输物流公共信息平台[EB/OL]. http://www.chinahighway.com/news/2014/878483.php.

③ 李彦琴.甘肃"北斗物流云综合服务平台"省级应用平台建设完成[EB/OL]. http://gansu.gscn.com.cn/system/2014/07/16/010758858.shtml.

④ 中国网.四川灵动启动智慧商贸物流云平台[EB/OL]. http://union.china.com.cn/zfgl/2014-10/31/content_7338715.htm.

台体系。① 2014年11月,贵州省首个物流云服务平台/公路港"'马上到'国际云服务物流园"正式开业投用,该公路港是目前贵州省规模最大、信息化程度最高、配套设施最先进的公路货运交易中心。到2014年年底,已有300多家物流企业选择入驻该公路港。② 2014年12月,中国首个云服务智能物流园——湖南海驿智能物流园项目在长沙奠基③。

(四) 物联网应用逐步深化

2014年,物联网技术在我国物流领域得到更加广泛的应用。交通运输部开展了新一代国家交通控制网总体方案研究,完成城市智能交通和船联网国家物联网示范工程、物联网在公路网运行状态监测与效率提升应用等相关研究任务。④ 尤其是在车联网应用方面,2014年我国出现了多个车联网平台,形成了一些包含人、车、路、货、网等物流要素的商用车联网闭环生态圈,对于提高区域物流智能化水平和物流运作效率有积极的推动作用。目前,交通运输部建立的全国重点营运车辆联网联控系统已接入31个省级平台、共有近400万辆车入网。车旺95155云平台于2014年9月正式上线,至2014年年底平台已有50万台认证车辆,2000多个企业用户,月交易额2000万元,全国40家省级分支机构,18个司机服务站。该车联网平台构建起一个线上线下一体化的物流运营服务体系⑤。另外,"好运宝""好多车"等一批车货匹配App系统也逐步得到推广⑥。

二、中国物流标准化发展状况

(一)《物流标准化中长期发展规划》编制工作正式启动

为贯彻落实《物流业发展中长期规划(2014—2020年)》,2014年10月,国家标准化管理委员会正式启动《物流标准化中长期发展规划》的编制工作。该规划将在系统分析我国物流行业发展现状和面临的主要形势,总结物流标准化工作的基础上,结合《物流业发展中长期规划(2014—2020年)》要求,提出我国物流业标

---

① 何黎明. 2014年我国物流业发展回顾与2015年展望[EB/OL]. http://www.chinawuliu.com.cn/lhhkx/201501/16/297616.shtml.
② 张薇等. 贵州最大公路港投用 运用大数据物流"上高速"[EB/OL]. http://www.gz.xinhuanet.com/2014-11/09/c_1113173039.htm.
③ 中国交通新闻网. 海驿:中国首个云服务智能物流园启动. http://www.zgjtb.com/zhitong/2014-12/26/content_16105.htm.
④ 交通运输部网站. 杨传堂部长在2015年全国交通运输工作会议上的讲话[EB/OL]. http://www.moc.gov.cn/zfxxgk/bnssj/zcyjs/201501/t20150108_1756508.html.
⑤ 中国物流与采购网. 车旺95155云平台 商用车联网新变革——"车旺"中国物流与司机服务产业链大会盛大开幕[EB/OL]. http://www.chinawuliu.com.cn/zixun/201412/15/296605.shtml.
⑥ 何黎明. 2014年我国物流业发展回顾与2015年展望[EB/OL]. http://www.chinawuliu.com.cn/lhhkx/201501/16/297616.shtml.

准化的中长期发展目标、主要任务、重点标准领域，以及未来几年的物流标准专项计划。该规划将有助于完善国家物流标准体系框架，加强通用基础类、公共类、服务类及专业类物流标准的制定工作，形成一批对全国物流业发展和服务水平提升有重大促进作用的物流标准。①

（二）国家级物流标准化工作平台开始试运行

2014年12月，由中物联标准化工作部（全国物流标准化技术委员会）开发的物流标准化工作平台开始试运行。该平台建立了标准制修订管理系统、标准查询系统、在线投票系统、标准问卷调查系统、标准实施信息反馈系统五大系统，对规范物流标准化工作，提高服务和管理水平具有重要的推动作用。

（三）商贸物流标准化工作快速推进

随着我国《商贸物流发展专项规划》的实施和商贸物流的快速发展，2014年我国出台多项商贸物流标准化建设相关规划，为我国现代商贸物流服务体系建设的顺利进行提供了标准化方面的政策保障。2014年11月，商务部办公厅、国家标准委办公室共同发布《商贸物流标准化专项行动计划》（以下简称《行动计划》）。该《行动计划》确定的两大主要任务为建立托盘共用体系和物流综合信息服务平台。《行动计划》将通过发挥物流信息服务平台和托盘标准化龙头企业的辐射带动作用，探索成熟路径和商业模式，逐步完善并实施相关标准，促进物流资源整合和行业诚信建设，提高物流信息化和设备设施标准化水平。按照《行动计划》，我国将培育10～20个统一标准的、跨区域的物流综合信息服务平台；在快速消费品、农副产品、药品流通领域培育一批标准托盘应用和循环共用重点企业。② 2014年12月，中国仓储协会完成商务部流通司的研究课题并提交《商贸物流相关重点标准研究报告》，以现有947个物流标准（含397个商贸物流相关标准、51项仓储标准）为基础，研究提出了商贸物流重点相关标准框架、重点领域标准系列，并建议重点贯彻实施的商贸物流相关标准217项，其中，到2020年新制定标准66项。③

（四）国家基础性物流标准编制工作进展顺利

2014年，依据《标准化事业发展"十二五"规划》和《2014年全国标准化工作要点》，我国正式制定、修订、颁布或实施了多项国家基础性物流标准。这些标准内

---

① 中国物流与采购网.国家标准委启动《物流标准化中长期发展规划》编制工作[EB/OL]. http://www.chinawuliu.com.cn/lhhkx/201410/24/294823.shtml.

② 商务部.商贸物流标准化专项行动计划[EB/OL]. http://www.mofcom.gov.cn/article/resume/n/201411/20141100810989.shtml.

③ 国际商报.2014年中国仓储业十大事件[EB/OL]. http://www.56products.com/News/2015-1-29/K10JBDFH0JJ414I4621.html.

容涵盖了物流服务、物流运作、物流信息化等多个方面,如表 2-1 所示。

表 2-1　2014 年正式制定、修订、颁布或实施的国家基础性物流标准

类别	标准名称	状态
物流服务类国家标准	《物流企业分类与评估指标》《物流服务合同准则》《物流园区服务规范及评估指标》《物流园区统计指标体系》《物流景气指数统计指标体系》等	实施
仓储、装卸、搬运、运输、包装类国家标准	《集装箱散货运输技术规范》《环保集装箱技术要求》等	制定
	《集装箱代码、识别和标记》《冷藏集装箱堆场技术管理要求》	修订
	《联运通用平托盘试验方法》《自动化立体仓库的安装与维护规范》等	颁布
	《仓单要素与格式规范》《仓储绩效指标体系》《包装容器 重型瓦楞纸箱》《联运通用平托盘　木质平托盘》等	实施
物流信息化相关国家标准	《基于 ebXML 的物流信息报文 补货请求》《基于 ebXML 的物流信息报文 仓储入库指令和通知》等	制定
	《交通运输物流信息互联共享标准(2014)》《托盘编码及条码表示》	颁布
	《交通运输物流信息交换 第 1 部分:数据元》《交通运输物流信息交换 第 2 部分:道路运输电子单证》等	实施

资料来源:根据国家标准化管理委员会《关于下达 2014 年第一批国家标准制修订计划的通知》《关于下达 2014 年第二批国家标准制修订计划的通知》《2014 年第 1—33 号中国国家标准公告》和中国物流与采购联合会《物流标准化动态》(2014 年 1—12 月刊)、《物流标准目录手册(2014 年版)》整理。

(五) 国家专业性物流标准编制工作稳步推进

近年来,在中国物流与采购联合会汽车物流分会及大型汽车生产企业、物流企业的共同努力下,已经研制了一批汽车物流标准。2014 年,新颁布并实施的四项国家标准对解决汽车物流领域基础概念不统一、服务流程及指标缺失、汽车物流服务技术标准空白,规范汽车物流服务,提高服务质量,完善汽车物流标准化建设,推动我国物流业整体水平的发展具有重要的作用。2014 年国际货运代理作业服务标准陆续开始实施,为进一步规范国际货代市场起到了积极的推动作用。其他方面,冷链物流、危险品物流等领域的标准化工作也取得较大进展。各项专业性物流标准的制定、颁布及实施,对具体细分行业中的物流服务、物流技术和物流操作都起到了积极的引导和规范作用。表 2-2 为 2014 年我国正式制定、颁布或实施的主要国家专业性物流标准。

表2-2 2014年正式制定、颁布或实施的国家专业性物流标准

类别	标准名称	状态
汽车物流	《汽车物流术语》《汽车物流服务评价指标》《汽车整车物流质损风险监控要求》《汽车零部件物流 塑料周转箱尺寸系列及技术要求》	实施
商贸物流	《商贸物流企业信用评价指标体系》	制定
冷链物流	《水产品冷链物流服务规范》《物流企业冷链服务要求与能力评估指标》等	颁布
	《道路运输 食品与生物制品冷藏车 安全要求及试验方法》《货物航空冷链运输规范》等	实施
国际物流	《国际货运代理海铁联运作业规范》《加工贸易物流作业规范》等	实施
危险品物流	《烟花爆竹陆路运输及储存要求》《危险化学品生产、储存装置外部安全防护距离确定方法》等	制定
	《危险货物运输 爆炸品的认可和分项程序及配装要求》《易燃易爆性商品储存养护技术条件》等	实施
城市物流	《城市配送信息平台建设运营规范》	制定
	《城市物流配送汽车选型技术要求》	实施
医药物流	《药品物流服务规范》《药品物流设施与设备技术要求》	实施
农产品物流	《棉花包装》《粮油储藏技术规范》等	实施

资料来源：根据国家标准化管理委员会《关于下达2014年第一批国家标准制修订计划的通知》《关于下达2014年第二批国家标准制修订计划的通知》《2014年第1—33号中国国家标准公告》和中国物流与采购联合会《物流标准化动态》(2014年1—12月刊)、《物流标准目录手册(2014年版)》整理。

第三章 中国物流发展相关政策与规划

在加速经济转型升级、调整产业结构的背景下,我国政府对物流发展的重视程度不断提高。2014年,我国出台了一系列政策以促进物流业的健康发展。特别是《物流业发展中长期规划(2014—2020年)》的出台,标志着物流业成为国家战略产业。2015年,我国政府将紧紧围绕"一带一路""长江经济带""京津冀一体化"等国家重大战略,从区域物流通道建设、物流的对外开放、基于互联网的物流创新等方面,进一步出台鼓励物流业发展的相关措施。

第一节 2014年中国物流发展相关政策规划出台情况

2014年,我国从促进物流对外开放、促进区域物流协调发展、加快交通运输领域改革、加快物流业转型升级和加强物流市场监管等诸多方面,出台了一系列政策,以促进物流业的健康发展。《物流业发展中长期规划(2014—2020年)》的出台,标志着我国物流业将加速转型升级,以适应国民经济发展的"新常态"。

一、发布我国首部物流业发展中长期规划

根据党的十八大、十八届三中全会精神和《中华人民共和国国民经济和社会发展第十二个五年规划纲要》和《服务业发展"十二五"规划》,在《国务院办公厅关于促进物流业健康发展政策措施的意见》(国办发〔2011〕38号)基础上,2014年10月,国务院正式发布《物流业发展中长期规划(2014—2020年)》,旨在全面规范引导物流业的健康发展。规划提出,到2020年,基本建立布局合理、技术先进、便捷高效、绿色环保、安全有序的现代物流服务体系。为实现这一目标,规划提出了着力降低物流成本、提升物流企业规模化、集约化水平和加强物流基础设施网络建设等三大发展重点,提出了大力提升物流社会化、专业化水平等七大主要任务以及多式联运工程等十二个重点工程。《物流业发展中长期规划(2014—2020年)》是我国首部关于物流业中长期发展的纲领性文件,对于指导物流业在新的经济形势下转型升级具有重要意义。

为落实该规划,2014年12月,国家发展改革委会同有关部门印发了《促进物流业发展三年行动计划(2014—2016年)》。该行动计划共提出五个方面62项重

点工作任务,并明确了每项任务的牵头单位、具体目标和完成时限。《促进物流业发展三年行动计划(2014—2016年)》五大主要任务情况如表3-1所示。

表3-1 《促进物流业发展三年行动计划(2014—2016年)》五大主要任务情况

序号	行动目标	主要内容
1	降低物流成本	简政放权、深化物流行政审批制度改革; 切实加大对公路"乱收费""乱罚款"的清理整顿力度; 打造物流大通道; 完善城市配送车辆运行管理; 落实税收支持政策等
2	提升物流企业规模化、集约化水平	鼓励物流企业开展跨区域网络化经营; 积极培育规模化物流企业; 落实和完善支持物流企业发展的用地政策; 拓宽物流企业投资融资渠道; 鼓励物流业对外开放和"走出去"等
3	加强物流基础设施网络建设	加快多式联运设施建设; 发挥物流园区的示范带动作用等
4	推进物流业重点工程建设	推进粮食仓储物流、农产品冷链物流设施建设; 加强资源型产品物流设施建设; 加快完善城乡配送网络体系; 发展电子商务物流,加快物流公共信息平台建设; 加快推进物流标准化; 推进绿色物流发展; 完善应急物流体系等
5	抓好行业基础工作	完善法律法规,规范市场秩序,加强安全监管,加强统计工作,强化人才培养等

该行动计划是《物流业发展中长期规划(2014—2020年)》的实施细则,是指导各部门贯彻落实该规划的重要指引。该计划措施具体、目标量化、时间明确,具有较强的可操作性。随着中长期规划和三年行动计划的实施,一些长期制约行业发展的问题有望得到解决,布局合理、技术先进、便捷高效、绿色环保、安全有序的现代物流服务体系有望加快形成。

二、依托自贸区建设促进物流业的对外开放

为进一步深化改革、扩大开放,2014年12月,国务院宣布设立中国(广东)自由贸易试验区(以下简称"广东自贸区")、中国(天津)自由贸易试验区(以下简称"天津自贸区")和中国(福建)自由贸易试验区(以下简称"福建自贸区"),同时扩大上海自贸区的范围。这是继2013年8月国务院正式批复同意设立中国(上海)

自由贸易试验区后获批的三个自由贸易区。四大自贸区将形成各具特色的改革开放高地。

现代物流是自贸区建设的一项重要内容。天津自贸区着力打造北方国际航运中心和国际物流中心,在国际船舶登记制度、国际航运税收、航运金融业务和租赁业务四个方面进行政策创新试点。广东自贸区中的珠海港和盐田港将是港口物流业的发展前沿,其中,珠海港以"打造一流的港口物流营运商和国内知名的综合能源投资服务商"为目标,转型已初步成型。福建借助自贸区对接台湾,进行区内区外联动,积极探索大陆对台物流模式,构筑战略通道。上海将借自贸区范围进一步扩大的契机,积极推进货物贸易向服务贸易转型,构建国际物流贸易新框架。随着四大自贸区的建设,物流业将在更高层次上支持我国的对外开放,自贸区也将成为我国物流领域对外开放的前沿,成为物流业与国际接轨的重要阵地。

为贯彻落实《国务院关于印发中国(上海)自由贸易试验区总体方案的通知》(国发〔2013〕38号),2014年1月,交通运输部颁布《交通运输部关于中国(上海)自由贸易试验区试行扩大国际船舶运输和国际船舶管理业务外商投资比例实施办法的公告》,旨在试点内进一步扩大国际船舶运输和国际船舶管理业务外商投资比例。2014年8月,海关总署和商务部联合颁布《在中国(上海)自由贸易试验区开展通关无纸化应用试点有关事项》,进一步深化通关作业无纸化改革,提高通关效率。

三、推进区域物流协调发展

区域物流是区域经济的重要组成部分。2014年,国务院、商务部等部门出台的区域经济发展规划政策,均将区域物流发展纳入规划范畴,以发挥区域物流的支撑作用,促进区域经济的协调发展。

(一)建设长江经济带综合立体交通走廊

长江航道作为货运量全球内河第一的黄金水道,是我国区域发展总格局中最重要的东西轴线。但长江流域综合交通运输体系建设尚不健全,黄金水道未能有力地辐射带动广大腹地的经济发展。2014年9月,国务院发布《国务院关于依托黄金水道推动长江经济带发展的指导意见》,旨在进一步开发长江黄金水道,加快推动长江经济带发展。

该意见针对物流业发展提出两方面的要求:一是优化港口功能布局,大力发展现代航运业,形成一批区域性的物流航运中心,并以此为中心,加强集疏运体系建设,发展多式联运,推进港口与物流园区的通道建设;二是加强与丝绸之路经济带的战略互动,发挥重庆长江经济带西部的中心枢纽作用,增强对丝绸之路经济带的战略支撑,形成区域物流集聚效应,打造现代化国际综合交通枢纽。为统筹长江经济带交通基础设施建设,加强各种运输方式有机衔接,完善综合交通运输体系,配合该意见,国务院特同时出台了《长江经济带综合立体交通走廊规划(2014—2020年)》。

《长江经济带综合立体交通走廊规划(2014—2020年)》重点规划了三个方面:一是打造长江黄金水道,对长江干线、支线航道以及港口布局和集疏运体系建设重点项目进行设计;二是建立综合交通运输走廊,要求强化铁路运输网、优化公路运输网、拓展航空运输网、设立综合交通运输节点、打通国际物流通道;三是加快城市群交通网络建设,形成长江三角洲、长江中游、成渝、黔中及滇中四大城市群交通网络。规划的实施将有利于发挥长江航道潜能,提升东西向公路、铁路运输能力,强化基础设施之间的衔接,从而进一步挖掘长江上游腹地的内需潜力,促进经济增长空间由沿海向沿江内陆拓展,优化沿江城市的产业结构和城镇化布局,推动长江经济带经济提质升级。

(二)加强东北地区物流协同发展

党中央、国务院决定实施东北地区等老工业基地振兴战略以来,东北地区经济社会发展取得巨大成就,但目前也面临新的挑战。经济增速持续回落,部分行业生产经营困难,一些深层次体制机制和结构性矛盾凸显。2014年8月,国务院颁布《国务院关于近期支持东北振兴若干重大政策举措的意见》,提出巩固扩大东北地区振兴发展成果、努力破解发展难题的相关措施。其中,特别对物流及交通发展提出以下几点要求。

一是加强粮食仓储和物流设施建设。提出由中央财政预算牵头支持,并充分发挥地方和社会建仓积极性,兴建一批标准化储粮设施,加强运粮通道建设,完善粮食物流体系和节点布局。

二是打造一批重大开放合作平台。在具备条件的地区建设综合保税区和跨境经济合作区。支持铁岭等地建设保税物流中心,促进东北腹地与沿海产业优势互补、良性互动。加快建设大连东北亚国际航运中心。

三是加快综合交通网络建设。加快东三省内部快速铁路建设;对境内现有的公路进行扩容,加快铁岭至本溪等国家高速公路"断头路"建设;推进长春、哈尔滨、沈阳、大连机场扩建、新建进程;打通经俄罗斯的中欧铁路大通道,并积极推进中蒙铁路通道建设。

该意见的实施,一方面,将通过加强运粮通道及物流基础设施建设,完善粮食物流体系和节点布局,从而进一步畅通我国"北粮南运"的通道;另一方面,通过国际运输通道和物流节点的建设,将强化东北地区在我国国际物流体系中的重要地位。

四、全面深化交通运输领域改革

为落实党的十八届三中全会对全面深化改革做出的战略部署,2014年,国务院办公厅、国家发展改革委、交通运输部等部门发布了一系列深化交通领域改革的文件,推动改革在重要领域和关键环节向纵深发展。

(一) 出台深化交通运输改革的指导意见

2014年12月,交通运输部颁布《交通运输部关于全面深化交通运输改革的意见》,总目标是推进交通运输治理体系和治理能力现代化。该意见提出,到2020年,在交通运输重要领域和关键环节改革上取得决定性成果,交通运输体制机制更加完善,发展质量和服务水平显著提升,支撑和保障国民经济、社会发展、民生改善能力显著增强,形成更加成熟规范、运行有效的交通运输制度体系。该意见共分11个部分,涉及42条改革任务和150多项改革举措。其主要内容:一是提出了全面深化交通运输改革的指导思想、总目标和基本原则;二是完善综合交通运输体制机制;三是加快完善交通运输现代市场体系;四是加快转变政府职能,深化行政审批制度改革,加强公共服务职责以及市场监管职责;五是加快推进交通运输法治建设;六是深化交通运输投融资体制改革;七是深化公路管理体制改革;八是深化水路管理体制改革;九是完善现代运输服务体系;十是完善交通运输转型升级体制机制;十一是加强全面深化交通运输改革的组织领导。

《全面深化交通运输改革的意见》作为到2020年指导交通运输行业全面深化改革的纲领性文件,将促进我国在大交通、投融资体制机制、收费公路等领域改革实现重大突破,在运输体制、运输市场和运输服务方面打破现有机制,完善综合交通体系建设,推进交通运输治理体系和治理能力现代化。

(二) 加快交通基础设施的投融资体制改革

为落实《国务院关于改革铁路投融资体制加快推进铁路建设的意见》(国发〔2013〕33号),实施铁路用地及站场毗邻区域土地综合开发利用政策,支持铁路建设,2014年8月,国务院办公厅发布《国务院办公厅关于支持铁路建设实施土地综合开发的意见》。该意见提出支持盘活现有铁路用地,推动土地综合开发,科学编制既有铁路站场及周边地区改建规划,实施铁路用地及站场毗邻区域土地综合开发利用政策,将铁路建设与新型城镇化、政府引导与市场自主开发,以及盘活存量铁路用地与综合开发新老站场用地结合起来。此次实施铁路用地及站场毗邻区域土地综合开发利用,是吸引民间资本、加快铁路投融资体制改革和铁路建设的重要举措,有助于缓解铁路资金压力,加快铁路基础设施建设。

2014年5月,国家发展改革委颁布《关于发布首批基础设施等领域鼓励社会投资项目的通知》,决定在基础设施等领域首批推出80个鼓励社会资本参与建设

运营的示范项目。其中,涵盖铁路、公路、港口等交通基础设施领域,鼓励和吸引社会资本特别是民间投资以合资、独资、特许经营等方式参与建设及运营。该通知的发布,将加快我国交通基础设施领域的投融资体制改革,推进投资主体多元化,进一步发挥社会资本在交通基础设施建设中的作用,缓解基础设施建设运营为地方政府带来的财政压力。

(三) 推进运输服务价格市场化改革

推进价格市场化改革是中国政府十八届三中全会以来转变政府职能的重要内容。为发挥市场在资源配置中的决定性作用,我国相继在铁路、航空、港口等领域,完善收费政策,下放部分交通运输价格定价权限,放开部分交通运输服务收费,以促进我国交通运输事业的持续健康发展。

2014年11月,交通运输部和国家发展改革委颁布《关于放开港口竞争性服务收费有关问题的通知》,通知要求放开港口劳务性和船舶供应服务收费标准,规范劳务性收费计费方式,简化港口收费项目,加强港口收费行为监管,完善港口收费规则。同月,中国民用航空局和国家发展改革委颁布《关于进一步完善民航国内航空运输价格政策有关问题的通知》,提出放开民航国内航线货物运输价格,落实明码标价规定,不断提高经营管理水平,为广大货主提供质价相符的航空运输服务。2014年12月,国家发展改革委下发《关于下放和放开部分交通运输服务价格的通知》,要求下放省内短途管道运输价格管理权限,由相关经营者根据用户需求以及生产经营成本、市场供求和竞争状况、社会承受能力等情况,自主确定具体收费项目和收费标准。同月,国家发展改革委颁布《关于放开部分铁路运输产品价格的通知》,提出对于散货快运价格和铁路包裹运输价格,铁路运输企业可以自主确定具体运输价格。

价格改革是推进市场化改革和政府职能转变的重要内容。交通运输领域的服务价格市场化,有利于充分发挥市场在价格形成中的主导作用,激发市场主体的活力,建立市场调节体系,促进运输市场的良性运转。

五、加快物流业的转型升级

随着我国经济社会的发展,物流业发展体现出新的特点,要求物流业加快转型升级应对"新常态"。我国出台了一些政策,促进物流业加快与相关产业的融合,加快港口及航运领域的转型升级。

(一) 加快物流与其他产业融合

2014年7月,《国务院关于加快发展生产性服务业促进产业结构调整升级的指导意见》出台,这是国务院首次对生产性服务业发展做出的全面部署。该意见明确将第三方物流、电子商务等作为当前我国生产性服务业发展重点,特别提出第三方物流要优化物流企业供应链管理服务，提高物流企业配送的信息化、智能化、精准化水平，培育一批具有较强服务能力的生产服务型物流园区和配送中心，推动物流制造两业联动。

（二）推动港口及航运业转型升级

2013年，为了缓解航运市场的压力，国务院和交通运输部等部门连续发布多个文件，推动航运业转型升级和健康发展。2014年，相关部门进一步出台政策，引导水路运输业发展。

2014年6月，《交通运输部关于推进港口转型升级的指导意见》颁布，该意见指出，以加快转变港口发展方式为主线，到2020年基本形成质量效益高、枢纽作用强、绿色安全、集约发展、高效便捷的现代港口服务体系，适应我国经济社会发展需求。港口发展基本实现由主要依靠增加资源投入向主要依靠科技进步、劳动者素质提高和管理创新转变，由主要提供装卸服务向提供装卸服务和现代港口服务并重转变，由主要追求吞吐量增长向着力提升质量和效益转变。该意见提出了港口转型升级的六大主要任务：拓展服务功能，发展现代港口业；完善港口运输系统，推进综合交通枢纽建设；科学配置港口资源，引导港口集约发展；加强技术和管理创新，推动港口绿色发展；加强港口安全管理，深化港口平安建设；提升港口信息化水平，促进港口服务高效便捷。也就是说，我国港口将围绕"三化""三型"进行转型升级。所谓"三化"，即发展港口服务的现代化、推进综合交通枢纽化建设以及引导港口集约化发展；所谓三型，即绿色型、平安型、智慧型。该意见的出台，为我国港口适应经济发展新常态、缩小与发达国家港口的差距、实现港口的转型升级指明了方向。

为适应国民经济安全运行和对外贸易发展需要，2014年8月，国务院颁布《国务院关于促进海运业健康发展的若干意见》，明确提出了海运强国的发展目标，即到2020年，基本建成安全、便捷、高效、经济、绿色和具有国际竞争力的现代化海运体系，海运服务贸易位居世界前列，国际竞争力明显提升。为实现以上目标，该意见提出七项主要任务：一是优化海运船队结构，二是完善全球海运网络，三是促进海运企业转型升级，四是大力发展现代航运服务业，五是深化海运业改革开放，六是提升海运业国际竞争力，七是推进安全绿色发展。该意见是我国国家层面第一个关于海运业发展的顶层设计，也是第一次对海运发展工作的全面系统部署，标志着海运发展上升为国家战略。

为落实《国务院关于促进海运业健康发展的若干意见》，交通运输部于2014年12月颁布《交通运输部关于加快现代航运服务业发展的意见》，提出到2020年我国将基本形成功能齐备、服务优质、高效便捷、竞争有序的现代航运服务业体系。围绕总体发展目标，该意见部署了11个方面的主要任务：一是促进传统航运服务业转型升级,二是提升航运交易服务能力,三是创新航运金融保险服务,四是强化航运法律服务能力,五是提高航运信息服务能力,六是增强运价指数服务功能,七是强化船舶技术服务,八是提升船员劳务服务能力,九是完善现代航运服务业市场监管体系,十是深化国际交流与合作,十一是完善航运中心服务功能。该意见是对《国务院关于促进海运业健康发展的若干意见》的细化,也是"十三五"期间我国航运业发展的指导性文件,有助于我国航运业的转型升级,提升航运业的国际竞争力。

六、着力提升物流领域专业化水平

《物流业发展中长期规划(2014—2020年)》明确将"提升物流专业化水平"作为三大重点任务之一。2014年,我国在商贸流通、农产品及冷链物流和城市配送领域,出台了一系列政策,引导、鼓励物流领域向专业化方向发展。

(一)商贸物流

为促进商贸物流发展,降低物流成本,引导企业做大做强,2014年9月,商务部颁布《关于促进商贸物流发展的实施意见》,围绕提高物流社会化、专业化、标准化、信息化、组织化和国际化水平,部署促进商贸物流发展,降低物流成本。该意见提出了商贸物流发展的工作任务:一是提高社会化水平,支持商贸物流企业加强供应链管理,大力发展共同配送,支持传统仓储企业转型升级,向配送运营中心和第三方物流发展;二是提高专业化水平,大力发展电子商务物流,加强冷链物流建设,加快生产资料物流转型升级,鼓励发展绿色物流;三是提高标准化水平,创新标准宣传贯彻和实施促进的工作机制,以标准化托盘循环共用试点工作为切入点,逐步提高全社会标准托盘普及率;四是提高信息化水平,支持企业共用信息系统实现数据共用、资源共享、信息互通,支持以企业为主体的物流综合信息服务平台发展;五是提高组织化水平,鼓励物流企业做大做强、融合发展,引导共同投资建设重要物流节点的仓储设施,合理布局物流园区(中心、基地);六是提高国际化水平,以"丝绸之路"经济带和21世纪"海上丝绸之路"沿线区域物流合作为重点,以国际商品交易中心、重点进出口口岸为依托,推进国际物流大通道建设,支持建设商贸物流型境外经济贸易合作区,鼓励有条件的商贸物流企业走出去和开展全球业务。

2014年8月,商务部颁发《商务部关于加快推进环渤海等11个主要商业功能区建设的实施意见》,旨在深化国内贸易流通体制改革,在11个主要商业功能区[①]

---

① 11个功能区包括:环渤海、长三角、珠三角、中原、长江中游、成渝、关中—天水、滇黔桂、甘宁青、新疆、哈长。

内建设统一开放、竞争有序的市场体系。在物流方面的建设内容包括:一是统筹流通基础设施布局。重点搞好批发市场、物流节点、储备设施和会展平台等流通基础设施规划布局,加强资源整合与集约利用;二是加强相关区域资源共享。打破行政区域界限,加强相邻区域机场、码头、仓储设施、会展平台、配送中心、物流园区等流通基础设施共建共享;三是推动内贸流通创新发展。大力推进流通信息化建设,提升物流配送专业化、社会化和信息化水平。

(二) 农产品及冷链物流

为解决我国农产品市场体系薄弱、流通成本高、流通效率低的问题,加快建设高效畅通、安全规范、竞争有序的农产品市场体系,2014年2月,商务部等13个部门联合发布《关于进一步加强农产品市场体系建设的指导意见》。该意见紧密围绕农产品市场体系公益性、高效性和稳定性的主线,从完善制度、优化架构、培育主体、推动创新、加强监管、政策保障等6个方面明确了农产品市场体系建设的发展方向和主要任务,争取利用5至10年的时间,逐步建立高效畅通、安全规范、竞争有序的中国特色农产品市场体系。意见明确提出在全国重要流通节点和优势农产品区域,加快打造一批具有国内外影响力的农产品集散中心、价格形成中心、物流加工配送中心和国际农产品展销中心。该意见还提出支持农产品产地预冷、初加工、储存设施建设,支持流通企业整合上游生产和下游营销资源,促进农产品冷链与供应链、物联网、互联网的协同发展,以提高农产品冷链流通率。

为解决我国冷链运输物流企业集中度不高,专业化服务能力不强,运输效率低、成本费用高等问题,2014年12月,国家发展改革委等10部门联合发布《关于进一步促进冷链运输物流企业健康发展的指导意见》,提出以下指导意见:一是冷链运输物流企业通过参股、控股等方式提升冷链运输规模化、集约化水平;二是加强冷链物流基础设施建设;三是完善冷链运输物流标准化体系;四是积极推进冷链运输物流信息化建设;五是大力发展共同配送等先进的配送组织模式;六是优化城市配送车辆通行管理措施;七是加强和改善行业监管;八是加大财税等政策支持力度;九是发挥行业协会作用。该指导意见是一段时期内指导冷链运输物流发展的纲领性文件,凸显了我国政府对冷链运输物流的极大关注和大力支持,也为冷链运输物流持续健康发展指明了方向。

(三) 城市配送

城市配送是保障和改善民生的重要领域,是发展现代物流的关键环节,是保障城市经济社会正常运行的基础支撑。近年来,城市配送车辆"进城难、停靠难、装卸难"等现象突出,城市配送管理工作机制不健全、车辆装备标准化程度不高、配送服务不规范、车辆通行管控措施不适应等问题还未得到有效解决。为深入贯彻落实《国务院办公厅关于促进物流业健康发展政策措施的意见》(国办发

〔2011〕38号)、《国务院办公厅关于印发降低流通费用提高流通效率综合工作方案的通知》(国办发〔2013〕5号)的有关要求,2014年2月,交通运输部、公安部和商务部联合发布《关于加强城市配送运输与车辆通行管理工作的通知》。该通知提出了加强城市配送运输与车辆通行管理的8个方面的措施:一是强化城市配送运力需求管理;二是加强城市配送车辆技术管理;三是规范发展城市货运出租汽车;四是优化城市配送车辆通行管理措施;五是完善城市配送车辆停靠管理措施;六是提升城市配送运输服务水平;七是强化城市配送运输市场监督管理;八是健全城市配送运输与车辆通行管理工作机制。该意见的出台对于规范城市配送运输经营活动,改善城市配送车辆通行环境,缓解城市交通拥堵,起到重要的促进作用。

七、鼓励低碳环保物流发展

为进一步推进资源节约型和环境友好型社会建设,引导和促进企业积极履行环境保护责任,建立绿色供应链,实现绿色、低碳和循环发展,2014年12月,商务部、环境保护部、工业和信息化部联合发布《企业绿色采购指南(试行)》,对企业如何将绿色环保的内容融入产品的全生命周期做出了指导。该指南提出,企业采购需要遵循绿色供应链原则,综合考虑产品设计、采购、生产、包装、物流、销售、服务、回收和再利用等多个环节的节能环保因素,仓储和物流运输等环节,推行智能化、信息化和便捷化的节约能源和减少污染物排放的措施。该指南出台之前,我国更多的是从政府绿色采购的角度,推行绿色供应链工作,而企业的绿色采购仍是企业的自发行为。该指南则是第一个从政策层面指导企业进行绿色采购的文件。

2014年12月,工业和信息化部办公厅发布《关于进一步做好机电产品再制造试点示范工作的通知》,明确将再制造试点工作组织管理体系、检验检测体系、旧件逆向物流体系纳入试点考察范围。

2014年10月,国家发展改革委等七部委颁发《关于印发燃煤锅炉节能环保综合提升工程实施方案的通知》,指出在主要煤炭消费地、沿海沿江主要港口和重要铁路枢纽,建设大型煤炭储配基地和煤炭物流园区,开展集中配煤、物流供应试点示范,进行集约化发展,同时提高煤炭洗选加工能力,推广符合细分市场要求的专用煤炭产品。

八、强化物流市场的监管与规范发展

(一)强化跨境电商监管

2013年8月,国务院办公厅转发商务部等部门《关于实施支持跨境电子商务零售出口有关政策意见的通知》,即国家支持跨境电商产业发展"国六条",这是我国第一部关于跨境电商发展的政策。

为促进跨境贸易电子商务零售进出口业务发展,2013年12月,财政部、国税总局联合发布《关于跨境电子商务零售出口税收政策的通知》,明确跨境电子商务零售出口有关的税收优惠政策。为方便企业通关,规范海关管理,2014年1月海关总署《关于增列海关监管方式代码的公告》(2014〔12〕号),增列海关监管方式代码"9610",全称为"跨境贸易电子商务",正式将跨境电子商务列入海关监管。同年7月,海关总署发布《关于增列海关监管方式代码的公告》(2014〔57〕号),增列海关监管方式代码"1210",全称"保税跨境贸易电子商务"。2014年8月,海关总署颁布了《关于跨境贸易电子商务进出境货物、物品有关监管事宜的公告》,将对从事跨境电子商务的企业和个人进行监管,使海外代购有法可依。

(二)建设物流信用体系

物流业信用体系建设是社会信用体系建设的重要组成部分,是发挥市场在物流资源配置中的决定性作用和强化市场监管的重要基础。近些年,我国物流业取得了长足发展,但组织化程度依然较低,市场主体"小、散、乱"现象较为突出,部分企业经营管理不规范,违法、违规、违约现象时有发生,破坏了公平、公正的市场竞争秩序,影响了物流业的健康可持续发展,社会对物流业诚信的认可度总体偏低。

2014年11月,由国家发展改革委牵头,联合交通运输部、商务部、国家铁路局、中国民用航空局、国家邮政局和国家标准委联合发布《关于我国物流业信用体系建设的指导意见》。该意见提出以下措施:一是要求各级政府相关部门要加大对信用服务机构的培育力度;二是大力推进信用记录建设,要求相关部门要健全信用信息采集机制;三是推动物流业信用记录在全社会的广泛应用;四是构建守信激励和失信惩戒机制;五是建立完善物流信用法律法规和标准;六是加强企业诚信制度建设,引导物流企业树立诚信经营理念;七是积极推动形成行业诚信文化;八是大力推进政务诚信建设;九是要求充分发挥行业协会作用;十是开展专业物流领域信用建设试点,如冷链物流、危险品物流、汽车物流等条件相对成熟的物流领域开展信用建设试点;十一是加强物流信用体系建设的组织协调。

该意见是我国第一个关于物流业诚信体系建设的指导意见。该意见的出台,对于约束和规范企业的经营行为,营造公平竞争、诚信经营的市场环境具有重要意义,有利于建立统一开放、竞争有序的现代物流市场体系,发挥市场在物流资源配置中的决定性作用,促进物流业加快转型升级。

(三)加强危险货物运输安全管理

随着我国危险货物运输量的快速增长,迫切需要对危险货物的生产、仓储、装卸、运输、污染物处置等各环节加强安全管理。2014年,我国政府从道路运输和长江航运两个方面发布文件,强化危险品运输管理。2014年3月,交通运输部发布《关于进一步加强道路危险货物运输安全管理工作的通知》,要求严格落实道路危险货物运输企业安全生产主体责任,加强道路危险货物运输从业人员管理,严格道路危险货物运输装备管理,强化对道路危险货物运输监督检查。2014年6月,国务院办公厅发布《关于印发推进长江危险化学品运输安全保障体系建设工作方案的通知》,提出通过优化沿江石化、化工产业布局,构建长江危险化学品动态监管信息平台,加强长江危险化学品运输装备设施建设,并完善危险化学品应急救援体系等措施,以推进长江水系化学品运输安全保障体系建设。

(四) 加强物流统计工作

物流统计是促进物流业发展的基础工作,对于准确把握我国物流运行情况和发展趋势具有重要的作用,也为科学制定物流规划和政策,加强宏观调控提供重要参考依据。2014年9月,国家发展改革委颁发《关于继续组织实施社会物流统计报表制度的通知》,通知要求社会物流统计报表制度重新修订,要求高度重视物流统计工作,进一步提高统计质量,切实加强数据分析应用,严格遵守报送要求,以准确把握我国物流运行情况和发展趋势。

第二节 《物流业发展中长期规划》解读

《物流业发展中长期规划(2014—2020年)》是自2009年4月国务院印发《物流业调整和振兴规划》以来,国务院再次正式印发的物流行业纲领性文件,也是2011年国务院办公厅颁布《关于促进物流业健康发展政策措施的意见》以来,对物流业发展问题进行进一步总结,提出的全局性、统领性的发展方案。《物流业发展中长期规划(2014—2020)》的正式印发,不仅使我国物流业在国家产业战略中的地位进一步提升,而且也为物流行业的进一步发展提供了良好的政策环境。

一、规划出台背景

"十一五"特别是国务院印发《物流业调整和振兴规划》以来,我国物流业保持较快增长,服务能力显著提升,基础设施条件和政策环境明显改善,现代产业体系初步形成,物流业已成为国民经济的重要组成部分。但是,物流业发展总体水平还不高,发展方式比较粗放。一是物流成本高、效率低;二是条块分割严重,阻碍物流业发展的体制机制障碍仍未打破;三是基础设施相对滞后,不能满足现代物流发展的要求;四是政策法规体系还不够完善,市场秩序不够规范。当前,经济全球化趋势深入发展,网络信息技术革命带动新技术、新业态不断涌现,伴随全面深化改革,工业化、信息化、新型城镇化和农业现代化进程持续推进,产业结构调整和居民消费升级步伐不断加快,我国物流业发展面临新的机遇与挑战。

2011年7月，由国家发展改革委牵头，吸收13个部门和单位组成了《物流业发展中长期规划(2014—2020年)》编制工作领导小组。2014年6月11日，李克强总理主持召开国务院常务会议，讨论通过了《物流业发展中长期规划(2014—2020年)》。这是我国物流业在经济发展"新常态"下产业地位提升的重要标志。

二、规划主要内容

《物流业发展中长期规划(2014—2020年)》在对我国物流业发展现状、问题和面临形势深入分析的基础上，提出了未来五年我国物流业发展的指导思想、目标和原则，明确了三大发展重点，确定了七大主要任务和十二项重点工程，提出了规划实施的保障措施。这是我国物流业到2020年的发展蓝图。该规划的主要内容如表3-2所示。

表3-2 《物流业发展中长期规划(2014—2020年)》的主要内容

政策方向	重点方面	主要内容
发展目标		到2020年，基本建立布局合理、技术先进、便捷高效、绿色环保、安全有序的现代物流服务体系
三大发展重点		降低物流成本
		提升物流企业规模化、集约化水平
		加强物流基础设施网络建设
七大主要任务	提升物流社会化、专业化水平	鼓励制造企业分离外包物流业务，促进企业内部物流需求社会化。鼓励物流企业功能整合和业务创新，不断提升专业化服务水平，积极发展定制化物流服务
	加强物流信息化建设	加强北斗导航、物联网、云计算、大数据、移动互联等先进信息技术在物流领域的应用，加快企业物流信息系统建设
	推进物流技术装备现代化	加快食品冷链、医药、烟草、机械、汽车、干散货、危险化学品等专业物流装备的研发，提升物流装备的专业化水平
	加强物流标准化建设	加紧编制并组织实施物流标准中长期规划，完善物流标准体系，完善国家物流标准体系框架
	区域物流协调发展	按照建设"丝绸之路"经济带、"海上丝绸之路"、长江经济带等重大战略规划要求，加快推进重点物流区域和联通国际国内的物流通道建设
	推动国际物流发展	加强枢纽港口、机场、铁路、公路等各类口岸物流基础设施建设；以重点开发开放试验区为先导，结合发展边境贸易
	大力发展绿色物流	优化运输结构，合理配置各类运输方式，提高铁路和水路运输比重，促进节能减排

(续表)

政策方向	重点方面	主要内容
十二项重点工程	多式联运工程	发展海铁联运、铁水联运、公铁联运、陆空联运,推进大宗散货水铁联运、集装箱多式联运
	物流园区工程	发展货运枢纽型、生产服务型、商贸服务型、口岸服务型和综合服务型物流园区,以及农产品、钢铁医药、快递等专业类物流园区
	农产品物流工程	推进粮食现代物流设施建设,加强物流节点及铁路专用线建设;加强"南糖北运"及鲜活农产品冷链物流设施建设
	制造业物流与供应链管理工程	建设仓储配送设施和物流信息平台,鼓励各类产业聚集区域和功能区配套建设公共外仓,引进第三方物流企业
	资源型产品物流工程	推进晋陕蒙(西)宁甘、内蒙古东部、新疆等煤炭外运重点通道建设,重点建设环渤海等大型煤炭储配基地和重点煤炭物流节点
	城乡物流配送工程	完善城乡配送网络体系,统筹规划、合理布局配送节点,搭建城市配送公共服务平台,推进县乡村消费品农资配送网络体系建设
	电子商务物流工程	建成区域性仓储配送基地,吸引制造商、电商、快递和零担物流公司、第三方服务公司入驻,探索发展高铁快件运输。结合推进跨境贸易电子商务试点,完善一批快递转运中心
	物流标准化工程	重点推进物流技术、信息、服务、运输以及农产品、医药、汽车、电子商务、邮政(含快递)、冷链、应急等物流标准的修订工作
	物流信息平台工程	整合现有物流信息服务平台资源,建设智能物流信息公共服务平台。加强综合运输信息、物流资源交易、电子口岸和大宗商品交易等平台建设,促进各类平台之间的互联互通和信息共享
	物流新技术开发应用工程	推动北斗导航、物联网、云计算、大数据、移动互联等技术在产品可追溯、在线调度管理、全自动物流配送、智能配货领域的应用
	再生资源回收物流工程	重点推动包装物、废旧电器电子产品等生活废弃物和报废工程机械、消费品加工中产生的边角废料等有使用价值废弃物的回收物流发展
	应急物流工程	建立统一协调、反应迅捷、运行有序、高效可靠的应急物流体系形成一批具有较强应急物流运作能力的骨干物流企业

三、规划的主要特点

(一) 明确了物流业的战略地位

2009 出台的《物流业调整与振兴规划》提出,物流业是融合运输业、仓储业、货代业和信息业等的复合型服务产业,是国民经济的重要组成部分,涉及领域广,吸纳就业人数多,促进生产、拉动消费作用大,在促进产业结构调整、转变经济发展方式和增强国民经济竞争力等方面发挥着重要作用。经过多年的发展,物流业在国民经济中的作用进一步增强。《物流业发展中长期规划(2014—2020年)》明确提出,物流业"是支撑国民经济发展的基础性、战略性产业。加快发展现代物流业,对于促进产业结构调整、转变发展方式、提高国民经济竞争力和建设生态文明具有重要意义。"可见,物流产业地位进一步提升,重要性得到强化,体现了我国对物流业认识的深化,极大地拓宽了物流业的发展空间。

(二) 发展目标全面具体

规划中明确了未来五年物流产业建设与发展的总体目标,即到2020年,基本建立布局合理、技术先进、便捷高效、绿色环保、安全有序的现代物流服务体系。具体看,发展目标涵盖物流的服务、企业主体、基础设施和运行效率四个方面,既有定量指标,又有定性指标,全面而且具体。这四个方面的目标是:

一是服务水平。规划提出物流的社会化、专业化水平进一步提升。物流业增加值年均增长8%左右,物流业增加值占国内生产总值的比重达到7.5%左右。第三方物流比重明显提高。新的物流装备、技术广泛应用。

二是企业竞争力。规划提出物流企业竞争力显著增强。一体化运作、网络化经营能力进一步提高,信息化和供应链管理水平明显提升,形成一批具有国际竞争力的大型综合物流企业集团和物流服务品牌。

三是基础设施。规划提出,物流基础设施及运作方式衔接更加顺畅。物流园区网络体系布局更加合理,多式联运、甩挂运输、共同配送等现代物流运作方式保持较快发展,物流集聚发展的效益进一步显现。

四是运行效率。规划提出,物流整体运行效率显著提高。全社会物流总费用与国内生产总值的比率由2013年的18%下降到16%左右,物流业对国民经济的支撑和保障能力进一步增强。

(三) 聚焦突出问题

当前,我国物流业仍然存在一些突出问题,如物流成本高、效率低;条块分割严重,阻碍物流业发展的体制机制障碍仍未打破;基础设施相对滞后,不能满足现代物流发展的要求;政策法规体系还不够完善,市场秩序不够规范。对此,规划特别强调,物流业发展的重点突出三个"着力点",一是着力降低物流成本,二是着力提升物流企业规模化、集约化水平,三是着力加强物流基础设施网络建设。三个着力点抓住了制约物流业发展的关键问题和推动物流业发展的"突破口",具有积极的政策指导意义。

(四) 以主要任务和重点工程为重要抓手

规划从三个层面提出七项主要任务。第一个层面从物流业提质增效方面,提出要大力提升物流业社会化、专业化水平,进一步加强物流信息化建设,推进物流技术装备现代化、加强物流标准化建设;第二个层面从物流业区域协调发展方面,提出要推进区域物流、国际物流发展;第三个层面从环境保护方面,提出要大力发展绿色物流。目标和任务环环相扣、层次分明,具有较强的针对性和指导性。

为使规划落到实处,规划列出了十二项重点工程,大致可以分为以下五类。一是基础设施建设类:多式联运工程、物流园区工程;二是产品物流类:农产品物流工程、制造业物流与供应链管理工程、资源型产品物流工程;三是运行方式类:城乡物流配送工程、电子商务物流工程;四是行业基础工作类:物流标准化工程、物流信息平台工程、物流新技术开发应用工程;五是社会责任类:再生资源回收物流工程、应急物流工程。以上重点工程涉及物流业发展的关键环节和重点领域,是落实规划的着力点,也是有关部门和地方支持物流业发展的重要抓手。

(五)强调规划的落实

规划的核心问题在于落实。规划共列出九项保障措施以利于规划的实施,包括深化改革开放、完善法规制度、规范市场秩序、加强安全监管、完善扶持政策、拓宽投资融资渠道、加强统计工作、强化理论研究和人才培养,以及发挥行业协会作用。为落实该规划,国家发展改革委会同有关部门印发了《促进物流业发展三年行动计划(2014—2016年)》,明确了每项任务的牵头单位、具体目标和完成时限。

第三节 我国物流政策与规划展望

当前,世界经济仍处在国际金融危机后的深度调整期,我国经济发展步入"新常态",物流业也需要通过转型升级以应对发展过程中的新问题。2015年是"十二五"规划收官年,同时也是"十三五"规划编制年。我国将紧紧围绕"一带一路""长江经济带""京津冀一体化"等国家重大战略,依据《物流业发展中长期规划(2014—2020年)》和《促进物流业发展三年行动计划(2014—2016年)》等相关规划和政策,进一步出台鼓励物流业发展相关措施。

一、区域物流大通道建设将得到更多资金支持

2015年,备受关注的"一带一路"战略将从顶层设计和规划走向逐步落实。2015年3月,国家发改委、外交部、商务部联合发布了《推动共建丝绸之路经济带和21世纪海上丝绸之路的愿景与行动》。该愿景提出,努力实现区域基础设施更加完善,安全高效的陆、海、空通道网络基本形成,互联互通达到新水平。其中,基础设施互联互通是"一带一路"建设的优先领域。在尊重相关国家主权和安全关切的基础上,沿线国家宜加强基础设施建设规划、技术标准体系的对接,共同推进国际骨干通道建设,逐步形成连接亚洲各次区域以及亚、欧、非之间的基础设施网

络。目前，丝路基金、亚洲基础设施投资银行、金砖国家开发银行和上合组织开发银行四个平台有望在2015年为相应的项目提供资金支持。

2015年4月30日，中央政治局会议审议通过了《京津冀协同发展规划纲要》。该规划纲要提出，要在京津冀交通一体化等重点领域率先取得突破。此外，根据《长江经济带综合立体交通走廊规划（2014—2020年）》，长江区域综合立体交通走廊将到加快建设。

交通运输部2015年的工作重点明确提出，要服务国家"三大战略"。一是落实"一带一路"战略规划，加强与周边国家交通基础设施互联互通；二是推进京津冀交通运输一体化，尽快启动实施一批示范性强、作用显著的重大项目；三是加快建设长江经济带综合立体交通走廊，统筹长江经济带综合立体交通走廊建设，体现综合交通运输优势。

二、依托自贸区建设的国际物流政策将更加开放

2015年3月，广东、天津、福建自贸区总体方案以及进一步深化上海自由贸易试验区改革开放方案正式获批①。4月，粤、津、闽三大自贸区正式挂牌，标志着我国的自贸区建设将进入新阶段，新一轮高水平对外开放和更大范围的改革试点正在稳步推进。

广东省自贸区充分利用其区位特点，重点推动粤、港、澳地区的服务贸易自由化，粤、港、澳三区物流服务借此将积极探索市场互联、资金互通、服务互认新模式。天津市作为北方重要港口城市，将充分借鉴上海自贸区试验经验，突出航运，打造航运税收、航运金融等特色。福建省自贸区立足两岸，扩大两岸服务贸易开放，将在电信和运输、商贸、建筑业、产品认证、工程技术、专业技术等8大服务领域加强对台合作。

三、农产品流通体系建设将进一步得到政策支持

2015年2月，中共中央、国务院印发《关于加大改革创新力度加快农业现代化建设的若干意见》，这是自2004年以来，中央一号文件连续第12次聚焦"三农"，这是在经济发展新常态下加快农业现代化发展的战略选择。创新农产品流通方式将成为促进农业转型升级的重要手段，具体包括：农产品市场体系建设、流通骨干网络建设、仓储物流设施建设、粮食收储能力建设、产地市场建设、冷链物流体系建设等领域的转型升级发展。因此，农产品冷链物流体系的建设仍将是发展重

---

① 新华网.政治局通过广东天津福建自贸区方案[EB/OL]. http://news.xinhuanet.com/city/2015-03/25/c_127619793.htm.

点。此外，文件还提出充分利用电子商务手段，支持涉农电商平台建设，开展电商进农村综合示范等，体现了农业与电子商务融合发展的趋势。

四、产业联动将得到进一步加强

《物流业发展中长期规划（2014—2020年）》明确将物流业专业化、社会化发展作为重点任务。2014年5月的国务院常务会议部署加快生产性服务业重点和薄弱环节发展，以促进产业结构调整升级，其中强调要推进第三方物流与制造业联动发展。2015年，我国提出"中国制造2025"战略，推动制造业产业升级，工信部亦将智能制造作为重点部署任务。制造业的转型升级对物流业发展提出新的要求。

未来，物流业将进一步深化与制造业的联动融合，同时，联动的产业范围将进一步扩大①，特别是我国将鼓励物流业与商贸业、金融业等进行"多业联动"，以创造高附加值、个性化的增值业务。

五、基于互联网+的物流创新将得到鼓励

《物流业发展中长期规划（2014—2020年）》明确提出：加强物联网、云计算、大数据、移动互联等先进信息技术在物流领域的应用。2015年，我国政府工作报告中首次提出，"制订'互联网+'行动计划，推动移动互联网、云计算、大数据、物联网等与现代制造业结合，促进电子商务、工业互联网和互联网金融健康发展"。

在"互联网+"背景下，传统物流业的转型升级将迎来新机遇。一方面，将由过去单纯推动物流信息平台建设，转向鼓励物流信息平台联网化、扁平化发展，以降低信息匹配成本，加强信息整合能力，提升物流效率，鼓励形成一批具有示范效应、市场认可的物流信息平台。2015年4月，国家交通运输物流公共信息平台联手传化物流集团，推出首个定义为全国物流园区信息管家的系列互联网产品——园区通，信息平台资源整合初见成效。另一方面，在国家鼓励"大众创业、万众创新"的背景下，基于互联网的各类物流创新模式，如面向"O2O"的物流服务，车货匹配的App等，将会得到政策的大力支持。

六、跨区域、跨部门大通关将加快建设

2015年2月，国务院正式发布《国务院关于印发落实"三互"推进大通关建设

---

① 何黎明.2014年我国物流业发展回顾与2015年展望[EB/OL]. http://www.chinawuliu.com.cn/lhh-kx/201501/16/297616.shtml.

改革方案的通知》①,推动口岸管理跨部门跨区域信息互换、监管互认、执法互助。目标是到2020年,建立大通关协作机制、管理体制,改善大通关管理体制。

未来,我国将从国际贸易"单一窗口"建设、"串联执法"向"并联执法"转变、通关一站式作业、信息共享共用机制、优化口岸执法资源、创新综合执法试点、完善口岸开放布局多个方面展开大通关建设。大通关建设将有力促进我国开放型经济新体制构建,实现口岸治理体系与治理能力的现代化。

---

① 中国海关总署.推进大通关 畅通大通道——海关总署解读《落实"三互"推进大通关建设改革方案》[EB/OL]. http://fangtannew.customs.gov.cn/tabid/335/InterviewID/65/Default.aspx.2015-03-23.

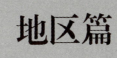

地区篇

导　言

自中华人民共和国成立以来,我国区域发展战略逐渐经历了平衡发展导向、不平衡发展导向、协调发展导向等三大阶段,目前正在进入协调发展与重点推进相结合的区域发展战略新阶段。2014年,我国陆续提出京津冀协同、"一路一带"和长江经济带等三大区域发展战略,三大地区作为经济发展的"三大支撑带"而倍受关注。基于此,本年度地区篇分别以京津冀协同、"一路一带"和长江经济带作为重点地区进行区域物流发展状况研究。

第四章为"一带一路"区域物流发展状况。该章在系统梳理"一带一路"概况和经济发展状况的基础上,对"一带一路"区域物流发展现状与未来趋势予以研究。

第五章为京津冀地区物流发展现状与趋势。该章在阐述京津冀协同发展的背景以及京津冀地区经济发展特征的基础上,从市场规模、基础设施、政策规划等多重视角分析了区域物流市场发展现状,并重点剖析了京津冀协同发展战略对物流发展的深刻影响。

第六章为长江经济带物流发展现状。该章在阐述长江经济带发展概况的基础上,剖析了区域物流发展现状,并重点分析了对长江航运物流的发展状况。

第四章 "一带一路"区域物流发展状况

"一带一路"是我国的一项重大外交和经济发展战略。在国际区域性经济合作日渐加强,国内区域发展不平衡、产业结构亟待调整的背景下,"一带一路"是实现我国与周边国家互惠互利、互帮互助的重要战略载体。从全球看,"一带一路"连接欧亚大陆、太平洋与印度洋,可以形成陆海统筹、东西互济、全方位的国际开放新格局。从我国看,"一带一路"打通了我国向西、向南开放的通道,有利于构筑我国东、中、西部联动发展的新模式,促进区域间物流、商流、信息流的合作,同时推动国内产业布局优化,完善多元平衡的开放型经济体系。"一带一路"同时也是我国重要的国家物流发展战略,是建设陆地和海上两大物流通道、促进我国双向开放国际物流体系形成与发展的重要手段。

第一节 "一带一路"概况

"一带一路"是由我国领导人倡议提出,由中国与周边国家秉持和平合作、开放包容、互学互鉴、互利共赢的理念,全方位推进务实合作,共同打造的政治互信、经济融合、文化包容的利益共同体、命运共同体和责任共同体[①]。"一带一路"将以新的形式使亚、欧、非各国联系更加紧密,促进沿线国家发展战略的相互对接,推动更大范围、更高水平、更深层次的大开放、大交流、大融合,从而促进沿线各国的经济繁荣与区域经济合作。

一、"一带一路"的内涵

2013年,我国国家主席习近平提出了建设"丝绸之路经济带"和"21世纪海上丝绸之路"两大倡议(以下简称"一带一路")。"一带"和"一路"分别指丝绸之路经济带和21世纪海上丝绸之路。其中,"一带"指以古丝绸之路为文化象征,包含中国、中亚、东南亚、南亚、西亚及欧洲诸国等丝绸之路沿线国家的带状经济合作区;"一路"指21世纪海上丝绸之路,是一条铺向东亚、南亚、东南亚、非洲以及欧

---

① 推动共建丝绸之路经济带和21世纪海上丝绸之路的愿景与行动[EB/OL]. http://world.people.com.cn/n/2015/0328/c1002-26764633.html. 2015-03-28.

洲的海上战略大通道。"一带一路"示意图如图 4-1 所示。

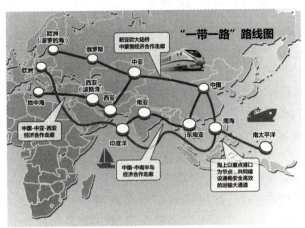

图 4-1 "一带一路"示意图

资料来源：本研究根据央视发布的示意图（http://news.cntv.cn/2015/04/13/VIDE1428923854189562.shtml）所作。

丝绸之路经济带的重点方向有三条，分别是：北线为中国经中亚、俄罗斯至欧洲；中线为中国经中亚、西亚至波斯湾、地中海；南线为中国至东南亚、南亚、印度洋。从国内看，"一带"重点地区主要包括陕西、甘肃、宁夏、青海、新疆、东北三省、内蒙古、广西及云南等省区。其中，新疆是丝绸之路经济带上重要的交通枢纽、商贸物流和文化科教中心，是丝绸之路经济带的核心区。从国际视角看，"一带"重点国家或地区包括中亚五国、俄罗斯、中南半岛[①]、印度、巴基斯坦、伊朗及欧洲各国。其中，中亚五国一边连接活跃的东亚经济圈，另一边连接发达的欧洲经济圈，是实现丝绸之路经济带顺利发展的关键区域。

21 世纪海上丝绸之路海上线路重点方向有两条：一条从中国沿海港口出发，经南海到印度洋，最后延伸至欧洲；另一条从中国沿海港口出发，经南海到南太平洋。"一路"沿途经过国内环渤海、长三角、海峡西岸、珠三角和北部湾等地的港口、滨海地带、岛屿以及国外一些重要的港口、海峡，将主要通过海上互联互通实现沿线国家的互利合作。经济合作方面，"一路"将加强我国与东亚、南亚、东南亚、非洲和欧洲等各大经济板块市场的协同，重点推进中巴、孟中印缅等经济走廊，发展面向南海、太平洋和印度洋的战略合作经济带。

---

① 中南半岛是亚洲南部三大半岛之一，因位于中国以南而得名，包括越南、老挝、柬埔寨、缅甸、泰国及马来西亚、新加坡共 7 个国家。

二、"一带一路"战略倡议提出的背景

"一带一路"战略倡议的提出具有复杂深刻的国际国内背景。国际方面,TPP(跨太平洋战略经济伙伴关系协定)和TTIP(跨大西洋贸易与投资伙伴协议)给我国对外贸易形成较大压力,我国迫切需要扭转这一不利局面。国内方面,我国中西部地区与东部地区的发展仍有较大差距,同时需要解决产能过剩、外汇储备较高和能源安全等问题。

(一)国际区域性经济合作不断加强

近年来,区域性贸易协定成为国际区域合作的新手段。区域性贸易协定通过成员国之间的相互协商谈判,能以更加优惠的贸易和投资条件将成员国的经济利益紧密地连接在一起,并增强成员国在政治、外交和文化等方面的联系。这种范围小、交易成本低的区域性协定在世贸组织多哈回合谈判中止后蓬勃发展。

TPP和TTIP是近年来进展迅速的两个区域性贸易协定。为扭转经济下滑和外贸失衡局面,打压竞争对手,美国立足于自身在农产品、服务业和高端制造业上的优势,于2009年11月宣布加入TPP并开始主导TPP的谈判进程。2013年6月,美国又开始推动与欧盟的TTIP谈判。TPP涉及的12个APEC国家和TTIP涉及的欧盟都是中国重要的出口市场和外资来源地,对中国对外经贸具有重要意义。以美国为主导的TPP和TTIP将对中国开展国际经贸合作带来较大压力。

为应对TPP和TTIP带来的外部压力,发挥中国在国际区域合作中的积极作用,实现我国与周边国家"亲、诚、惠、容"的合作局面,我国领导人提出了发展丝绸之路经济带和21世纪海上丝绸之路的战略倡议。"一带一路"战略的提出顺应了世界多极化、经济全球化、文化多样化、社会信息化的潮流,同时可以促进全球经济要素有序自由流动、资源高效配置和市场深度融合。通过加强亚欧非大陆及附近海洋的互联互通,建立和巩固沿线各国互联互通伙伴关系,构建全方位、多层次、复合型的互联互通网络,可以实现沿线各国多元、自主、平衡、可持续发展。

(二)国内面临产能过剩、能源安全和区域经济发展不平衡等问题

目前,我国多个行业出现产能过剩。在内需不振的情况下,需要创造有利于我国产能转移的外部环境。我国周边的南亚、中亚等国家在制造业和基础设施等领域面临着缺乏资金、技术与经验等问题,发展能力较弱,对我国相对过剩的基础设施投资建设能力有很好的消化效果。

我国是原油进口大国,原油进口来源主要集中在中东国家、非洲的苏丹等地,且原油进口量的80%需要经过马六甲海峡,运输渠道较单一。我国的原油进口格

局和近年来南海局势的紧张使得原油进口安全受到严重挑战。开通新的安全输送管道,实现原油进口的多元化,是我国亟待解决的重大战略问题。"一带一路"沿线包括了多个重要的石油生产国,可以有效缓解我国原油进口的瓶颈问题。

此外,我国中西部地区与东部地区经济发展差距较大。中西部地区占我国国土面积的80%,人口接近60%,但进出口却只占全国的14%,吸引外资占全国的17%,对外投资占22%,GDP也只占1/3左右[①]。国家统计局公布的数据显示,2014年我国东部沿海省份人均收入是中西部省份人均收入的1.5~2倍,东部与中西部在经济、文化等方面发展的不平衡制约着我国经济的全面发展。因此,加快中西部地区发展是我国经济社会发展的重要战略目标。党的十八届三中全会指出,"适应经济全球化新形势,必须推动对内对外开放相互促进、引进来和走出去更好结合,促进国际国内要素有序自由流动、资源高效配置、市场深度融合,加快培育参与和引领国际经济合作竞争新优势,以开放促改革"[②]。

三、"一带一路"的愿景与发展举措

"一带一路"是中国政府的战略倡议,也是中国与沿线国家的共同愿望。2015年3月28日,国家发改委、外交部和商务部联合发布了《推动共建丝绸之路经济带和21世纪海上丝绸之路的愿景与行动》文件,提出了"一带一路"战略的发展愿景、发展方向及行动方案。

(一)"一带一路"的愿景

《愿景与行动》文件指出,"一带一路"将努力实现"区域基础设施更加完善,安全高效的陆海空通道网络基本形成,互联互通达到新水平;投资贸易便利化水平进一步提升,高标准自由贸易区网络基本形成,经济联系更加紧密,政治互信更加深入;人文交流更加广泛深入,不同文明互鉴共荣,各国人民相知相交、和平友好"的宏大愿景。

(二)发展举措

《愿景与行动》文件指出,"一带一路"将秉持尊重各国主权和领土完整、互不侵犯、互不干涉内政、和平共处、平等互利五项原则,坚持开放合作、和谐包容、市场运作、互利共赢的道路,重点在政策沟通、基础设施互联互通、贸易畅通、资金融通、民心相通五方面加强合作。

在政策沟通方面,"加强'一带一路'政府间合作,积极构建多层次政府间宏观

---

① 习近平两亚之行 充分落实"一带一路"战略构想[EB/OL]. http://world.chinadaily.com.cn/2014-09/17/content_18615669.htm. 2014-09-17.
② 中共中央关于全面深化改革若干重大问题的决定[EB/OL]. http://www.scio.gov.cn/zxbd/tt/Document/1350709/1350709.htm. 2013-11-12.

政策沟通交流机制,深化利益融合,促进政治互信,达成合作新共识"。

在基础设施互联互通方面,"在尊重相关国家主权和安全关切的基础上,沿线国家宜加强基础设施建设规划、技术标准体系的对接,共同推进国际骨干通道建设,逐步形成连接亚洲各次区域以及亚欧非之间的基础设施网络"。

在贸易畅通方面,"着力研究解决投资贸易便利化问题,消除投资和贸易壁垒,构建区域内和各国良好的营商环境,积极同沿线国家和地区共同商建自由贸易区,激发释放合作潜力;拓宽贸易领域,优化贸易结构,挖掘贸易新增长点,促进贸易平衡"。

在资金融通方面,"深化金融合作,推进亚洲货币稳定体系、投融资体系和信用体系建设,扩大沿线国家双边本币互换、结算的范围和规模,推动亚洲债券市场的开放和发展"。

在推动民心相通方面,"传承和弘扬丝绸之路友好合作精神,广泛开展文化交流、学术往来、人才交流合作、媒体合作、青年和妇女交往、志愿者服务等,为深化双多边合作奠定坚实的民意基础"。

第二节 "一带一路"区域经济发展状况

"一带一路"沿线国家大多是新兴经济体和发展中国家,近年来经济增长较快。这些国家资源禀赋各异,产业结构与我国有较强的互补性,彼此合作潜力和空间很大,与我国的贸易合作处于不断上升阶段。

一、丝绸之路经济带主要区域经济发展状况

中亚五国是丝绸之路经济带北线和中线上的重要区域,经济相对滞后,产业以资源型产品为主,加工工业不够发达。"一带"南线经过的东南亚、南亚等地区以农业及由此衍生的服务业为主。近年来,这些国家与中国的贸易额逐年递增。

(一)沿线国家主要经济指标

在丝绸之路经济带沿线区域主要国家中,中亚五国是连接我国与欧洲的第一站,缅甸、印度和巴基斯坦是南线沿线国家中较为发达的经济体,俄罗斯是"一带"北线经过的重要国家。近年来,中亚五国在对外贸易和吸引外国直接投资方面取得一些成绩,增长速度超过世界平均水平,但其经济实力和竞争力并未得到明显改变。南亚、东南亚等"一带"南线重点区域近几年发展势头良好,但由于基础较差,整体经济实力和竞争力仍有待加强。根据世界银行最新数据,中亚五国、南亚、东南亚及中俄蒙经济圈部分国家的主要经济指标如表4-1所示。

表 4-1 2013 年"一带"区域主要国家的经济数据

	国家	GDP（百万美元）	人均 GDP（美元）		国家	GDP（百万美元）	人均 GDP（美元）
中亚五国	哈萨克斯坦	231 876	13 608	南线主要国家	缅甸	N/A	N/A
	吉尔吉斯斯坦	7226	1263		印度	1 875 141	1499
	塔吉克斯坦	8508	1037		巴基斯坦	232 287	1276
	土库曼斯坦	41 851	7987	北线主要国家	蒙古	11 516	4057
	乌兹别克斯坦	56 796	1878		俄罗斯	2 096 777	14 612

资料来源：根据世界银行数据整理所得，http://data.worldbank.org.cn/country/。

中亚五国是"一带"发展的重点区域。近年来，中亚五国 GDP 增长较快，明显高于国际平均水平。2004—2013 年中亚五国 GDP 增长态势及增长率如图 4-2 所示。

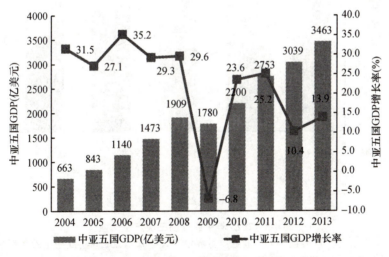

图 4-2 2004—2013 年中亚五国 GDP 及其增长率

资料来源：根据国家统计局数据整理所得，http://data.stats.gov.cn/workspace/index?m=gjnd。

（二）沿线国家主要产业

"一带"沿线各国产业各异。中亚五国产业以矿业为主，缅甸、印度和巴基斯坦等国家经济以农业、手工业及以农业为基础的服务业为主，中东地区石油资源较为丰富，中俄蒙经济圈中蒙古经济以农业及畜牧业为主，俄罗斯以工业及由此发展起来的服务业为经济支柱。

中亚五国是"一带"战略中的重要国家。中亚拥有丰富的矿产资源,各种金属及非金属矿石不仅能满足本国需求,还可出口国外,但其加工工业相对落后。如哈萨克斯坦的产业以石油、天然气、采矿、煤炭和农牧业为主,加工业和轻工业较为落后。哈萨克斯坦主要从中国进口消费品及加工工业产品,主要向中国出口石油、矿石等产品。苏联解体以来,中亚五国经济转型致力于解决以能源型产业为经济主体的单一型经济结构存在的问题,近年来改革效果明显,产业结构逐渐优化,第三产业比重上升较快。五国中除土库曼斯坦外,其他四国第三产业比重均已超过50%。土库曼斯坦第二产业比重较高,为48%。2013年中亚五国三大产业比重如图4-3所示,中亚五国三大产业比例变化趋势如图4-4所示。

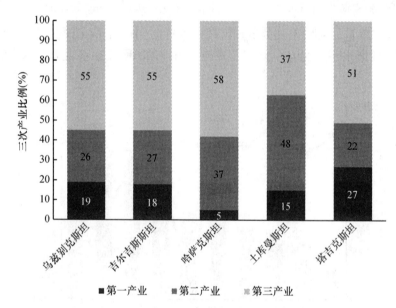

图4-3　2013年中亚五国三次产业比重

注:由于关于土库曼斯坦的产业数据世界银行仅更新到2012年,此处土库曼斯坦采用2012年的数据。

资料来源:根据世界银行数据整理所得,http://data.worldbank.org.cn/indicator/。

根据世界银行2013年的最新数据,"一带"南线主要国家、蒙古国和俄罗斯三大产业比重如图4-5所示。这些国家服务业占比均在50%以上,工业占比则相对较低,与我国经济结构有很强的互补性。

(三) 沿线国家与我国贸易状况

近年来,丝绸之路经济带沿线国家与我国的贸易量逐年递增。2013年,"一带"沿线主要国家与我国的贸易额如表4-2所示。中亚五国中,哈萨克斯坦与我国

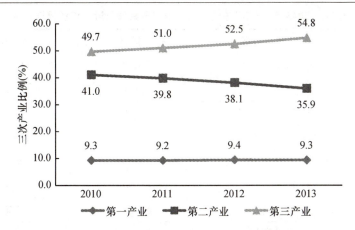

图 4-4　中亚五国三大产业比率变化趋势图
资料来源:根据世界银行数据整理所得,http://data.worldbank.org.cn/indicator/。
注:以各国 GDP 占中亚五国 GDP 总额的比例作比重,运用算术平均法所得。

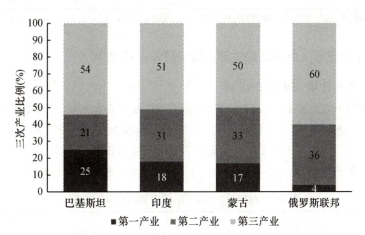

图 4-5　2013 年"一带"南线主要国家及俄蒙三次产业比重
数据来源:根据世界银行数据整理所得,http://data.worldbank.org.cn/indicator/。

的贸易额占中亚五国与我国贸易总额的 57% 左右,是中亚五国中与我国贸易量最大的国家。土库曼斯坦与我国的贸易联系也日渐加强,3 年内贸易平均增长率达到了 180%。

表 4-2　2013 年"一带"主要国家与中国贸易额及近三年贸易增长率

	国家	贸易额(亿美元)	3 年内贸易平均增长率
中亚五国	哈萨克斯坦	286.0	13%
	吉尔吉斯斯坦	51.4	7%
	塔吉克斯坦	19.6	12%
	土库曼斯坦	100.3	180%
	乌兹别克斯坦	45.5	28%
南线主要国家	印度	654.0	2%
	缅甸	102.0	43%
	巴基斯坦	142.2	21%
北线主要国家	蒙古	59.6	16%
	俄罗斯	892.6	20%

资料来源:根据国家统计局数据整理所得,http://data.stats.gov.cn/easyquery.htm? cn = C01。

二、21 世纪海上丝绸之路主要区域经济发展状况

(一) 沿线区域主要经济指标

"一路"沿线区域多为人口众多、区域广阔的沿海经济带,各国国情和制度不同,资源禀赋差异较大。各国近年经济增长普遍较快,主要经济指标如表 4-3 所示。其中,西亚国家人均 GDP 远远高于其他区域,GDP 的年均增长率也高于其他地区;东非及北非区域经济基础较差,但近年来 GDP 增长速度也很快。

表 4-3　2013 年"一路"沿线主要区域经济指标

经济指标　区域	人口 (百万人)	GDP (亿美元)	人均 GDP (美元)	2010—2013 GDP 年均 增长率(%)
东盟十国	615.68	23 527.47	3821.38	6.69—16.11
南亚六国	1612.89	23 285.56	1443.71	2.50—10.67
西亚八国	255.39	28 625.97	11 208.73	3.99—18.30
东非及北非七国	344.06	4910.79	1427.30	0.47—16.66
合计	2828.02	80 349.79	2841.20	

资料来源:根据世界银行相关数据整理,http://data.worldbank.org.cn/country。

(二)沿线国家主要产业发展状况

"一路"沿线区域广阔,涉及国家众多。其中,南亚地区既是"一路"沿线的重点区域,也是"一带"南线的重点区域。由于地理位置特殊,南亚地区是我国通过印度洋前往非洲的"加油站",与我国在海上资源、能源合作及港口基础设施建设等方面的合作空间很大,现已有"孟中印缅经济走廊""中巴经济走廊"等多个区域经济合作发展战略,巴基斯坦更是连接"一带"和"一路"的重要枢纽。

与中亚五国类似,南亚国家第二产业在国民经济中所占比重普遍比较低。南亚国家产业结构构成如图4-6所示。其中,印度第三产业是其国内三次产业结构中占比最高的,占到国内生产总值的51.3%;马尔代夫的第三产业所占比例远远大于其第一产业和第二产业;斯里兰卡则是南亚国家中第二产业所占比重最高的国家。

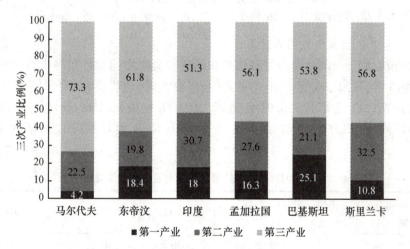

图4-6　2013年南亚六国三次产业比重

注:由于马尔代夫、东帝汶的产业数据世界银行仅更新到2012年,此处这两个国家采用2012年的数据。

资料来源:根据世界银行数据整理,http://data.worldbank.org.cn/indicator/。

巴基斯坦是我国"一带一路"战略在南亚地区最重要的合作伙伴。巴基斯坦自然资源丰富,但不易开采,煤炭、石油生产长期处于落后状态,总发电量也远不能满足经济发展的需要。因此,巴基斯坦工业化进程比较缓慢,第二产业比重不高,第三产业比重始终远高于第一产业和第二产业比重。2010—2013年巴基斯坦三次产业结构如图4-7所示。

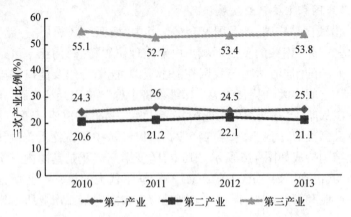

图 4-7　2010—2013 年巴基斯坦三次产业结构比重

资料来源:根据世界银行数据整理,http://data.worldbank.org.cn/indicator/。

(三) 沿线国家与我国的贸易情况

21 世纪海上丝绸之路沿线各国与我国的贸易在我国对外贸易中占有重要地位。2013 年,我国与东盟十国、南亚六国、西亚八国、东非及北非七国的贸易额分别达到 3763.27 亿美元、936.91 亿美元、2453.68 亿美元,256.65 亿美元,分别占中国对外贸易总额的 9.04%、2.25%、5.89%、0.62%,合计共占 17.8%,如表 4-4 所示。

表 4-4　2010—2013 年"一路"沿线区域与我国的贸易情况　　　(单位:亿美元)

年份 区域	2010	2011	2012	2013
东盟十国	2928.61	3630.89	4001.46	4435.98
南亚六国	796.91	960.37	906.40	936.91
西亚八国	1465.33	2089.64	2237.67	2453.68
东非及北非七国	213.26	271.42	218.74	256.65

资料来源:根据国家统计局数据整理,http://data.stats.gov.cn/workspace/index? m = hgnd。

东盟是"一路"沿线区域与我国贸易量最大的地区。2006—2013 年,我国与东盟进出口贸易数据如图 4-8 所示。7 年间,除 2009 年受金融危机影响贸易量稍有下降外,我国与东盟贸易额和增速均保持快速增长。2010 年,我国与东盟的进出口额为 2928.61 亿美元,到 2013 年迅速增加到 4435.98 亿美元。

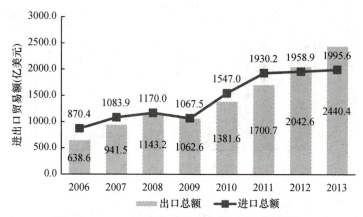

图 4-8　2006—2013 年我国与东盟进出口贸易情况

资料来源:根据国家数据统计局信息整理,http://data.stats.gov.cn/workspace/index?m=hgnd.

第三节　"一带一路"区域物流发展状况

"一带一路"沿线国家的经济发展水平、产业结构以及与我国的贸易结构差异较大。货类和流向的巨大差异对物流服务的成本、安全性和时效性等方面提出了更多的要求。受地理条件影响,"一带"沿线区域物流服务主要采用陆路运输方式完成,"一路"沿线区域物流服务主要依靠海运方式完成。

一、"一带一路"物流服务的主要货类

(一) 丝绸之路经济带主要贸易货类

"一带"沿线国家中,中亚五国及俄罗斯的产业以石油、矿业为主,轻工业较为落后,印度、缅甸等国的产业以农业或畜牧业为主,工业基础薄弱。"一带"沿线国家与我国的贸易货类与本国产业结构呈明显的互补态势。表 4-5 对中亚五国、俄罗斯、蒙古、印度和缅甸的主要产业和进出口产品进行了简要概括。

以中亚五国中与中国贸易量最大的哈萨克斯坦为例,2014 年其与中国主要进出口货类如图 4-9 和图 4-10 所示。哈萨克斯坦从我国进口主要货类有衣服、机电及音像制品、贱金属及车辆设备等产品,向我国出口主要货类有矿产品、贱金属及其制品等产品。

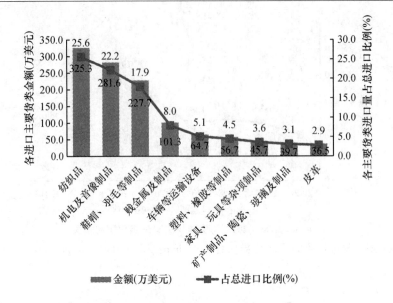

图 4-9 2014 年哈萨克斯坦与中国贸易中进口货类及货量

资料来源:中华人民共和国海关总署. 2014 年 12 月自部分国家(地区)进口商品类章金额表(美元值)[EB/OL]. http://www.customs.gov.cn/publish/portal0/tab49667/info730644.htm.

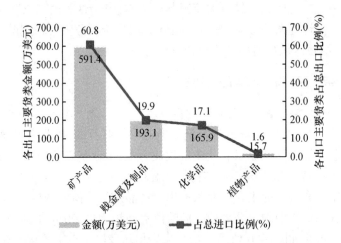

图 4-10 2014 年哈萨克斯坦与中国贸易中出口货类及货量

资料来源:中华人民共和国海关总署. 2014 年 12 月自部分国家(地区)进口商品类章金额表(美元值)[EB/OL]. http://www.customs.gov.cn/publish/portal0/tab49667/info730644.htm.

表 4-5 "一带"沿线主要国家与我国的主要贸易货类

国家	中亚五国					南线主要国家		北线主要国家	
	哈萨克斯坦	吉尔吉斯斯坦	土库曼斯坦	塔吉克斯坦	乌兹别克斯坦	印度	缅甸	蒙古	俄罗斯
产业状况	以原料型产业和家牧业为主,加工工业和轻工业相对落后	农产品加工是工业化经济的重要部分,有丰富的矿藏,但缺乏石油等	以种植业和畜牧业为主,石油和天然气是支柱产业	有色冶金是重要产业,煤炭储存量丰富,植棉业发达,农业中等偏重	经济支柱产业是"四金",农业、畜牧业和采矿业发达,加工工业较为落后	以农业为主,工业基础薄弱	农业是国民经济的基础,森林资源丰富	经济以畜牧业和采矿业为主	原料型工业为主,轻工业较落后;航空航天、核工业具有世界先进水平
主要进口产品	日用消费品、电子产业产品等	能源型产品、化学工业产品、服装产品等	粮食、肉类、轻工业品	以金属及其制品、化工产品为主	能源型产品、食品、化学制品、金属及制品	机械设备、通信设备等	成套设备和机电产品、纺织品、化工产品等	有矿产品、机器设备、食品	轻工业品、化工品、金属及制品等
主要出口产品	能源型产品	主要为贵金属、化学物品和农产品等	天然气、石油制品、皮棉	非贵重金属及其制品	能源型产品、轻工业产品、金属及其制品	农产品	原木、锯材、农产品和矿产品等	主要为矿产品、纺织品和畜产品等	矿产品及其金属、化工品、消费品等

(二) 21世纪海上丝绸之路主要贸易货类

21世纪海上丝绸之路沿线国家与我国贸易的货类主要有石油产品、化工产品、钢铁等有色金属、电子产品以及谷类等。其中,东盟是"一路"沿线国家中我国最大的贸易伙伴。中国自东盟主要进口的前五位产品是电子、矿物燃料、机械、塑料及其制品、橡胶及其制品,占中国自东盟进口总额的93%;中国对东盟主要出口的前五位产品是电子、机械、矿物燃料、钢铁和家具,占中国对东盟出口总额的93.3%。

随着我国与东盟贸易关系的快速发展,双方在贸易结构上也随之发生变化,如图4-11和图4-12所示。初级产品如农产品的比重不断下降,高新技术产品如集成电路、手机及其零件、计算机及其部件快速增长。

图4-11　2007—2013年我国与东盟电子产品进出口趋势

资料来源:根据联合国商品贸易统计数据整理,http://comtrade.un.org/db/mr/daCommoditiesResults.aspx? px = H3&cc = 85.

我国是世界第二大石油进口国,油气资源对外依存度较高。2014年,向中国出口原油的主要国家依次是沙特阿拉伯、安哥拉、俄罗斯、阿曼、伊拉克和伊朗等六个国家,占进口总量的68%,如表4-6所示。"一路"战略的开展对于加强我国与沙特阿拉伯等石油资源大国的合作十分重要。

中国现代物流发展报告 2015 | 93

图 4-12 我国与东盟粮食进出口趋势

资料来源：根据联合国商品贸易统计数据整理，http://comtrade.un.org/db/mr/daCommoditiesResults.aspx?px=H3&cc=10.

表 4-6　2014 年中国石油进口情况

国家	数量（万吨）	比例（%）
沙特阿拉伯	4967	16.11
安哥拉	4065	13.18
俄罗斯	3311	10.74
阿曼	2974	9.65
伊朗	2746	8.91
伊拉克	2858	9.27
科威特	1062	3.44

资料来源：国家石油和化工网.2014 年中国原油进出口大盘点，http://www.cpcia.org.cn/news/hyfx/2015-1/144924.shtml.

二、丝绸之路经济带物流基础设施发展状况

我国与中亚、俄罗斯等国家和地区的天然气贸易主要通过管道运输，矿石、电子产品等贸易货类主要通过铁路运输，与印度、缅甸、老挝、蒙古等国家的农产品、电子产品的贸易主要通过铁路和公路运输。内陆口岸则是以陆路运输方式为主的"一带"跨境物流系统的重要节点。

（一）"一带"铁路路网发展状况

铁路运输是我国与丝绸之路经济带沿线国家经贸活动最重要的运输方式。从"一带"沿线主要国家 2012 年的铁路路网设施数据看，各国铁路路网密度、单位

铁路里程所承载的 GDP 差别较大,其中尤以俄罗斯单位铁路里程所承载的 GDP 表现突出,蒙古表现较差,表明俄罗斯路网设施发展水平较高,而其他国家这方面还有待加强,如表 4-7 所示。与 2013 年我国丝绸之路经济带沿线省区的路网相关数据(表 4-8)相比,"一带"沿线各国铁路密度明显低于我国铁路密度。

表 4-7 2012 年 "一带" 沿线主要国家路网设施状况

	铁路总里程(km)	单位面积铁路里程(km/万 km²)	单位人口铁路里程(km/万人)	单位铁路里程所承载的 GDP(万美元/km)
哈萨克斯坦	14 319	52.50	8.50	1421
吉尔吉斯斯坦	417	21.00	0.80	1553
塔吉克斯坦	621	43.40	0.80	1229
土库曼斯坦	3115	63.40	4.60	1129
乌兹别克斯坦	4192	93.70	1.50	1219
印度	64 460	196.00	0.50	2884
巴基斯坦	7791	97.90	0.43	2890
俄罗斯	84 249	49.30	5.90	239 145
蒙古	1818	11.60	6.40	565

资料来源:世界银行. http://data.worldbank.org.cn/indicator/IS.RRS.TOTL.KM.

表 4-8 2013 年我国 "一带" 沿线省份路网设施

	省份	铁路(km)	公路(km)	单位面积铁路里程(km/万 km²)	单位人口铁路里程(km/万人)	单位面积公路里程(km/万 km²)	单位人口公路里程(km/万人)
"一带"北线和中线省区	新疆	4700	170 200	28	2.1	1025	75.2
	陕西	4400	165 200	214	1.2	8035	43.9
	宁夏	1300	28 600	196	2.0	4307	43.7
	青海	1900	70 100	26	3.3	974	121.3
	甘肃	2600	133 600	57	1.0	2936	51.7
"一带"南线省区	广西	4000	111 400	170	0.8	4740	23.6
	云南	2600	222 900	68	0.6	5805	47.6
中俄蒙经济圈	黑龙江	6000	160 200	132	1.6	3521	41.8
	吉林	4400	94 200	244	1.6	5233	34.2
	辽宁	5100	111 000	349	1.2	7603	25.3
	内蒙古	10 200	167 500	86	4.1	1419	67.1
	北京	1300	21 700	774	0.6	12 917	10.3

资料来源:根据国家统计局数据整理所得,http://www.stats.gov.cn/.

(二)"一带"沿线国内主要口岸

我国境内有多个历史悠久的丝绸之路经济带沿线口岸,这些口岸很早就是我国与"一带"沿线国家开展经贸合作的根据地。其中的满洲里、二连浩特、阿拉山口、霍尔果斯和瑞丽等口岸过货量较大,发展迅速,其发展情况如表4-9所示。

满洲里口岸位于内蒙古呼伦贝尔草原西部,处于中俄蒙三角地带,是中国最大的边境陆路口岸,口岸过货量始终雄居全国同类口岸之首;二连浩特口岸位于内蒙古锡林郭勒盟西部,是中国通往蒙古国的唯一铁路口岸,也是欧亚大路桥中的重要战略枢纽,蒙古国70%的果蔬和日用品经由该口岸;阿拉山口口岸位于新疆,是新亚欧大陆桥西桥头堡,年过货量占新疆16个口岸总量的90%以上,在全国陆路口岸中仅次于满洲里口岸;霍尔果斯口岸位于新疆伊犁,是国家一类陆路公路口岸,具有年进出口货物200万吨、出入境人员300万人次的通关能力;瑞丽口岸是目前中缅边境口岸中人员、车辆、货物流量最大的口岸,许多中国商品通过缅甸转口到孟加拉、泰国、新加坡、印度和中东国家。

表4-9 丝绸之路经济带我国境内的主要口岸

口岸	满洲里	二连浩特	阿拉山口	霍尔果斯	瑞丽
对接国家	俄罗斯、蒙古	蒙古	哈萨克斯坦	哈萨克斯坦	缅甸
发展现状	主要业务:仓储、加工、保税、交易等功能,集装箱、煤炭、汽车、化工产品通关 过货量:口岸年通过能力可达到7000万吨 进出口主要货物:木材、油品、钢铁、水果,占总进出口额的70%以上	主要业务:原材料进出口业务,加工业务,保税仓库业务,将发展为边境自由经济合作区 过货量:2014年该市进出口货运量达到854万吨,货值22.4亿美元	主要业务:铁路口岸,公路口岸,原油管道运输;贸易、加工、仓储等功能 过货量:2014年全年过货量达2545万吨 进出口主要货物:金属矿石、油品及集装箱、矿物性建材,占总进出口的60%以上	主要业务:集贸易、加工、仓储、旅游为一体 过货量:具有年进出口货物200万吨,出入境人员300万人次的通关能力	主要业务:集旅检、货检、货场、边贸管理为一体的具有口岸现代化管理功能的综合性联检查验中心 过货量:2014年过货量346.5万吨

三、21世纪海上丝绸之路物流基础设施发展状况

港口是串联起"一路"沿线物流系统的重要节点,航线是"一路"互联互通的重要通道。目前,我国与"一路"沿线国家已经在港口、航线方面开展多项合作以实现运输与贸易便利化。

(一)"一路"沿线国外主要港口建设状况

21世纪海上丝绸之路共连接着中国与东亚、南亚、西亚以及非洲的近50多个大中型港口,其中国外重要港口如表4-10所示。这些港口串联起"一路"运输大通道,是沿线各国开放的重要门户。由于海上运输是"一路"的主要合作内容,因此,港口建设将是21世纪海上丝绸之路规划建设的重点。

表4-10 "一路"沿线区域主要港口

一路沿线区域	主要港口
东盟十国	新加坡港、巴生港、雅加达港、马尼拉港、泗水港、岘港、胡志明港、丹绒布绿港、民都鲁港、柔佛港、昆坦港、古晋港、马六甲港、西哈努克港、比通港
南亚六国	科伦坡港、加尔各答港、马累港、瓜达尔港
西亚八国	亚丁港、科威特港、迪拜港、达曼港
东非七国	蒙巴萨港、马普托港、达累斯萨拉姆港、摩加迪沙港、内罗毕港、塞得港

我国在加强与"一路"沿线港口合作的同时也选择了一些位于关键通道和关键节点的港口施以援建,以更好地实现与沿线国家基础设施的互联互通。近年来,我国投资援建相关港口情况如表4-11所示。

表4-11 中国投资21世纪海上丝绸之路沿线港口一览

国家	港口项目	中资企业	持股比例或中标内容
新加坡	集装箱码头	中远太平洋	49%
马来西亚	关丹港	北部湾港务	40%
斯里兰卡	科伦坡南港集装箱码头 汉班托塔港二期集装箱码头	招商局国际 招商局国际、中国港湾	85% 64.98%
缅甸	皎漂马德岛港	中石油	50.90%
巴基斯坦	瓜达尔港	中国海外港口控股	40年特许经营权
埃及	塞德港 埃因苏赫港 达米埃塔港	中远太平洋 中国港湾 中国港湾	20% 不详 不详
以色列	海法新港码头	上港集团	25年特许经营权
希腊	比雷埃夫斯港2、3号码头 比雷埃夫斯港1号码头	中远太平洋 中远太平洋	35年特许经营权 67%(尚未敲定)
意大利	那不勒斯港集装箱码头	中远太平洋	50%
比利时	泽布吕赫集装箱码头 安特卫普集装箱码头	上港集团 中远太平洋	25% 25%

资料来源:21世纪经济报道.港口成21世纪海上丝绸之路关键节点中资布局沿线各国[N].2015-03-31.

(二) 国内相关港口建设情况

我国沿海港口是 21 世纪海上丝绸之路的关键战略支点,它们既是内陆经济腹地的输出窗口,也是海外商品进入中国的重要门户。《推动共建丝绸之路经济带和 21 世纪海上丝绸之路的愿景与行动》也提出要"加强上海、天津、宁波—舟山、广州、深圳、湛江、汕头、青岛、烟台、大连、福州、厦门、泉州、海口、三亚等沿海城市港口建设"。这些港口因其地理位置和运营情况的不同,在"一路"规划实施中的定位也各有不同,如表 4-12 所示。

表 4-12　国内主要港口在"一路"规划中的定位

	港口	定位
环渤海港口群	天津港	中蒙俄经济走廊与新欧亚大陆桥经济带交叉,助力京津冀一体化战略
	青岛港	
	大连港	
	烟台港	
长江三角洲港口群	上海港	位于长江经济带,新欧亚大陆桥经济带直接出海口
	宁波舟山港	
珠江三角洲港口群	广州港	毗邻马六甲海峡,对接中南半岛经济走廊
	深圳港	
	厦门港	
	福州港	
	泉州港	
	汕头港	
	湛江港	
	海口港	
	三亚港	

资料来源:中国船舶网.三大港口群分享"一带一路"盛宴[EB/OL]. http://www.chinaship.cn/policy/2015/0419/3663.html.

其中,厦门港在"一路"规划实施中具有重要作用。福建省是 21 世纪海上丝绸之路的核心区,厦门港是福建省最大的港口。2014 年厦门出台《关于贯彻落实丝绸之路经济带和 21 世纪海上丝绸之路建设战略的行动方案》,在基础设施、贸易金融、双向投资、海洋合作、旅游会展和人文交流等领域加强与"一路"沿线国家的合作。在基础设施领域,厦门港推动海、陆、空三条通道建设,加强向内陆腹地的辐射能力和与海上丝绸之路沿线国家港口间互联互通;在海洋经济领域,利用厦门国际海洋周等平台,加强与东盟国家在海洋渔业科技领域合作,引导渔业企业参与海上丝绸之路建设。

(三) 航线发展情况

21世纪海上丝绸之路既有近洋航线,也有远洋航线。我国与周边国家近洋航线主要有新马线、暹罗湾线、科伦坡孟加拉线、印度尼西亚线、波斯湾线。这些航线是我国与东南亚、南亚国家贸易往来的通道,航线航程较短。由于地区间贸易来往频繁,近年来发展迅速。远洋航线中波斯湾航线是我国重要的石油运输通道,我国80%的石油、50%的天然气进口都要经过这条航线。该航线需经过波斯湾、霍尔木兹海峡、印度洋、马六甲海峡、南海、太平洋,最后到达我国。波斯湾航线上的霍尔木兹海峡以及马六甲海峡是石油运输的重要节点。每天经过马六甲海峡的原油多达1520万桶,占全球海上石油贸易量的27%;经过霍尔木兹海峡的原油多达1700万桶,占全球海上石油贸易量的30%。"一路"主要航线情况如表4-13所示。

表4-13 21世纪海上丝绸之路主要航线

	航线	主要挂靠港口
近洋航线	港澳线	中国香港港、澳门港
	新马线	新加坡港、巴生港、槟城、马六甲港
	暹罗湾线	海防港、磅逊港、曼谷港
	科伦坡、孟加拉湾线	科伦坡港、仰光港、吉大港、加尔各答港
	印度尼西亚线	雅加达港、三宝垄港
	波斯湾线	卡拉奇港、阿巴斯港、巴士拉港、科威特港、达曼港
远洋航线	中国至红海航线	亚丁港、吉大港、亚喀巴港、苏丹港
	中国至东非航线	摩加迪沙港、蒙巴萨港、达累斯拉姆港、马普托港、路易港等
	中国至地中海航线	敖萨港、康斯坦萨港、瓦尔纳港、伊斯坦布尔港、里耶卡港、威尼斯港、热那亚港、马赛港、巴塞罗那港、巴伦西亚港、亚历山大港、的黎波里港、班加西港、突尼斯港、阿尔及尔港

第四节 "一带一路"区域物流发展展望

"一带一路"战略的实施将为区域物流业带来巨大的发展机遇。未来,我国西部与"一带"沿线国家公路、铁路的对接合作和东南亚、南亚等"一路"沿线国家的港口建设将是"一带一路"物流基础设施建设的重点,我国自贸区建设与投资贸易便利化措施也将进一步提升"一带一路"物流系统的运行效率,"一带一路"覆盖的国际国内区域间将形成一个陆上横贯欧亚、海上连接西太平洋和印度洋沿线国家的海陆并举的跨境物流系统。

一、交通基础设施是"一带一路"区域物流系统发展重点

区域物流系统的互联互通是实现"一带一路"宏大愿景的重要基础。"一带一路"沿线的蒙古、中亚五国、东南亚和南亚等地区国家经济发展水平不高,公路、铁路等综合交通基础设施建设相对落后。充分发挥我国的基础设施建设产能和外汇储备优势,与这些国家合作,以合建、援建交通基础设施为先导,打造互联互通的区域物流系统,为经贸合作提供基础支撑是实现"一带一路"互利共赢战略目标的重要保障。从区域间的货类需求和目前物流设施发展状况看,公路和铁路是丝绸之路经济带沿线区域的建设重点,而港口则是21世纪海上丝绸之路的建设重点。

国内方面,"一带一路"辐射范围内各省(区)都已制定相关基础设施发展规划以满足"一带一路"的需求。如新疆乌鲁木齐将加快推进丝绸之路经济带核心区"五大中心"[①]建设,加快亚欧经济合作试验区、综合保税区申报工作,抓好乌鲁木齐空港、陆路港、出口加工区建设。我国沿海港口也在积极发展海铁联运,打造进出海物流大通道。福建作为21世纪海上丝绸之路的核心省份将在基础设施互联互通、深化多元贸易往来、积极推进海洋合作及推动人文密切交流四方面与"一路"沿线国家加强合作。

国际方面,我国对中亚、南亚、东南亚等国外地区的铁路、公路、管道、口岸、港口、航线、桥梁等基础设施已经投资援建。如"一带一路"战略提出以来,我国在中亚地区实施的第一个重大战略投资项目——中国中亚天然气管道D线已于2014年9月在塔吉克斯坦首都杜尚别开工;2015年4月,国家主席习近平在巴基斯坦访问期间签署了51项合作协议和丝路基金首个对外投资项目《关于联合开发巴基斯坦水电项目的谅解合作备忘录》;我国与马尔代夫的重点项目——马尔代夫跨海大桥也在2014年习近平访马期间商定;斯里兰卡的大型建设项目大多都有中国公司的参与,斯里兰卡的第二座国际机场由中国公司承建,斯里兰卡最大港口汉班托塔港也由中国企业援建;印度有很好的服务业和技术,中国在制造业上有专长,我国与印度在铁路建设方面也存在诸多合作的机会。

二、"一带一路"区域物流系统运行效率将有效提升

"一带一路"沿线区域物流系统内包括多个国家和多种运输方式,不同国家间

[①] 即区域性交通枢纽中心、商贸物流中心、金融服务中心、文化科技中心、医疗服务中心。

的技术标准、管理制度、风俗习惯等各不相同,跨境区域物流系统的运行效率很大程度上取决于各物流子系统之间的协同性和通关效率。"一带一路"协同发展将有力推进区域物流网络的系统化。其中,基础设施互联互通是"一带一路"建设的优先领域。

国际上看,我国正在积极推进对外港口援建项目,以更好地实现与沿线国家基础设施的互联互通,实现国际运输便利化。目前,我国已开始与东南亚和印度洋沿岸国家合作建设港口、铁路、公路等基础设施。目前主要用于帮助孟加拉国和斯里兰卡的港口建设。未来还要扩大非洲国家的港口项目建设,帮助这些国家发展电子商务、改进通关制度,推动海关、质检、电子商务等部门的协调合作,实现基础设施标准协调化以及通关制度便利化,协调沿线国家运输与安全标准,降低贸易和投资成本。

国内来看,《愿景与行动》文件指出了我国各省份在"一带一路"战略中的定位,如表4-14所示。我国各省份也已规划相关建设项目。我国将以沿线城市及城市圈为节点、以路网和航线为线,以点带线、以线带面,通过加快基础设施硬件建设和完善管理制度软环境,推进"一带一路"区域物流系统的协同。

表4-14 我国各省份在"一带一路"中的定位

省份	一带一路中的定位	规划
新疆	丝绸之路经济带核心区	形成丝绸之路经济带上重要的交通枢纽、商贸物流和文化科教中心,打造丝绸之路经济带核心区
福建	21世纪海上丝绸之路核心区	通过"一个枢纽、六个平台和三个基地"建设,发挥"三港三地"腹地支撑作用,以陆上、海上、海外"三个福建"为载体,统筹经贸发展
广西	21世纪海上丝绸之路与丝绸之路经济带有机衔接的重要门户	发挥广西与东盟国家陆海相邻的独特优势,加快北部湾经济区和珠江—西江经济带开放发展,构建面向东盟区域的国际通道,打造西南、中南地区开放发展新的战略支点
云南	面向南亚、东南亚的辐射中心	发展云南区位优势,推进与周边国家的国际运输通道建设,打造大湄公河次区域经济合作新高地
沿海诸市	"一带一路"特别是21世纪海上丝绸之路建设的排头兵和主力军	加强沿海城市港口建设,强化上海、广州等国际枢纽机场功能。创新开放型经济体制机制,加大科技创新力度,形成参与和引领国际合作竞争新优势
陕西、甘肃、宁夏、青海	形成面向中亚、南亚、西亚国家的通道、商贸物流枢纽、重要产业和人文交流基地	发挥陕西、甘肃综合经济文化和宁夏、青海民族人文优势,打造西安内陆型改革开放新高地,加快兰州、西宁开发开放,推进宁夏内陆开放型经济试验区建设

(续表)

省份	一带一路中的定位	规划
内蒙古、黑龙江、吉林、辽宁、北京	建设向北开放的重要窗口	发挥内蒙古联通俄蒙的区位优势，完善黑龙江对俄铁路通道和区域铁路网，以及黑龙江、吉林、辽宁与俄远东地区陆海联运合作，推进构建北京—莫斯科欧亚高速运输走廊

资料来源：人民网. 推动共建丝绸之路经济带和 21 世纪海上丝绸之路的愿景与行动[EB/OL]. http://world.people.com.cn/n/2015/0328/c1002-26764633.html.

通关和贸易便利化是影响物流系统运作效率的重要因素。"一带"和"一路"在物流基础设施建设方面有所不同，但提升物流运作效率是它们一致的目标。目前，贸易便利化已成为促进国际贸易发展的新举措，各国都在加快建设国际贸易"单一窗口"。我国自贸区和国际贸易"单一窗口"的建设也将有效提升"一带一路"的通关效率。

如上海作为"一带一路"的重要节点，同时也是我国自贸区和国际贸易"单一窗口"的试点。推广上海自由贸易试验区建设的经验，推进与沿线国家自由贸易区的建设，用好沿线国家自由贸易园（港）区的合作平台，是提升"一带一路"物流系统运行效率的重要手段。此外，上海海关联合检验检疫部门已在上海口岸试点报关报检合作"三个一"项目，即一次申报、一次查验、一次放行。这为"一带一路"沿线国家"单一窗口"建设做了前期铺垫。建设好"单一窗口"，可提高政府部门的监管效能，减少申报单证的重复录入和数据信息的差错，有效降低贸易和运输企业的综合物流成本。因此，国际贸易"单一窗口"也将成为"一带一路"软环境建设的重要内容。

三、"一带一路"区域物流系统运行格局将不断优化

"一带一路"沿线涉及国家众多、地形十分复杂，运输方式多种多样，历史上形成了一些相对固定的物流节点和通道。但受国际关系和技术所限，由这些传统的节点和通道构成的物流系统在通道空间格局和运输方式选择等方面都还有很大的优化空间。

如巴基斯坦的瓜达尔港扼守从非洲、欧洲经红海、霍尔木兹海峡、波斯湾通往东亚、太平洋地区的数条海上重要航线，是连接我国、阿拉伯海和霍尔木兹海峡的关键点。瓜达尔港具有建设深水港口的优越自然条件，可以建设成为集转载、仓储、运输于一体的地区海上中转站。中巴铁路与公路一旦贯通，我国的石油运输路程将缩短 85%，不但可以为我国进口中东石油提供最短运输路线，我国西部产品也可以直接通过瓜达尔港运出海，降低之前需要运到东部港口的成本。为推动

"中巴经济走廊"的建设,我国已与巴基斯坦签署了一系列基础设施合作项目,瓜达尔港作为重点投资建设项目已开始实施。

在航线方面,泰国克拉运河的建设将在很大程度上改变 21 世纪海上丝绸之路乃至全球航运的格局。规划中的克拉运河位于泰国南部的克拉地峡,为马来半岛北部最狭处,宽仅 56 公里。运河开通后可以贯通印度洋和泰国湾,由南太平洋将可不再通过马六甲海峡而直达印度洋、波斯湾。这将使我国及东盟地区与欧洲、非洲等国家之间的航线距离缩短超过一千公里,从而节约大量的航运成本和时间成本,大大优化 21 世纪海上丝绸之路的航线格局。

第五章 京津冀地区物流发展现状与趋势

京津冀地区是我国最具发展实力和发展潜力的区域之一。2014年,京津冀协同发展上升为国家重要战略部署,为区域经济与社会发展注入了新的活力。京津冀地区可观的经济规模和发达的开放经济体系,创造了巨大的物流需求,使其成为我国物流业最为发达的区域之一。"京津冀协同发展战略"的实施,将为京津冀地区物流业发展提供难得的机遇,也将对京津冀地区物流业发展产生深刻影响。

第一节 京津冀协同发展的背景与总体要求

京津冀协同发展是国家重要战略部署,关乎中国经济的总体格局。京津冀协同发展不仅限于两市一省之间的区域合作,而且承担着拉伸南北平衡、促进中国深度改革与转型发展、实现大国"后发赶超"等重大国家任务。京津冀协同发展战略具有深刻的背景,对区域经济发展提出了明确要求。

一、京津冀协同发展的背景

新中国成立以来,我国区域发展政策历程先后经历了公平优先、效率优先和两者兼顾三大阶段。近三十年两位数字的增长使我国快速步入世界大国的行列。与此同时,我国也出现了区域差距、城乡差距和收入差距三大差距问题。为解决这一问题,中央先后提出西部大开发、环渤海经济圈、振兴东北等区域发展战略。其中,环渤海经济圈发展战略的目的在于通过构筑继珠三角、长三角之后新的增长极,推进我国区域均衡发展。然而,该战略自提出以来推进缓慢,主要原因在于环渤海各省市长期以来存在着地缘分离、行政分立、经济分散的"三分困局",不具备珠三角、长三角"地缘协同"和"一枝独大"的典型特征。京津冀作为环渤海经济圈发展的重中之重,承担着促进均衡功能和后发赶超功能。京津冀协同发展上升为国家战略为打破"一亩三分地"思维,破解环渤海经济圈的"三分困局"提供了有利契机。

京津冀地区合作发展可追溯至改革开放初期。1986年,环渤海地区15个城市共同发起成立环渤海地区市长联席会。1988年,北京市与河北省环京6市(保定、廊坊、唐山、秦皇岛、张家口、承德)组建环京经济协作区。1996年,环渤海经济区被列入国家"九五"计划,北京市提出建立以北京为核心包含河北7个地级市的"首都经济圈"。2004年2月,国家发改委召集京津冀三地发改部门在廊坊召开京津冀区域经济发展战略研讨会,达成"廊坊共识"。2005年1月,国务院常务会议通过《北京城市总体规划(2004—2020)》,其中明确提出:积极推进环渤海地区的经济合作与协调发展,加强京津冀地区在产业发展、生态建设等方面的协调发展;区域交通方面,要基本形成以北京、天津为中心的"两小时交通圈"。2006年通过的《国民经济和社会发展第十一个五年规划纲要(2006—2010)》中,提及京津冀城市群发展问题。2011年3月通过的《国民经济和社会发展第十二个五年规划纲要(2011—2015)》,提出"打造首都经济圈"。2013年12月,"2013京津冀首都发展高层论坛"召开,对京津冀区域协同发展进行了重点探讨。

2014年2月,中共中央总书记习近平召开座谈会,提出要打破"一亩三分地"的思维定式,强调实现京津冀协同发展,加快走出一条科学持续的协同发展路子来。这标志着京津冀协同发展由区域发展战略上升为重大国家战略。2014年3月,在第十二届全国人民代表大会第二次会议上,国务院总理李克强作政府工作报告,提出加强环渤海及京津冀地区经济协作。

二、京津冀协同发展的总体要求

京津冀协同发展意义重大。实现京津冀协同发展,是面向未来打造新的首都经济圈、推进区域发展体制机制创新的需要;是探索完善城市群布局和形态、为优化开发区域发展提供示范和样板的需要;是探索生态文明建设有效路径、促进人口经济资源环境相协调的需要;是实现京津冀优势互补、促进环渤海经济区发展、带动北方腹地发展的需要。①

习近平在听取京津冀协同发展专题汇报时,就推进京津冀协同发展提出以下七点要求。一是要着力加强顶层设计,抓紧编制首都经济圈一体化发展的相关规划,明确三地功能定位、产业分工、城市布局、设施配套、综合交通体系等重大问题,并从财政政策、投资政策、项目安排等方面形成具体措施。二是要着力加大对协同发展的推动,自觉打破自家"一亩三分地"的思维定式,抱成团朝着顶层设计的目标一起做,充分发挥环渤海地区经济合作发展协调机制的作用。三是要着力加快推进产业对接协作,理顺三地产业发展链条,形成区域间产业合理分布和上下游联动机制,对接产业规划,不搞同构性、同质化发展。四是要着力调整优化城市布局和空间结构,促进城市分工协作,提高城市群一体化水平,提高其综合承载

---

① 习近平.打破一亩三分地思维 京津冀要抱团发展[EB/OL].http://news.china.com.cn/2014-02-28/content_31622167.htm.

能力和内涵发展水平。五是要着力扩大环境容量生态空间,加强生态环境保护合作,在已经启动大气污染防治协作机制的基础上,完善防护林建设、水资源保护、水环境治理、清洁能源使用等领域合作机制。六是要着力构建现代化交通网络系统,把交通一体化作为先行领域,加快构建快速、便捷、高效、安全、大容量、低成本的互联互通综合交通网络。七是要着力加快推进市场一体化进程,下决心破除限制资本、技术、产权、人才、劳动力等生产要素自由流动和优化配置的各种体制机制障碍,推动各种要素按照市场规律在区域内自由流动和优化配置。

第二节 京津冀地区的经济发展特征

京津冀地区是我国经济较为发达的区域之一,但是与长三角和珠三角相比仍然具有一定差异。京津冀地区发展主要呈现出区域间发展落差明显、三地产业发展处于不同阶段、城镇体系与空间形态出现断裂式形态、外向型经济发达等典型特征。

一、京津两极独大,区域间发展落差较大

京、津、冀三地的经济与社会发展落差较大。例如,河北省人均地区生产总值远低于北京和天津。2014年,京、津、冀的人均地区生产总值分别为10.00万元、10.37万元和3.98万元(如图5-1所示),河北省人均地区生产总值不到京津两地的40%。再如,河北省城市化水平远低于京津两地。北京市和天津市的城市化水平分别高达

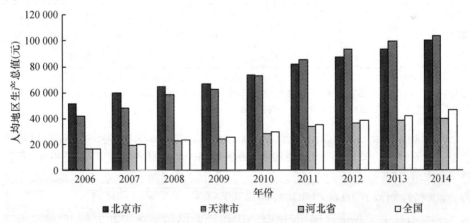

图5-1 2006—2014年京津冀地区人均生产总值情况

资料来源:根据《中国统计年鉴》(2006—2014)、《北京市国民经济和社会发展统计公报》(2006—2014)、《天津市国民经济和社会发展统计公报》(2006—2014)以及《河北省国民经济和社会发展统计公报》(2006—2014)相关数据整理。

85.96%和79.44%,河北省的城市化水平只有43.11%,不仅远低于京津两地水平,甚至比全国平均水平还要低6.57个百分点。

二、三地间产业发展阶段差异化明显

京津冀三地处于不同的产业发展阶段。如表5-1所示,2014年,北京市三次产业比例为0.7:21.4:77.9,第三产业比重高于第一、二产业居绝对主导地位,处于后工业化时期。天津市三次产业比例为1.3:49.4:49.3,第二产业比重最高,第三产业比重略低位居第二,处于工业化后期。河北省三次产业比例为11.7:51.1:37.2,第二产业仍居绝对主导地位,第三产业比重相对较低,处于工业化中期。

表5-1 2006—2014年京津冀地区生产总值三次产业比例 （单位:%）

	北京			天津			河北		
	第一产业	第二产业	第三产业	第一产业	第二产业	第三产业	第一产业	第二产业	第三产业
2006	1.3	27.8	70.9	2.7	57.3	40.0	13.8	52.3	33.9
2007	1.1	27.5	71.4	2.1	57.6	40.3	13.2	52.8	34.0
2008	1.0	23.6	75.4	1.9	60.1	38.0	12.7	54.3	33.0
2009	1.0	23.2	75.8	1.7	54.8	43.5	13.0	52.1	34.9
2010	0.9	24.1	75.0	1.6	53.1	45.3	12.7	53.0	34.3
2011	0.8	23.1	76.1	1.4	52.5	46.1	12.0	54.1	33.9
2012	0.8	22.8	76.4	1.3	51.7	47.0	12.0	52.7	35.3
2013	0.8	21.7	77.5	1.3	50.6	48.1	12.4	52.1	35.5
2014	0.7	21.4	77.9	1.3	49.4	49.3	11.7	51.1	37.2

资料来源:根据《中国统计年鉴》(2006—2014)、《北京市国民经济和社会发展统计公报》(2006—2014)、《天津市国民经济和社会发展统计公报》(2006—2014)以及《河北省国民经济和社会发展统计公报》(2006—2014)相关数据整理。

北京市处于后工业化时期,服务业内部结构趋于高端化。近年来,北京市加快发展金融服务、信息服务、科技服务、商务服务、流通服务等生产性服务业,促进经济结构由服务业主导向生产性服务业主导升级。同时,着力提升高端现代制造业,改造传统制造业,高端引领特征明显。

天津市处于工业化后期,双轮驱动优化产业结构。在工业方面,形成了电子信息、航空航天、石油化工、装备制造、生物医药、新能源新材料、汽车、化工等八大优势支柱产业。在现代服务业领域,推动发展金融、物流、商贸、商务、科技、创意、旅游和会展八大重点产业,生产性、生活性和新兴服务业并举①。

河北省处于工业化中期,工业仍居主导产业地位。目前,已基本形成新能源、汽车、电气、煤炭、纺织、冶金、建材、化工、机械、电子、石油、轻工、医药等优势产业,着重发展旅游、文化、商贸物流、金融保险、服务外包、会展等现代服务业。与此同时,大力发展现代农业,壮大畜牧、果品等优势产业,完善农业科技创新和技术服务体系,增强农业综合生产能力和市场竞争能力②。

三、断裂式的城镇体系与空间形态

京津冀地区的城镇体系发展不均衡,城市间发展水平存在巨大落差。从城市规模结构来看,京津冀城市群共有13个城市,其中中央直辖市2个,地级市11个。2014年,京津冀地区1000万以上的超大城市③1个,500万～1000万的特大城市1个,100～500万的大城市4个,50～100万的中等城市6个,50万以下的小城市1个,如表5-2所示。京津冀地区呈现明显的断裂式城镇体系特征,尚未形成合理有序的城市规模体系。京津冀地区除北京和天津这两个超大城市、特大城市之外,河北省众多中小城市发展明显不足,城市发展体系亟待优化。

表5-2　2014年京津冀地区城市规模

等级规模 (万人)	城市数量		城市名称
	个数	比例(%)	
>1000 超大城市	1	7.69%	北京市
500～1000 特大城市	1	7.69%	天津市
100～500 大城市	4	30.77%	保定市、唐山市、石家庄市、邯郸市
50～100 中等城市	6	46.15%	秦皇岛市、张家口市、沧州市、邢台市、承德市、廊坊市
<50 小城市	1	7.69%	衡水市

资料来源:根据《北京市国民经济和社会发展统计公报》(2014)、《天津市国民经济和社会发展统计公报》(2014)以及河北省各地级市统计局国民经济统计公报等相关数据整理。

---

① 胡跃平,陈杰.天津双轮驱动优化产业结构 制造业高端化服务业现代化[EB/OL]. http://news.hexun.com/2012-09-04/145433005.html.
② 河北自由贸易区服务平台.河北省情——产业概况[EB/OL]. http://www.hbzmq.com/hbls.jhtml.
③ 根据2014年国务院印发的《关于调整城市规模划分标准的通知》,城区常住人口50万以下的为小城市,城区常住人口50万以上100万以下的城市为中等城市,城区常住人口100万以上500万以下的城市为大城市,城区常住人口500万以上1000万以下的为特大城市,城区常住人口1000万以上的为超大城市。

四、外向型经济发达,天津自贸区挂牌运行

京津冀地区是我国外向型经济最为发达的区域之一。2014年,京、津、冀三地进出口贸易总额分别达到4156.50亿美元、1339.12亿美元和592.20亿美元,如图5-2所示。三地的外贸依存度分别为121.14%、52.95%和12.65%,如图5-3所示。

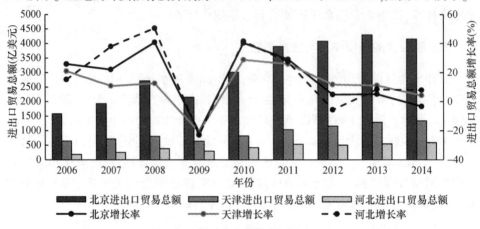

图5-2　2006—2014年京津冀地区进出口贸易总额及增长率状况

资料来源:根据《中国统计年鉴》(2006—2014)、《北京市国民经济和社会发展统计公报》(2006—2014)、《天津市国民经济和社会发展统计公报》(2006—2014)以及《河北省国民经济和社会发展统计公报》(2006—2014)相关数据整理。

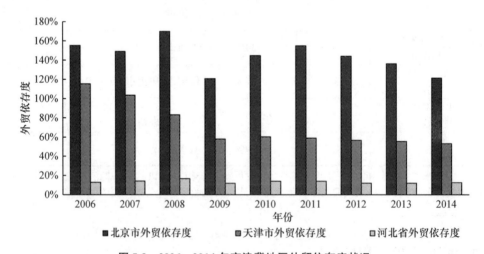

图5-3　2006—2014年京津冀地区外贸依存度状况

资料来源:根据《中国统计年鉴》(2006—2014)、《北京市国民经济和社会发展统计公报》(2006—2014)、《天津市国民经济和社会发展统计公报》(2006—2014)以及《河北省国民经济和社会发展统计公报》(2006—2014)相关数据整理。

2015年4月，天津自贸试验区正式挂牌运营。该自贸区以制度创新为核心任务，以可复制和推广为基本要求，努力成为京津冀协同发展高水平的对外开放平台、全国改革开放先行区、制度创新试验田和面向世界的高水平自贸试验区。总体目标为经过三至五年的改革探索，将自贸试验区建设成为贸易自由、投资便利、高端产业集聚、金融服务完善、法制环境规范、监管高效便捷、辐射带动效应明显的国际一流自由贸易试验区①。天津自贸试验区的挂牌运营，将为京津冀协同发展提供新的载体，为京津冀地区的外向型经济发展注入新的活力。

五、京津冀与长三角、珠三角发展水平仍存差距

京津冀地区以独有的政治文化优势、区位优势、雄厚的工业基础和先进的技术装备，成为继长江三角洲和珠江三角洲②之后我国第三个区域经济增长极。然而，与长三角和珠三角相比，京津冀地区的经济发展水平仍存在明显差距，如表5-3所示。

表5-3　2014年京津冀、长三角、珠三角经济发展情况对比

	京津冀	长三角	珠三角
GDP(亿元)	66 474.50	128 803.20	57 802.21
人口(万人)	11 052.16	15 893.74	5 763.38
人均GDP(万元)	6.01	8.11	10.03
进出口总额(亿美元)	6 094.40	17 823.60	10 293.06
外贸依存度(%)	56.29	84.96	109.34
城镇化率(%)	61.10	67.40	84.00

资料来源：《2014年北京市国民经济和社会发展统计公报》、《2014年天津市国民经济和社会发展统计公报》、《2014年河北省国民经济和社会发展统计公报》、《2014年上海市国民经济和社会发展统计公报》、《2014年江苏省国民经济和社会发展统计公报》以及广州、深圳、珠海、佛山、惠州、东莞、中山、江门和肇庆九个城市的2014年国民经济和社会发展统计公报。

首先，京津冀地区人均地区生产总值与长三角、珠三角差距较大。2014年，京津冀地区生产总值为66 474.50亿元，略高于珠三角的57 802.21亿元，但仅为长三角地区生产总值128 803.20亿元的51.6%。人均GDP方面，珠三角达到10.03万元，长三角为8.11万元，京津冀为6.01万元。其次，京津冀地区的进出口总额低于长三角和珠三角。例如，2014年京津冀地区进出口总额为6094.40亿美元，长三角和珠三角分别为17 823.60亿美元和10 293.06亿美元。此外，京津冀地区

---

① 马明. 为国家试制度为地方谋发展 努力建国际一流自贸区[EB/OL]. http://news.163.com/15/0423/13/ANT12JE300014AED.html.
② 根据《2014年广东省国民经济和社会发展统计公报》，珠三角地区指广州、深圳、珠海、佛山、惠州、东莞、中山、江门和肇庆。

外贸依存度为 56.29%，长三角和珠三角分别为 84.96% 和 109.34%。最后，京津冀地区城镇化进程落后于长三角和珠三角。2014 年长三角、珠三角的城镇化率分别达到 67.40% 和 84.00%，京津冀地区的城镇化率只达到 61.10%，比长三角和珠三角分别低 6.30 和 22.9 个百分点。

第三节　京津冀地区的物流市场状况

京津冀地区作为我国经济发展的第三增长极，物流发展水平也同样居于全国前列。本节重点从物流市场规模、交通基础设施、物流信息化建设、物流企业和物流园区、物流政策与规划等视角出发，剖析京津冀地区的物流市场状况。

一、物流市场规模

（一）交通运输、仓储和邮政业增加值

近年来，京津冀地区的交通运输、仓储和邮政业呈现较快的发展态势。2006—2014 年，交通运输、仓储和邮政业增加值的年均增长率为 12.08%，如表 5-4 所示。其中：天津市增长率最高，达到 14.62%；其次为河北省的 12.49%；北京市为 9.51%。

表 5-4　2006—2014 年京津冀地区交通运输、仓储和邮政业增加值　（单位：亿元）

	北京	天津	河北	京津冀地区
2006	458.30	252.90	971.50	1 682.70
2007	502.60	294.10	1161.60	1 958.30
2008	505.70	320.60	1281.30	2 107.60
2009	556.60	471.00	1 491.90	2 519.50
2010	640.60	585.20	1 880.30	3 106.10
2011	845.30	698.98	2046.20	3 590.48
2012	778.50	721.04	2 241.10	3 740.64
2013	883.60	725.05	2377.60	3 986.25
2014	948.10	753.190	2 490.10	4 191.39
年均增长率	9.51%	14.62%	12.49%	12.08%

资料来源：根据《中国统计年鉴》(2006—2014)、《北京市国民经济和社会发展统计公报》(2006—2014)、《天津市国民经济和社会发展统计公报》(2006—2014)以及《河北省国民经济和社会发展统计公报》(2006—2014)相关数据整理。

（二）货运量与货物周转量

2014 年，京津冀地区货运量为 29.20 亿吨，见表 5-5。其中，北京为 3.00 亿吨，占比 10.27%；天津为 5.10 亿吨，占比 17.47%；河北为 21.10 亿吨，占比

72.26%。2006—2014 年,京津冀地区的货运量年均增长率为 7.23%。这主要得益于河北省 11.08% 的年均增速。同期,天津市增速仅为 2.16%,北京市则呈现负增长。

2014 年,京津冀地区货物周转量为 16 658.60 亿吨公里。其中,北京为 672.80 亿吨公里,占比 4.04%;天津为 3 354.40 亿吨公里,占比 21.14%;河北为 12 631.40 亿吨公里,占比 75.83%。2006—2014 年,京津冀地区的货物周转量呈现年均负增长,增长率为 -0.82%;其中北京、天津和河北省的年均增长率分别为 4.35%、-14.86% 以及 11.84%。

表 5-5　2014 年京津冀地区各种运输方式货运量及货物周转量

指标	北京		天津		河北	
	绝对数	比上年增长(%)	绝对数	比上年增长(%)	绝对数	比上年增长(%)
货运量(亿吨)	3.00	4.30	5.10	-1.30	21.10	6.00
铁路	0.10	5.00	0.89	5.00	2.10	-8.30
公路	2.50	3.10	3.11	10.40	18.50	7.40
货物周转量(亿吨公里)	672.80	-1.20	3354.40	-37.80	12 631.40	8.30
铁路	284.40	-12.00	349.02	-3.00	4186.00	-1.30
公路	165.20	5.80	265.17	11.30	7019.60	6.70

资料来源:根据《中国统计年鉴》(2013—2014)、《北京市国民经济和社会发展统计公报》(2013—2014)、《天津市国民经济和社会发展统计公报》(2013—2014)以及《河北省国民经济和社会发展统计公报》(2013—2014)相关数据整理。

(三) 机场货邮吞吐量

2014 年,京津冀地区机场货邮吞吐量达到 216.6 万吨,占全国机场货邮吞吐总量的 15.97%。京津冀地区各机场的货邮吞吐量差距悬殊,如图 5-4 所示。首都机场货邮吐吞量达到 184.80 万吨,位居全国第二,占京津冀地区的 85.32%。天津机场货邮吐吞量达到 23.34 万吨,居全国第 13 位。石家庄机场和南苑机场的货邮吞吐量分别为 4.56 万吨和 3.72 万吨,占全国第 35 位和第 39 位,见表 5-6。此外,邯郸机场、秦皇岛山海关机场、唐山三女河机场、张家口机场的货邮吞吐量规模均较小。

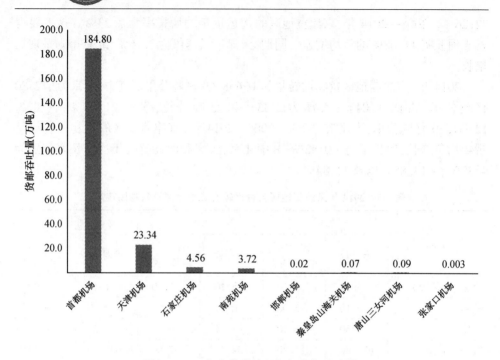

图 5-4 2014 年京津冀地区机场货邮吞吐量

资料来源：中国民航局.2014 年全国机场生产统计公报[R].2015-04-03.

表 5-6　2014 年京津冀四大机场业务量的全国排名

	货邮吞吐量名次	起降架次名次
首都机场	2	1
天津机场	13	21
石家庄机场	35	41
南苑机场	39	49

资料来源：中国民航局.2014 年全国机场生产统计公报[R].2015-04-03.

(四) 沿海港口吞吐量

京津冀地区拥有天津港、秦皇岛港、唐山港和黄骅港 4 个货物吞吐量超亿吨的海港,港口货物吞吐量约占全国沿海港口货物吞吐量的 13.4%。2014 年,天津港货物吞吐量达到 5.4 亿吨,集装箱吞吐量达 1406.1 万 TEU;河北省秦皇岛、唐山(京唐港区、曹妃甸港区)和黄骅三港的货物吞吐量合计达到 9.5 亿吨(如图 5-5 所示)。

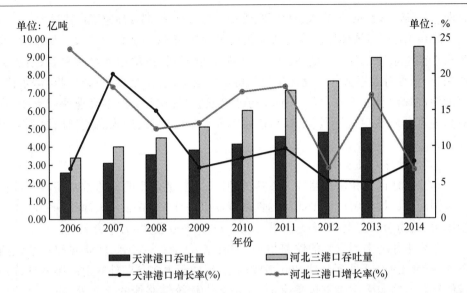

图 5-5　2006—2014 年天津、河北省港口货物吞吐量及各年增长率

资料来源:根据《天津市国民经济和社会发展统计公报》(2006—2014)以及《河北省国民经济和社会发展统计公报》(2006—2014)相关数据整理。

二、交通基础设施

(一)公路建设情况

截至 2013 年底,京津冀地区公路里程达 21.1 万公里,其中高速公路 7645 公里。京津冀地区的公路路网密度和高速公路路网密度,分别是全国平均水平的 2.33 倍和 3.52 倍。

2013 年末,北京市公路里程达到 21 614 公里,其中高速公路里程 923 公里[①]。目前,拥有京哈、京港澳、京沪、京秦、京昆、京藏、京新、大广、京石、京沈、京开等国家级高速公路。2013 年末,天津市公路里程达到 15 718 公里,其中高速公路里程 1103 公里[②]。天津市高速公路网布局为"九横五纵",其中"九横"为京秦、京沈、唐廊、国道 112、京津、京津唐、津晋津保、津石和南港高速公路。"五纵"为京沪、唐津、塘承、海滨大道和津蓟高速公路。除此之外还有三条联络线,包括津沧、津宁和京港高速公路。2013 年年末,河北省公路里程达到 17.4 万公里,其中高速公路里程 5619 公里[③]。目前,已开通的高速公路包括京石、石安、石太、石黄、保津、唐津、

---

① 北京市统计局,国家统计局北京调查总队.北京市 2013 年国民经济和社会发展统计公报.2014-02-13.
② 天津市统计局,国家统计局天津调查总队.天津统计年鉴(2014).
③ 河北省统计局,国家统计局河北调查总队.2013 年河北省国民经济和社会发展统计公报.2014-02-25.

京秦、京秦廊坊段、京沪、宣大、京张等、青银、丹拉、京承、邢威高速正在建设中。

2014年,京津冀地区围绕交通互联互通,积极推进高速公路建设。例如,河北省重点推进京沪、京台、京港澳、京昆、京新等20条段、1578公里续建项目建设,加快张承、密涿等北京大外环高速项目的协调推动力度;京昆高速京冀界至涞水段、京港澳高速改扩建石安段等8条段均已建成通车;新开工石港高速曲阳支线、京秦高速京冀和冀津接线段、京秦高速津冀界至平安城段、唐廊高速唐山段等4条段、140公里①。

（二）铁路建设情况

京津冀地区是我国铁路较为发达的地区,尤其是京津两地的铁路路网密度位居全国前列。按照单位国土面积的铁路营业里程计算,2012年天津路网密度位居全国第一,为768公里/万平方公里,其次为北京760公里/万平方公里。

北京市作为中国重要的铁路枢纽,拥有京九、京广、京哈、京港澳和京承铁路等铁路干线,9条干线经环线和联络线联结,形成了由多条向外放射线路和环线组成的铁路网络。天津市不仅是京沪、津山两大传统铁路线的交汇处,还是京沪高速铁路、京津城际铁路、津秦客运专线、津保客运专线等高速铁路的交汇处,是北京通往东北和上海方向的重要铁路枢纽,也是沟通天津港与内地物流集散的枢纽。天津大陆桥运输优势明显,开通了天津港至满洲里、阿拉山口、二连浩特的集装箱班列,天津成为中国境内唯一拥有3条通道的大陆桥东部起点②。河北省共有京沪线、京广线、京九线、京港澳、神骅线、大秦线等25条主要干线铁路通过。这些铁路贯穿南北、沟通东西,不仅是河北省交通运输的骨干,而且是北京与全国各地联系的重要纽带。这些铁路与国家干线铁路相互衔接,是当地物资集散的重要运输工具,对河北省的经济发展发挥着积极的推动作用③。

（三）港口建设情况

京津冀拥有天津港、秦皇岛港、唐山港和黄骅港等四大亿吨级港口。这些港口以其大进大出的集输运能力,在区域物流体系中占据了重要的节点地位。

天津港是中国北方最大的综合性贸易港口,2014年货物吞吐量排名全国第三,航线通达世界180多个国家和地区的500多个港口,是蒙古国等内陆国家的主要出海口。天津港主要分为北疆、南疆、东疆、海河四大港区,其中东疆保税港区是中国规模最大、开放度最高的保税港区之一。

唐山港位于河北省唐山市东南沿海,是我国北部能源、原材料等大宗物资运

---

① 河北省交通宣传中心.河北省交通运输厅2014年工作计划[EB/OL]. http://www.hbsjtt.gov.cn/zwgk/content/2014-04/16/content_348782.htm.
② 天津市发展和改革委员会.天津市现代物流业发展"十二五"规划.2011-11.
③ 河北省发展和改革委员会.河北省现代物流业"十二五"发展规划.2011-12.

输系统的重要节点。2014年,唐山港货物吞吐量排名全国第四,仅次于天津港。唐山港分为曹妃甸港区、京唐港区和丰南港区,形成分工合作、协调互动的总体发展格局,其地理位置是沟通华北、东北和西北地区的最近出海口,同京九铁路、京沪铁路、京广铁路、京哈铁路、京承铁路、京包铁路等铁路动脉直接相连。经济腹地可覆盖河北、北京、山西、宁夏、内蒙古和陕西等地①。

秦皇岛港位于渤海辽东湾西侧,2014年货物吞吐量排名全国第九。港口对外交通发达,集疏运条件优越。铁路有京山、沈山、京秦和大秦4条铁路干线直达港口。公路通过城市集疏港道路与102、205国道相连,可直达北京、天津、沈阳等地。海上运输可到达中国沿海各港及长江中下游港口,并开通了至山东龙口的海上客运航线。秦皇岛港目前与世界上80多个国家和地区的港口通航,先后开通了至香港、日本、韩国等4条国际集装箱班轮航线②。

黄骅港位于河北、山东两省交界处,环渤海经济圈的中部,自2011年起货物吞吐量连续四年突破亿吨。黄骅港是河北冀东南地区运距最短的出海口,现已建成20万吨级航道和万吨级以上泊位25个,形成综合、煤炭、散货、河口四大港区。其中,综合港区和散货港区以散杂货、集装箱和成品油、液体化工品、原油运输为主;煤炭港区建有现代化、专业化的大型煤炭装船码头,是我国"北煤南运"第二大通道的重要入海口;河口港区主要接卸小吨位船舶③。

(四)机场建设情况

京津冀地区主要有北京、天津、石家庄、南苑四个机场。其中,北京首都国际机场是全球规模最大、最繁忙的机场之一,已开通200多条国际国内航线,通往世界主要国家及地区和国内大部分城市,在京津冀地区机场群中发挥重要枢纽作用。

天津滨海国际机场是国内干线机场、国际定期航班机场、国家一类航空口岸和主要的航空货运中心,机场实施"客货并举、以货为重"的发展战略,现有国际国内航线86条,通航城市65个,每周航班量达到1400多架次④。

石家庄正定机场是国内省会干线机场,北京首都机场的备降机场和分流机场,已开通47条航线,通达全国47个大中城市,形成了以石家庄为中心,连接上海、广州、大连、深圳、香港等国内32个大中城市以及莫斯科、阿拉木图等国外城

---

① 中国港口网.唐山港概况[EB/OL].http://www.chinaports.com/port/weekport/tangshan/index.html.
② 第十四届中国科协年会.秦皇岛港简介[EB/OL].http://zt.cast.org.cn/n435777/n435799/n14048078/index.html.
③ 李其征等.沧州市黄骅港上半年集装箱业务同比增七成[EB/OL].http://www.he.xinhuanct.com/zfwq/cangzhou/news/2014-07/09/c_1111531314.htm.
④ 首都机场集团公司网站.天津滨海国际机场[EB/OL].http://www.cah.com.cn/news.php?id=2274.

市和地区的航空运输网络。秦皇岛山海关机场开辟 25 条航线,通达全国 27 个城市。邯郸机场于 2007 年建成通航,2013 年已开通大连、上海、杭州、厦门、西安、广州、重庆、海口、呼和浩特、温州等多条航线。唐山三女河机场于 2010 年 7 月 13 日通航,开通了 20 多条航线①。

从总体来,北京机场货运量高、资源高效利用、运行能力已经饱和,天津机场、石家庄机场等机场运行能力闲置、发展潜力较大。因此,京津冀之间迫切需要实现航空资源的高效配置,这对京津冀航空运输协同发展提出了更高的要求。

三、物流信息化建设

随着物流技术的广泛应用,物流信息平台在京津冀地区得到进一步推广,目前已经建设包括中国物流公共信息平台、北京物流公共信息平台、天津电子口岸全程物流信息服务平台、天津货运信息网、河北物流网等物流信息平台。京津冀地区物流信息平台建设存在以下两个问题。第一,以配货型、资源型和行业垂直门户型物流信息平台为主,信息交换的平台及应用服务型平台较少。第二,由于京、津、冀两市一省的物流信息平台标准不一,难以实现物流信息的有效沟通和物流资源的有效配置。

京津冀地区口岸信息化建设取得明显进展。2014 年 7 月,京津冀海关区域通关一体化改革率先在北京海关、天津海关启动实施。京津冀海关区域通关一体化改革对三地海关监管和服务实施优势集成、资源整合、专业分工,打破管理区域界限,通过建设"一个中心",搭建"四个平台",实现三地企业自主选择报关纳税和货物查验的地点,三地海关实现高效执法、无缝对接的服务。"一个中心"为区域通关中心,是指在现有体制不变情况下,将原先各自独立的通关管理体系,通过信息网络互联互通,形成区域联动的通关中心;"四个平台"包括统一申报、统一风险防控、统一专业审单和统一现场作业②。

京津冀三地规划中都提出要加强信息化和物流技术建设。其中,北京提出发挥首都信息化水平高、人才科技资源丰富的优势,推广应用先进物流技术,鼓励物流服务创新,提高信息化、自动化、智能化、标准化水平。天津提出要大力推进物联网技术在区域物流领域中的应用,实现物流货物的智能化识别、定位、追踪、监控和管理,通过平台整合和互通互联,逐步构建跨区域的物联网体系。

---

① 河北机场管理集团有限公司网站. 机场概况[EB/OL]. http://www.hebeiairport.cn/jcgk.html.
② 高敬等. 海关总署 7 月 1 日开始启动京津冀通关一体化改革[EB/OL]. http://news.xinhuanet.com/fortune/2014-05/14/c_1110683295.htm.

四、物流企业和物流园区

（一）物流企业发展情况

京津冀地区物流服务产业链已经基本形成,专业化物流企业初具规模,综合性物流企业逐步成为京津冀地区现代物流业的重要力量。截止到2015年2月2日,中国物流与采购联合会审批通过的195家5A级物流企业中,京津冀地区的企业占19.5%。其中北京25家,天津仅4家,河北9家。从空间分布上看,大型物流企业、物流企业总部向北京集中,天津市和河北省的物流企业总部和大型知名物流企业相对缺乏。京津冀三地5A级物流企业名单如表5-7所示。

表5-7 京津冀三地5A级物流企业名单

北京(25家)	天津(4家)	河北(9家)
中国远洋物流有限公司 中国物资储运总公司 中铁快运股份有限公司 中铁现代物流科技股份有限公司 嘉里大通物流有限公司 中国外运长航集团有限公司 五矿物流集团有限公司 北京长久物流股份有限公司 中铁物流集团有限公司 中铁物资集团有限公司 中国兵工物资集团有限公司 中铁联合物流股份有限公司 中铁集装箱运输有限责任公司 北京医药股份有限公司 北京市邮政速递物流有限公司 国药集团药业股份有限公司 北京京铁经贸发展中心 中信信通国际物流有限公司 中国物流有限公司 北京京铁实业开发总公司 北京福田智科物流有限公司 中都物流有限公司 中国通信服务股份有限公司 中铁特货运输有限责任公司 北京铁路局	天津大田集团有限公司 振华物流集团有限公司 天津滨海泰达物流集团股份有限公司 中集现代物流发展有限公司	开滦集团国际物流有限责任公司 万合集团股份有限公司 唐山海港远大物流有限公司 冀中能源峰峰集团邯郸鼎峰物流有限公司 河北省物流产业集团有限公司 冀中能源国际物流集团有限公司 河北冀铁集团公司 唐山市佳源贸易发展有限责任公司 唐山港集团股份有限公司

资料来源:A级物流企业名单(http://www.chinawuliu.com.cn/office/34/239/8738.shtml.)以及第十五批、十六批、十七批、十八批、十九批A级物流企业名单公示(http://www.chinawuliu.com.cn/lhhkx/class_28.shtml)。

（二）物流园区及物流中心发展情况

京津冀地区物流园区及物流中心建设取得重大的进步。北京拥有天竺综合保税区和北京经济技术开发区保税物流中心等具有保税功能的物流园区,建成了顺义空港、通州马驹桥、平谷马坊和大兴京南等物流基地,形成了十八里店物流中心、西南物流中心等一批物流中心①。

天津市物流园区紧紧围绕海港和空港形成集聚区,沿天津港形成了天津港集装箱中心、天津港散货中心、开发区保税物流中心等物流园区,沿空港则形成了空港国际物流园区、滨海中储综合物流园区、滨海新区综合保税区等物流园区。物流园区的服务功能显著增强,东疆保税港区、滨海新区综合保税区、开发区保税物流中心等多种类型海关特殊监管区的获准设立,实现了海陆空重点物流园区保税物流功能一体化②。

河北省物流园区建设方面,唐山海港、丰润北方等19个首批省级物流聚集区和7个环首都现代物流园区建设进度加快,形成产业聚集。正定空港、石家庄内陆港启动保税物流中心建设,为开展国际保税物流业奠定基础。物流中心建设方面,开滦集团曹妃甸动力煤储配基地、河北钢铁集团大型港口钢铁物流基地、唐山丰润钢铁物流中心、成润港骅粮食物流中心等一批大型物流中心逐渐形成③。

五、物流政策与规划

（一）国家出台的关于京津冀物流发展的政策

2009年3月,国务院印发《物流业调整和振兴规划》,提出优化物流发展的区域布局,其中以北京和天津为中心的华北物流区域被列为九大重点物流区域之一。规划还指出要打破行政区划的限制,引导物流资源跨区域优化配置,其中华北地区要加强物流创新,打造国际物流和商贸物流,并且打造一批全国领先的物流企业。同时,该规划指出物流节点城市(包括北京、天津和石家庄)要具体问题具体分析,根据当地产业特点、发展水平、设施状况、市场需求、功能定位等因素,完善城市物流设施,加强物流园区规划布局,有针对性地建设货运服务型、生产服务型、商业服务型、国际贸易服务型和综合服务型的物流园区。

2010年8月,国家邮政局颁布《京津冀地区快递服务发展规划》(2010—2014年),力促北京、天津、河北三省市快递业务协同发展。该规划是继《长江三角洲地区快递服务发展规划(2009—2013年)》和《珠江三角洲地区快递服务发展规划

---

① 北京市商务委员会,北京市发展和改革委员会.北京市"十二五"时期物流业发展规划.2011-11.
② 天津市发展和改革委员会.天津市现代物流业发展"十二五"规划.2011-11.
③ 河北省发展和改革委员会.河北省现代物流业"十二五"发展规划.2011-12.

(2010—2014)》之后,我国第三部获得通过的区域快递服务发展专项规划。该规划提出优化快递发展空间布局、构建现代快递服务体系、推进地区优势资源整合、优化快递综合运输网络、强化快递科技支撑能力、推进快递基础设施建设、全力保障快递渠道安全、切实加强快递监督管理等八大任务,电子商务快件处理中心、快递公共信息服务平台、电子商务配送信息平台、快递服务安全防范体系等四大工程,建立合作协调机制、完善快递发展环境、开展标准规范研究、加强人力资源建设、发挥行业协会作用五大政策措施。

随着京津冀协同发展上升为国家重大战略,区域物流一体化备受关注。2014年2月召开的京津冀协调发展座谈会明确指出:要以交通一体化作为先导,加快构建快速、便捷、高效、安全、大容量、低成本的互联互通综合交通网络。

2014年9月,我国《物流业发展中长期规划(2014—2020年)》出台。该规划中明确将"推进区域物流协调发展"作为七大主要任务之一,指出要按照推动京津冀协同发展、环渤海区域合作发展等要求,加快商贸物流业一体化进程,落实国家区域发展整体战略和产业布局调整优化的要求,继续发挥全国性物流节点城市和区域性物流节点城市的辐射带动作用,推动区域物流协调发展。

(二)北京、天津和河北出台的物流业发展相关政策

从各地区来看,北京市、天津市和河北省三地政府分别颁布了《北京市"十二五"时期物流业发展规划》《天津市现代物流业发展"十二五"规划》《河北省现代物流业"十二五"发展规划》,为现代物流业指出了发展方向和依据。

《北京市"十二五"时期物流业发展规划》提出的主要任务包括:完善空间布局,发挥物流基地的作用;提升城市物流配送水平,提高其服务能力;发展专业物流,打造物流总部经济;强化区域物流合作,拓展首都经济圈物流服务功能;发挥政策功能区优势,加快发展国际物流;加快物流业发展方式转变,实现可持续发展。

《天津市现代物流业发展"十二五"规划》提出的主要任务包括:构建"三位一体"国际型港航物流体系,建设北方国际航运中心;加快基础设施建设,增强现代物流服务功能;打造包括煤炭行业专业物流体系、钢铁行业专业物流体系、石化、生物医药、装备制造、电子信息、建材、汽车、航空航天和农产品在内的十大专业物流体系,推进物流服务专业化与社会化;完善包括冷链物流、邮政物流、危险品物流、逆向物流和应急物流在内的五大重点物流领域,形成物流服务多样化与高质化;构建多级互通信息网络,增进物流服务精准化与智能化。

《河北省现代物流业"十二五"发展规划》提出的主要任务包括:提高物流资源使用效率,加快推进物流资源向重点区域、节点城市和集聚区转移,实现现代物流业集聚发展;提高市场竞争能力,通过培育、剥离、引进等多种方式,组建一批现代

化、国际化、标准化的物流企业;在巩固壮大转运、仓储等基础物流服务的基础上,加快向高附加值业务领域延伸,拓展物流服务功能,增强物流资源的整合能力;加快推进物流产业与制造业的融合互动,进一步延伸物流服务功能,强化以供应链整合生产流程,增强物流产业的生产组织作用;强化港口、铁路、公路等重大基础设施及集疏通道建设,改进运输方式,整合物流资源,提高承运能力,为发展现代物流业奠定坚实基础;引进推广标准化物流设备和现代信息技术,以标准化推进信息化,以信息化提升标准化,改造重组物流流程,全面提高物流效率、效益和服务水平。

第四节 京津冀协同发展战略对物流发展的深刻影响

京津冀协同发展上升为国家发展战略,《京津冀协同发展规划纲要》必将对该地区的现代物流发展带来深刻影响。京津冀地区物流业进入快速成长与发展的新阶段,区域物流一体化将成为未来发展的主要趋势。

一、口岸大通关联动发展,推动物流一体化进程

口岸是京津冀地区外向型经济发展和建设"海上丝绸之路"新起点的核心战略资源。京津冀口岸大通关建设有助于充分挖掘京、津、冀三地的口岸资源优势,推进口岸间的互联互通,搭建投资贸易便利化服务平台,创建区域口岸合作的新示范。

2014年5月,《京津冀海关区域通关一体化改革方案》颁布,明确提出以海关通关改革落实京津冀协同发展重大国家战略的时间表和路线图。2014年7月,京津冀海关区域通关一体化改革率先在北京海关、天津海关启动。同年9月,石家庄海关正式启用区域通关一体化通关方式。

京津冀海关区域通关一体化改革,对于京津冀物流一体化进程的推动作用表现在以下方面。一是跨区域通关更便捷。京津冀海关实现通关一体化后,三地企业可以根据自己的需要,自主选择申报的海关,除了需要查验的货物要在实际进出境地海关办理验放手续外,可以实现跨关区的放行。据初步估计,在一体化通关模式下,天津企业通过首都机场进出口货物的通关时间至少节约8小时,途中运费可降低约30%。二是惠及企业范围更广泛。在一体化通关模式下,京津冀地区企业都被视为一个关区的企业,都能享受一体化通关待遇。三是进出口物流更顺畅。京津冀海关实现通关一体化后,三地海关都可以放行所在地区企业在这些口岸进出境的货物,而且根据企业需要,可以不再使用转关运输等传统海关监管方式。四是海关服务更到位。一体化通关改革推出了很多服务企业的措施。比

如,在海关专业认定、许可证件、加工贸易单耗标准等方面,京津冀关区互认,企业只需要办理一次申请,无需再到另外两关进行申请,另外两关自动认可①。

二、交通基础设施互联互通,交通联系便利度提升

交通基础设施是实现京津冀三地产业合理分工、城市群空间布局优化以及市场要素自由流动的重要载体与基础。习近平总书记明确指出:要着力构建现代化交通网络系统,把交通一体化作为先行领域,加快构建快速、便捷、高效、安全、大容量、低成本的互联互通综合交通网络。

北京是全国铁路、公路、航空网络体系的中心,天津是中国北方最大的国际航运与物流中心,河北拥有丰富的港口与口岸资源。随着京津冀一体化进程的加速推进,三地之间的交通基础设施建设、管理与运营将密切合作、优势互补,共同打造畅通、快捷、便利的综合交通系统,通过人流、物流的畅通解决协同发展问题。

目前,京津冀地区已初步形成了由京津城际、京石客专、津秦高铁、京沪高铁等高铁线路组成的高速铁路网络,京津、京石、津唐、津秦、津沧等主要城市间,均能实现一小时内或一小时左右直达,形成"一小时都市圈"。同时,三地还有津保铁路、京津城际延伸线(至天津滨海新区)等高铁线路在建,京张城际、京承城际、京唐城际、津石城际等高铁线路拟建,组建了京津冀城际铁路投资公司②。公路方面,已形成了包括最新通车的京昆高速以及在建的津石高速等一批高速公路构成的交通网络。

三、港口一体化进程加速,推动京津冀港口资源整合

港口是京津冀地区物流发展的重要引擎。天津港是世界等级最高的人工深水港、环渤海主枢纽港、建设中国北方国际航运中心和国际物流中心的核心载体。河北沿海港口包括秦皇岛、唐山(京唐港区和曹妃甸港区)、黄骅三个港口。天津港与河北沿海港口同处渤海湾,共同组成津冀沿海港口群,承担着为京津冀现代化都市圈和华北及西北腹地全面参与经济全球化服务的重要作用③。

在京津冀协同发展战略实施的进程中,合作共赢成为地区物流体系发展的主线。港口作为京津冀地区物流发展的核心战略资源,成为推进区域物流一体化的重要切入点。例如,2014年8月,天津港集团与河北港口集团共同出资组建的渤

---

① 海关总署.海关总署出台京津冀海关区域通关一体化改革方案[EB/OL]. http://www.customs.gov.cn/publish/portal0/tab49564/info706219.htm.
② 天津市统计局、国家统计局天津调查总队.天津市国民经济和社会发展统计公报(2006—2014).
③ 北方网.天津港简介:世界一流大港[EB/OL]. http://news.enorth.com.cn/system/2012/09/06/009954438.shtml.

海津冀港口投资发展有限公司挂牌成立。渤海津冀港口投资发展有限公司的成立通过建立利益共享的合作机制，不仅有利于促进港口资源的优化配置，实现港口之间的合理分工与优势互补，而且有利于更好地发挥港口对区域经济发展的辐射带动作用。

四、城镇化进程加快，城市物流需求规模扩大

随着京津冀协同发展战略推进，北京非核心功能和部分产业功能将向周边城市转移，通过产业转移将增强产业承接城市的人口吸纳能力，有利于推进"以人为本"的新型城镇化。京津冀地区协调发展也将推动城镇体系的合理、有序发展，通过优化城镇的布局与形态，改善城市发展水平，提升城镇化发展质量。

例如，河北省已经出台《中共河北省委、河北省人民政府关于推进新型城镇化的意见》，明确提出坚持以人的城镇化为核心，以京津冀协同发展为引领，着力优化城镇化布局形态，着力提高城镇建设管理水平，着力创新体制机制，着力提高城镇化质量，有序推进农业转移人口市民化，遵循规律，因地制宜，积极稳妥，科学有序，走出一条符合河北实际的大中小城市和小城镇协调发展、城乡一体的新型城镇化道路。

统计数据表明，2014年城镇居民人均可支配收入为2.88万元，是农村居民人均可支配收入的2.7倍，城镇居民人均消费支出为2.00万元，是农村居民人均消费支出的2.4倍[①]。随着京津冀地区城镇化进程加快，人口集聚能力提升，该地区的市场购买力、商品消费能力和市场规模都将显著增加，城市物流服务需求将显著增长。与此同时，随着居民收入水平的提高和对外来消费吸引力的增强，以保障和便利居民生活为出发点，多元化消费方式、特别是以电子商务为代表的新型消费方式的发展，为冷链物流、电子商务物流等城市物流带来巨大的发展机遇。

五、自贸区挂牌运行，有效推动京津冀国际物流发展

自贸区建设是我国顺应全球化经济治理新格局、推动对外贸易和经济转型升级、深化经济体制改革的重要举措。建设天津自贸区，不仅有利于天津市进一步深化改革开放和促进经济健康发展，而且将通过构建全方位改革开放新格局，为京津冀地区协同发展提供资源整合的平台与载体。

天津自贸区的主要任务有五个方面：一是加快政府的职能转变；二是扩大投资领域的开放；三是推动贸易转型升级；四是深化金融领域开放创新；五是推动和

---

① 中华人民共和国国家统计局.2014年国民经济和社会发展统计公报[EB/OL]. http://www.stats.gov.cn/tjsj.zxfb/201502/t20150226_685799.html.

实施京津冀协同发展重大国家战略①。这些制度和创新任务吸收了上海自贸试验区的经验,但更多是结合天津实际提出的具有特色的创新举措。天津自贸区以制度创新为核心,贯彻京津冀协同发展、"一带一路"建设等国家战略,在构建开放型经济新体制、探索区域合作新模式、建设法制化营商环境等方面,将率先挖掘改革潜力,破解改革难题,努力打造制度创新新高地、转型升级的新引擎、开放经济的新动力、区域协同新平台、"一带一路"的新支点。

天津自贸区的发展将促进京津冀地区国际物流的发展。例如,《中国(天津)自由贸易试验区总体方案》明确提出"增强国际航运服务功能",即:促进航运要素集聚,探索形成具有国际竞争力的航运发展机制和运作模式;积极发挥天津港和滨海国际机场的海空联动作用;允许设立外商独资国际船舶管理企业;放宽在自贸试验区设立的中外合资、中外合作国际船舶企业的外资股比限制;允许外商以合资、合作形式从事公共国际船舶代理业务,外方持股比例放宽至51%,将外资经营国际船舶管理业务的许可权限下放给天津市;大力发展航运金融、航运保险业,建设中国北方国际航运融资中心,鼓励境内外航运保险公司和保险经纪公司等航运服务中介机构设立营业机构并开展业务;在落实国际船舶登记制度相关配套政策基础上,中方投资人持有船公司的股权比例可低于50%;充分利用现有中资"方便旗"船税收优惠政策,促进符合条件的船舶在自贸试验区落户登记。

---

① 赵颖研.专访刘剑刚:天津自贸区将成为制度创新先行者[EB/OL]. http://news.enorth.com.cn/system/2015/04/23/030181585.shtml.

第六章　长江经济带物流发展状况

长江经济带[①]横贯我国东、中、西部,覆盖东部沿海和广袤的内陆地区,具有独特的区位优势和巨大的发展潜力。推动长江经济带发展,打造中国经济新支撑带,是我国政府谋划中国经济新布局做出的重大战略决策,对有效扩大内需、促进经济稳定增长、调整区域结构、实现中国经济升级具有重要意义。长江经济带产业密集,物流需求快速增长,物流基础设施发达,政策支持力度大,现代物流业呈现快速发展态势。依托长江黄金水道,航运物流为长江经济带物流业发展提供了重要支撑,有力促进了沿江经济发展及产业带形成。

第一节　长江经济带经济发展概况

长江经济带是我国经济规模总量最大的经济区域。[②] 近年来,沿江各地区紧紧抓住长江经济带上升为国家战略的历史性机遇,充分发挥区位和政策优势,加快经济转型升级,经济总量保持较快增长,产业结构进一步优化,综合经济实力进一步增强。

一、长江经济带的建设背景

长江经济带是中国资源富集、经济聚集、城市密集的巨型经济带,也是世界上经济最具活力、发展前景最被看好的地区之一,已经成为继长三角、珠三角、环渤海之后的中国经济增长"第四极",为中国经济发展提供了有力支撑。

(一) 区域合作发展潜力巨大

长江经济带人口和生产总值均超过全国的40%,已发展成为我国综合实力最强、战略支撑作用最大的区域之一。

长江上游人口密集,仅四川和重庆两地的人口就超过1亿人,可以为长江中

[①]　长江经济带东起上海、西至云南,涉及上海、重庆、江苏、湖北、浙江、四川、湖南、江西、安徽、贵州、云南等11个省市。
[②]　秦诗立. 建好长江经济带物流第二通道[EB/OL]. http://news.163.com/15/0213/04/AIACJ3-SV00014AEF.html.

下游地区的企业提供广阔的市场。加强彼此之间的合作可以带来巨大收益。三大经济区差异较大,如果差距逐渐缩小,就预示着上游的发展加快,总体市场规模也将因此而扩大。

长江经济带下游地区,作为我国改革开放的前沿阵地,需要进一步参与高水平的国际竞争。而上游的西部地区,尤其是云南、重庆等,可以进一步密切中国与南亚、东南亚的联系。而借助于渝新欧等重要运输干线,也可进一步加深中国西部地区与欧洲国家的经济往来。西部对外开放的广度和深度还不够,开放的辐射带动作用也有限。借助于东部纽带,可以实现更高水平的开放。

长江流域水资源丰富、农业条件好、产业和城市聚集程度高、联系较为密切。如果能够促进产业有序转移衔接、优化升级和新型城镇集聚发展,实现上下游之间的一体化,就能形成直接带动超过五分之一国土、约6亿人的强大发展新动力。①

(二) 战略地位不断提升

长江经济带从提出概念和设想到成为战略决策,大约历经了30年。目前,付诸实施的条件已经成熟。一方面,中国要在2020年全面建成小康社会,如何有效推动相对落后的中西部地区发展、使之与全国同步实现小康目标是一个关键性任务;另一方面,中国当前处于发展速度换挡期、结构调整阵痛期、前期刺激政策消化期"三期叠加"阶段,亟须寻找新的发展引擎和促动转型升级的抓手。而东部沿海地区发展相对饱和、遭遇"瓶颈"制约的现实,正与中西部内陆地区加快开发开放的需求相呼应、相契合,横贯东西的长江经济带成为把这两者对接起来的载体②。

2005年11月27日,上海、江苏、安徽、江西、湖北、湖南、重庆、四川和云南7省2市在北京签订了长江经济带合作协议。合作协议由交通运输部牵头,确定了以"龙头"上海与"龙尾"重庆合力担当起构筑长江经济带首尾呼应、联动发展的战略格局。

2013年9月,国家发展改革委会同交通运输部在京召开《依托长江建设中国经济新支撑带指导意见》研究起草工作动员会议。同年12月,国家发展改革委在北京召开长江经济带建设课题汇报会,听取各省长江经济带建设课题总报告和6个专题报告研究的成果。除此前确定的7省2市外,还增加了浙江和贵州。长江经济带迎来正式扩围,由此前的9省市增加至11省市。2014年两会期间,政府工作报告首次将"长江经济带战略"落实到国务院施政纲领中,这意味着长江经济带

---

① 王仁贵.长江经济带战略诞生记[EB/OL]. http://news.hexun.com/2014-09-10/168340009.html.
② 车海刚.建设长江经济带的时空意义[EB/OL]. http://www.qstheory.cn/jj/qyjj/201405/t20140512_348027.htm.

建设正式上升为国家战略。

2014年6月,李克强主持召开国务院常务会议,部署建设综合立体交通走廊打造长江经济带。2014年9月,《国务院关于依托黄金水道推动长江经济带发展的指导意见》正式发布,《长江经济带综合立体交通走廊规划(2014—2020年)》作为附件同步出台。《指导意见》明确指出,长江经济带发展要遵循"改革引领、创新驱动;通道支撑、融合发展;海陆统筹、双向开放;江湖和谐、生态文明"的基本原则,它的战略定位是具有全球影响力的内河经济带、东中西互动合作的协调发展带、沿海沿江沿边全面推进的对内对外开放带、生态文明建设的先行示范带[①]。

二、长江经济带地区主要经济指标

(一)地区生产总值

长江经济带经济总量占全国近五成。2014年,长江经济带总体上保持了较高的经济增速,除上海市以外,11各省市中有10个增速超过全国平均水平,其中重庆和贵州两地增速均超过了10%,而江苏、江西、安徽、湖北、湖南、四川、云南的增速也超过了8%。2010—2014年长江经济带地区各省市地区生产总值和增长率如表6-1所示。

表6-1 2010—2014年长江经济带地区各省市地区生产总值和增长率

地区	2010 绝对值(亿元)	2010 增长率(%)	2011 绝对值(亿元)	2011 增长率(%)	2012 绝对值(亿元)	2012 增长率(%)	2013 绝对值(亿元)	2013 增长率(%)	2014 绝对值(亿元)	2014 增长率(%)
上海	17 166.0	10.3	19 195.7	8.2	20 181.7	7.5	21 818.2	7.7	23 560.9	7.0
江苏	40 903.3	12.6	48 604.3	11.7	54 058.2	10.1	59 161.8	9.6	65 088.3	8.7
浙江	27 722.0	11.9	32 319.0	9.0	34 606.0	8.0	37 757.0	8.2	40 154.0	7.6
安徽	12 263.4	14.5	15 110.3	13.5	17 212.1	12.1	19 038.9	10.4	20 848.8	9.2
江西	9 451.3	14.0	11 702.8	12.5	12 948.9	11.0	14 338.5	10.1	15 708.6	9.7
湖北	15 806.1	14.8	19 594.2	13.8	22 250.2	11.3	24 668.5	10.1	27 367.0	9.7
湖南	16 038.0	14.6	19 669.6	12.8	22 154.2	11.3	24 621.7	10.1	27 048.5	9.5
重庆	7 925.6	17.1	10 011.4	16.4	11 409.6	13.6	12 783.3	12.3	14 265.4	10.9
四川	16 898.6	15.1	21 026.7	15.0	23 849.8	12.6	26 260.8	10.0	28 536.7	8.5

---

① 国务院出台长江经济带发展指导意见[EB/OL]. http://news.163.com/14/0926/08/A729050H00014JB5.html.

(续表)

地区	2010 绝对值（亿元）	2010 增长率（%）	2011 绝对值（亿元）	2011 增长率（%）	2012 绝对值（亿元）	2012 增长率（%）	2013 绝对值（亿元）	2013 增长率（%）	2014 绝对值（亿元）	2014 增长率（%）
贵州	4594.0	12.8	5701.8	15.0	6802.2	13.6	8006.8	12.5	9251.0	10.8
云南	7224.2	12.3	8893.1	13.7	10309.5	13.0	11720.9	12.1	12814.6	8.1
长江经济带	175992.4	20.6	211828.9	20.4	235782.4	11.3	260176.3	10.3	284643.9	9.4

注：表中的增长率数据除长江经济带为名义增长率外，其余均为实际增长率。

资料来源：上海市、江苏省、浙江省、安徽省、江西省、湖北省、湖南省、重庆市、四川省、贵州省国民经济和社会发展统计公报（2010—2014），云南省国民经济和社会发展统计公报（2010—2013），云南省统计局2014年进度数据，全国国民经济和社会发展统计公报（2010—2014）。

（二）工业增加值

2010—2014年，长江经济带地区工业增加值总体呈快速增长态势，5年平均增长率达11.4%。2014年，长江经济带地区的工业增加值达11.5万亿元，占全国工业增加值的50%，增长率达7.8%，增长速度是全国的1.1倍。其中，江苏、浙江、湖北、湖南、四川五个工业大省的工业增加值之和占整个长江经济带地区的68.8%。2010—2014年长江经济带地区各省市工业增加值及增长率如表6-2所示。

表6-2 2010—2014年长江经济带地区各省市工业增加值及增长率

地区	2010 增加值（亿元）	2010 增长率（%）	2011 增加值（亿元）	2011 增长率（%）	2012 增加值（亿元）	2012 增长率（%）	2013 增加值（亿元）	2013 增长率（%）	2014 增加值（亿元）	2014 增长率（%）
上海	6456.8	17.5	7230.6	7.5	7159.4	2.8	7236.7	6.3	7362.8	4.3
江苏	21223.8	16.0	25034.8	13.8	26606.1	12.6	29399.4	11.3	31507.9	7.5
浙江	10397.0	16.2	10878.0	10.9	10875.0	7.1	11701.0	8.5	12543.0	6.9
安徽	5601.9	23.6	7061.7	21.1	7550.5	16.2	8584.9	13.7	9546.4	11.2
江西	4286.8	19.9	5411.9	17.3	5828.2	13.4	6434.4	11.9	6994.7	11.2
湖北	6136.5	23.6	8565.8	20.5	9552.3	14.6	10679.5	11.8	11832.6	10.8
湖南	6305.1	21.2	8122.8	18.2	9138.5	13.5	10001.0	11.1	10749.9	9.2
重庆	2917.4	17.4	3697.8	22.9	4690.5	22.2	4981.5	15.9	5249.7	13.1
四川	7326.4	22.9	9491.0	21.6	10800.5	15.6	11578.5	11.0	12409.0	9.4
贵州	1354.3	15.8	1723.6	21.0	2055.0	21.3	2531.5	13.0	3117.6	11.3

(续表)

地区	2010		2011		2012		2013		2014	
	增加值（亿元）	增长率（%）	增加值（亿元）	增长率（%）	增加值（亿元）	增长率（%）	增加值（亿元）	增长率（%）	增加值（亿元）	增长率（%）
云南	2606.0	14.7	3205.9	21.0	3450.7	16.2	3767.6	13.6	3899.0	11.3
长江经济带	74612.1	23.4	90423.6	21.2	97707.2	8.1	106895.9	9.4	115212.8	7.8

注：1. 表中增长率数据除长江经济带为名义增长率外,其余均为实际增长率;
2. 其中浙江省、安徽省、湖北省、贵州省为规模以上工业增加值。
资料来源:上海市、江苏省、浙江省、安徽省、江西省、湖北省、湖南省、重庆市、四川省、贵州省、云南省国民经济和社会发展统计公报(2010—2014),全国国民经济和社会发展统计公报(2010—2014)。

(三) 社会消费品零售总额

2010—2014 年,长江经济带地区的社会消费品零售总额快速增长,平均增长率达 14.2%。2014 年,社会消费品零售总额达 10.7 万亿元,占全国的 40%。2010—2014 年长江经济带地区社会消费品零售总额及增长率如表 6-3 所示。

表 6-3　2010—2014 年长江经济带地区社会消费品零售总额及增长率

地区	2010		2011		2012		2013		2014	
	绝对值（亿元）	增长率（%）	绝对值（亿元）	增长率（%）	绝对值（亿元）	增长率（%）	绝对值（亿元）	增长率（%）	绝对值（亿元）	增长率（%）
上海	6036.9	17.5	6777.1	12.3	7387.3	9.0	8019.1	8.6	8718.7	8.7
江苏	13482.3	18.7	15842.1	17.5	18215.3	15.0	20656.5	13.4	23209.0	12.4
浙江	10245.0	18.8	12028.0	17.4	13588.0	13.0	15226.0	12.0	16905.0	11.7
安徽	4151.5	19.2	4900.6	18.0	5685.6	16.0	6481.4	14.0	7320.8	13.0
江西	2956.2	19.0	3485.1	17.9	4027.2	15.6	4551.1	13.6	5129.2	12.7
湖北	6719.4	19.0	7927.8	18.0	9196.8	16.0	10465.9	13.8	11806.3	12.8
湖南	5775.3	19.1	6809.0	17.9	7854.9	15.4	8940.6	13.8	10081.9	12.8
重庆	2938.6	18.5	3487.8	18.7	4033.7	15.7	4511.8	14.0	5096.2	13.0
四川	6634.7	18.7	7837.4	18.1	9087.9	16.0	10355.4	13.9	11665.5	12.7
贵州	1482.7	18.9	1729.2	18.1	2005.3	16.0	2366.2	14.0	2579.5	12.9
云南	2500.1	21.9	3000.1	20.0	3541.6	18.0	4036.0	14.0	4546.6	12.7
长江经济带	62922.7	17.2	73824.2	17.3	84623.6	14.6	95610.0	13.0	107059.0	12.0

注：表中增长率均为名义增长率。
资料来源:上海市、江苏省、浙江省、安徽省、江西省、湖北省、湖南省、重庆市、四川省、贵州省国民经济和社会发展统计公报(2010—2014),云南省国民经济和社会发展统计公报(2010—2013),云南省统计局 2014 年进度数据,全国国民经济和社会发展统计公报(2010—2014)。

(四) 进出口贸易总额

2010—2014年,长江经济带地区进出口贸易总额平均增长率达9.1%。2014年,长江经济带地区进出口贸易总额达17 574.6亿美元,占全国进出口总额的40%,增长率达7.2%,是全国平均增速的3.1倍。上海、江苏、浙江三省外向型经济发达,2014年三省进出口贸易总额占长江经济带地区的78.8%,占全国进出口贸易总额的32.6%。2010—2014年长江经济带地区各省市进出口贸易总额如表6-4所示。

表6-4 2010—2014年长江经济带地区各省市进出口贸易总额

地区	2010 绝对值(亿美元)	2010 增长率(%)	2011 绝对值(亿美元)	2011 增长率(%)	2012 绝对值(亿美元)	2012 增长率(%)	2013 绝对值(亿美元)	2013 增长率(%)	2014 绝对值(亿美元)	2014 增长率(%)
上海	3688.7	32.8	4374.4	18.6	4367.6	-0.2	4414.0	1.1	4666.2	5.6
江苏	4657.9	37.5	5397.6	15.9	5480.3	1.5	5508.4	0.5	5637.6	2.3
浙江	2534.7	35.0	3094.0	22.0	3122.4	0.9	3358.0	7.5	3551.5	5.8
安徽	242.8	54.8	313.4	29.1	393.3	25.5	456.3	16.2	492.7	8.2
江西	214.5	67.9	315.6	46.1	334.1	6.2	367.1	10.0	427.8	16.4
湖北	259.1	50.2	335.2	29.1	319.6	4.8	363.9	13.8	430.6	18.4
湖南	146.9	44.7	190.0	29.6	219.4	15.5	251.6	14.7	307.5	22.2
重庆	124.3	61.1	292.2	140.0	532.0	82.8	687.0	29.1	954.5	39.0
四川	327.8	35.6	477.8	46.2	591.3	23.9	645.9	9.2	702.5	8.8
贵州	31.4	36.0	48.8	55.2	66.3	35.7	82.9	25.0	107.5	29.5
云南	133.7	66.5	160.5	19.6	210.1	31.0	258.3	22.9	296.2	17.1
长江经济带	12 361.7	37.0	14 999.5	21.3	15 636.4	4.2	16 393.7	4.8	17 574.6	7.2

注:表中增长率均为名义增长率。
资料来源:上海市、江苏省、浙江省、安徽省、江西省、湖北省、湖南省、重庆市、四川省、贵州省国民经济和社会发展统计公报(2010—2014),云南省国民经济和社会发展统计公报(2010—2013),云南省统计局2014年进度数据,全国国民经济和社会发展统计公报(2010—2014)。

三、长江经济带地区产业发展状况

(一) 三次产业结构状况

2010—2014年,长江经济带地区有序推动产业转移和优化升级,取得了显著成效。总体来看,长江经济带地区现代农业稳步发展,装备制造业规模化、高级化发展,高技术产业和现代服务业快速壮大。2014年,长江经济带11个省市中有9

个第三产业比重比 2010 年显著提高。2010 年和 2014 年长江经济带地区各省市生产总值三次产业比例如表 6-5 所示。

表 6-5　2010 年和 2014 年长江经济带地区各省市生产总值三次产业比例

（单位:%）

地区	2010 年			2014 年		
	第一产业	第二产业	第三产业	第一产业	第二产业	第三产业
上海	0.7	42.3	57.0	0.5	34.7	64.8
江苏	6.2	53.2	40.6	5.6	47.7	46.7
浙江	6.7	53.4	39.9	4.4	47.7	47.9
安徽	14.1	52.1	33.8	11.5	53.7	34.8
江西	10.2	46.8	43.0	10.7	53.4	35.9
湖北	13.6	49.1	37.3	11.6	46.9	41.5
湖南	14.7	46.0	39.3	11.6	46.2	42.2
重庆	8.7	55.2	36.1	7.4	45.8	46.8
四川	14.7	50.7	34.6	12.4	50.9	36.7
贵州	13.7	39.2	47.1	13.8	41.6	44.6
云南	15.3	44.7	40.0	15.5	41.2	43.2
长江经济带	9.2	50.4	40.4	8.4	46.9	44.7

资料来源:上海市、江苏省、浙江省、安徽省、江西省、湖北省、湖南省、重庆市、四川省、贵州省 2010 和 2014 年国民经济和社会发展统计公报,云南省 2010 年国民经济和社会发展统计公报,云南省统计局 2014 年进度数据,全国 2010 和 2014 年国民经济和社会发展统计公报。

（二）产业发展特点

1. 工业规模和实力在全国占举足轻重地位

长江经济带是我国最重要的经济走廊,聚集着钢铁、汽车、电子、石化等现代工业。据不完全统计,目前长江沿岸有武钢、宝钢、攀钢、南钢、马钢等五大钢铁基地,近十家炼油厂,化工企业达 40 万家左右,仅江苏境内就布局了八大临港化工区,化工企业超过 10 万家。长江沿线钢铁产量占全国的 36%,汽车和石化产量都超过全国的 40%。还集中了大批高科技的工业行业和特大型企业。[①]

目前,长江经济带已形成以汽车、钢铁、医药、石化、丝绸、电子、金融和信息技术产业为主体的产业集群,集中了一批在国内处于领先地位的优势企业,雄厚的工业基础使长江经济带成为支撑我国经济总量的重点区域以及生产力提升、产业

---

① 周艳华."长江经济带"为航运物流企业带来发展新机遇[J].中国远洋航务,2014,(7):60—61.

升级的支撑基地。2014年长江经济带地区工业增加值达114 859.27亿元,占全国的50.38%,工业实现利润达28 168.33亿元,占全国的43.53%。此外,我国36.5%的发电量由长江经济带地区提供。

2. 高新技术产业发展迅速

长江经济带走廊是我国颇具活力的高科技集聚地区,主要分布在上海、南京、苏州、合肥、九江、南昌、武汉、黄石、长沙、重庆等地的17个国家级高技术开发区和一批省市级开发区。2014年长江经济带的高新技术项目合同总额达3292.12亿元,占全国高新技术项目合同总额的38.38%,长江经济带地区高新技术项目合同总额平均增长率达18.82%,比全国平均增长率高4个百分点,高科技带动沿江省市的经济总体增长速度高于全国发展速度。① 另外,近5年,长江经济带地区互联网行业迅速发展,崛起了一批大规模的优秀互联网企业,如杭州阿里巴巴集团、上海一号店集团等。

3. 产业梯度转移步伐加快

长江经济带是我国区域梯次发展最为明显的地区,自东向西汇集了处于不同发展阶段的地区。② 随着长江经济带产业结构调整的不断深入,东部发达地区受资源、劳动力成本、环境、市场等综合因素影响,大批产业已开始梯度转移。而中西部地区经过多年的财政投入和市场调整,相关的转移体制机制不断完善,具备了承接东部产业转移的能力。如2011—2013年,重庆市引进东部沿海资金11 623亿元,实施总投资1000万元以上项目19 743个,平均每天"落户"18个,承接产业转移取得明显成效,已培育形成了电子信息零部件、汽车零部件、精细化工、纺织服装和消费品制造等产业集群,制造业产能约8000亿元左右。③

(三) 各地区主导产业情况

长江经济带上、中、下游地区在经济发展阶段和产业结构上存在明显差异。长三角作为长江下游地区,经济发达,科技实力雄厚,为高科技研发中心、金融贸易中心和高端产业、总部经济的集聚地;长江中游地区具有良好的装备制造基础,产业配套能力比较强,是我国重要的工业基地;上游地区资源丰富,经济欠发达,以资源型产业为主体。长江经济带地区各省市根据自身特点和发展需要,积极开

---

① 根据上海市、江苏省、浙江省、安徽省、江西省、湖北省、湖南省、重庆市、四川省、贵州省、云南省2014年国民经济和社会发展统计公报,全国2014年国民经济和社会发展统计公报相关数据计算。
② 赵宇航.带你剖析长江经济带的各省新机遇[EB/OL].http://finance.takungpao.com/q/2014/0527/2497959.html.
③ 赵宇航.长江经济带建设为重庆带来承接产业转移机遇[EB/OL].http://news.xinhua08.com/a/20140709/1353496.shtml.

展产业优化升级,形成了各具特色的优势产业。长江经济带地区各省市主导产业情况如表6-6所示。

表6-6 长江经济带地区各省市主导产业情况

省份	主导产业
上海	计算机、通信和其他电子设备制造业,汽车制造业,电气机械和器材制造业,化学原料和化学制品制造业,石油加工、炼焦和核燃料加工业,黑色金属冶炼和压延加工业,电力、热力生产和供应业
江苏	汽车制造业,医药制造业,专用设备制造业,电气机械和器材制造业,计算机、通信和其他电子设备制造业,建筑业
浙江	纺织业,化学原料和化学制品制造业,通用设备制造业,电气机械和器材制造业,电力、热力生产和供应业,橡胶和塑料制品业
安徽	电气机械和器材制造业,煤炭开采和洗选业,农副食品加工业,化学原料和化学制品制造业,非金属矿物制品业,黑色金属冶炼和压延加工业,通用设备制造业,汽车制造业
江西	农副食品加工业,化学原料和化学制品制造业,非金属矿物制品业,有色金属冶炼和压延加工业,电气机械和器材制造业,黑色金属冶炼和压延加工业
湖北	农副食品加工业,汽车制造业,纺织业,电气机械和器材制造业,计算机、通信和其他电子设备制造业,黑色金属冶炼和压延加工业,非金属矿物制品业,化学原料和化学制品制造业,电力、热力生产和供应业
湖南	农副食品加工业,化学原料和化学制品制造业,专用设备制造业,有色金属冶炼和压延加工业,非金属矿物制品业,黑色金属冶炼和压延加工业
重庆	农副食品加工业,非金属矿物制品业,黑色金属冶炼和压延加工业,有色金属冶炼和压延加工业,汽车制造业,铁路、船舶、航空航天和其他运输设备制造业,计算机、通信和其他电子设备制造业,电气机械和器材制造业
四川	农副食品加工业,酒、饮料和精制茶制造业,化学原料和化学制品制造业,非金属矿物制品业,黑色金属冶炼和压延加工业,计算机、通信和其他电子设备制造业
贵州	煤炭开采和洗选业,酒、饮料和精制茶制造业,烟草制品业,电力、热力生产和供应业
云南	烟草制造业,电力、热力生产和供应业,有色金属冶炼和压延加工业

资料来源:根据上海市、江苏省、浙江省、安徽省、江西省、湖北省、湖南省、重庆市、四川省、贵州省、云南省2014年年鉴《按行业分规模以上工业企业主要指标》相关数据资料整理。

第二节 长江经济带地区物流市场发展状况

凭借良好的产业基础、政策环境以及完善的综合运输体系,长江经济带物流产业快速发展,物流市场规模不断增长,大型知名物流企业云集,物流基础设施不断完善,物流信息化水平迅速提升,物流供给能力和服务水平逐年提高。

一、长江经济带地区物流市场需求状况

(一)交通运输、仓储和邮政业增加值

2013年,长江经济带地区交通运输、仓储和邮政业增加值达10 713.6亿元,占全国的40%,增长率为7.9%。2013年长江经济带地区各省市交通运输、仓储和邮政业增加值的具体情况如表6-7所示。

表6-7 2013年长江经济带各省市交通运输、仓储和邮政业增加值及增长率

省份	增加值(亿元)	增长率(%)	占GDP的比重(%)
上海	935.1	1.0	4.3
江苏	2530.0	7.6	4.3
浙江	1326.0	4.7	3.5
安徽	707.1	7.2	3.7
江西	678.6	7.6	4.7
湖北	1078.1	10.5	4.4
湖南	1077.7	11.4	4.9
重庆	580.9	9.2	4.6
四川	751.6	6.3	2.9
贵州	775.1	12.7	9.7
云南	273.5	9.1	2.3
长江经济带	10 713.6	7.9	4.5

数据来源:根据上海市、浙江省、云南省2013年国民经济和社会发展统计公报相关数据,江苏省、安徽省、江西省、湖北省、湖南省、重庆市、四川省、贵州省2014年统计年鉴相关数据,2014年全国统计年鉴相关数据整理。

(二)货运量及货物周转量

2013年,长江经济带地区货运量和货物周转量分别达182.4亿吨和69 448.1亿吨公里,增长率分别达8.2%和8.6%。2009—2013年,长江经济带货运量及货物周转量总体的货运量及货物周转量保持较快增长,但增速有所放缓。长江经济带货运量及货物周转量具体情况如表6-8和表6-9所示。

表6-8　2009—2013年长江经济带地区货运量情况

地区	2009 货运量(万吨)	增长率(%)	2010 货运量(万吨)	增长率(%)	2011 货运量(万吨)	增长率(%)	2012 货运量(万吨)	增长率(%)	2013 货运量(万吨)	增长率(%)
上海	76 967.6	-8.8	81 023.9	5.3	93 318.1	15.2	94 376.3	1.1	91 535.1	-3.0
江苏	160 966.8	9.2	188 401.6	17.0	212 593.1	12.8	231 295.0	8.8	251 690.9	8.8
浙江	151 239.0	3.1	170 540.0	12.8	185 692.0	8.9	191 057.0	2.9	187 885.0	-1.7
安徽	197 000.0	10.1	228 100.0	16.0	268 000.0	17.7	312 000.0	16.1	357 000.0	15.6
江西	85 630.0	6.7	100 324.9	17.0	111 574.0	11.2	127 018.0	13.8	140 402.0	10.5
湖北	82 714.0	9.2	97 007.0	17.3	110 168.0	13.6	125 392.0	13.8	139 740.0	11.4
湖南	128 894.1	11.0	149 836.2	16.1	168 772.1	12.6	191 382.0	13.4	211 405.9	10.5
重庆	68 491.0	7.6	81 385.0	18.8	96 778.5	18.9	110 135.5	13.6	97 403.2	12.7
四川	118 094.0	3.1	133 364.0	12.9	153 827.0	15.3	174 451.0	13.4	189 611.0	8.7
贵州	34 803.0	6.5	39 735.0	14.2	44 890.0	13.0	52 654.9	17.3	72 703.0	38.1
云南	47 400.0	3.3	52 800.0	11.2	66 800.0	15.4	75 900.0	13.2	84 200.0	11.0
长江经济带	1 152 199.5	6.5	1 322 517.5	14.8	1 512 412.7	14.4	1 685 662.0	11.5	1 823 576.0	8.2

数据来源：根据上海市、江苏省、安徽省、江西省、湖南省、重庆市、云南省2009—2013年国民经济和社会发展统计公报，浙江省、湖北省、四川省2014年年鉴相关数据计算整理，中国统计年鉴(2011—2014)相关数据计算整理。

表6-9　2009—2013年长江经济带地区货物周转量情况

地区	2009 货物周转量(亿吨公里)	增长率(%)	2010 货物周转量(亿吨公里)	增长率(%)	2011 货物周转量(亿吨公里)	增长率(%)	2012 货物周转量(亿吨公里)	增长率(%)	2013 货物周转量(亿吨公里)	增长率(%)
上海	14 436.0	-9.9	16 173.0	12.0	20 376.0	26.0	20 427.0	0.3	17 868.0	-12.5
江苏	5154.5	8.5	6111.5	18.6	7514.0	22.9	8474.6	12.8	9504.7	12.2
浙江	4918.5	0.7	7112.0	25.7	8627.0	21.3	9183.0	6.4	9867.0	7.4
安徽	6273.3	7.5	7144.1	13.1	8435.2	18.1	9792.7	15.9	11 136.5	14.1
江西	2350.6	2.3	2735.5	16.4	3003.9	9.7	3448.8	14.8	3903.7	13.2
湖北	2808.5	4.1	3368.0	20.4	4044.5	21.2	4693.6	16.1	4883.0	12.2
湖南	2538.3	5.6	2958.4	16.3	3402.3	15.1	4007.1	12.8	4281.9	6.9
重庆	1644.3	10.6	2010.4	22.3	2530.3	25.9	2648.1	4.7	2999.7	13.3
四川	1526.0	0.8	1710.0	12.3	1909.4	11.6	2130.3	11.6	2437.5	8.1

(续表)

地区	2009		2010		2011		2012		2013	
	货物周转量（亿吨公里）	增长率（%）	货物周转量（亿吨公里）	增长率（%）	货物周转量（亿吨公里）	增长率（%）	货物周转量（亿吨公里）	增长率（%）	货物周转量（亿吨公里）	增长率（%）
贵州	926.0	15.0	1005.9	8.6	1060.7	5.4	1174.7	10.7	1294.6	10.2
云南	904.3	3.9	990.5	8.8	1070.1	8.0	1164.8	8.9	1271.5	9.2
长江经济带	43480.3	5.4	51319.3	15.9	61973.3	16.8	67144.7	10.5	69448.1	8.6

数据来源：根据江苏省、浙江省、安徽省、江西省、湖北省、湖南省、四川省、云南省2009—2013年国民经济和社会发展统计公报，上海市、重庆市2014年年鉴相关数据计算整理，中国统计年鉴（2011—2014）相关数据计算整理。

（三）港口货物吞吐量

2009—2013年，长江经济带地区港口货物吞吐量总体呈快速增长态势。2013年，长江经济带地区港口货物吞吐量达56.6亿吨，增长率达7.5%。2013年，江苏省和浙江省港口货物吞吐量分别达21.4亿吨和13.8亿吨，两省之和超过长江经济带地区港口货物吞吐量总额的62%。2009—2013年长江经济带地区各省市港口货物吞吐量及增长率如表6-10所示。

表6-10 2009—2013年长江经济带地区各省市港口货物吞吐量及增长率

地区	2009		2010		2011		2012		2013	
	吞吐量（万吨）	增长率（%）	吞吐量（万吨）	增长率（%）	吞吐量（万吨）	增长率（%）	吞吐量（万吨）	增长率（%）	吞吐量（万吨）	增长率（%）
上海	59200.0	1.8	65300.0	10.4	72800.0	11.4	73600.0	1.1	77574.6	5.5
江苏	133000.0	14.2	181000.0	13.7	212593.1	12.8	195000.0	8.2	214000.0	9.7
浙江	103000.0	9.7	112000.0	8.0	122000.0	8.9	132000.0	7.8	138000.0	4.6
安徽	26000.0	-3.3	33000.0	22.9	37000.0	15.1	36000.0	-3.8	40000.0	9.8
江西	15009.4	25.5	21130.6	40.8	23556.5	11.5	25270.8	7.3	26243.3	3.8
湖北	16672.0	4.3	18782.7	12.7	21662.9	15.3	23518.0	8.6	26219.0	11.5
湖南	16940.3	5.0	14241.1	10.0	15594.0	9.5	19730.2	3.1	21010.2	6.5
重庆	8611.6	9.1	9668.4	12.3	11606.0	20.0	12502.4	7.7	13675.9	9.4
四川	5100.0	3.7	6388.0	25.3	7075.0	9.0	7705.0	8.9	8195.0	6.4
贵州	781.2	3.2	888.7	13.8	1092.0	23.0	1158.5	6.1	984.4	-15.0
云南	340.4	7.6	419.4	2.3	461.1	9.9	390.1	-15.4	494.8	26.9

(续表)

地区	2009		2010		2011		2012		2013	
	吞吐量（万吨）	增长率（%）	吞吐量（万吨）	增长率（%）	吞吐量（万吨）	增长率（%）	吞吐量（万吨）	增长率（%）	吞吐量（万吨）	增长率（%）
长江经济带	384 654.9	7.3	462 819.0	20.3	525 440.6	13.5	526 875.1	0.3	566 397.2	7.5

数据来源：根据上海市、江苏省、浙江省、安徽省、重庆市2009—2013年国民经济和社会发展统计公报，湖北省2014年年鉴相关数据计算整理，湖南省2010—2013年交通运输厅交通经济统计公报相关数据，2011—2013年中国港口统计年鉴江西、贵州、云南、四川省相关数据整理。

（四）机场货邮吞吐量

长江经济带航空货邮吞吐量主要集中在上海浦东、上海虹桥、成都双流、杭州萧山等大中型枢纽机场。2014年，上海浦东、上海虹桥、成都双流、杭州萧山机场货邮吞吐量分别位列全国第一位、第六位、第五位和第七位。上海浦东机场是我国三大航空枢纽之一，货运量连年位居世界第三位。2014年，长江经济带地区机场货邮吞吐量达623.6万吨，增长率达8.7%。2010—2014年长江经济带地区各省市机场货邮吞吐量及增长率如表6-11所示。

表6-11 2010—2014年长江经济带地区各省市机场货邮吞吐量及增长率

地区	2010		2011		2012		2013		2014	
	吞吐量（万吨）	增长率（%）	吞吐量（万吨）	增长率（%）	吞吐量（万吨）	增长率（%）	吞吐量（万吨）	增长率（%）	吞吐量（万吨）	增长率（%）
上海	370.9	24.3	353.9	-4.6	336.8	-4.8	336.4	-0.1	361.4	7.4
江苏	30.9	18.7	33.8	9.2	36.8	8.9	39.7	7.8	46.5	17.2
浙江	34.3	23.1	36.5	6.4	39.6	8.4	43.9	10.9	48.1	9.5
安徽	3.3	14.8	4.0	20.1	4.5	12.0	4.3	-4.5	5.0	15.4
江西	3.6	35.5	4.0	8.5	4.7	15.1	4.7	5.2	5.5	17.6
湖北	11.5	7.7	12.9	12.0	13.6	5.2	13.8	1.3	15.3	11.2
湖南	11.0	24.1	11.7	6.3	11.3	-3.5	12.0	6.3	12.7	5.5
重庆	19.6	5.2	23.8	21.4	26.9	13.1	28.0	4.3	30.2	7.9
四川	45.1	16.0	49.6	10.1	52.6	5.9	51.9	-1.4	56.7	9.3
贵州	6.2	19.8	6.9	12.1	8.0	15.0	7.8	-2.8	8.3	7.1
云南	29.1	7.1	29.0	-0.5	28.3	-2.5	31.5	11.3	34.0	8.2
长江经济带	565.5	21.1	566.0	0.1	562.7	-0.6	573.8	2.0	623.6	8.7

资料来源：根据中国民用航空局2010—2014年全国机场生产统计公报相关数据整理。

二、长江经济带地区物流市场供给状况

（一）交通基础设施状况

1. 公路建设状况

长江经济带形成了以上海、南京、杭州、合肥、武汉、南昌、长沙、重庆、成都、贵阳、昆明为中心，以高速公路为骨架，以国省道和县乡公路为基础的四通八达的公路交通网络。截至2014年年底，公路通车里程达192万公里，其中国家高速公路里程达4万公里，目标在2020年底公路通车里程新增至200万公里。①

"十二五"期间，国务院再次推进长江经济带地区高速公路的修建，其中上海新建高速公路200公里，重庆新增高速公路1000公里，其他长江经济带地区各省市也均投入大量资金扩充公路网。长江经济带地区将逐渐形成以沪蓉、沪渝、沪昆、杭瑞等高速公路为骨架的国家高速公路网和覆盖所有县城的普通国道网。②

2. 铁路建设状况

目前，长江经济带地区形成了以上海、南京、杭州、合肥、武汉、南昌、长沙、重庆、成都、贵阳、昆明为中心，南北以京广、京沪、京九、津沪、成昆为主要干线，东西以沪昆、沪杭、浙赣、湘黔、贵昆为主要干线的铁路骨架。截止到2014年年底，长江经济带地区的铁路营业总里程达3.2万公里，其中高速铁路里程达0.48万公里。③

《长江经济带发展指导意见》指出，将进一步推进长江经济带地区高效铁路网络的修建，建设上海经南京、合肥、武汉、重庆至成都的沿江高速铁路和上海经杭州、南昌、长沙、贵阳至昆明的沪昆高速铁路，连通南北高速铁路和快速铁路，形成覆盖50万人口以上城市的快速铁路网。改扩建沿江大能力普通铁路，规划建设衢州至丽江铁路，提升沪昆铁路既有运能，形成覆盖20万人口以上城市客货共线，以沿江、沪昆高速铁路为骨架的快速铁路网和以沿江、衢（州）丽（江）、沪昆铁路为骨架的普通铁路网。目标到2020年，长江经济带地区的铁路营业总里程达4万公里，其中高速铁路里程达0.9万公里。④⑤

---

① 长江经济带综合立体交通走廊规划(2014—2020年)[J].综合运输.2014(11).
② 同上。
③ 国家铁路局.2014年国家铁路局铁道统计公报[EB/OL]. http://nra.gov.cn/fwyd/zlzx/hytj/201504/t20150427_13281.htm.
④ 长江经济带综合立体交通走廊规划(2014—2020年)[J].综合运输.2014(11).
⑤ 新浪财经.长江经济带发展指导意见:建设综合立体交通走廊[EB/OL]. http://finance.sina.com.cn/china/20140925/101220410215.shtml.2014-09-25.

3. 水路建设状况

长江经济带地区港口众多,发展迅速,形成了以上海为龙头,以浙江、南京、武汉、重庆、江苏等地主要港口为中心,层次分明的港口体系。2014年,宁波舟山港、上海港和苏州港分别位列全球港口货物吞吐量排名的第一位、第二位和第七位,同时,上海港位居中国港口集装箱吞吐量的首位。

长江干流横贯东西,支流沟通南北,连接着上、中、下游地区中心城市及众多中小城镇,自然通航条件十分优越。近几年,长江水域航道建设全面提速,航道结构进一步优化升级,积极促进了长江流域经济协调发展。截至2014年年底,长江经济带地区内河航道里程达8.9万公里,其中高等级航道里程达0.74公里,2014年长江干线完成货物通过量20.6亿吨。

4. 机场建设状况

长江经济带地区拥有上海浦东、上海虹桥、成都双流、昆明长水、重庆江北、杭州萧山等大型机场以及长沙黄花、贵阳龙洞堡、黄山屯溪、南京禄口等中小型机场,逐渐形成了以上海国际航空枢纽和重庆、成都、昆明、贵阳、长沙、武汉、南京、杭州等区域航空枢纽为核心的航空网。按照《长江经济带综合立体交通走廊规划(2014—2020年)》,今后将加快上海国际航空枢纽建设,强化重庆、成都、昆明、贵阳、长沙、武汉、南京、杭州等机场的区域枢纽功能,发挥南昌、合肥、宁波、温州、无锡、丽江、西双版纳等干线机场作用,完善支线机场布局,形成长江上、中、下游机场群。

目前,长江上游地区已具有相当规模的货运机场。如上海浦东机场已基本确立了国际航空货运枢纽地位,年货邮吞吐量在亚太地区增长最快,2013年达292.85万吨,连续多年位居全球第三位,全国第一位。有21家全货运航空公司和31家航空公司的货运包机通航浦东机场,国际(地区)货运通航点总共达150个,全货机的货邮比例达到70%,国际(地区)货邮比重达88%,全国58%的国际和地区航空货邮从上海浦东机场进出,进出口货源主要包括高科技电子、汽车、纺织、医药等,总价值超过1200多亿美元。

长江中上游地区在中央和地方政府的大力支持下,也在加快机场建设工作。如:四川省在机场建设方面投下巨资,全力推进国家级国际航空枢纽成都新机场项目前期工作,2014年获得立项批复,加快支线机场建设,目标在2015年开工建设乐山、巴中机场,"十三五"期间开工建设甘孜、阆中机场等。①

---

① 岳琦,等. 四川8000亿投资对接长江经济带加速建设机场[EB/OL]. http://finance.sina.com.cn/china/dfjj/20141117/095620836833.shtml.

(二) 物流信息化建设状况

"十二五"以来,长江经济带各省市物流信息化呈现高速发展的势头,大数据、云计算、互联网、移动互联、智慧物流等新的信息技术得到广泛应用,给物流业带来重大变革。如:2014年,中国移动上海公司与总部在上海的中国首批5A级"综合服务型物流企业"远成物流股份有限公司合作,计划在未来5年内投资20亿元,倾力打造智慧物流系统,包括创新物流管理平台、升级供应链服务平台、打造行业物联网平台和建立新型电子商务交易平台等,中国移动上海公司将利用在物联网、移动互联网和云存储方面的技术优势,为远成物流提供技术、维护、服务、基础设施建设等全方位的支持,助力远成物流成为世界一流的物流企业。[1]

公路运输平台领军企业卡行天下在武汉建成了旗下首个智能化物流园区——卡行天下武汉智能物流枢纽。该园区通过物联网技术和先进技术装备,实现了人、车、货之间的智能化对接,对传统"公路港"物流园区重在整合交易的单一平台模式进行了提升优化,打造出全新的整合干线资源、完善支线配送、突出网络化运作的"公路港"智慧化运营模式,引领了"公路港"物流园区智慧化发展变革的新潮流。[2]

长江经济带地区航运信息化在"十二五"期间,取得了较大进展,启动并推进了交通部长江航务管理局及所属海事、航道、公安、通信及三峡局的局域网建设,建立业务应用系统和管理信息数据库,先后完成了"长江下游航道电子海图自动测绘和生成系统""长江三峡工程船闸引航道河床信息系统""水路客运售票系统"等技术研究课题和应用项目。南京,南通,安庆,黄石,武汉和宜昌等港口也已全面实现信息化办公、生产和管理,重庆港建设了以朝天门港口中心区局域网为主节点,覆盖全港七大生产经营公司的计算机网络,成功地开发了运输计划、理货调度等17个应用系统,实现了全港人事,财务,生产管理和办公管理的网络化。[3]

此外,《长江经济带综合立体交通走廊规划(2014—2020年)》提出要"率先建成网络化、标准化、智能化的综合立体交通走廊",要求在进一步完善各地、各种运输方式运行管理、生产服务等信息系统的基础上,推动跨区域、跨部门、跨运输方式间的信息共享、业务协同和服务融合,建立互联互通的智能物流网络和一体化客运信息综合服务平台。

---

[1] 中国信息产业网.上海移动携手远成打造智慧物流系统[EB/OL]. http://news.163.com/14/1224/09/AE7IFI4700014AED.html.

[2] 湖北省交通运输厅.卡行天下武汉智能物流枢纽,引领湖北物流园区智慧化发展变革[EB/OL]. http://www.hbjt.gov.cn/zwdt/ywkb/95163.htm.

[3] 黄强.发展长江航运物流,加快建设公共信息平台[J].综合运输.2010(09).

(三) 物流园区建设状况

长江三角洲地区经济较为发达,集聚了上海浦东空港物流园区、上海外高桥保税物流园区、上海西北综合物流园区、洋山深水港物流园区、苏州传化物流基地、普洛斯苏州物流园等众多大规模的优秀物流园区。如浦东空港物流园区是长江三角洲(下游)地区重点培育和发展的大型化、综合性现代物流园区之一,含物流仓储、公共服务等设施,主要功能定位为国际中转、国际分拨配送、国际采购、国际转口贸易,并进行相关增值加工业务,是具有航空快递特色的物流园区,依托浦东国际机场,运用航空运输的快捷便利优势,提供综合服务。对于长江经济带地区增强城市功能辐射能量、促进航空物流产业的发展以及更好地服务全国有重要的意义。

截止到 2013 年,长江经济带中游地区物流园区达 139 个[①],位列全国首位。其中,湖南省物流园区规划建设发展迅速,长沙市出台《长沙市现代物流业发展规划(2011—2020)》,规划建设五大物流园区和十大物流中心。其中,长沙空港物流园区是长沙规模较大的物流园区之一,占地面积达 200 公顷,依托黄花货运机场,为临港产业及高附加值产品提供航空物流、流通加工、仓储配送、货运代理和信息服务,对于扩大长江经济带中游地区物流辐射范围,促进长江经济带物流产业发展具有重大意义。

长江经济带上游地区是"丝绸之路"的重要枢纽点,政府出台一系列促进长江上游地区物流园区发展的相关政策。其中,四川省快速出台《四川省物流园区发展规划》,明确要着力打造"一核、四带、多点"的物流园区规划布局。规划建设与物流园区配套和服务地区经济发展、民生需求的农产品、医药、电商快递、铁路运输等专业性物流园区或配送中心,以此形成连接西部、辐射全国、面向世界重要物流节点的全省物流园区网络体系。[②]

(四) 物流企业发展状况

长江经济带地区借助其长江路流域地理位置的优越性,吸引了一大批知名的国内外物流企业。长江经济带地区的物流企业迅速发展,国有、民营、外资物流企业争先入驻长江经济带,形成了物流企业多元化发展的格局。以上海港集团、上海铁路局、民生轮船、重庆海运、中国石油天然气运输公司、成都中铁西南国际物流、江苏连云港港口集团、浙江产物等为代表的国有物流企业不断壮大,以上海佳吉快运、上海德邦、江苏林森物流集团、顺丰快递等为代表的民营企业也不断冲击

---

① 中国物流与采购联合会,中国物流学会.2012 年度中国物流园区(基地名录).2013.
② 《四川省物流园区发展规划》出台,一核四带多点[EB/OL]. http://news.focus.cn/cd/2014-11-04/5714175.html.

长江经济带物流市场。中外运、中远物流、中铁物流等中央企业也在长江经济带各地区设立了分支机构。另外,全球国际货代、FedEx、Clarkson、UPS、TNT、DHL、Maersk 等知名国际物流企业也纷纷进驻长江经济带地区。

截止到 2014 年,上海市有 A 级物流企业 98 家,四川省 16 家,重庆市 9 家,江苏省 134 家,浙江省 123 家,安徽省 16 家,江西省 12 家,湖北省 168 家,湖南省 61 家,云南省 7 家,贵州省 1 家。上海、重庆、江苏、湖北更有众多 5A、4A 级物流企业。[①] 其中,上海顺丰、上海德邦、湖南全州医药消费品供应链有限公司等在 2014 年进入中国物流企业 50 强。

三、长江经济带地区物流发展的政策环境

(一)区域发展上升到国家战略层面

2013 年 3 月,十二届全国人大二次会议上,李克强总理在政府工作报告中首次提出,要依托黄金水道,建设长江经济带。标志着长江经济带建设明确为国家战略,长江黄金水道建设将迎来新的发展机遇。2014 年 4 月 25 日,政治局会议提出"推动京津冀协同发展和长江经济带发展"。2013 年 9 月国家发改委同交通运输部在京召开关于《依托长江建设中国经济新支撑带指导意见》研究起草工作动员会议。2014 年 4 月 28 日,李克强总理在重庆召开 11 省市座谈会,研究依托黄金水道建设长江经济带,提出让长三角、长江中游城市群和成渝经济区三个板块产业和基础设施连接起来、要素流动起来、市场统一起来。

2014 年 6 月 11 日,国务院常务会议通过了《物流业发展中长期规划》,重点提及事关长江经济带地区经济整体运行效率的物流业。会议认为,发挥黄金水道独特优势,建设长江经济带,是新时期我国区域协调发展和对内对外开放相结合、推动发展向中高端水平迈进的重大战略举措,即可以促进经济发展由东向西梯度推进,形成直接带动超过五分之一国土涉及近 6 亿人的发展新动力,打造新的经济支撑带和具有全球影响力的开放合作新平台。会议强调,建设长江经济带,要注重发挥水运运量大、成本低、节能节地的优势,抓好综合立体交通走廊建设,扩大三峡枢纽通过能力和干线过江通行能力,提升长江黄金水道功能,大力发展江海联运等多式联运。

(二)沿江经济带区域物流合作加强

2014 年 12 月 30 日,长江经济带港口物流区域合作联席会第一次会议在江苏省南京市召开。会议由宜宾、泸州、重庆、宜昌、荆州、岳阳、武汉、黄石、安庆、池

---

① 湖北省物流公共信息服务平台的企业数据库 A 级物流企业名录整理[EB/OL]. http://www.56ok.net/.

州、铜陵、芜湖、合肥、马鞍山、淮安、南京等长江沿线城市的港口及相关企业共同发起,并作为首批成员单位参加会议。会议审议通过了《长江经济带港口物流区域合作联席会方案(草案)》,交流了各港发展经验及港口间具体合作事宜。长江经济带港口物流区域合作联席会第一次会议的召开,拉开了长江流域港口物流区域合作的新序幕。

此外,长江沿岸区域政府间的合作加快,呈现一体化趋势。长江 29 个城市已建立多层次协商议事机制,建立沪、宁、汉、渝等中心城市多边或双边高层领导及部门对话和议事机制,通过各种途径谋求长江经济带一体化发展。

(三) 区域物流一体化建设不断加快

2014 年 9 月,长江经济带海关区域通关一体化改革在长三角区域 5 个海关(上海、南京、杭州、宁波、合肥)开展试点。2014 年 12 月,改革进入第二阶段,通关一体化改革从长三角地区扩展到整个长江经济带海关,长江经济带九省二市 12 个直属海关形成了"多地可通关、多关如一关"的通关新格局。

2014 年 9 月国务院发布《国务院关于依托黄金水道推动长江经济带发展的指导意见》及《长江经济带综合立体交通走廊规划(2014—2020 年)》。提出统筹推进长江经济带水运、铁路、公路、航空、油气管网集疏运体系建设,到 2020 年,建成横贯东西、沟通南北、通江达海、便捷高效的长江经济带综合立体交通走廊。

第三节 长江航运物流发展状况

作为货运量居全球内河第一的黄金水道,长江通道是我国国土空间开发最重要的东西轴线,具有成本低、运量大、能耗低等突出优势,在区域发展总体格局中具有重要战略地位。长江航运物流是长江经济带综合物流运输大通道的核心组成部分,也是长江经济带经济增长和产业带聚集的重要支撑。近年来,长江航运规模不断扩大,基础设施持续改善,服务长江经济带建设的能力不断提高。

一、长江航运物流的基本情况

(一) 长江航运物流基础设施概况

1. 航道情况

长江是我国内河航运最发达的水系,连通着东、中、西部和长江南北地区,干支流通航里程约 7.1 万千米,占全国内河通航总里程的 56%,其中三级以上航道 3920 千米,四级航道 3130 千米,分别占全国的 45.4% 和 46.8%。

长江干流从水富至长江口的航道全长 2837.6 千米,基本为三级以上航道,上游水富至宜昌1074千米,可以通航500～3000吨级内河船舶,其中重庆至宜昌可以通航3000吨级内河船舶;中游宜昌至武汉624千米,可通航1000～5000吨级船舶组成的船队,武汉至湖口276千米,可通航5000吨级海船;下游湖口至南京432千米,可以通航5000～10 000吨级海船,南京至长江口431.6千米,可以通航3万～5万吨级海船。① 此外,长江航道还包括由嘉陵江、乌江、岷江、金沙江、汉江、江汉运河等长江支流所形成的地区性重要航道网络。②

2. 港口和航运中心情况

在长江干线上已确定五大航运物流中心,即南京、芜湖、九江、岳阳、宜宾,与上海国际航运中心、武汉长江中游、重庆长江上游航运中心联动发展,共同推进沿江专业化、规模化港区建设,完善港口集疏运通道。其中,南京港是国家重要的主枢纽港和对外开放一类口岸;芜湖港是我国内河主要港口之一和国家一类口岸,是长江第一煤炭输出港;九江港是我国扩大开放的水运口岸之一,是江西省唯一通江达海的对外贸易口岸;岳阳港是长江八大良港之一,是长株潭城市群的重要组成部分。"3+5"八大航运中心的建立,推动长江航运供给能力不断增强,使服务效率和保障水平不断提升。③

长江沿线港口基本形成了以国家主要港口为骨干、地区重要港口为基础辐射全流域的总体格局,形成了比较齐备的集装箱、铁矿石、煤炭等江海转运体系以及汽车滚装和液化品等专业化运输体系,2013年长江经济带九省二市内河港口通过能力达32.6亿吨,其中长江干线约占50%,干线港口生产泊位达到4296个,万吨级以上泊位达到459个,拥有10个亿吨大港。运输船舶标准化、大型化、专业化趋势明显,运输船舶总体数量有所减少,但净载重量大幅增加,2013年长江经济带11省市拥有内河运输船舶12.3万艘、7828.7万载重吨,分别比2005年年均减少4.8%和增加8.6%。④

(二)长江航运物流生产情况

2014年,长江干线规模以上港口完成货物吞吐量19.9亿吨,同比增长7.2%。其中,外贸货物吞吐量完成2.63亿吨,同比增长5.2%;集装箱吞吐量完成1295.5万TEU,同比减少4.5%。旅客发运量完成500.4万人次,同比减少18.5%。⑤

---

① 齐天乐.流域经济视角下长江航运发展战略研究[D].成都:四川省社会科学院,2014.
② 杨邦杰,严以新,安雪晖.长江流域"黄金水道"问题分析及对策建议[J].中国发展,2015(01):1—7.
③ 齐天乐.流域经济视角下长江航运发展战略研究[D].成都:四川省社会科学院,2014.
④ 杨邦杰,严以新,安雪晖.长江流域"黄金水道"问题分析及对策建议[J].中国发展,2015,15(01):1—7.
⑤ 2014年长江干线规模以上港口完成货物吞吐量19.9亿吨[EB/OL].http://www.lneport.gov.cn/2015/27740.html.2015-01-26.

分货类看,绝大多数大宗散货均保持增长。煤炭及制品、石油天然气及制品、金属矿石、矿建材料、水泥、非金属矿石、化工原料及制品吞吐量分别完成4.63亿吨、8408.0万吨、4.12亿吨、3.37亿吨、1.28亿吨、8082.7万吨、7441.1万吨,同比分别增长5.2%、0.3%、8.3%、14.1%、3.1%、5.7%、8.4%。钢铁吞吐量完成9764.4万吨,同比减少11.1%。

分区段看,中游吞吐量增速最快,下游吞吐量增速最慢,上、中、下游港口货物吞吐量分别完成1.78亿吨、2.09亿吨、16.03亿吨,同比分别增长8.7%、17.0%和5.9%。其中,上游的泸州,中游的宜昌、荆州、黄石、九江,下游的铜陵、芜湖、马鞍山增幅均超过10%;下游所占的比重最大,但份额较去年有所减少。上、中、下游港口货物吞吐量占长江干线货物总吞吐量的比重分别为9.0%、10.5%、80.5%,较去年分别增加0.1个百分点、增加0.9个百分点、减少1.0个百分点。

从主要断面情况看,过闸货运量保持较快增长。三峡断面通过货运量12 043万吨,同比增长12.3%;三峡船闸通过货运量10 898万吨(不含客船折算吨),同比增长12.3%。上、下行货运量所占比重分别为56.4%、43.6%;其中,上行货运量同比增长2%,所占比重较去年减少5.7个百分点。①

(三) 长江航运对长江经济带区域经济的影响

1. 辐射带动效应

长江水道串联起来的成都、重庆、武汉、长沙、合肥、南京、上海等中心城市,通过辐射作用,分别将流域辐射范围内的大中城市、建制镇及周围的农村联结起来,形成产业集群和规模效应。长江水系主航道两岸为长江经济带的生长轴线,以大中型内河港口或水路交接枢纽为经济带内的主要经济中心的生长点,廉价便利的内河水运是实现经济带内部与外部交流的重要手段,通过支流航线及港口路集疏运线路取得经济腹地的广泛联系。长江航运开发不仅促进了长江经济带运输结构的优化,对于长江经济带产业、城市结构等各方面都产生了深远影响。长江航运作为连接东中西的交通运输带,实质上是连接长江经济带产业链的纽带。长江航运的发展对提高沿线产业间的相关程度,挖掘产业间的互补优势具有不可替代的作用。②

2. 产业集聚效应

水运与铁路运输的最大不同点在于其运输范围的有限性,由于运输成本优

---

① 陈良超. 长江干线水运经济进入新常态[N]. 中国水运报,2015-01-25.
② 游士兵,任静儒,彭东方. 长江航运与流域经济互动影响研究[J]. 区域经济评论,2014,(04):64—70.

势,很多产业和行业都将会聚集在长江流域一带,彼此间具有较强的经济依赖和相互影响。如加工制造业具有原料需求大、能耗高、耗水多的特点,这就要求产业发展具有规模经济特征,正好与长江航运的发展吻合①。中国正面临产业大转移和大升级,长江航运的发展不仅为中西部地区承接东部沿海地区成本上升、利润下降的传统产业提供了便利,促进了中西部地区的产业发展和产业结构的调整,同时也有利于沿海地区的产业优化和升级。

二、长江航运物流发展特点

（一）成为沿江地区物流运输的主通道

长江航运是沿江物流服务的主通道,连接长三角、中部和西南等三大物流区域,长江水系完成的水运货运量和货物周转量分别约占沿江全社会货运量和货物周转量的20%和60%。② 内河航运以其长距离、大能力和低成本等优势在承担大宗物资运输中具有举足轻重的作用。长江的航运能力,相当于40条铁路,加之水运、陆运、空运的成本比为1:3:10,环保、低廉使水运成为大量运输的首选。目前,长江航运承担了沿江电厂所需83%的电煤运输和沿江钢铁企业生产所需85%的铁矿石运输;以黄沙等低值货物为主的矿建材料是水路运输的传统支柱货源。③此外,重大件等特种货物因其超长、超大、超高、超重等属性使陆路运输难以承运,并存在较大的安全隐患,而长江航运在特种货物运输方面具有无可比拟的优势。

（二）江海联运发展步伐加快

2014年9月,国务院印发了《关于促进海运业健康发展的若干意见》以及《关于依托黄金水道推动长江经济带发展的指导意见》,标志着推动长江经济带发展和促进海运业健康发展成为国家两大重要战略。这两大战略的着力点就是通过江海航运一体化连接国内国际两个市场,为中国经济转型升级走向世界提供可靠的运输保障。2014年10月,交通运输部在武汉、上海先后召开了黄金水道建设推进会和全国海运发展推进会,明确了加快黄金水道建设推动长江经济带发展的重点任务,提出了加快建设海运强国的基本思路,为此,在理念层面深度思考长江黄金水道建设与海运行业发展的对接,在实践层面积极推进长江航运与海运的良性互动、实现江海航运一体化发展,都具有十分重要的现实意义和深远的历史

---

① 游士兵,任静儒,彭东方.长江航运与流域经济互动影响研究[J].区域经济评论,2014,(04):64—70.

② 解曼莹.现代综合运输体系中水运举足轻重[EB/OL].http://cpc.people.com.cn/n/2012/0704/c77791-18440927.html.

③ 董鸿瑜.依托长江航运发展现代物流服务长江流域经济带建设[J].水运管理,2014,(10):15—21.

影响。①

近年来,长江经济带各省市积极发展江海联运。如:舟山市充分利用独特的区位和港口资源优势,大力发展江海联运,融入长江经济带建设,2013年实现港口货物吞吐量3.14亿吨,其中完成由宁波—舟山港域进长江港口货物吞吐量达1900万吨,大宗商品储运中转加工能力逐步提升;马迹山矿石、六横煤电、世纪太平洋、岙山兴中石油、老塘山中转5个港口相继开展港航联动,每年超1200万吨港货物以江海联运的方式供应给长江流域钢铁、炼化、电力等大企业,长江流域航运业务发展初见成效。

2014年1—8月,上海港江海联运箱量完成1081万标准箱。其中洋山港江海联运箱量完成508万标准箱。洋山深水港四期建成后,将有1000万标准箱以上通过江海联运中转,市场份额巨大。目前从事江海联运的"穿梭巴士"集装箱短驳年收益率能够达到20%～25%,前景十分广阔。根据上海市"十二五"规划,2015年上海港江海联运比例要达到45%。2014年,洋山港江海联运比例已经达到47.6%。②

(三) 港口间联动合作不断加强

合作共赢已成为长江经济带地区各港口的共识,长江经济带各港口积极响应国家依托黄金水道推动长江经济带发展战略部署,港口间联动合作不断加强。如上海国际港务集团实施"长江战略",通过管理、资本和科技输出,实现了上海港与长江流域港口的共赢发展。目前已初步形成涵盖集装箱码头、内支线集装箱运输、船货代网点的物流服务网络。上海国际港务集团以增资扩股的方式参与长沙、武汉港的整体改制,以资本入股,参与九江港的整体改制,有力地推动了口岸物流的发展。③

2014年10月,南京市人民政府与泸州市人民政府在南京签署港口物流发展战略合作框架协议。根据协议,两市和南京港、泸州港将在港口航线、口岸通关、区域物流等领域展开全面合作。④ 2015年4月,舟山市与交通部长江航务管理局、中国船级社联合召开江海联运工作座谈会。重庆、宜昌、武汉、南京、泰州等长江

---

① 唐冠军.长江黄金水道建设与江海航运一体化发展[J].武汉交通职业学院学报,2014,(4):1—4.
② 关于做大做强洋山民营航运企业,助推舟山江海联运服务中心先导区发展的议案[EB/OL]. http://www.shengsi.gov.cn/_shengsi/chnl9608/64775.htm.
③ 长江流域港口开始深度合作[EB/OL]. http://page.lgmi.com/html/200805/16/4877.htm.
④ 赵虎.长江港口走向"大联盟时代"[EB/OL]. http://www.zgsyb.com/html/news/2015/01/7169353988999.html.

沿线各主要港口和舟山港在会上共同发布江海联运港口联盟《舟山宣言》。[①] 内容包括：携手建立江海联运物流公共信息平台，实现信息共享；充分发挥各港口各自优势和特点，共同建立互利共赢的物流合作机制，共同推动沿海、长江港口和口岸管理部门、运营企业，依托江海联运推动优势互补，加强在重大课题调研、重点货物流向、贸易便利化、大通关等方面进行交流合作，为推动长江经济带发展做出积极贡献；发挥联动优势，共同商定中长期合作的行动计划和重点；共同推动长江港口物流行业公平、有序竞争的市场环境，共同引导和支持港口物流业持续健康快速发展。

（四）规划建设步伐加快

2014年，长江航务管理局编制完成了《长江航运发展规划纲要（2014—2030年）》。《纲要》深入分析了长江航运发展的发展环境和发展需求，提出2020年和2030年长江航运发展的总体目标，以及港航基础设施、运输装备服务、通航安全保障、绿色低碳发展以及经济社会贡献具体指标，基本符合长江经济带发展对长江航运的要求；提出了打造畅通高效航道体系、提高枢纽通航服务能力、提升港口综合枢纽功能、强化航运支持保障能力、促进航运市场健康发展、全面提升发展创新能力、大力构建绿色生态航运等七个方面的主要任务；从完善法规标准、体制机制改革、人才文化支撑和资金政策保障等四个方面提出了实施保障措施。另外，还编制完成了《长江航运信息化发展规划》，启动了长航局"十三五"规划编制，开展了40项规划专题研究论证。

一大批项目完成交工验收和通过竣工验收。荆江航道整治工程完成度达62%，主体工程有望在2015年基本完成。优质廉政工程、平安工地、生态环保示范工程创建活动推进有力，在建项目工程监督覆盖率基本达到100%，单位工程验收合格率达到100%，未发生等级以上质量安全事故。[②]

[①] 江海联运港口联盟发布《舟山宣言》[EB/OL]. http://www.chinaship.cn/policy/2015/0416/3611.html.
[②] 长江航务管理局. 新战略 新举措 新成就——盘点2014长江航运十大亮点[EB/OL]. http://www.moc.gov.cn/zizhan/zhishuJG/changhangju/gongzuodongtai/201412/t20141226_1751346.html.

行业篇

导　言

本篇继续遵循追踪中国行业物流发展热点的选题原则,选取铁路物流、航空物流和冷链物流进行专题研究。铁路作为国民经济的大动脉、国家的重要基础设施和资源节约型、环境友好型运输方式,是我国现代物流体系的重要组成部分和骨干支撑。随着铁路货运改革的不断深入,铁路物流取得快速发展,正逐步形成布局合理、便捷高效、技术先进、服务优质、经济安全的现代铁路物流服务体系。航空物流作为当代经济全球化生产方式的重要支撑,已经发展成为关系国家安全和国民经济命脉的战略产业。随着中国融入经济全球化进程的逐步加快和国内转方式调结构的不断推进,尤其是速度经济时代的到来,中国航空物流正在实现跨越式发展。此外,随着我国经济社会的发展和居民消费水平的提高,生鲜产品的流通和消费规模不断扩大,冷链物流受到了全社会的关注。加快发展冷链物流,对于保障我国食品与药品消费安全、提升人民生活品质、促进物流业转型升级发展均具有重要意义。

本篇第七章《中国铁路物流发展状况》首先介绍了铁路物流的基本特征、运作网络及运作主体,然后分析了中国铁路物流的发展环境和发展现状,最后指出了中国铁路物流存在的问题和发展趋势。报告认为,中国铁路物流的市场环境有较大变化,铁路货运需求市场呈现出大宗物资运输需求不断下降,零散白货以及高附加值货物运输需求持续增加的态势。同时,随着铁路物流发展规划和政策的相继出台,以及物流标准的日趋完善,我国铁路物流的发展环境得到了进一步改善。目前,中国铁路物流在基础设施建设、物流通道、产品创新、信息化水平等方面取得了明显进步,但仍存在市场化程度较低、货场设施设备落后、服务功能有待完善等一些亟待解决的问题。未来中国铁路物流发展的重点将集中在加快铁路货运市场改革、加强铁路物流基础设施建设、促进铁路国际物流发展、提升铁路物流信息化水平等方面。

本篇第八章《中国航空物流发展状况》介绍了航空物流概况,分析了中国航空物流发展的市场环境、发展现状与存在问题,展望了中国航空物流的未来趋势。报告认为,受国际经济不景气的影响,航空物流总量增长有所趋缓,但航空物流基础设施建设加快,枢纽机场作用日益显现,航空货运企业物流化转型加快,航空物流重心正由东部沿海地区向中西部地区转移。在中国航空物流快速发展的同时,航空物流经营模式单一、服务功能不够完善、企业经营分散、信息化程度低等问题依然存在,并阻碍了中国航空物流的健康发展。未来我国航空物流市场规模将继续扩张,航空物流企业兼并重组的步伐进一步加快,信息技术和物联网技术的应用也将取得突破。

本篇第九章《中国冷链物流发展状况》分析了中国冷链物流的发展环境、发展现状与问题,以及未来发展趋势。报告认为,我国冷链物流发展环境不断改善,基础设施建设力度加大,铁路、航空等冷链运输方式加快发展,第三方冷链物流企业不断涌现,龙头企业也开始加大投资自建冷链物流体系。此外,生鲜电商的兴起为冷链物流注入了新活力,成为近年来冷链行业的热点和亮点。尽管我国冷链物流取得了较快发展,但仍存在冷链基础设施能力不足、冷链企业服务水平较低、冷链物流技术应用较为滞后等问题。未来我国冷链物流基础设施建设将继续得到加强,冷链物流企业进一步发展壮大,先进冷链物流技术的应用水平也将得到提升。

第七章 中国铁路物流发展状况

铁路作为国民经济的大动脉、国家的重要基础设施和资源节约型、环境友好型运输方式，是我国现代物流体系的重要组成部分和骨干支撑。加快铁路货运改革，大力发展铁路现代物流对降低全社会物流成本、发挥铁路在综合物流链中的骨干作用具有重要意义。近年来，我国铁路物流发展环境不断改善，铁路物流基础设施建设日趋完善，物流产品不断创新，正逐步形成布局合理、便捷高效、技术先进、服务优质、经济安全的现代铁路物流服务体系。

第一节 铁路物流概述

铁路物流是指依托铁路的路网、货场等基础设施，以铁路为主要运输方式，结合储存、装卸、搬运、包装、流通加工、配送、信息处理等功能，对货物从供应地到接收地的实体流动进行计划、实施与控制的过程。

一、铁路物流的主要特征

铁路物流运能大，运距较长。目前，铁路运输多采用大功率机车牵引列车运行，单列货运能力一般达3000～5000吨，机车最大牵引重量可达几千吨甚至上万吨，远远高于航空运输和公路运输，可承担大运输量的运输任务。同时，我国铁路货运平均运距约800公里，为公路运输的25倍和管道运输的1.15倍[1]，铁路运距较长。

铁路物流能耗低、污染小。据荷兰交通部统计，铁路运输每百吨公里油耗量为1.7升，远低于公路运输的4.1升；同时，铁路运输每百吨公里二氧化碳排放量为48.1升，也远低于公路运输的164升[2]，电气化铁路对环境的影响则更小。

铁路运输的准确性和连续性强。铁路运输过程受自然条件限制较小，连续性强，能保证全年运行。同时，铁路运输的到发时间相对固定，铁路物流时间准确性较高。

---

[1] 杭文.运输经济学[M].南京：东南大学出版社，2012.
[2] 肖凤.对内河船型标准化的欧洲技术考察[J].交通与运输，2005，(02)：36—38.

铁路物流的货类以大宗物资为主。由于铁路运输具有运量大、运距长等优点,铁路货物运输以大宗物资为主。目前,煤炭、冶炼、农用物资、钢铁等大宗物资一直是我国铁路运输的主要货物品类。据不完全统计,煤炭、石油、矿石、钢铁等大宗物资的铁路货运量占铁路货运总量的 70% 以上。

铁路运输具有公益性和商业性①。其中,公益性是指铁路所担负的社会功能,如公共运输、宏观调控运输、福利运输等职能,对国民经济和社会生活具有基础性作用;商业性是指铁路企业在提供运输服务的过程中需要考虑企业的经济效益。

二、铁路物流运作网络

铁路物流的一般流程是以货运物资产地的铁路集散中心、中转地的铁路转运中心和消费地的铁路配送中心为核心物流节点,通过铁路的直达货运班列、快运货物班列等运输方式,将货运物资从产地运送到消费地,主要包括铁路货运物资的运输、储存、装卸、配送等作业环节。铁路物流运作网络如图 7-1 所示。

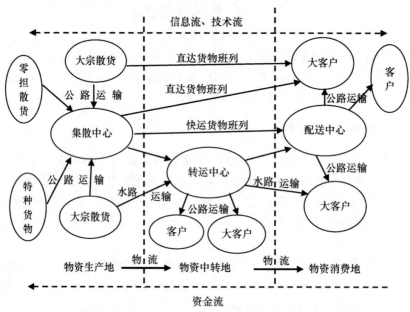

图 7-1 铁路物流运作网络示意图

其中,快运货物班列是指在固定发到站间,有固定车次和运行线、明确的开行

---

① 陆欣.中国铁路总公司负债预测及关键解决途径研究[D].北京:北京交通大学硕士学位论文,2014.

周期和运行时刻,按客车化的模式组织开行的货物列车①。按照速度等级,快运货物班列可分为特快货物班列、快速货物班列和普快货物班列。直达货物班列是指固定发到站、固定货物品类、固定周期、固定运行线、固定车次的整列始发直达货物列车。直达货物班列主要承担货物运量较大、货源稳定均衡、能够提前确定运输需求的大宗稳定货源类物资,如煤炭、焦炭、石油、金属矿石等②。

此外,对于零担散货客户,铁路物资集散中心和铁路物资配送中心的货运可以通过公路等其他运输方式运达;对于大宗散货客户,可采用铁路专用线或其他运输方式完成其货物运输。

三、铁路物流运作主体

（一）铁路企业

铁路企业主要分为三类:一是拥有铁路货运承运权及铁路资源的铁路干线运输企业,主要从事铁路干线运输业务。如,国家铁路总公司下属的18家地方铁路局、以特种货物运输为主的中铁特货运输有限公司和以铁路集装箱运输为主的中铁集装箱运输有限责任公司。

二是铁路行包快运企业,主要从事零散顾客国内城际的行李、包裹、邮件等快递业务。如,中铁快运股份有限公司。

三是综合性铁路物流企业。该类企业拥有铁路背景,以第三方物流运作模式为经营理念,通过优化解决方案以及定制化服务,为大型零售业和制造业提供全方位一体化的物流服务。如,中铁现代物流科技股份有限公司、中铁联合物流有限公司等。

（二）铁路货运场站

铁路货运场站是办理货物承运、装卸、保管和交付作业的场所,是铁路与其他运输方式相衔接的地方。随着现代物流业迅猛发展、铁路生产力布局不断调整、运输能力不断释放,铁路货运场站融合现代物流与供应链管理和服务理念,向为客户提供以铁路运输为主的全方位、一体化的铁路物流中心发展。

四、铁路物流分类

根据《铁路货物运输品名分类与代码表》,可将铁路物流分成铁路大宗物流、铁路零散物流和铁路特种物流。其中,煤、石油、焦炭、金属矿石、钢铁及有色金属、非金属矿石、磷矿石、矿物性建筑材料、化肥及农药等大宗稳定货物的运输统

---

① 胡亚东.推动集装箱铁水联运更好更快发展[J].大陆桥视野,2013,(1):29—31.
② 刘静.中国铁路总公司实施货运组织改革[N].工人日报,2013-06-12.

称为铁路大宗物流。由于大宗稳定货源具有货源稳定均衡、货物运量较大、能够提前确定运输需求等特征,多采用协议运输方式保证运力。

水泥、木材、粮食、棉花、化工品、金属制品、工业机械、电子及电气机械、农业机具、鲜活货物、农副产品、饮食及烟草制品、纺织品和皮革、毛皮制品、纸及文教用品、医药品、零担和集装箱等零散货物的运输称为铁路零散物流。铁路零散物流多为高附加值货运,对运输时效性、安全性、便捷性要求较高,是物流延伸业务及高端货运产品的主要服务对象。

危险品货物、超限超重货物、鲜活货物等特种货运的运输称为铁路特种物流。特种物流需要使用特殊车辆运输工具,要求具有特定的运输、装卸、保管、监控等技术、组织条件和安全防护措施,同时需要满足特种货物运输、储存、装卸及其他要求。

第二节 中国铁路物流发展环境

近年来,国家加快转变经济发展方式,铁路货运需求市场呈现出大宗物资运输需求不断下降,零散白货以及高附加值货物运输需求持续增加的态势。与此同时,随着铁路物流发展规划和政策的相继出台,以及物流标准的日趋完善,我国铁路物流的发展环境也得到了进一步改善。

一、大宗物资相关行业市场低迷

与水路、公路、航空和管道等运输方式相比,铁路运输具有速度快、运量大、成本低、适应性强等优点,长期担负着关系国计民生的战略性资源的流动、配置重任。同时,铁路货运以煤炭、粮食、冶炼、农用物资等关系国计民生的大宗物资为主。2014 年,煤炭、钢铁、矿石、石油铁路运量分别占铁路货运总量的 60.2%、5.4%、10.3%、3.6%,总计占到铁路货运量的 79.5%[1]。

当前,我国宏观经济处于从高速增长向中速增长的转换期,固定资产投资增速放缓,煤炭、冶金、电力、化工等主要工业行业增加值的增幅有所下降,造成以煤炭为代表的"黑货"铁路运输市场持续低迷,铁路货运量呈现下滑态势[2]。2015 年一季度,全国铁路完成货运量 8.7 亿吨,同比下降 9.4%[3],2015 年铁路货运量或将继续下滑。但总的说来,煤、石油、冶炼物资等大宗货物运输的刚性需求不会发

---

[1] 熊玲玲,谷海,张艺. 我国铁路货运市场现状及营销发展战略研究[J]. 科技和产业,2012,(4):1—6.
[2] 王瑶. 铁路货运市场现状分析及发展对策[J]. 铁道货运,2013,(5):11—14.
[3] 一季度全国铁路完成货运量 8.7 亿吨,同比下降 9.4%[EB/OL]. http://finance.chinanews.com/cj/2015/04-21/7222648.shtml.

生根本性改变,粮食、化肥、农药及棉花等关系国计民生的重点物资仍是铁路运输重点保障的物资。因此,"十三五"期间,大宗货物运输仍是铁路货运的主要市场。

二、零散白货市场需求旺盛

近年来,我国钢铁、煤炭、水泥、有色等大宗相关行业市场低迷,而电商、冷链、快递、食品、医药、家电、电子、汽车等市场则保持快速发展。例如,2014年我国快递业务收入完成2040亿元,同比增长42%;全国快递业务量完成139.6亿件,同比增长51.9%,首次超过美国,跃居世界第一。目前,我国高铁快件班列覆盖全国65个城市、日运输能力达2000吨[①]。

随着我国居民消费需求进入战略性升级阶段,消费总量将呈现快速增长态势,消费结构不断升级,将带动一般消费品运输需求持续快速增长。同时,随着技术密集型产业的发展和工业结构的高加工度化,将生产出更多的高附加值产品,高附加值产品在货运量中所占比重也将不断提高[②]。因此,铁路货运市场需求将发生较大变化,大宗物资运输需求不断下降,零散白货以及高附加值货物运输需求持续增加。

此外,我国零散白货的运输市场需求也正从"少品种、大批量、少批次、长周期"转变为"多品种、小批量、多批次、短周期",对运输服务的时效性、灵活性和可靠性也提出了更高要求,进而要求创新铁路货运生产及服务方式,提升运输服务水平。

三、中央和国家各部委出台政策推进铁路市场化

"十二五"期间是国家深化改革开放,加快转变经济发展方式的攻坚时期,也是铁路继续发挥骨干力量,构建综合交通运输体系,支撑和谐社会建设和低碳经济的重要时期[③]。近年来,国家相继出台各项政策,促进加快铁路市场化改革。

2013年4月,国务院实施第六次机构改革,成立中国铁路总公司,负责铁路运输统一调度指挥,经营铁路客货运输业务,承担专运、特运等任务,实现政企分开。

2013年8月,国务院发布《关于改革铁路投融资体制加快推进铁路建设的意见》,明确提出推进铁路投融资体制改革,多方式多渠道筹集建设资金;进一步完善铁路运价机制,稳步理顺铁路价格关系;加大力度盘活铁路用地资源,鼓励土地综合开发利用。

---

① 左娅.去年中国快递量世界第一[N].人民日报,2015-01-07.
② 樊桦.铁路适应运输需求发展的比较优势分析[J].铁道经济研究,2010,96(4):21—27.
③ 张晓东,卫晓菁.2013年铁路物流发展回顾与2014年展望[J].中国物流与采购,2014,(11)60—63.

2014年4月,国家发展改革委宣布准池铁路货物运价将实行市场调节,由铁路运输企业与用户、投资方协商确定具体运价水平。这是中国首次放开铁路运输价格,将对推进铁路投融资体制改革,鼓励、引导社会资本投资建设铁路具有积极作用①。

2014年12月,国家发展改革委发布《关于放开部分铁路运输产品价格的通知》,对铁路包裹运输价格、铁路散货快运价格,以及社会资本投资控股新建铁路货物运价实行市场调节价,铁路运输企业可根据市场供求、生产经营成本以及竞争状况、社会承受能力等,自主确定具体运输价格。

2015年1月,国家发展改革委发布《关于调整铁路货运价格 进一步完善价格形成机制的通知》,要求国家铁路货物统一运价率平均每吨公里提高1分钱;允许铁路运输企业在给定的浮动范围内,根据市场供求状况自主确定具体运价水平;取消铁路运输企业收取的"大宗货物综合物流服务费"。

四、铁路总公司深化铁路货运改革

为充分发挥铁路在综合交通运输体系中的骨干作用,中国铁路总公司相继出台各项政策,进一步加大货运组织改革力度,不断深化铁路货运改革。

2013年4月,中国铁路总公司出台《关于进一步推进货运组织改革的意见》,全面推动铁路货运从计划走向市场。具体说来,一是改革货运受理方式,简化手续,拓宽渠道,敞开受理,随到随办。二是改革运输组织方式,根据客户的运输需求编制运输计划。三是清理规范货运收费。四是大力发展铁路"门到门"全程物流服务,实行全程"一口价"收费,推动铁路货运加快向现代物流转变②。

2013年6月,中国铁路总公司发布《关于铁路货运实行门到门运输及制定调整相关费目和费率的通知》,明确要求拓展铁路运输服务领域,细化接取送达费等费目和费率,规划货运收费管理。

2014年,中国铁路总公司出台《关于试行整车"一口价新管内"运输的通知》、《关于铁路大宗货物跨局运输试行一口价的通知》等货运改革措施,进一步推进铁路运价市场化。

五、铁路物流相关标准相继出台

为进一步规范铁路物流发展环境,促进铁路物流标准化建设,国家有关部门和行业积极制定铁路物流标准。

---

① 黄世瑾.国内首条货物运价市场化铁路诞生[J].大陆桥视野,2014,(4):19.
② 张慧敏."铁老大"祭出市场化第一刀[N].北京商报,2013-06-07.

1991年,第一部铁路物流服务标准《铁路货运运输规程》的出台,填补了我国铁路物流领域标准的空白。随后,《铁路货物运输服务质量标准》《铁路危险货物运输管理规则》《铁路超限超重货物运输规则》《铁路集装箱运输规则》《铁路鲜活货物运输规则》《铁路货物装载加固规则》等一系列相关行业标准也相继出台。

此外,为适应铁路货运组织改革的需要,中国铁路总公司2013年修改了《铁路货物运输规程》中部分不合适的规则制度,并于2014年出台了新的《铁路危险货物运输管理暂行规定》。1991—2014年我国铁路物流标准制定与出台情况如表7-1所示。

表7-1 1991—2014年我国铁路物流标准制定与出台情况

时间	主持部门	铁路物流标准名称	状态
1991	铁道部	《铁路货运运输规程》	已发布
1995	铁道部	《铁路危险货物运输管理规则》	已发布
1999	铁道部	《铁路货物运输服务质量标准》	已发布
2007	铁道部	《铁路超限超重货物运输规则》《铁路集装箱运输规则》	已发布
2008	铁道部	《铁路货物装载加固规则》	已发布
2009	铁道部	《铁路鲜活货物运输规则》	已发布
2014	中国铁路总公司	《铁路危险货物运输管理暂行规定》	已发布

第三节 中国铁路物流发展现状

随着市场环境和政策环境的日益完善,我国铁路物流得到快速发展。铁路运输企业快速发展,物流基础设施建设不断加快,初步形成了"四横四纵"的铁路物流大通道;同时,铁路物流服务领域进一步拓宽,行业信息化水平也得到稳步提高。但是,受宏观经济影响,铁路物流规模近年有所下滑。

一、铁路货运量呈现下滑态势

受我国经济增长放缓和结构转型的影响,以煤炭、钢铁、铁矿石等大宗货类为主的铁路货运量呈现下滑态势。2012年,中国铁路货运量首次出现负增长,货运量39.04亿吨,同比下降0.7%[①]。2014年,中国铁路货运量再次出现下滑,货运

[①] 铁道部.中华人民共和国铁道部2012年铁道统计公报[EB/OL].http://finance.china.com.cn/roll/20130313/1327154.shtml.

量仅为38.13亿吨,同比下降3.9%。其中,国家铁路完成30.69亿吨,同比下降4.7%①。2009—2014年中国铁路货运量及增长率如图7-2所示。

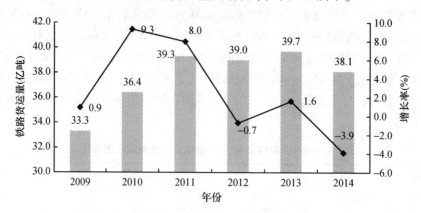

图7-2　2009—2014年我国铁路货运量及增长率
资料来源:根据《国家统计年鉴》(2009—2013)和《中华人民共和国2014年国民经济和社会发展统计公报》数据整理。

"十二五"期间,铁路货运周转量增速出现明显下滑。2012年,全国铁路货物周转量首次出现下滑,同比下降0.9%。2014年,铁路货运周转量再次出现下滑,为27 530.19亿吨公里,同比下降5.6%。其中,国家铁路完成25 103.42亿吨公里,同比下降6.5%。2009—2014年中国铁路货运周转量及增长率如图7-3所示。

此外,铁路货运市场份额不断下滑,公路和水运市场份额均持续上升。具体来看,铁路货运市场占有率由1980年的20.4%下降到2014年的8.7%,下降了11.7个百分点;而公路和水运市场占有率则较快增长,公路市场占有率由69.9%上升到76.1%,水运市场占有率由7.8%上升到13.6%。

二、铁路物流基础设施建设加快

随着国家铁路固定资产投资的稳步增加,铁路路网规模持续扩大,路网结构不断优化。2014年,全国铁路营业里程达到11.2万公里,同比增长8.4%。其中,复线率达到50.8%,同比提高4个百分点;电化率达到58.3%,同比提高4.2个百分点;路网密度达到116.48公里/万平方公里,比2013年提高9.04公里/万平方公里②。

同时,铁路物流基础设施建设步伐也不断加快,一大批铁路集装箱物流中心、

---

① 交通运输部.2014年交通运输行业发展统计公报[EB/OL].http://www.zgjtb.com/2015-04/30/content_27060.htm.
② 交通运输部.2014年交通运输行业发展统计公报[EB/OL].http://www.moc.gov.cn/zfxxgk/bnssj/zhghs/201504/t20150430_1810598.html.

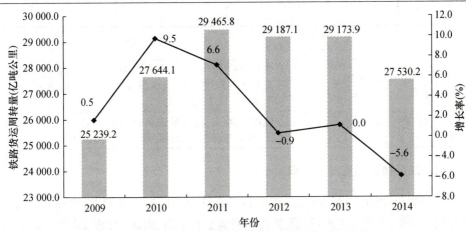

图 7-3 2009—2014 年我国铁路货运周转量及增长率

资料来源：根据《国家统计年鉴》(2009—2013) 和《中华人民共和国 2014 年国民经济和社会发展统计公报》数据整理。

铁路物流园区相继建成。例如，2008 年铁道部出台《中长期铁路网规划 (2008 年调整)》，明确提出在全国建设 18 个铁路集装箱中心站、33 个二级集装箱专门办理站和 100 多个三级集装箱办理点，形成覆盖全国的运输网络，贯通南北双层集装箱大通道，构成中国铁路集装箱现代物流网络。截至 2014 年年底，超过一半的铁路集装箱中心已开通运营。

2011 年，铁道部发布《铁路"十二五"物流规划》，明确提出将构建全国性、区域性、地区性三个层次的铁路物流节点网络。其中，一级铁路综合物流中心约 80 个、二级铁路综合物流中心约 160 个、专业型铁路物流中心约 300 个。目前，部分地区建成或在建的铁路物流园区如表 7-2 所示。

表 7-2 部分建成或在建的铁路物流园区基本情况

项目名称	时间	总投资(亿元)	设计规模
济南平原铁路物流基地	2013-05（开工）	2（一期）	包括煤炭、大件货物、集装箱、包件、保税、化工 6 个功能区。其中，煤炭物流功能区设计年物流能力 900 万吨
济宁铁路物流园	2013-12（立项）	39.4	占地面积约 3000 亩，建筑面积 60 万平方米，建成铁路物流区、航运物流区、管理服务区、公路运配中心等
遂宁西部铁路物流园	2013-03（开工）	30	占地 1500 多亩，包括铁路物流区、物流仓储及公铁联运区、海关监管区、物流交易区、冷链物流区、综合服务区等功能区。2015 年货物吞吐量将达 500 万吨，全部竣工后吞吐量可达 800 万吨
菏泽铁路物流园	2015-01（开工）	19.7（一期）	项目占地 4500 亩，一期建设用地 3000 亩，二期建设用地 1500 亩。项目一期专用线 10 条，二期预留 11 条

(续表)

项目名称	时间	总投资(亿元)	设计规模
乌鲁木齐铁路国际物流园	2014-04（开工）	50	总建筑面积12万平方米，分为商品展示购物中心、商贸物流配送中心、商务及金融服务中心、物流信息中心、生活配套中心等五大功能区
广东清远铁路物流园	2015-02（立项）	30	占地约2000亩，将包括铁路物流区、物流仓储及公铁联运区、冷链物流区、综合服务区、生活配套区等

三、铁路物流通道逐渐形成

我国幅员辽阔、内陆深广，各地区自然条件与人口聚集差异大，资源能源与产业布局不均衡，决定了生产过程与市场消费需要长距离、大运量、低成本的运输方式来实现①。目前，大量煤炭、粮食等大宗货运通过铁路长距离外运，已初步形成了以国家铁路为主的"五纵三横"铁路物流通道。中国主要铁路物流通道如表7-3所示。

表7-3　中国主要铁路物流通道

货运通道	通道组成	货类
五纵	京广线	南运货物以煤炭、钢铁、木材及出口物资等为主，北运货运则以稻米、有色金属及进口物资为主
	京九线	主要以沿线矿产资源、粮棉油等农副产品为主
	焦柳线	沿线盛产粮、棉、油、烟叶等农副产品及煤、有色金属等矿产，该线对改善我国铁路布局，提高晋煤外运能力，分流京广运量，都具有重要作用
	京沪线	南运货物以煤炭、钢铁、木材、棉花为主；北运货物则有机械、仪表、百货等
	宝成—成昆线	主要以沿线矿产、木材等物资为主
三横	京包—包兰线	西运货物以钢铁、机械、木材等为主，东运货物则以煤炭、矿石、畜产品为主
	陇海—兰新线	主要以沿线煤炭、石油等矿产和棉花、畜产品等为主
	沪杭—浙赣—湘黔—贵昆线	东运货物以粮食、木材、有色金属等为主，西运货物则以钢铁、机械、水泥、日用百货等为主

我国煤炭运输长期依赖于铁路，煤运比重也居铁路运输货物之首，约占60%左右。由于煤炭资源和消费区域的不均衡性，我国煤炭呈现出"西煤东运、北煤南

---

① 陆东福.明确发展目标　不断开拓创新　全力推进铁路现代化建设——在2011年全路发展计划工作会议上的讲话[J].中国铁路，2011，(02)：6—15.

运、铁海联运"的运输格局,形成了以"西煤东运""北煤南运"的铁路煤炭物流通道。其中,"西煤东运"铁路通道主要承担将晋陕蒙宁地区生产的煤炭由西向东运送至北方煤炭转运港口,是"铁海联运"的重要组成部分,由北通道、中通道和南通道组成,如表7-4所示。

"北煤南运"铁路通道则由京沪、京九、京广、大湛、京包、包柳、兰昆等铁路组成。其中,京九线主要担负接运朔黄线、石德线、新石线的煤炭南运,京广线主要承接石太、陇海铁路等煤炭的南运,大湛线地处中西部过渡地带,是"三西"煤炭输送中南地区的重要通道[①]。

表7-4 我国"西煤东运"铁路煤炭物流通道

煤运通道	通道组成及承担任务
北通道	由集通、大准、京包、大秦、包神、神朔、朔黄、北同蒲线组成,以运输动力煤为主,主要承担蒙西、陕北和山西北部的煤炭外运,是"三西"煤炭外运的主要通路
中通道	由京原、石太、太焦、邯长线组成,以运输焦煤和无烟煤为主,主要承担山西中部和东南部的煤炭外运
南通道	由太焦铁路、侯月铁路、陇海铁路、西康铁路和宁西铁路组成,以运输焦煤、肥煤和无烟煤为主,主要承担山西中部和西南部的煤炭外运

此外,随着"一带一路"战略的实施和自贸区的扩围,铁路国际通道建设步伐加快,逐步形成了以阿拉山口、二连浩特、满洲里等口岸为依托的国际铁路物流大通道。中国边境铁路口岸如表7-5所示。

表7-5 中国边境铁路口岸一览表

国别	口岸名称	口岸所在地	批准开放时间	说明
蒙古	二连浩特口岸	内蒙古二连浩特市	1956年	国家一类口岸,是中蒙两国唯一的铁路口岸,也是欧亚大陆桥中的重要战略枢纽
俄罗斯	满洲里口岸	内蒙古自治区满洲里市	1901年	我国目前规模最大、通过能力最高的铁路口岸
俄罗斯	绥芬河口岸	黑龙江省绥芬河市	1903年	国家一类口岸,主要承担中俄国际联运任务
俄罗斯	珲春口岸	吉林省珲春市	2003年	国家一类口岸

---

① 武云亮,黄少鹏. 我国煤炭物流网络体系优化及其政策建议[J]. 中国煤炭,2008,(10):27—33.

（续表）

国别	口岸名称	口岸所在地	批准开放时间	说明
哈萨克斯坦	阿拉山口口岸	新疆博尔塔拉蒙古自治州	1990 年	国家一类口岸和国际联运口岸，新亚欧大陆桥中国段的西桥头堡
	霍尔果斯口岸	新疆伊犁哈萨克自治州	2012 年	我国第二条向西开放的国际铁路通道
朝鲜	集安口岸	吉林省集安市	1954 年	中朝两国重要铁路口岸
	图们口岸	吉林省图们市	1954 年	
	丹东口岸	辽宁省丹东市	1955 年	
越南	河口口岸	云南省红河州	1952 年	中国通往东盟最便捷的铁路大通道，连接欧亚大陆与东盟的铁路大陆桥的桥头堡
	凭祥口岸	广西壮族自治区	1952 年	

四、铁路物流产品不断创新

"十二五"期间，铁路总公司按照现代物流理念优化铁路运输组织，结合大宗货物规模化、集约化运输和高附加值货物多品种、小批量、多批次运输的需求特点，探索基于准时制的铁路运输组织方式和货物列车"客车化"开行方式，积极开发多元化、多层次的铁路货运物流产品①。

一是开行零散货物快运。2014 年 9 月，中国铁路总公司开行区域零散货物快运列车，基本实现铁路货物快运网络全国覆盖。其中，在东北、京津冀、长三角、环疆等地开通区域货物快运 70 多列，在京沪、京广、京哈、沪昆等主要干线开行跨区域的货物快运列车 8 对，在其余地区的相邻铁路局间开行多列跨铁路局的支线货物快运列车②。截止到 2015 年 2 月，散货日发送量稳定在 200 万件、7 万吨以上水平，已累计发送货物 434 万吨。

二是开行电商班列。铁路部门与电商企业、快递企业合作，在北京、上海、广州、深圳间开行了 3 对 6 列最高时速 160 公里电商班列，每天运送小件货物 50 万件③。

三是开行中欧国际班列。铁路总公司积极服务国家"一带一路"战略，在西、

---

① 铁道部.铁路"十二五"物流发展规划[J].铁道货运,2012,(04):46—57.
② 樊曦."铁老大"如何变身"快递哥"[EB/OL]. http://news.xinhuanet.com/2014-12/06/c_1113545865.htm.
③ 同上.

中、东3个方向开通中欧铁路大通道。其中,西部通道由我国中西部经阿拉山口(霍尔果斯)出境,中部通道由我国华北地区经二连浩特出境,东部通道由我国东南部沿海地区经满洲里(绥芬河)出境①。2011年3月,国内首条中欧国际班列重庆至德国杜伊斯堡正式开行。随后,成都、郑州、武汉、苏州、义乌等城市也相继开行中欧班列。2014年,铁路总公司共开行中欧班列308列,发送集装箱26 070 TEU,较2013年多开228列,同比增长285%②。

四是开行高铁行包。主要服务于文件类以及5公斤以下轻小型快件货物的运输,为广大客户提供"当日达""次晨达""次日达"快件的"门到门"服务③。

五是开展全程物流。中国铁路总公司积极发展铁路"门到门"全程物流服务,大力构建"门到门"接取送达网络,实行"门到门"全程"一口价"收费,推动铁路货运加快向现代物流转变。

五、铁路运输企业不断发展壮大

"十二五"期间,铁路总公司大力支持具备条件的企业采取重组兼并、增资扩股等多种形式,积极培育物流服务主体,推动传统铁路运输企业向现代物流企业转型。中铁行包快递有限责任公司、中铁特货运输有限公司和中铁集装箱运输有限责任公司三个专业运输公司也快速成长,已发展成为具有较大影响力的物流企业④。例如,2014年中铁集装箱运输有限责任公司以打造铁路集装箱国际物流知名企业为目标,实施"走出去"发展战略,做强中欧班列大品牌,全年发送集装箱26078TEU,共计15万吨,货物总价值约18.5亿美元⑤。

截至2015年2月,全路已有5A级物流企业17家,如表7-6所示。中铁集装箱运输有限责任公司、中铁现代物流科技股份有限公司、中铁特货运输有限责任公司、郑州铁路经济开发集团有限公司进入2014年中国物流企业主营业务收入前50强,分别位居第21位、第27位、第31位、第34位和第37位⑥。

---

① 张依. 中欧班列助推新丝绸之路经济带建设[N]. 人民铁道,2014-08-06.
② 2014年中欧班列共开行308列[EB/OL]. http://news.xinhuanet.com/ttgg/2015-01/20/c_1114066623.htm.
③ 齐慧. 铁路货运改革又有新动作[N]. 经济日报,2014-12-06.
④ 铁道部. 铁路"十二五"物流发展规划[J]. 铁道货运,2012,(04):46—57.
⑤ 中国铁路总公司. 中铁集装箱公司全力打造国际物流知名企业[EB/OL]. http://www.china-railway.com.cn/xwdt/jrtt/201502/t20150210_46939.html.
⑥ 关于2014年度中国物流企业50强排名的通告[EB/OL]. http://www.chinawuliu.com.cn/lhhkx/201412/25/296899.shtml.

表 7-6　全国 5A 铁路物流企业名单

级别	企业名称	总部
5A	中铁特货运输有限责任公司	北京
5A	中铁集装箱运输有限责任公司	北京
5A	中铁快运股份有限公司	北京
5A	中铁现代物流科技股份有限公司	北京
5A	上海铁路局	上海
5A	北京铁路局	北京
5A	太原铁路局	太原
5A	沈阳铁路局	沈阳
5A	济南铁路局	济南
5A	郑州铁路局	郑州
5A	武汉铁路局	武汉
5A	南宁铁路局	南宁
5A	成都铁路局	成都
5A	昆明铁路局	昆明
5A	西安铁路局	西安
5A	乌鲁木齐铁路局	乌鲁木齐
5A	兰州铁路局	兰州

资料来源：根据全国 A 级物流企业名单（截止到第十九批）整理。

六、铁路物流信息化建设稳步推进

近年来，铁路物流信息化建设不断推进，视频采集、条码、无线射频自动识别（RFID）、手持终端等物流信息技术设备相继应用到铁路货运场站，车站综合管理系统、车号识别系统、列车预确报系统、运输调度信息系统、铁路办公信息系统不断完善[1]。

2012 年 9 月，中国铁路货运电子商务平台在全路范围内投入使用，该平台为铁路货运业务提供了网上办理平台，客户通过系统可查询铁路货运信息、提报运输需求、预约物流服务、提前预订铁路货运产品等。

2014 年 4 月，昆明铁路局推出全国首个铁路货运微信服务平台，推动货运服务进入"掌上时代"。该平台通过与铁路货运电子商务系统相连，货主随时查询货物运行状态、配车及运力资源公示等货运服务业务，也可发布车站业务办理范围、铁路运费计算等[2]。

---

[1] 陈剑廷.铁路运输向现代物流转型的优势及发展策略研究[J].上海铁道科技,2014,(04):7—8.
[2] 周柳军.柳州公路零担物流发展现状与对策研究[J].价值工程,2014,(15):36—37.

2015年5月,中国铁路95306货运网站正式上线,主要开展三项业务:一是提供铁路货运电子商务服务,开办运费查询、货物追踪等铁路货运业务;二是提供大宗物资交易服务,支持煤炭、矿石、钢铁、粮食、化工、水泥、矿建、焦炭、化肥、木材、饮食品等11个品类物资在线交易并提供配套物流服务;三是提供小商品交易服务,包含商品选购、在线支付、物流配送、网络营销、客户服务等功能。[①]

第四节　中国铁路物流存在的问题与发展趋势

虽然我国铁路物流已经取得了明显的进步,但仍存在市场化程度较低、货场设施设备落后、服务功能有待完善等一些亟待解决的问题。随着铁路物流发展环境的不断改善,我国铁路货运市场改革步伐将进一步加快,铁路国际物流、铁路物流信息平台及铁路物流基础设施建设将得到重视和发展。

一、中国铁路物流存在的问题

(一) 铁路物流市场化程度低、服务功能有待完善

目前,铁路物流市场化程度较低。主要表现在:一是铁路物流基础设施投融资仍以国家铁路公司、神华集团等国资背景企业为主,社会资本参与较少;二是铁路物流企业仍以传统的铁路运输企业为主,缺乏专业化的第三方大型铁路物流企业;三是"门到门"综合运价尚未与公路运输市场"门到门"运价接轨,铁路货物运价有待全面向市场化转变。

此外,铁路物流服务功能有待进一步完善。主要表现在:一是我国铁路运输企业多以提供铁路运输服务为主,综合性、全程性、集成化的现代物流服务不足;二是铁路货运场站的服务功能仍具有明显的传统货运服务特色,依然以货运基本功能为主,缺少仓储、配送、流通加工、包装等多样化的物流增值服务;三是铁路目前已开展的"门到门"全程物流业务主要将原多经[②]和装卸部门的人员与货运整合,仅延伸了接取和送到服务,而在流通加工、物流信息服务、库存管理、物流成本控制等增值服务涉及较少。

(二) 货场设施设备较落后、物流信息化水平有待提升

早期铁路货场主要以满足货物快进快出、提高运输效率为原则而设计,目前存在仓库和堆场能力不足,装卸、仓储设施设备陈旧老化,叉车、托盘、手持机等现

[①] 中国铁路总公司.中国铁路95306网站正式上线运行[EB/OL]. http://www.china-railway.com.cn/xwdt/jrtt/201505/t20150513_48553.html.
[②] 多经是指以铁路行业为中心,通过副业的形式向其他领域扩展。

代物流设备配备缺乏,装卸机械化水平不高等问题,已无法适应发展现代铁路物流的需求。同时,部分新投产的货场仅建设了装卸线、货物站台、雨棚等设施,相关装卸机具、计量、安全检测、信息系统等配套不足,货场功能不完善①。

此外,铁路物流信息化水平有待提升。铁路货场信息化基础远远滞后于现代物流发展,全程物流未能提供全程"门到门"运输信息,内部作业管理信息系统有待进一步整合和完善,缺乏面向客户的铁路物流公共信息平台②。

(三) 与其他运输方式衔接不畅,海铁联运有待加强

铁路货场设施设备的主要技术标准、作业能力与公路、水运等其他运输方式不协调、不配套,装卸、驳接、接取送达等作业环节不顺畅,效率低下。同时,部分通往铁路集装箱中心站公路及站内道路硬化标准低,影响铁路多式联运"无缝衔接"③。

此外,受铁路运力、换装设施能力、前后方集疏运系统不匹配等多种因素的影响,铁路在港口集装箱集疏运中比例偏低。目前,公路和内河运输承担了绝大部分港口集装箱的集疏运任务,铁路运输不足港口集装箱吞吐量的5%,远远低于发达国家30%~40%的占比。

二、中国铁路物流的发展趋势

(一) 铁路货运市场改革将进一步突破

"十三五"期间,铁路货源结构和运输需求将逐步调整。大宗物资运输需求总量将持续下滑,"白货"市场将逐步发展成铁路货运市场的新增长点,不断对运输组织方式提出新要求④。因此,铁路货运组织改革将不断深化,进而推动铁路物流产品的开发、物流基础设施的投融资、货运价格的机制改革向市场化方向发展,铁路货运市场改革将进一步突破。

此外,面对国家全面深化改革的总要求,中国铁路总公司也将不断深化铁路内部管理体制改革,理顺总公司与各铁路局之间的关系,明确职责定位,规范两级法人的管理行为,从而制定符合铁路运输企业特色的内部管理体系,优化组织结构,推进铁路运输企业积极向适应市场需求的现代物流企业转型。⑤

---

① 赵海宽,王涛,宋锴.加快铁路货场物流化改造 提升铁路物流能力和质量[J].中国铁路,2014,(9):1—5.
② 谢旭申.铁路货场向现代物流基地转型发展的思考[J].铁道货运,2014,(05):1—6.
③ 赵海宽,王涛,宋锴.加快铁路货场物流化改造 提升铁路物流能力和质量[J].中国铁路,2014,(9):1—5.
④ 中国物流与采购联合会.物流趋势观察[EB/OL].http://www.chinawuliu.com.cn/zixun/uploadfiles/2015-05/201505151216545163.pdf.
⑤ 张晓东,卫晓菁.2013年铁路物流发展回顾与2014年展望[J].中国物流与采购,2014,(11):60—63.

（二）铁路国际物流将得到快速发展

铁路是我国"一带一路"战略中陆路运输的主要承载者。近年来，渝新欧、汉新欧、郑新欧、蓉新欧、津新欧等多条欧亚物流通道相继开通，铁路通过大陆桥的形式向欧洲内陆不断延伸，大大提高了我国与欧洲及中亚国家的国际物流效率。同时，新亚欧大陆桥[①]通道由于拥有运输时间短于海运，成本少于空运的优势，也已成为重要的国际铁路集装箱联运通道。

随着国家"一带一路"战略的深入实施，以中欧铁路、中亚铁路为核心的物流大通道建设将加快，铁路将逐步实现互联互通，通关环境不断便利，越来越多的国际铁路货运班列将开通，国际铁路物流将得到进一步快速发展。

（三）铁路物流信息化建设将进一步加快

铁路物流具有信息源点多、信息动态性强等特点，需建立安全高效、功能完善、信息通畅、覆盖广泛的现代铁路物流信息系统，进而提高铁路物流信息化水平。

铁路物流信息化必应整合既有各相关业务信息系统，利用全球卫星定位系统、地理信息系统、GPRS/GSM 无线通信、无线射频自动识别（RFID）以及电子数据交换（EDI）、远程控制等新技术，实现供应链资源共享、信息共用，对铁路物流各个环节实时跟踪、有效控制与全程管理。

此外，铁路物流与电子商务的融合步伐也将加快，铁路货运电子商务平台将得到进一步完善。具体说来，平台可实现电子支付和转账结算，业务处理过程实时反馈，货物在途信息随时查询，到达交付手续网上完成，客户投诉和保价理赔统一受理等功能[②]。

（四）铁路物流基础设施建设步伐将加快

路网建设有利于释放运能，特别是客运专线的建成，将为货运物流活动的开展提供空间。"十三五"期间，国家发展和改革委员会表示将继续深化铁路投融资体制改革，积极推进中西部铁路、城际铁路等大项目，路网规模将持续扩大，路网结构也将继续优化。

此外，铁路各路局在加大对既有货运场站改造提升的基础上，以信息化和拓展现代物流服务功能为重点，加快建成一批功能多样化、装备现代化、办理便利化、服务全程化的现代化铁路物流中心。同时，为符合综合运输体系建设要求和现代物流发展需要，各铁路局将加强铁路物流中心与其他运输方式物流设施的衔接和配套，加快建设联运中转设施，大力发展海铁联运、公铁联运等为主的多式联运[③]。

---

① 新欧亚大陆桥即为第二亚欧大陆桥，为欧洲与亚洲两侧海上运输线联结起来的便捷运输铁路，东起中国日照和连云港，西至我国新疆阿拉山口出境，随后经哈萨克斯坦、俄罗斯、白俄罗斯、波兰、德国，最后终止荷兰鹿特丹港，是目前亚欧大陆东西最为便捷的通道。

② 赵毅. 优化和拓展铁路货运产品的思考[J]. 上海铁道科技，2013，（02）：7-8.

③ 中国物流与采购联合会. 我国铁路物流中心发展报告[EB/OL]. http://www.chinawuliu.com.cn/wlyq/201405/30/290281.shtml.

第八章　中国航空物流发展状况

随着中国融入经济全球化进程的逐步加快和国内转方式、调结构的不断推进，尤其是速度经济时代的到来，航空物流作为全球化生产方式的重要支撑，已经成为促进经济社会发展的重要战略产业。近年来，中国航空物流市场总体需求持续高涨，航空货运企业物流化转型加快，航空物流信息化水平逐步提升，中国航空物流正在实现跨越式发展。

第一节　航空物流概述

航空物流作为现代物流中的一个重要组成部分，是指以航空运输为主要运输方式，借助现代信息技术，连接供给主体和需求主体，使原材料、产成品及相关信息从起点至终点有效流动的全过程。它将运输、仓储、装卸、加工、整理、配送、信息等方面进行有机结合，形成完整的服务供应链，为用户提供多功能、一体化的综合性服务。

一、航空物流的主要特征

（一）航空物流运送快速，主要服务于高价值产品

航空物流是以航空运输为主要运输方式的物流活动，因此，运输快速是航空物流的显著特点。例如，洲际快件一般在 1～5 天内就可到达，国内一般也只要 1～3 天，这样的传送速度是其他物流方式不易做到的。

由于航空货物运量受到运输工具的限制较多，所以，航空物流的货物越来越趋向更小的体积、更轻的重量和更高的价值，多以运送鲜活产品、精密机械、电子产品、通信产品等货物为主。据国际民航组织公布的数据，2013 年全球航空货运业载运 4930 万吨，仅占全球贸易量的 1.0%，但货物总价值为 6.8 万亿美元，占到世界贸易价值的 33%[1]。因此，航空物流的货物结构呈现出高价值性。

---

[1]　中国民航网.《中国航空物流发展研究报告》摘要[EB/OL]. http://www.caacnews.com.cn/newsshow.aspx?idnews=261864.

（二）航空物流更突出物流功能整合

与传统航空货运相比，航空物流企业不仅要完成货物的空中运输，而且还要积极参与客户物流运作的全过程，对客户的以降低成本为目标的物流运作进行总体的设计和管理，因此，航空物流更加强调物流功能的整合和合作关系的协调。

传统航空货运模式中，航空公司只负责提供港到港的运输服务，大多不直接为收（发）货人提供门到门的物流服务。现代航空物流服务需要以满足客户需求为目的，提供以航空运输为主的门到门的综合货运服务，即从货源组织开始，经过销售收货、地面运输、货站服务以及空中运输等作业环节，最终将货物送到客户（收货人）手中。在这其中，参与空中运输、货物收运与派送、门到港与港到门的地面运输、货站地勤服务等作业环节的不同类型的服务企业构成一条价值链，因此，采用价值链的运营模式、突出物流功能整合是航空物流的显著特点。

（三）航空物流空间跨度大，具有国际化特点

由于航空物流运输的运送速度快、运输距离长，再加上航空运输空中航线的开辟不受太多地理条件的限制，决定了航空物流运输多是大跨度的长距离运输，因此，使得航空物流具有国际化特点。以中国航空货运周转量为例，2013年民用航空货物周转量为170.29亿吨公里，其中国际航线货物周转量为109.17亿吨公里，占比约为64.1%，空运货物的平均运距为3034公里[①]。

二、航空物流的业务流程及其运作主体

（一）航空物流的业务流程

航空物流的业务流程是从货源的组织开始，经过货物出港、空中运输、货物进港、货物储存及最终货物配送的完整作业过程，整个流程的参与主体有航空货运代理、机场货站、航空公司、地面运输企业等。通过这个业务流程可以有效地实现货物的流动、货物保管责任的转移以及相互之间信息的交流。航空物流的业务流程详见图8-1。

（二）航空物流的运作主体

1. 航空公司

航空公司是航空物流服务的主体，也是航空运力的拥有者与控制者，因此，航空物流对航空公司的资源投入、管理水平与安全质量的要求最高。由于航空公司并非航空物流业务流程中仅有的企业，在充分考虑利益共享原则的基础上，航空公司还会努力加大与机场地面处理企业、航空货运代理企业及地面运输企业等的合作与联盟，以提高服务质量、扩大服务网络。

---

① 国家统计局. 中国统计年鉴(2014).

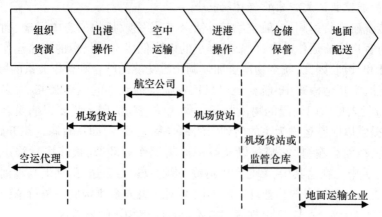

图 8-1 航空物流的业务流程

根据航空公司所承担业务活动的不同,航空公司的物流运作模式有专业航空货运型、客货兼营型、航空快递型、综合物流型和供应链综合方案型,这五大类型航空公司的业务活动及其供应链管理能力如图 8-2 所示。

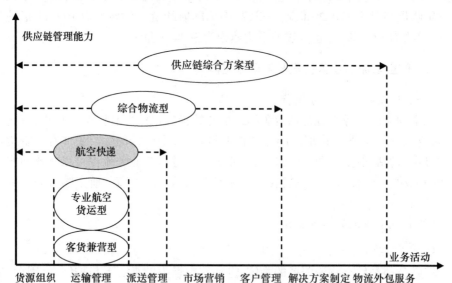

图 8-2 航空物流企业运作模式分类

(1) 专业航空货运型运作模式。

专业航空货运运作模式是指通过专业化的全货机提供航空货运服务的业务发展模式。这种运作模式需要航空公司将货运分拆成独立的业务经营,成立专门的公司,形成独立核算、自负盈亏的法人。这种经营模式利于专业化、精细化管理和产品、服务创新,能更快形成品牌优势,战略部署更专业也更具可持续性,是发展航空货运较长时期内较好的运营模式。

(2) 客货兼营型运作模式。

客货兼营型运作模式是指航空公司利用客机腹舱载货的运作模式,是航空客运的有效补充。这种经营模式便于航空公司统一管理和统一成本核算,经营上可灵活采取包机、包舱等手段。客货兼营型最大优势是客运收益可以分担部分货运成本,特别是当客运收益较高时可以完全覆盖航班运营总成本,货运收入可以完全看作运营利润。但这种运作模式的缺点也很明显,即航空公司运营以客运为主,客机腹舱载运能力有限,在航班时刻、服务质量上可能无法完全满足货主的需要。

(3) 航空快递型运作模式。

现代航空快递是以发挥快递运输网络经济效益为基础,以有时限服务和高效信息反馈为特征,为客户提供完整航空运输产品的运作模式。快递型航空货运企业提供的是"门到门"的服务,重点专注于小件运输。以快递服务为战略导向而建立起来的地面网络、信息平台和航空网络所构成的一体化服务体系是该类快递航空公司的核心竞争优势所在。

(4) 综合物流型运作模式。

综合物流型运作模式是以信息技术为基础,以客户需求为中心,以提供"一站式""门到门"服务为特征的一体化物流解决方案的运作模式,该模式可以为企业提供原料和产品的供应、生产、运输、仓储、销售等环节相结合的优质高效的个性化综合物流服务。

(5) 供应链管理解决方案模式。

供应链管理解决方案模式是指为企业提供物流解决方案或以外包合同的形式提供企业物流运作管理,包括流程、设施、人员及信息系统等,其主要的收入来源包括物流外包费用、物流管理咨询、设施租赁/使用费、人员提供费、系统使用费、系统安装费等的运作模式。这种模式对于企业的信息化水平要求较高,适合于管理能力、流程整合及信息系统能力都较强的公司。

根据业务划分,目前中国航空公司可分为客货兼营、专业航空货运、航空快递和综合物流四种类型。截至2013年年底,中国共有航空公司46家。其中,专业货运航空公司7家,分别为中国国际货运航空有限公司、中国货运航空有限公司、中国货运邮政航空有限公司、扬子江快运航空有限公司、东海航空有限公司、友和道通航空有限公司和顺丰航空有限公司。

2. 机场货站

机场货站主要为航空货运企业提供机场地面货物处理服务以及货物在机场

货站的仓储保管等服务,其服务水平关系到航空货运企业的服务质量,并直接影响航空货运企业的市场竞争力。

机场货站的主要业务是货物接收、仓储理货、打板拼装、到达分拣、货舱配载、装机卸机、清关保税和场地出租等,主要通过向其客户收取包括进出港货物处理费、特种货物检查费、仓储保管费、特种车辆使用费等在内的机场地面服务费,以及办公楼或货站场地出租等收费项目来盈利。

随着中国航空物流业的快速发展,机场货站的建设得到了稳步推进,目前已逐渐形成了以机场货站为主、航空公司自建货站为辅的局面。大型航空公司在其运营基地自建货站的数量仅占全行业机场货站的20%,全行业大约80%的机场货运业务经机场集团直属货站代理完成。

3. 货运代理企业

相对于货主而言,货运代理企业是航空货运企业货运舱位的销售代理,代表航空货运企业为货主提供服务。相对于航空货运企业而言,他们又是大宗货物的组织者和提供者,是航空货运企业的大客户。在航空物流服务中,客户(货主)期望从货运代理身上获取全方位的服务、增值的服务、有竞争力的价格、当地的服务支持以及全球网络服务和"最佳线路"。因此,一些实力较强的航空货运代理企业通过不断的资源整合,正逐步演变成第三方物流企业。截止到2013年年底,国内具有正规航空货运销售代理资质的货运代理企业多达3700家[1]。

第二节 中国航空物流发展的市场环境

近年来,国家加快了经济增长方式的转变以及产业结构的升级,航空物流市场需求持续高涨,与此同时,随着一系列鼓励航空物流发展政策和措施的不断推出,航空物流的对外开放进一步推进,行业发展的市场环境也逐步得到改善。

一、航空物流市场需求持续高涨

中国经济长期持续快速增长带动航空物流需求的持续高涨。改革开放以来,中国经济保持了年均9.9%的高速增长。根据航空货运增长与国民经济增长之间的弹性关系,快速的经济增长带来航空货运需求的快速高涨。

中国进出口贸易的快速增长也带动了航空物流需求的持续高涨。2013年,中国货物进出口4.16万亿美元,增长7.6%,成为世界第一货物贸易大国,也是首个

---

[1] 中国民航网.《中国航空物流发展研究报告》摘要[EB/OL]. http://www.caacnews.com.cn/newsshow.aspx?idnews=261864.

货物贸易总额超过 4 万亿美元的国家。据中国海关统计,2014 年 1~9 月份,以空运方式实现的进出口额为 5381 亿美元,占全国进出口额的 17%,同比增长了 16%[①]。

近年来,中国电子商务的迅猛发展和快递业务的爆发式增长也成为中国航空物流业新的需求增长点。根据商务部电子商务司测算,2014 年电子商务交易额(包括 B2B 和网络零售)达到约 13 万亿元,同比增长 25%;全年网上零售额同比增长 49.7%,达到 2.8 万亿元。另据国家邮政局发布的数据,2014 年中国快递业务量完成 139.6 亿件,同比增长 52%,跃居世界第一。随着中国电子商务的突飞猛进,电商货物对快捷运输的需求日益提高,因此,快递企业已经成为航空物流企业的最大货主。1997 年,快递货物仅占空运市场份额的 4.5%,2009 年,这一数字迅速上升到 16.4%,到 2014 年,快递货物在空运货物中已约占 40%。

随着我国经济增长方式的转变以及产业结构的升级,适合航空运输的货物逐年增加,从 2003—2012 年十年间,民航货邮运输量增长了 2.5 倍,货邮周转量增长了 2.83 倍。与此同时,由于生产企业、流通企业和消费者对于航空物流要求的不断提高,未来航空物流在鲜活易腐、医药保健、时效产品等的航空物流需求还会有所增加。

二、"天空开放"助推中国航空物流对外开放

美国自 1995 年确立了"天空开放"的国际航空运输政策后,以"天空开放"与其他国家或地区订立了一大批按照其"天空开放"定义的双边协议。美国的"天空开放"对中国航空物流产生了深远的影响,直接推动了中国航空物流的航权开放,同时还通过政策和航空运输协定推动了航空物流市场的开放。

早在 2002 年,民航局颁布《外商投资民用航空业规定》,确定了外商投资公共航空运输企业的比例。2005 年,民航局又出台《促进国际航空运输发展若干政策措施的意见》,明确指出优先开放国际航空货运市场。

1980 年 9 月,中美两国政府正式签署《中美民用航空运输协定》之后,中国又先后于 1999 年、2004 年和 2007 年分别与美国政府签订新的《中美民用航空运输协定》,航空运输市场双向开放程度不断扩大。根据 2007 年签订的协议,中国空运企业可不受限制地进入中美航空运输市场,并于 2011 年将两国航空货运市场过渡到全面开放。截至 2013 年年底,中国已与其他国家或地区签订双边航空运输协定 115 个。

---

① 中国民航网.《中国航空物流发展研究报告》摘要[EB/OL]. http://www.caacnews.com.cn/newsshow.aspx? idnews=261864.

在航权①开放方面,近年来我国加大了与外国航空运输安排的灵活度。2003年,经中国民用航空总局批准,海南成为首个开放第三、第四、第五航权②的试点省份。目前中国已在厦门、南京、上海、天津、武汉、郑州、银川等城市开放货运的第五航权,吸引了众多外国航空公司从中国开辟至第三国的国际货运航线。除航权开放之外,中国民航局还积极鼓励中外航空公司开展包括代号共享、联营等在内的多种方式合作。

三、鼓励航空物流发展的政策和措施不断推出

近年来,国务院、民航局和各地政府不断出台一系列鼓励航空物流发展的政策,极大促进了中国航空物流业的发展。

2012年,国务院《关于促进民航业发展的若干意见》,将航空物流发展列入未来民航业发展的主要任务之一。2013年,国务院办公厅印发了《促进民航业发展重点工作分工方案》(以下简称《分工方案》),着重提出今后在努力增强国际航空竞争力方面,要统筹研究国际航空运输开放政策,鼓励国内有实力的客、货运航空企业增强国际竞争力。《分工方案》指出,完善航空货运集散基础设施;推广信息化技术,优化运输流程等,从设施、信息、流程等硬件、软件角度提升中国航空运输的质量。

2013年,国务院正式批准中国(上海)自由贸易试验区设立,在《中国(上海)自由贸易试验区总体方案》列出的98项重点任务中,与航空运输和机场相关的改革试验任务有近20项,包括支持浦东机场增加国际中转货运航班,促进航空货运枢纽建设,探索海空联动的运作模式,鼓励跨境贸易电子商务发展,鼓励飞机融资租赁、境内外高技术、高附加值的维修业务发展等。

2014年9月,国务院印发《物流业发展中长期规划(2014—2020年)》(以下简称《规划》),部署加快现代物流业发展,建立和完善现代物流服务体系,提升物流业发展水平。《规划》明确提出"支持快递业整合资源,与民航、铁路、公路等联动发展,加快形成一批具有国际竞争力的大型快递企业","支持航空货运企业兼并重组、做强做大,提高物流综合服务能力"。

民航局作为行业主管部门不断出台支持政策,在自主经营权、航线开辟、航点选择、市场引导、竞争推动、市场培育、运力引进、网络建设、产业化布局、航权分配等不同领域,为中国航空物流企业提供了有力的政策保障。民航局在民航"十一

---

① 航权是国际航空运输中的概念,最早出现于1944年芝加哥国际民航会议,是历史的产物,亦称之为"空中自由"权。在历史上,创设"航权"概念是国家保护本国航空资源的"工具";而在经济全球化大趋势下的今天,不开放"航权"则成了束缚航空运输发展的障碍。

② 第三航权,即目的地下客和货权;第四航权,即目的地上客和货权;第五航权,即中间点权或延远权。

五"和"十二五"规划中均提出"推动航空货运物流化,促进航空货运企业由单一货运向现代物流转型"。

2010年,民航局下发《建设民航强国的战略构想》,在构想中明确提出了货运发展的目标,"鼓励货运航空公司进行并购、重组和业务合作,提升中国航空货运的国际竞争能力,至少1家货运航空公司综合实力进入世界前5名"。

2014年,为贯彻落实国家京津冀协同发展战略要求,构建快速、便捷、高效、安全、大容量、低成本的京津冀民用航空一体化系统,民航局发布《民航局关于推进京津冀民航协同发展的意见》,提出要全面提升京津冀地区航空保障能力和运输服务水平,全力推动京津冀民航与区域经济协调发展。该意见明确提出要强化天津滨海机场枢纽功能,大力发展航空物流,并通过京津冀区域机场航线网络的进一步优化,支持天津机场拓展航空物流市场。

各地政府为支持航空物流业快速发展,也不断出台多项优惠政策鼓励航空物流的发展。2006年,武汉成为国内首家航空运输综合改革试点,根据《武汉实施民航运输综合改革试点工作方案》,湖北省与武汉市规定机场税收返还,机场建设性规费予以减免,并合理规划机场的地面交通路网,积极推进武汉航空城建设,吸引航空公司和大型物流企业在武汉建立基地。2012年,为支持航空物流业快速发展,推动郑州航空经济综合实验区建设,在积极向国家争取政策的同时,河南省还制定20条鼓励航空物流发展的优惠政策,在航线航班补助、市场开拓奖励、机场使用费减免补助、用地保障、融资担保、通关检验、高端人才引进等方面予以支持。

四、各项民航规章和行业标准逐步完善

近年来,中国民航局(以下简称"民航局")在原有《中华人民共和国民用航空法》《中国民用航空货物国内运输规则》和《中国民用航空货物国际运输规则》的基础上,不断完善民航运输的各项规章制度和行业标准。2012年,民航局陆续发布《艺术品及博物馆展(藏)品航空运输规范》《集运货物国内航空运输规范》《航空货运销售代理人服务规范》三项行业标准。2013年,为加强危险品航空运输管理,促进危险品航空运输发展,保证航空运输安全,根据《中华人民共和国民用航空法》和有关法律、行政法规,制定《中国民用航空危险品运输管理规定》(CCAR—276—R1),对于危险品航空运输的限制、危险品航空运输许可程序、危险品航空运输的准备以及托运人、经营人、代理人的责任等均予以明确规范。2014年,民航局公布了《货物航空冷链运输规范》,进一步完善了与航空货运有关的规章和标准,规范并促进了航空货运的发展。

第三节 中国航空物流发展现状

随着航空物流市场需求的持续高涨以及各项航空物流促进政策的不断推出，近年来中国航空物流得到快速发展。虽然受国际经济不景气的影响，航空物流总量增长趋缓，但航空物流基础设施建设加快，枢纽机场作用日益显现，航空货运企业物流化转型加快，航空物流重心正由东部沿海地区向中西部地区转移。

一、航空物流总量增长趋缓

航空货运业是与国际经济形势紧密相连的一个行业。受欧债危机以及国际经济不景气的影响，2011年和2012年航空货运量均有小幅下降，"十二五"期间总体呈现出"缓中趋稳、稳中有增"的趋势。

交通运输部《2014年交通运输行业发展统计公报》显示，2014年，全国民航完成货邮运输量594.1万吨，货邮周转量187.8亿吨公里，比上年分别增长5.9%和10.3%。2014年，民航运输机场完成货邮吞吐量1356.1万吨，比上年增长7.8%。其中，国内航线完成885.5万吨，比上年增长6.7%（其中内地至香港、澳门和台湾地区航线为90.5万吨，比上年增长16.0%）；国际航线完成470.6万吨，比上年增长9.8%[①]。2010—2014年民航货邮运输量详见图8-3。

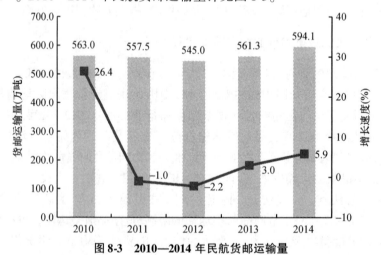

图8-3 2010—2014年民航货邮运输量

资料来源：根据中国民航局《2013年民航行业发展统计公报》和交通运输部《2014年交通运输行业发展统计公报》中相关数据整理。

---

① 中国民用航空局.2014年全国机场生产统计公报[EB/OL]. http://www.caac.gov.cn/I1/K3/201504/t20150403_73469.html.

二、基础设施建设加快,枢纽机场的作用日益显现

近年来,民航局和各级政府进一步加快航空物流基础设施建设,中国机场数量不断增加,机场规模不断扩张。2010年,机场系统完成固定资产投资总额441.5亿元;2013年,机场系统完成固定资产投资总额507.5亿元,年均增长4.8%。截止到2014年,中国境内民用航空(颁证)机场共有202个(不含香港、澳门和台湾地区),其中定期航班通航机场200个,定期航班通航城市198个。

机场货邮吞吐量逐步集中于少数机场,上海、北京和广州三大城市机场的枢纽作用已日益显现。2014年,共50个机场的年货邮吞吐量达万吨以上,其货运吞吐量占全部机场货邮吞吐量的98.5%。北京、上海和广州三大城市机场货邮吞吐量占全部机场货邮吞吐量的51.3%,其中,上海浦东国际机场的货运吞吐量位居全球第三位。2014年中国民航机场货邮吞吐量排名见表8-1。

表8-1 2014年中国民航机场货邮吞吐量排名

机场	名次	2014年完成(万吨)	2013年完成(万吨)	比上年增长(%)
上海/浦东	1	318.17	292.85	8.6
北京/首都	2	184.83	184.37	0.2
广州/白云	3	145.40	130.97	11.0
深圳/宝安	4	96.39	91.35	5.5
成都/双流	5	54.50	50.14	8.7
上海/虹桥	6	43.22	43.51	-0.7
杭州/萧山	7	39.86	36.81	8.3
郑州/新郑	8	37.04	25.57	44.9
昆明/长水	9	31.67	29.36	7.8
厦门/高崎	10	30.64	29.95	2.3
南京/禄口	11	30.43	25.58	19.0
重庆/江北	12	30.23	28.02	7.9
天津/滨海	13	23.34	21.44	8.8
青岛/流亭	14	20.44	18.62	9.8
西安/咸阳	15	18.64	17.89	4.2
乌鲁木齐/地窝堡	16	16.27	15.33	6.2
武汉/天河	17	14.30	12.95	10.5
沈阳/桃仙	18	13.83	13.61	1.7
大连/周水子	19	13.35	13.23	0.9
长沙/黄花	20	12.50	11.76	6.3

资料来源:根据中国民用航空局《2014年全国机场生产统计公报》相关数据整理。

三、航空货运企业物流化转型加快

近年来,国内航空货运企业纷纷推出了各自的物流化转型战略。中国国际货运航空(国货航)最早推出中国往返全球的综合运输解决方案;中国货运航空(中货航)是国内最早明确提出"天地合一"战略的航空公司,强调除了发挥空中优势之外,还将加强长三角区域地面转运以及高附加值运输业务等;南方航空(南航)货运则分别与圆通速递及顺丰速运签订了战略合作协议,并于2010年11月正式加入天合货运联盟;海南航空(海航)2011年初正式推进超级X计划,通过大新华物流整合其旗下货运资源。总之,国内货航都迈出了物流化战略的第一步。

2013年,为摆脱航空货运困境、加快航空货运企业的物流化转型,东方航空(东航)物流创造性地提出了"快递+电商+贸易"的转型思路。首先,东航与淘宝、天猫等电商企业开展物流合作,进一步拓展快递市场;然后,东航物流通过全球贸易采购,将大量具有比较优势的国外优质商品引入国内销售,为国际回程航班增加直客货源,充分利用闲置运力;借助"东航产地直达"电商平台,主打"产地集采、航空快运、自营配送和实时信息跟踪"的全产业链运作特色,对部分以B2B贸易方式进口的商品进行B2C销售,提高贸易的利润率;同时,为自主快递部门提供基础货源。这一互相促进、互为带动的全产业链运作模式,为东航物流转型为综合服务集成商提供了新途径。

四、东部沿海地区产业转移助推航空物流重心向中西部转移

随着西部大开发战略的逐步推进以及东部地区产业结构转型升级,大量制造型企业由东南沿海转移到中西部地区,航空物流重心也随之向中西部地区倾斜。

自2011年开始,航空货运出现了中西部地区机场增速快于东部地区机场的发展势头。以郑州为例,富士康落户郑州后,2014年,郑州机场完成货邮吞吐量37.0万吨,同比增长44.9%;机场货邮吞吐量排名由2012年的第15位跃至第8位,增速更是名列前茅。2015年3月四川机场集团投资2000万元建设的成都双流机场货运航空公司转运中心开始投入使用,转运中心已经吸引了一批如顺丰等实力企业的进驻,顺丰物流将其西部航空枢纽转运中心选择在双流机场,这将进一步提升成都作为西部航空物流枢纽的影响力。

第四节 中国航空物流发展存在的问题及趋势

虽然近年来中国航空物流得到快速发展,但是航空物流经营模式单一、服务功能不够完善、企业经营分散、信息化程度低等一系列问题依然存在,并极大阻碍了中国航空物流的健康发展。随着航空物流的快速发展,航空物流市场规模将继

续扩张,航空物流企业兼并重组的步伐进一步加快,信息技术和物联网技术的应用也将取得突破。

一、中国航空物流发展存在的问题

(一) 航空物流经营模式单一,服务功能有待完善

目前,大多数机场和航空公司货运业务采取非直营方式,适航货物的集货和配送大多由航空货运代理企业承担。因此,传统货运航空公司主要业务是完成货物的空中运输,缺乏对客户物流运作过程的参与,无法对客户以降低成本为目标的物流运作进行总体的设计和管理。

航空物流现有的运营模式只能提供机场到机场的货物位移服务,货运航空公司也主要经营点到点的货运空中运输业务,这些业务仅占航空物流服务链中的一小部分。在客户需求从单项的运输服务逐渐转向更全面的物流服务和解决方案之际,中国的航空物流目前还只能"高高在空",缺乏与地面衔接,服务功能亟待进一步完善。

(二) 航空物流企业经营分散,国际空运市场份额下降

长期以来,国内货邮绝大多数是依靠客机腹舱载货的方式,基本上没有形成一支大中小机型适配的货机队伍。整体货机数量较少且较为分散,截至2013年年底,国内民航市场的97架全货机分散在7家货运航空公司中,最多的一家也仅有20余架。2013年中国各类航空货运企业中,拥有全货机的客货兼营航空公司5家,市场占有率56%;无全货机的客货兼营航空公司有36家,市场占有率30%;全货机航空公司3家,市场占有率7%;快递货运航空公司2家,市场占有率7%[①]。腹舱的运力则更是分散在多家航空公司手中。

由于中国航空物流经营分散,与国外航空物流企业的差距巨大,在国际市场竞争中劣势明显。近年来,国外航空物流巨头最大限度地利用航权和其已在中国建立的货运网络,占有中国大部分国际航空货运市场份额。"十二五"期间中国航空公司国际及中国港澳台市场承运比例持续下降,"十一五"期间尚有30%以上的份额,2013年仅占20.6%。

(三) 航空物流信息化程度较低,缺乏公共信息平台

中国航空物流企业在物流信息服务系统方面的投资相对很少。从整体看,中国航空物流信息化应用水平低,主要表现在行业应用信息化的范围窄、发展缓慢、水平低、资金投入严重不足。目前,国内有航空货运业务的26家航空公司中,拥

---

① 中国民航网.《中国航空物流发展研究报告》摘要[EB/OL]. http://www.caacnews.com.cn/newsshow.aspx? idnews=261864.

有对外营销和管理职能系统的不过 10 家,并且尚无法实现全国航空货物站到站的信息检索和查询。

在中国航空物流供应链中的航空公司、枢纽机场和大型货运代理人中建有独立的货运信息系统,而小型航空公司、机场和大部分代理均没有建设信息系统。这些已建设的信息系统之间相互不兼容,无法实现更大范围的信息共享,缺少全行业的航空物流公共信息平台,使得航空物流系统信息资源分散,信息流动受阻,整体功能优势得不到充分发挥。

二、中国航空物流市场发展趋势

(一) 市场规模继续扩张,货运结构进一步趋向高价值化

未来相当长一段时间内中国依然是全球增长较快的市场之一,尤其是快件产品市场。随着中国企业国际化进程的加快,全球制造业的"及时生产"和"零库存"管理模式对全球供应链解决方案的需求会不断增加,对综合性物流企业的依赖也会加大,需要庞大的全球化航空物流体系来支撑。

国内产业结构优化升级也会带动高附加值产品运输需求的不断增长,这类货物对于运输的速度和质量要求较高,因此,航空货运结构将向以电子信息产品为代表的高附加值产品转变。

(二) 航空货运物流化转型趋向纵向一体化和横向协同化

航空货运业和航空物流业前后相承,在航空货运业融入现代物流业的过程中,一般的航空货运企业未必全部转型成为航空物流企业,它们除了继续提供一般的运输服务产品以外,同时将会以其自身的物流功能性优势,与物流企业形成业务外包关系,构成航空物流服务体系的重要组成部分。

因此,航空货运物流化转型的方向大致可以归纳为以下两种:通过纵向链条延伸实现一体化物流的方式和通过横向业务分包实现多方协同的方式。其中,前者是通过企业内部一体化方式来实现的,客户可以得到一站式的服务;后者也即功能性物流业务分包方式,此类方式的航空物流经营人与客户订立物流总承包服务合同,负责组织物流的全程业务,将物流的实际功能性业务通过与其他功能性业务企业订立分包合同分包出去。这两种方式各有特点,可以同时存在并相互交叉,但从节约交易成本的角度看,通过纵向链条延伸实现一体化物流的组织方式更具有趋势性。

(三) 航空物流企业加快兼并重组

目前,中国航空物流企业经营的规模效益不明显,造成国际竞争能力低下,且无法提供多功能的物流服务,尤其是无法提供包括运输仓储、装卸搬运、加工包装、代收货款、信息查询、保险理赔、空陆联运、门到门派送等在内的综合物流服务

方案。

2014年国务院印发的《物流业发展中长期规划(2014—2020年)》明确提出"支持航空货运企业兼并重组、做强做大,提高物流综合服务能力"。在政策导向下,未来航空物流业将从全行业的高度加强企业间的合作,全方位实现资源的整合。有实力的航空物流企业将通过兼并重组,共同做大做强。未来的中国航空物流市场将逐渐形成两到三家有实力的航空物流企业占据主体地位和绝大多数份额的市场格局。

(四) 信息技术和物联网技术的应用将取得突破

科技的发展和应用可以推动产业的跨越式发展。物联网信息技术作为新一代技术革命的关键技术,不但可以逐步解决中国航空物流中的信息孤岛现象,还可以实现与现代商业模式的并轨。随着物联网技术的成熟,航空物联网技术将在航空物流领域取得突破性应用。2014年,海南航空与清华信息科学与技术国家实验室合作建成国家航空运输物联网应用示范工程,利用物联网技术提升航空运输服务品质,示范工程覆盖了海航集团旗下的5家机场和海航集团旗下海航、天航、首都航等所有航线。

在航空物流领域,引入RFID和物联网技术进行航空物流管理的应用主要有如下三大方面:一是在航空物流中采用RFID技术,可以自动识别目标对象(货物)并获取相关数据,逐步实现物流过程的透明管理;二是长远来看,基于RFID的物联网技术可以实现整个航空物流信息的开放性整合,并有效地实现机场货站信息与货运代理人、航空公司信息的对接和共享;三是物联网可以促进物流作业方式向自动化或半自动化转变,从而提高整体物流运作效率。

第九章 中国冷链物流发展状况

随着我国经济社会的发展和居民消费水平的提高,生鲜产品的市场规模逐年增长,其品质安全也受到了全社会的关注。作为生鲜产品流通的核心环节,冷链物流得到了迅速发展,冷链物流基础设施建设力度加大,冷链物流服务能力不断增强。加快发展冷链物流,对于保障我国食品与药品消费安全、提升人民生活品质、促进物流业转型升级发展均具有重要意义。

第一节 冷链物流概述

冷链物流也称低温物流,是指冷藏冷冻类食品及药品等在生产、储藏运输、销售等到达消费者之前的各个环节始终处于规定的低温环境下,以保证质量、减少损耗的一种专业物流形态。冷链物流的适用对象主要有果蔬、肉、禽、蛋、水产品、乳制品、花卉等农产品,速冻食品、包装熟食和快餐原料等加工食品,以及温控医药品和部分化工危险品等特殊商品。与常温物流相比,冷链物流事关食品、药品的品质安全,并具有运作成本高、专业性强等特点,是一项复杂的系统工程。

一、冷链物流的运作主体、环节与流程

(一) 运作主体

初级农产品、加工食品[①]等各类冷链产品的流通模式不尽相同,不同流通模式涉及的物流运作主体也有所不同。一般来说,冷链物流运作主体包括生产加工企业、批发企业、零售企业、平台电商和第三方冷链物流企业等。

(二) 运作环节

冷链物流的主要环节包括预冷处理、冷链加工、冷链储存、冷链运输和配送以及冷链销售等。各环节相互协调配合,实现全过程严格控温以保证冷链产品的品质。

---

① 药品和危险品物流具有独特的运作主体和流程特征,且占冷链物流比重较小,因此本小节主要研究农产品和食品冷链物流。

第一,预冷处理是冷链的起点。大部分农产品如果蔬、肉类等在经过预冷处理后,才会进入冷冻加工和储藏环节,因此预冷工作完善与否,直接影响后续冷链物流作业。预冷设施设备主要包括各种真空、压差预冷机和预冷保鲜库等。

第二,冷链加工通过低温状态下的一系列加工工作,提升冷链产品特别是速冻加工食品的使用效能,如果汁的冷冻浓缩、速冻蔬菜的分包、速冻水产品的装袋等。这一环节主要涉及的是各种速冻、冷却、冻结及低温加工等相关设备。

第三,冷链储存作为冷链物流中的重要环节,通过冷库和库内相关设备实现产品在规定的低温要求下的储藏目的。不同产品所要求的储藏温度不同,如冰淇淋等冷冻食品的冷藏温度要达到 -18℃以下,部分冻鱼、冻肉及冰鲜水产品的温度一般要求 -18℃~0℃,而果蔬等易腐产品则需在0℃~8℃储藏[1]。

第四,冷链运输和配送对保证产品在物理位移过程中始终保持低温状态起到关键作用。一般来说,长途运输有公路、铁路以及航空等多种方式,而短途配送采取公路方式。在我国,冷链运输和配送是冷链最为薄弱的环节,脱链现象较为严重,特别是一些私营企业为降低成本,采用非制冷车辆运输或在运输过程中关闭制冷设备,这极易导致产品在运输途中发生腐烂变质,出现食品安全问题。为此,在运输过程中,除使用性能良好的冷链运输工具、严格执行温控标准外,还应尽量采取冷藏集装箱多式联运或同一车辆进行门到门全程运输,避免中途换车倒载。

第五,冷链销售环节包括各类冷链产品进入批发零售环节的冷藏储藏、展示和销售,通常由批发商或零售商完成。随着我国连锁商业的快速发展,各类商场和超市正在成为冷链产品的主要销售渠道。这些零售终端大量使用冷藏、冷冻陈列柜和储藏库,在冷链物流运作中发挥着重要作用。

(三) 运作流程

目前我国农产品、食品等冷链产品的主要流通渠道包括批发市场、超市和电商平台,不同流通渠道下的冷链物流流程有所不同。

在批发市场流通渠道下,产品由农户、生产基地或生产加工企业进行预冷和冷链加工处理后,通过冷链运输运往各级批发市场,并在批发市场冷库设施内进行冷藏仓储,最终配送至农贸市场或餐饮企业满足消费者需求,如图9-1所示。该渠道下物流环节众多,产品到达消费者的时间较长,加上我国大多数批发市场的冷链硬件设施尚不完善,因此冷链物流效率较低,物流耗损较大。

在超市流通渠道下,产品在生产基地或加工企业进行预冷和加工后,直接(或经由冷链物流配送中心)送达超市终端,如图9-2所示。该流程实现了点对点的高度整合,减少了物流环节,降低了冷链产品的损耗,并较好地适应了订单农业、农

---

[1] 叶海燕. 我国农产品冷链物流现状分析及优化研究[J]. 商品储运与养护,2007,29(3):38—42.

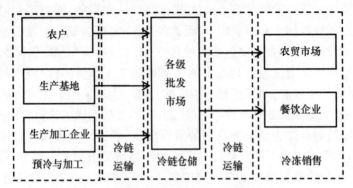

图 9-1　批发市场流通渠道下冷链物流流程

超对接等新型农产品流通方式的物流运作需要。

电商渠道下,冷链产品通过电商网站销售给消费者。对于平台类电商,生鲜产品通常由供应商从产地直接发货送达消费者,物流通常委托给第三方物流服务商,电商仅仅是线上的营销和交易平台。对于自营生鲜业务的垂直类电商,电商往往通过组织产地直采或自建基地等方式参与冷链物流的部分运营,如图 9-3 所示。此外,与前两种渠道相比,电商流通渠道模式增加了冷链宅配作为终端物流环节,与传统渠道下消费者自行前往农贸市场或超市购买产品有所不同。

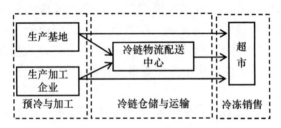

图 9-2　超市流通渠道下冷链物流流程

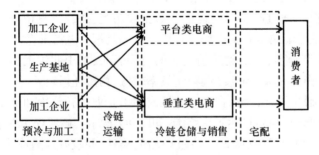

图 9-3　电商流通渠道下冷链物流流程

二、冷链物流的特点

(一) 关系产品品质安全，影响国计民生

生鲜农产品、食品、药品等产品要求始终处于规定的低温环境下以防止腐败变质，因此需实现覆盖生产、流通、消费全程的冷链物流系统，任何一个物流环节的断裂都可能产生冷链产品质量安全隐患，甚至引发重大食品药品公共安全事件。因此，冷链物流作为贯穿产品生产流通各环节的重要支撑体系，具有关乎消费安全、关系国计民生的重要地位，冷链物流的效率提升和成本降低等目标均应以保证冷链产品品质安全为前提。

(二) 系统建设投资巨大，运作成本高

冷链基础设施的建设成本往往是常规物流设施的数倍，因此建成完善的冷链物流系统所需投资巨大，回报周期长。此外，冷链物流的运作需要持续消耗电能以保障产品所需的低温状态，能耗成本较高。表9-1和表9-2分别显示了自营和外包冷链物流的成本情况及与常温物流运营成本的对比。

表9-1 自营冷链物流成本情况

成本类型		成本内容	
仓储成本	建设成本	平均5万~20万立方米的冷库，冷库建设成本高出普通仓库0.45亿~1.8亿元	
	租金	以上海市为例，冷藏收费为2.82元/(吨·日)	
	耗电量，其中80%用于制冷系统耗电[(千瓦·小时)/(吨·日)]	冻结物冷藏	大中型冷库0.4~0.5
			小型冷库0.6~0.9
		冷却物冷藏	大中型冷库0.9
			小型冷库1.4~1.5
运输成本	打冷油耗	一台冷藏车打冷导致的油耗增加一般在30%~40%	
	人员薪酬	冷藏商品20元/(件·人·天)，普通商品(不论件数)60~70元/(人·天)	

资料来源：物流沙龙. 招商证券生鲜产品电子商务报告. http://www.logclub.com/thread-150284-1-1.html。

(三) 物流运作专业性要求较高

除需专门的冷链设施设备外，冷链物流的有效运行对技术、管理和人才等方面的支撑也提出了较高的要求。如冷链产品对温度敏感，需要精密的温控、监测技术和预警子系统，并通过各种信息技术实现物流跟踪、品质追溯等功能；需对各个物流主体实施协调组织、统筹优化等精益化管理，才能实现冷链物流系统运行

的协同、高效,保证各个环节均保持严格的温度控制不至于断链。由于农产品、食品等冷链产品门类繁多且事关品质安全,冷链物流管理人才不仅应具有良好的物流和供应链规划运作能力,还应具备一定的农学、食品学专业知识。

表9-2 外包冷链物流成本与外包常温物流成本比较

供应环节	分类	成本举例	成本对比
干线运输	常温	上海到北京:0.5～0.6元/千克	冷藏商品的干线成本是常温商品的4～5倍
		上海到青岛:0.35～0.4元/千克	
	冷藏	上海到北京:1.9元/千克	
		上海到青岛:2.1元/千克	
仓储	常温	一线城市:30元/(月·平方米);	冷藏商品的仓储成本是常温商品的4倍
		二线城市:最高24元/(月·平方米)	
	冷藏	一线城市:最高120元/(月·平方米)	
		二线城市:最高100元/(月·平方米)	
宅配	顺丰	冷藏商品的运费计算同常温商品,另加5元/票	冷藏商品的宅配成本在常温商品的成本上上浮一定数额
	雅玛多	冷藏商品的运费计算同常温商品,根据尺寸不同,另加10元/票,20元/票,30元/票	

资料来源:物流沙龙.招商证券生鲜产品电子商务报告. http://www.logclub.com/thread-150284-1-1.html.

第二节 中国冷链物流的发展环境

良好的发展环境是冷链物流实现快速发展的基础。近年来,我国冷链物流受到了各级政府的高度重视,相关政策和规划陆续出台,市场环境持续改善,冷链各环节技术研发和应用不断推进,为冷链物流发展提供了广阔空间。

一、冷链物流发展的市场环境

(一)冷链产品生产规模不断扩大

我国人口众多,各种生鲜农产品和食品的产量巨大且不断增长,为冷链物流创造了旺盛的需求空间。2013年,我国水果和蔬菜产量分别为2.5亿吨和7.3亿吨,同比增长4.3%和5.8%;水产品产量6172万吨,同比增长4.5%;肉类总产量8536万吨,同比增长1.8%;禽蛋产量2876万吨,同比增长0.5%;速冻米面类食品产量555.3万吨,同比增长18.2%①。同时,医药冷链物流的主要对象温控医药品的市场规模也在快速扩大,如在2013年,血液制品和疫苗的市场交易额分别达到162亿元和137亿元,比上一年增长28.6%和30.5%②。

(二)居民消费层次与消费水平提高

我国人民物质生活需求已由温饱型逐渐转为小康型,消费层级和消费水平不断提升,带动居民人均生鲜产品消费量呈上升趋势。另外,以超市为主要销售渠道的冷鲜肉类产品③消费比例持续扩大,乳制品中对冷链要求较高的巴氏奶和酸奶的消费规模逐年增长,一些国外生鲜农产品品种如日本三文鱼、美国车厘子、智利西梅等的进口额不断增加,对我国冷链物流的发展水平提出更高要求。我国城镇居民生鲜产品人均消费量如表9-3所示。

表9-3 我国城镇居民生鲜产品人均消费量

指标(千克)	2000	2005	2010	2011	2012
猪肉	16.7	20.2	20.7	20.6	21.2
禽类	5.4	9.0	10.2	10.6	10.8
鲜蛋	10.2	10.4	10.0	10.1	10.5
水产品	11.7	12.6	15.2	14.6	15.2
鲜奶	9.9	17.9	14.0	13.7	14.0

资料来源:根据国家统计局《中国统计年鉴》(2013、2014)相关数据整理。

(三)生鲜电商发展迅速

随着现代信息技术的发展和我国居民消费模式的转变,生鲜产品电子商务呈现出快速发展态势。天猫、京东、一号店、苏宁易购等综合型网上商城和中粮我买、本来生活、沱沱工社等垂直型食品电商全面进军生鲜市场,生鲜产品网络交易额大幅增长。以阿里巴巴平台④为例,2013年农产品销售额419.5亿元,比上一年增长112.2%,其中生鲜农产品类目(包括水产肉类、新鲜蔬菜、熟食)增长率最高,

---

① 国家统计局.中国统计年鉴(2013)[M].北京:中国统计出版社,2013;国家统计局.2013年国民经济和社会发展统计公报[R].2014-2-24.

② 中国物流与采购联合会冷链物流专业委员会,中国物流技术协会,国家农产品现代物流工程技术研究中心.中国冷链物流发展报告(2014)[M].北京:中国财富出版社,2014.

③ 冷鲜肉是指严格执行兽医检疫制度,对屠宰后的畜胴体迅速进行冷却处理,使胴体温度在24小时内降为0~4℃,并在后续加工、流通和销售过程中始终保持0~4℃范围内的生鲜肉,具有卫生品质高、口感好、易加工入味等特点。但相比鲜肉(指未经过任何降温处理的热鲜肉)和冷冻肉(指经过-18℃冷冻储藏后解冻销售的肉品)而言,冷鲜肉工序要求较为严格,价格也较贵。

④ 阿里巴巴作为国内规模最大的电子商务平台型企业,其数据具有代表意义。2013年阿里平台农产品销售额总共包括C2C平台淘宝、B2C平台天猫和网络批发贸易B2B平台1688,其中前两者占97.25%的比例,1688占2.75%。

同比增长达194.6%①。这为冷链物流特别是冷链宅配提供了巨大的发展空间。

二、冷链物流发展的政策环境

(一)中央政府重视冷链物流发展

冷链物流的发展关系国计民生,受到了中央政府的高度重视。2010年6月,国家发展改革委发布《农产品冷链物流发展规划》,为我国第一部冷链物流专项规划,提出了到2015年我国农产品冷链物流发展的目标、主要任务、重点工程及保障措施。2014年9月,国务院颁布《物流业发展中长期规划(2014—2020年)》,明确要求加快食品冷链等专业物流设备研发,加强鲜活农产品冷链物流设施建设,支持"南菜北运"和大宗鲜活农产品产地预冷、初加工、冷藏保鲜、冷链运输等设施设备建设,提升批发市场等重要节点的冷链设施水平,完善冷链物流网络。2014年12月,国家发展改革委联合财政部、商务部等九部委颁布《关于进一步促进冷链运输物流企业健康发展的指导意见》,提出九条发展意见与措施,以进一步促进我国冷链运输物流企业健康发展,提升冷链运输物流服务水平。近年来国家有关部委颁布的主要冷链物流相关政策如表9-4所示。

表9-4 2013—2014年出台的主要冷链物流相关政策

时间	部门	政策文件	有关冷链物流的内容
2013年1月	国务院办公厅	《降低流通费用提高流通效率综合工作方案》	提出降低农产品生产流通环节用水电价格和运营费用,农产品冷链物流的冷库用电与工业用电同价
2012年12月	中共中央、国务院	《关于加快发展现代农业进一步增强农村发展活力的若干意见》	提出发展农产品冷冻储藏、分级包装、电子结算;健全覆盖农产品收集、加工、运输、销售各环节的冷链物流体系;对示范社建设鲜活农产品仓储物流设施、兴办农产品加工业给予补助
2013年3月	国务院	《关于促进海洋渔业持续健康发展的若干意见》	提出加强海水产品冷链物流体系和批发市场建设,积极发展海上冷藏加工,实现产地和销地有效对接
2013年4月	商务部	《商务部关于加强集散地农产品批发市场建设的通知》	提出大力提升冷藏储运的标准化、信息化和自动化水平,增强全程冷链物流配套能力,依托农产品批发市场培育一批有影响力的冷链物流企业

---

① 阿里研究院. 阿里农产品电子商务白皮书2013[EB/OL]. http://i.ahresearch.com./img/20140312/20140312151517.pdf.

(续表)

时间	部门	政策文件	有关冷链物流的内容
2013年5月	国务院办公厅	《深化流通体制改革加快流通产业发展重点工作部门分工方案》	提出支持建设和改造一批具有公益性质的农产品冷链物流设施
2013年6月	交通运输部	《关于交通运输推进物流业健康发展的指导意见》	提出引导冷链运输健康发展，支持和培育冷链运输企业发展，着力解决冷链运输断链问题，为实现全程温控管理创造条件；支持农产品冷链物流的发展，将经济、适用的农产品温控设施建设与农村三级物流服务体系建设相结合
2013年8月	工业和信息化部	《信息化和工业化深度融合专项行动计划（2013—2018年）》	提出壮大第三方物流服务业，重点支持包括冷链在内的专业物流和供应链服务业发展
2014年1月	中共中央、国务院	《关于全面深化农村改革加快推进农业现代化的若干意见》	提出加快发展主产区大宗农产品现代化仓储物流设施，完善鲜活农产品冷链物流体系
2014年2月	商务部等13部门	《关于进一步加强农产品市场体系建设的指导意见》	提出支持农产品产地预冷、初加工、储存设施建设，将具有公益性质的农产品冷链设施列入流通基础设施指导目录；开展农产品冷链示范工程，支持流通企业整合上游生产和下游营销资源，促进农产品冷链与供应链、物联网、互联网的协同发展
2014年9月	国务院	《物流业发展中长期规划（2014—2020年）》	在物流园区工程、农产品物流工程和物流标准化工程中均涉及冷链物流内容，提出发展冷链物流园区，加强冷链物流设施设备建设，提升批发市场等重要物流节点的冷链设施水平，完善冷链物流网络，推进冷链物流标准的制定修订工作
2014年11月	国家发展改革委、交通运输部、商务部、国家铁路局、中国民用航空局、国家邮政局、国家标准委	《关于我国物流业信用体系建设的指导意见》	要求完善物流信用法律法规和标准，并将冷链物流作为开展信用建设试点之一，为全面推进物流信用体系建设积累经验

(续表)

时间	部门	政策文件	有关冷链物流的内容
2014年12	国家发展改革委、财政部、商务部、税务总局、交通运输部、公安部、食品药品监管总局、人民银行、证监会、国家标准委	《关于进一步促进冷链运输物流企业健康发展的指导意见》	提出大力提升冷链运输规模化、集约化水平,加强冷链物流基础设施建设,完善冷链运输物流标准化体系,积极推进冷链运输物流信息化建设,大力发展共同配送等先进的配送组织模式,优化城市配送车辆通行管理措施,加强和改善行业监管,加大财税等政策支持力度,发挥行业协会作用等九条意见

此外,商务部与国台办于2011年确定天津和厦门为首批海峡两岸冷链物流合作试点城市,同时在两岸政府和产业界建立了多层次的工作交流机制,取得了初步成效。截至2014年,两岸已经签署34项合作意向书,包括29项企业试点、4项综合场域试点与1项两岸联盟合作。2014年8月,商务部、国台办确定将昆山、北京、武汉列为两岸冷链物流产业合作第二批试点城市,以进一步推广试点成果,扩大合作范围,完善两岸冷链物流合作节点布局。

(二) 地方政府出台冷链物流支持政策

我国各地方政府陆续发布了一系列与冷链物流领域相关的政策、规划与支持方案,为加速冷链物流发展提供政策保障。政策的主要内容与中央政府和国家相关部委的基调相吻合,主要集中在健全农产品冷链物流体系、支持冷链仓储设施建设、扶持发展冷链物流企业等方面,如表9-5所示。

表9-5　部分省(区、市)出台的冷链物流相关政策

地区	时间	政策文件	主要冷链物流政策内容
宁夏	2012年5月	《自治区人民政府关于加强鲜活农产品流通体系建设的实施意见》	提出大力发展鲜活农产品冷链物流,构建农产品流通绿色供应链。支持鲜活农产品流通企业广泛采用物流领域新技术,建设大型冷藏冷冻库和鲜活农产品配送中心,购置冷藏运输车辆
山东	2012年3月	《关于支持供销合作社加强农产品经营服务体系建设的通知》	提出推动农产品批发市场和农业产业化龙头企业的冷链物流系统建设,重点投资改造或新建一批以冷藏、低温仓储运输为主的冷链设施,增加农产品冷库容量,增强物流、配送能力

(续表)

地区	时间	政策文件	主要冷链物流政策内容
云南	2013年4月	《关于加大改革创新力度进一步增强农业农村发展活力的意见》	提出加强粮油和优势农产品仓储物流设施建设,积极发展农产品冷链物流、分级包装和电子结算
重庆	2013年4月	《重庆市人民政府关于支持农业产业化龙头企业发展的实施意见》	提出大力发展农产品冷链物流,推进主城冷链集散中心、区县冷链配结点、产地冷冻库及集配中心建设,打造长江上游农产品冷链物流中心,相关专项资金向建立冷链物流设施的企业倾斜
天津	2014年7月	《天津与台湾食品冷链物流产业合作发展规划》	提出到2018年,建设2处以上两岸冷链物流专业园区,打造一批现代冷链物流集聚区,将天津打造成辐射东北亚的中国北方冷链物流集散中心
甘肃	2013年12月	《甘肃省2013年大宗农产品标准化冷藏式仓储设施建设实施方案》	提出重点依托大型农产品交易市场和农产品流通企业,在甘肃省马铃薯、洋葱、苹果、高原夏菜等大宗农产品主产区扶持建设一批5000吨以上,集冷藏、集配、包装分级、综合信息服务等功能为一体的标准化冷链仓储设施,构建有效辐射主产区的产地集配体系
江苏	2014年12月	《江苏省农产品冷链物流发展规划(2014—2020)》	提出到2020年全省基本建成布局科学、结构合理、设施先进、标准健全、绿色低碳、上下游有效衔接的冷链物流体系,冷链物流发展水平居全国前列的发展目标;提出优化冷链物流业空间布局、构建重点产业冷链物流体系、完善冷链基础设施、壮大冷链物流企业、发展冷链共同配送、提升冷链物流标准化信息化水平、推进冷链物流模式创新等七项主要任务,以及实施产地冷库建设工程、冷链物流示范工程、农产品配送直销平台工程、冷链物流信息平台工程、冷链物流安全工程等五大重点工程

(三)冷链物流标准化工作加速推进

在全国物流标准化技术委员会的不断推动下,冷链物流标准化工作取得了很大进展,冷链基础、作业、技术、管理等各个层面的标准得以制定、补充和完善,有效地促进了冷链物流规范化发展。2011年以来颁布的主要冷链物流相关标准规范如表9-6所示。

表 9-6　2011 年以来颁布的主要冷链物流标准

	标准名称与编号	类别	发布日期	实施日期	规定范围
基础标准	冷链物流分类与基本要求（GB/T 28577-20122）	基础	2012-06-29	2012-10-01	规定了冷链物流的分类和冷链物流的基本要求
	食品冷链物流追溯管理要求（GB/T 28843-2012）	管理	2012-11-05	2012-12-01	规定了食品冷链物流追溯管理的总体原则和食品冷链物流中运输、仓储、装卸环节的追溯管理要求
	物流企业冷链服务要求与能力评估指标（GB/T 31086-2014）	管理	2014-12-22	2015-07-01	规定了从事农产品、食品冷链服务的物流企业为满足客户需求所应具备的特定的温度控制能力、冷链物流信息采集、监控与追溯能力以及配套人员资质、制度建设和其他保障措施
冷链行业与设备	低温仓储作业规范（GB/T 31078-2014）	作业	2014-12-22	2015-07-01	规定了低温仓储的入库作业、储存作业、出库作业、环境控制、安全控制及信息处理的要求
	货物航空冷链运输规范（MH/T 1058-2014）	基础	2014-10-22	2014-12-01	规定了货物航空冷链运输的温度范围分类及设备设施、包装及标识、操作要求、运输文件、货物接收、地面仓储、货库与停机坪地面运输、装机、飞行过程中温度控制、卸机及交付、不正常运输处理和运输信息及服务的要求
	易腐食品机动车辆冷藏运输要求（WB/T 1046-2012）	技术	2012-03-24	2012-07-01	提出了易腐食品机动车辆冷藏运输的技术要求及操作、设备维护要求
	道路运输易腐食品与生物制品冷藏车安全要求及试验方法（GB 29753-2013）	基础	2013-09-18	2014-07-01	规定了冷藏车的术语和定义、分类、要求及试验方法

（续表）

	标准名称与编号	类别	发布日期	实施日期	规定范围
肉类	畜禽肉冷链运输管理技术规范（GB/T 28640-2012）	管理	2012-07-31	2012-11-01	规定了畜禽肉的冷却冷冻处理、包装及标识、贮存、装卸载、运输、节能要求以及人员的基本要求
水产品	养殖红鳍东方鲀鲜、冻品加工操作规范（GB/T27624-2011）	管理	2011-12-30	2012-04-01	规定了养殖红鳍东方鲀加工的基本条件、专用设施、原料、暂养、操作规程、检验以及标识、包装、运输和贮存
水产品	水产品航空运输包装通用要求（GB/T 26544-2011）	管理	2011-06-16	2012-01-01	规定了航空运输水产品包装的基本要求、包装材料、包装容器和包装方法
水产品	活鱼运输技术规范（GB/T 27638-2011）	技术	2011-12-30	2012-04-01	规定了活鱼运输的术语和定义、基本要求和充氧水运输、保湿无水运输、活水舱运输和暂养管理技术的要求
水产品	水产品冷链物流服务规范（GB/T 31080-2014）	作业	2015-01-07	2015-07-01	规定了水产品冷链物流服务的基本要求，接收地作业、运输、仓储作业、加工与配送、装卸与搬运、货物交接、包装与标志、风险控制、投诉处理的要求和服务质量的主要评价指标
果蔬	甜瓜贮藏和冷链运输（GB/T 25870-2010）	技术	2011-01-10	2011-06-01	规定了甜瓜在冷藏和冷藏运输前的处理，以及冷藏和冷藏运输的技术条件
果蔬	根菜类冷藏和冷藏运输（GB/T 25876-2010）	作业	2011-01-10	2011-06-01	规定了新鲜根菜类蔬菜的冷藏和冷藏运输的技术条件
果蔬	新鲜蔬菜贮藏与运输准则（GB/T 26432-2010）	作业	2011-01-10	2011-06-01	规定了新鲜蔬菜贮藏于运输前的准备、贮藏于运输的方式和条件、贮藏于运输的管理等准则

(续表)

	标准名称与编号	类别	发布日期	实施日期	规定范围
药品	药品冷链物流运作规范（GB/T 28842-2012）	作业	2012-11-05	2012-12-01	规定了冷藏药品物流过程中的收货、验收、贮存、养护、发货、运输、温度监测和控制、设施设备、人员配备等方面的要求
药品	药品物流服务规范（GB/T 30335-2013）	作业	2013-12-31	2014-07-01	规定了药品物流服务的基本要求，仓储、运输、配送、装卸搬运、货物交接、信息服务等作业要求，以及风险控制、投诉处理、物流服务质量的主要评价指标

截至2015年2月，除以上已颁布标准外，还有《餐饮冷链物流服务规范》行业标准、《药品冷链保温箱通用规范》国家标准进入报批阶段，《冷链物流从业人员职业资质》行业标准进入调研阶段，《鲜活甲壳类海产品冷链运输规范》《肉禽类冷链温控运作规范》《药品阴凉箱的技术要求和试验方法》等三项行业标准正式立项。同时，2014年，中国物流与采购联合会冷链物流专业委员会在食品和药品领域开展了《食品冷链物流追溯管理要求》《药品冷链物流运作规范》《药品物流服务规范》等国家标准的试点工作，累计有近100家企业获得标准试点资质。

三、冷链物流发展的技术环境

作为一项系统工程，冷链物流包含和涉及的技术领域广泛而复杂，主要包括服务于产品物流流转过程的冷藏技术、保持品质和安全的保鲜、包装技术、服务于物流设施的节能技术以及实现高效物流运作、冷链监测、追溯和信息技术等。对于每一项核心技术，因其涉及对象、环节的不同可划分出不同类型的技术及配套相关技术，如表9-7所示。

表9-7　冷链物流系统技术

核心技术	对象或环节	关键技术	相关技术
冷链冷藏技术	储藏、流通设备、加工设备、特殊设备	储藏工艺、制冷技术、隔热层技术、空气幕设计技术、加工工艺、冰温技术、蓄冷技术、解冻技术、空气调节、气调储藏、制冷、发泡剂替代技术等	汽车技术、加工技术、新材料技术、机械、自动控制、传感、包装、外观设计、电解冻技术、识别等

(续表)

核心技术	对象或环节	关键技术	相关技术
冷链保鲜、包装技术	初级农产品、加工食品、医药化学品	保鲜工艺、包装工艺、材料技术、密封技术、气调技术、预冷技术、灭菌技术、加工技术等	机械、外观设计、冷藏、识别技术等
冷链节能技术	制冷、温控、气调、回收	冷凝技术、压缩技术、除霜技术、变频技术、蓄冷技术、制冷剂、环保技术等	自动控制、温控、传感技术等
冷链检测、追溯及相关信息技术	仓储、流通加工、运输配送、检测监控、追溯	红外光谱、电子鼻识别、品质快速无损检测、温度射频卡、温度传感、分布式监控报警、无线射频识别技术、定位跟踪、条码、视频技术等	机械、设计、优化、空间定位、网络传输技术、自动化技术等

资料来源：俞玮. 我国冷链物流系统技术的革新与展望[J]. 信息与电脑, 2008, (9)：20—24, 经加工整理。

经过多年发展，我国冷链物流技术水平已取得了长足的进步，冷藏、保鲜、包装以及节能技术的自主研发和创新能力不断增强，一些先进的冷链设施装备技术和管理技术也开始从局部尝试向更大范围推广。例如，为适应我国冷藏运输市场需要，2009年，中铁集装箱公司下属的铁龙物流将国际成熟箱体技术和先进制冷技术与国内铁路、公路运输条件相结合，自主研发成功铁路45英尺冷藏集装箱并于当年年底首发试运，现已成为我国集装箱冷链运输的主要箱体工具。"十二五"科技支撑计划项目"鲜活农产品安全低碳物流技术与配套装备"取得进展，开发了果蔬移动真空预冷技术、水果节能适温储藏技术、水果适温物流辅助技术等冷链物流核心技术43项，并在34个农产品物流基地进行示范应用，取得了良好的经济效益。

第三节 中国冷链物流的发展现状

我国冷链物流市场前景广阔，发展水平不断提高。冷链物流需求旺盛，冷链物流基础设施投资力度不断加大，冷链物流运输体系得到较快发展。与此同时，大型食品加工、流通与零售企业以及生鲜电商均高度重视冷链物流体系建设，第三方冷链物流企业服务功能不断增强。

一、冷链物流需求持续增长

我国居民生活水平不断提高，为冷链物流提供了旺盛的市场需求。2013年我国潜在冷链物流总额①达到3.26万亿元,同比增长14.8%,冷链需求规模接近9千万吨。

从类别看,首先,蔬菜在潜在的冷链物流中总额最大,达到14 560.8亿元,占比44.8%,这与我国蔬菜产销量较大有直接关系;其次是水产品,潜在冷链物流总额达到9714.6亿元,占比29.9%,这很大程度上是由于水产品单价较高所致;肉及肉制品总额为4088.3亿元,占比12.6%;瓜果及瓜果制品总额为1466.5亿元,占比4.5%;奶及奶制品总额718.9亿元,占比2.2%;速冻食品和冷饮食品总额分别为649.8亿元和414.7亿元,占比2%和1.3%②。各品类潜在物流总额如图9-4所示。

此外,我国进口食品冷链物流量呈快速上升趋势。2013年,我国进口食品冷链物流总额达911.4亿元,同比增长21.1%,占总体的比例为2.8%。进口冷链食品流通量的提升,为临港冷链物流创造了良好的发展空间。

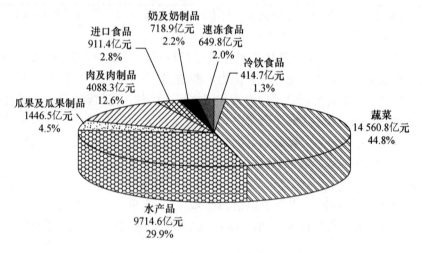

图9-4　2013年各类冷链产品潜在物流总额

资料来源:中国物流与采购联合会冷链物流专业委员会,中国物流技术协会,国家农产品现代物流工程技术研究中心.中国冷链物流发展报告(2014)[M].北京:中国财富出版社,2014.

二、冷链基础设施建设力度加大

(一)冷链物流园区

我国冷链物流园区建设步伐加快。据不完全统计,2014年全国建设(包含建

---

① 潜在冷链物流总额即冷链物流的潜在价值总额,包括两方面:一是由相关部门提供进入需求领域、从供应地向接收地实体流动,需要进行冷链配送的产品价值总额,二是进口冷链货物物流总额。

② 中国物流与采购联合会冷链物流专业委员会,中国物流技术协会,国家农产品现代物流工程技术研究中心.中国冷链物流发展报告(2014)[M].北京:中国财富出版社,2014.

成、开建、签约)的重点冷链园区项目超过40个,投资额超过550亿元,涉及冷库180多万吨。其中,华北地区(北京、天津、山东等)投资额超过200亿,占比超过全国的1/3;东北地区约50亿,华南与华东地区(广东、上海、浙江等)约60亿;西南地区(重庆、四川等)50亿,中部地区(安徽、湖北等)50亿[①]。

经过多年建设,我国区域冷链物流园区网络已初具规模,不断推动区域经济规模扩大、效应提升。如环渤海地区已建立形成以山东日照冷链物流配送中心、山东荣成冷链物流园区、天津海龙冷链物流工业园、天津中频肉类综合加工暨冷链物流产业基地以及大连冷链物流及食品加工园区等14家冷链物流园区为节点的冷链物流网络,辐射整个京津冀和东北地区,并实现冷链仓储、物流配送、流通加工、交易展示等全方位服务功能。

(二) 冷库

近年我国冷链基础设施不断完善,冷库规模总量持续提升。2014年全国冷库存储能力总计为3320万吨,同比增长36.9%。在新增建成运营的冷库中,公共型冷库占绝大部分,如在2013年新增的冷库储存能力中,公共型冷库所占比重超过91%[②]。表9-8列出了近两年来新建的存储能力超过10万吨或50万立方米的超大型冷库。

表9-8　2013—2014年建成的10万吨级以上冷库

区域	冷库项目名称	存储能力(万吨)
辽宁	大连港国际冷链食品交易中心	10
江苏	南京雨润农产品全球采购中心	10
山东	中凯冷链物流园一号、二号、三号冷库	20
山东	诸城市龙海水产品冷链物流建设项目一、二期	40
山东	青岛东庄头国际农产品交易中心	10
山东	烟台冷链物流基地(烟台市安德国际冷链物流中心)	15
山东	济宁兴隆国际农副水产冷链物流批发城一期	10
湖北	宜昌三峡物流园有限公司	10
湖北	襄阳市四季青农贸城冷藏中心	10
新疆	海鸿国际食品冷链配送中心	10
新疆	海鸿国际食品物流港	10

---

① 中物联冷链委.2014年中国冷链物流发展整体回顾[EB/OL]. http://www.snet.com.cn/109/2015_3_24/3_109_306124_1776_0_1427183405875.html.

② 何黎明. 在2014国际冷链物流峰会上的讲话[EB/OL]. http://www.chinawuliu.com.cn/lhhkx/201405/30/290275.shtml.

(续表)

区域	冷库项目名称	存储能力(万吨)
四川	成都精品果蔬冷链物流商业中心	10
	成都银犁农产品冷链物流中心一期	10
	成都海霸王西部食品物流园区	20
重庆	中国西部农产品冷链物流中心一期及其延续	20
河北	太古冷链物流(廊坊)有限公司	37万立方米
内蒙古	包头润恒现代农副产品物流园	10
江西	江西浩博水产冷链物流中心	20
河南	安阳众品食业有限公司冷链物流加工配送基地建设项目	10
云南	云南东盟国际冷链物流中心二期	14

资料来源:中国物流与采购联合会冷链物流专业委员会,中国物流技术协会,国家农产品现代物流工程技术研究中心.中国冷链物流发展报告(2014)[M].北京:中国财富出版社,2014.

(三) 冷藏及保温车

公路运输是我国冷链运输最主要的运输方式,占总运量的90%以上。① 近年来,我国公路冷藏车及保温车的保有量和销售量大幅增长。2013年年销量实现1.4万台,同比增长63.8%;保有量达到5.52万辆,同比增长35.1%,高于同期公路营运载货车辆保有量增速30.3个百分点。由于保有量的快速增长,公路冷藏车及保温车占公路营运载货汽车的比重已由2010年的0.24%上升到2013年的0.42%。2011—2013年公路冷藏车及保温车的保有量及其增速如图9-5所示。

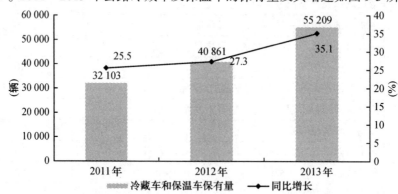

图9-5 2011—2013年我国公路冷藏车及保温车保有量及其增速

资料来源:中国物流与采购联合会冷链物流专业委员会,中国物流技术协会,国家农产品现代物流工程技术研究中心.中国冷链物流发展报告(2014)[M].北京:中国财富出版社,2014.

---

① 中国物流与采购联合会冷链物流专业委员会,中国物流技术协会,国家农产品现代物流工程技术研究中心.中国冷链物流发展报告(2014)[M].北京:中国财富出版社,2014.

三、铁路和航空冷链运输加快发展

（一）铁路冷链运输

铁路冷链运输的主要对象是鲜活易腐产品。近年来，我国铁路冷链运输发展加快。中铁集装箱公司下属的铁龙公司于2009年成功研发以铁路为主要运输方式、适合多式联运的冷藏集装箱，主要经营速冻食品、冰淇淋、冻肉等需要 -18℃以下超低温保存的深冷货物的冷藏箱运输业务。目前该公司冷藏集装箱保有量为200只，开通运输线路近50条，冷藏箱办理站网点近400个，基本覆盖全国主要省市。2013年铁龙公司冷链运输的主要品类及运量如表9-9所示。

表9-9 2013年铁龙公司冷链运输品类及运量

货物种类	发运量（箱）	占比（%）
速冻食品	818	68.4
冻肉及制品	274	22.9
速冻薯条	81	6.8
冰淇淋	23	1.9
总计	1196	100.0

资料来源：中国物流与采购联合会冷链物流专业委员会，中国物流技术协会，国家农产品现代物流工程技术研究中心.中国冷链物流发展报告（2014）[M].北京：中国财富出版社，2014.

此外，2013年10月，中铁特货公司与南宁铁路局组织了百色——大红门果蔬保鲜冷链装运，选用目前国内最先进的机械保温车，可实现 -18℃以下温度控制。全程运行107小时，装运20车，将百色老区绿色蔬菜、水果等运至北京，回程专列则带回蒜头、苹果等果蔬，首次实现了广西与北方果蔬的"大交换"。

（二）航空冷链运输

航空冷链运输具有速度快、运量小、运价高、需配合其他方式联运等特点。我国的航空冷链运输货类以低温药品为主，如疫苗、血液制品、诊断试剂等。这类商品具有体积小、使用急、附加值高等特征，较为适宜使用航空方式进行冷链运输。

近年来，国内大型货运机场和航空公司开始把冷链物流作为其货运发展的新增长点，积极开拓冷链市场，航空冷链运输品类已由药品向部分高附加值的水果、鲜花、水产品进行拓展。如昆明机场花卉加上菌类的出港量占总货邮出港量的80%以上，尤其是在节假日期间，每天从昆明机场发往国内大中城市的鲜花达到400余吨，发往东南亚国家的鲜花总量也达到每天20余吨。又如，我国东南沿海地区水产品丰富，该区域范围机场（包括威海、烟台、青岛、上海、温州、福州、厦门、汕头、湛江、深圳、广州、海口、三亚、北海等机场)主要以鲜活鱼虾等海产品为主要货运对象,尤其是威海、湛江、北海等机场,海产品占据了机场货邮运输量的较大比重。

四、第三方冷链物流企业不断涌现

第三方冷链物流企业是冷链物流的重要运作主体。随着我国生鲜农产品和食品需求规模的不断增长,国内涌现出一大批专业的冷链物流企业,为促进我国冷链物流运作规模化、集约化发展发挥了巨大作用。

第一类是以从事冷链运输为主的运输型冷链物流企业,主营业务是干线运输和区域配送。如,荣庆物流是国内比较典型的第三方冷链物流企业,拥有冷链运输车辆450余辆,开展干、支线公路整车和零担冷链运输,经过多年发展,形成了以北京、上海、广州、武汉等一线城市为业务龙头,辐射全国二十多个省市的冷链物流服务网络。又如,北京快行线是以冷链城市配送(包括零担和宅配)为主营业务的第三方冷链物流企业,主要服务于超市、连锁餐饮、生鲜电商等客户,配送网络覆盖北京、昆明、沈阳、哈尔滨、南京等全国43个城市。

第二类是以从事冷链仓储为主的仓储型冷链物流企业,主营业务是为客户提供低温货物存储、保管、中转等服务。如,中外运普菲斯是中外运与全球第五大冷库运营商美国普菲斯合资成立的冷链仓储物流企业,目前已分别在上海临港、外高桥和天津港建成运营了三座单体冷库,其中建于上海临港的4万吨冷库拥有亚洲最大的全自动货架系统,可提供−25℃～10℃温度范围内的冷冻冷藏服务。又如,江苏润恒是以农产品和食品智能化冷藏为核心业务的专业冷链物流企业,目前已在南京、沈阳、合肥、宁夏、哈尔滨、包头、淄博、海城、运城等全国15个省市完成冷链物流中心和配套大型冷库建设,目标是于2020年建成覆盖全国的50个以上大型现代化食品物流产业园。

第三类是以从事冷链仓储、干线运输以及城市配送等综合业务为主的综合型冷链物流企业。如,招商美冷是由招商局物流集团有限公司(招商物流)和美冷(Americold Realty Trust)合资成立的大型公共冷链服务商,在国内主要一线城市拥有14座冷库,面积达15万平方米,自有冷藏车100余台,同时整合管理500余台外协冷藏车,运输网络覆盖国内主要省市地区,可为客户提供集仓储、运输、配送等功能的一体化冷链服务。又如,上海广德是成立于2005年的专业冷链物流企业,在北京、上海、广州、成都、洛阳等城市拥有总面积8万平方米的冷藏冷冻库配送中心,同时提供全国范围内一、二线城市间冷链长、短途运输服务。此外,还有一类企业虽然也提供冷链仓储和配送综合型服务,但服务范围较小,仅限于一定区域的城市仓配。这类第三方物流企业包括上海中外运冷链、深圳曙光和河南万邦等。

五、龙头企业自建冷链物流趋势显现

随着我国生鲜农产品流通体系的发展,农产品和食品制造、批发和零售企业实力不断发展壮大,对冷链配套建设的重视程度不断加强,大型龙头企业投资自建冷链基础设施、自营冷链配送体系的趋势越发明显。自建物流的优势在于冷链运营相对灵活,可以根据自身企业的需要进行实时调整,从而有效保证仓储、配送等运作与内部需求密切对接,提升冷链服务质量和效率。

第一类是加工制造企业自建冷链物流。如河南众品集团以"中国肉类产业链整合商"为战略定位,在打造现代食品加工制造产业体系的同时加大冷链物流投入,着力构建与之匹配的冷链物流网络服务体系。目前,已建成运营包括设在长春、天津、郑州、洛阳、安阳、驻马店、泰州、德阳等地的 10 个产地冷链物流中心和设在长春、北京、天津、上海、太原、长葛、永城、合肥、南京等地的 15 个销地冷链物流中心,形成了以大中原地区为中心,辐射华东、华北、中南、东北等地的产销物流网络。

第二类是流通批发企业自建冷链物流。如,福建成名集团是国内主要水产品批发市场经营企业之一,近年来不断加大投资建设相应的冷链配套设施,先后在福建、天津、山东等省市投资经营了 4 家大型水产品交易中心,推进以"前铺后库"为结构布局的现代化冷链批发市场运作体系。其中,在福建三明的建设项目配套两座 5 万吨级冷库和五座冷链加工车间,在山东潍坊的建设项目则规划配套 50 万吨冷链物流园,以满足生鲜产品冷链仓储、运输以及批发交易的需求。

第三类是连锁零售企业自建冷链物流。如,上海联华超市自建的生鲜食品加工配送中心建筑面积 35 000 平方米,产能达到每年 2 万吨,经营产品共计 15 大类约 1200 种,并可承担水果、冷冻食品等的物流配送任务。又如,福建永辉超市在福州设立的生鲜食品配送中心中建有近 4000 平方米的冷库,自营 20 多辆冷藏车,日配送生鲜食品 800 吨,配送半径达 300 公里,辐射全省 100 多家连锁门店。据统计,在 2013 年全国快速消费品连锁零售百强企业中,有 80 家企业建有独立的生鲜品冷链配送中心,其中大多数可以实现每天向门店配送两次或两次以上。

近年来,这些龙头企业在冷链物流的建设运营中,除充分发挥冷链对于自身业务的支撑作用外,还积极拓展社会化物流服务功能,逐渐向第三方物流经营模式迈进。如 2013 年,众品集团成立"鲜易温控供应链股份有限公司",依托众品冷链物流的发展规模和技术优势,提供社会化的冷链物流和温控供应链服务,业务范围涉及冷链仓储、生鲜加工、运输配送、农贸批发、电子商务等。类似的还有双汇、雨润、光明乳业等食品企业,均已组建独立核算的冷链物流公司,实现由企业物流向物流企业的转变。

六、生鲜电商冷链物流成为发展热点

生鲜电商在销售端依靠网站平台面向消费者,在供应端大多采用自建基地、产地直采或批发市场采购,冷链物流成为连接供销两端的关键环节。特别是冷链宅配作为生鲜电商物流的"最后一公里"直接服务消费者,其发展水平已成为决定生鲜电商能否生存和成长壮大的重要瓶颈因素。

目前,我国经营生鲜产品的电商企业包括:(1)经营品类较全的综合平台型电商,如天猫、京东商城、1号店、苏宁易购、亚马逊等;(2)专门从事食品网络零售的垂直型电商,如中粮我买网、沱沱工社、本来生活、优菜网、优果网、易果网等;(3)物流企业经营生鲜电商,如顺丰优选。这些不同的生鲜电商企业往往根据自身的特点,选择发展不同的冷链物流模式,如表9-10所示。

表9-10 主要生鲜电商经营品类、冷链物流模式与配送范围

电商分类	企业名称	经营模式和品种	冷链物流模式	冷链配送范围
综合平台型电商	天猫	开放平台,经营水产、肉类、新鲜果蔬等;并设立"喵生"频道采用预售方式销售特色进口产品	与第三方物流企业合作,部分线路全程冷链配送,其他"B2B+B2C"二段式(半)冷链配送,依托B2B冷链城市间运输,配合"最后一公里"的落地完成冷链宅配	国内42个城市
	京东	开放平台,经营海鲜水产、水果、蔬菜、禽蛋、鲜肉等8大细分品种	与第三方物流(顺丰和快行线)合作,采取全程冷链或"B2B+B2C"二段式冷链宅配模式	北京
	苏宁易购	开放平台,经营海鲜水产、速冻食品、加工肉类、蛋类等6大品类	与第三方物流合作;未来有可能自建冷链仓库及物流配送体系	全国58个大区
	1号店	自营1号生鲜频道;同时开放平台,经营水果、蔬菜、冷藏食品3大品类	自营部分由沃尔玛配送体系或第三方物流负责物流,开放平台由供应商负责;未来计划达到日订单上万后自建冷链配送	北京、上海

（续表）

电商分类	企业名称	经营模式和品种	冷链物流模式	冷链配送范围
垂直型电商	中粮我买网	生鲜自营，经营水果、生禽、肉蛋、奶品等18个品类	自建物流体系第三方物流相结合，在华北等地区自建冷库，同时与华正道物流、爱鲜蜂等第三方运输配送企业合作	北京、上海、广州、天津等7省市
	沱沱工社	生鲜专营，经营有机水果蔬菜、海鲜、零食饮料、鲜肉等16个品类	北京地区自营物流实现全程冷链配送，其他地区采用第三方物流实现全程冷链	国内32个城市
	本来生活	生鲜自营，经营水果蔬菜、肉禽蛋品、奶制品、进口食品等4大品类	自建仓储，同时与第三方物流微特派合作实现全程冷链配送	北京、天津、广东、上海等7省市
物流企业下设	顺丰优选	生鲜自营，经营肉类、海鲜水产、奶品饮品、水果、蔬菜、肉类熟食、主食面点、速食冰品等8大品类	在北京、广州、嘉兴等地自建冷藏冷冻库，并依托顺丰速运实现一站式全程冷链配送	从北京、天津扩展到11个城市

资料来源：根据招商证券生鲜产品电子商务报告和各大电商公开资料数据整理。

综合平台型电商大多采用第三方冷链物流。如，阿里巴巴通过菜鸟物流平台对线下不同冷链物流资源的整合来扩展生鲜市场。具体方式是牵头在重点业务范围城市中优选优质冷链物流企业，成为天猫的制定冷链物流商，并将它们统一整合在菜鸟物流平台上为生鲜品供应商服务。部分线路实行一站式全程冷链配送，其他则采用"段式冷链配送"模式，即依托B2B采用冷藏车运输实现城市间干线运输，常温或采用保温箱实现"最后一公里"落地完成B2C宅配。类似的还有苏宁易购和京东的开放平台生鲜频道，冷链运作均采取与第三方物流合作的方式。1号店则除以平台形式经营生鲜外，还设立"1号生鲜"频道自营生鲜产品，通过供应商审核、产品入库检查、存储配送管理、售后产品质量问题处理追溯等监督保障措施，实施全程冷链生鲜配送，并执行订单出库后24小时内送达的限时配送标准，但目前经营范围仅限于北京和上海。

垂直型电商多以生鲜产品为主营业务，大多采用自建冷链体系或"自建＋第三方"的混合模式。如，沱沱工社在创办初期就组建了自有的物流车队，采用具有强烈地域特性的"冷藏车＋三轮车＋保温箱"的配送方式，有效地控制了冷链成本和提升了配送灵活程度，实现了对北京地区消费者的冷链配送服务；而对于除北京地区以外的生鲜业务则采取与第三方物流合作的方式。又如,本来生活采用自建仓储,同时与第三方物流微特派合作进行订单派送。

顺丰优选依托作为第三方物流企业的顺丰集团,在物流方面具有天然优势。目前,已建成华北仓、华东仓和华南仓三处冷链仓库,每处仓库分为 5 个库区,实现冷冻(-18℃)、冷藏(2℃~8℃)、恒温(15℃~25℃)等多类温控仓储功能;运输则利用顺丰速运作为强大的物流体系支撑,实施"产地直达餐桌"的全程冷链配送,实现经营高端生鲜产品定位。如顺丰优选的荔枝礼品,通过原产地直采、全程温控配送、24~30 小时内送达、包装盒二维码标签可追溯等方式确保产品品质和顾客消费体验,因此尽管价格远高于一般市场定价,仍取得了良好的销售收益。

此外,电商冷链宅配通过设立生鲜自提箱、授权超市代收点和自设服务站等创新模式,实现冷链宅配效率提升,解决收货不便问题。如,生鲜电商家事易在居民小区设立生鲜保温柜作为电子菜箱,根据订单实现配送投放后向顾客发送发货短信,顾客利用会员卡或短信提示密码到指定箱号的电子菜箱自行提取货品。目前家事易对安装电子菜箱的小区采用一天两配,每位配送人员每人每次配送量可达 300 单以上,大大降低了宅配成本。又如,京东与太原唐久便利店开展合作,通过市内 600 多家唐久便利店网点辐射终端社区居民,打造居民提供生鲜商品自提点。再如,天猫在北京、上海、广州、深圳、南京等全国 25 个城市开设了天猫服务站(又称菜鸟驿站),作为线下服务实体店为顾客提供自提服务。

第四节　中国冷链物流存在的问题与发展趋势

我国冷链物流发展已取得了明显进步,但在基础设施能力、物流企业水平、技术推广应用等方面仍存在一些亟待解决的问题。随着冷链行业的不断发展和配套环境的持续改善,我国冷链物流基础设施建设将继续得到加强,冷链物流企业进一步发展壮大,冷链物流技术水平也将得到提升。

一、冷链物流存在的问题

(一)冷链基础设施能力仍显不足

我国冷链物流基础设施建设尽管取得了较大进展,但仍难以满足日益增长的冷链物流需求。目前,我国人均冷库容量约 0.1 立方米,尽管已达到新兴国家中等冷库市场水平[1],但距发达国家如美国人均 0.36 立方米和日本的人均 0.33 立

---

[1] 根据全球冷库协会 2012 年报告数据显示,在四个新兴市场国家中,我国已经达到了中等冷库市场水平。

方米仍有较大差距;冷藏保温车占货运车辆的总体约为 0.42%,与发达国家如美国 0.8%～1%、德国 2%～3% 等也仍有较大差距①,特别是在黄标车和老旧车淘汰工作加大实施的背景下,冷藏车等设施设备亟需升级换代。此外,全国冷链物流基础设施建设的区域差距明显,城乡差距明显,中西部地区和农村地区在冷链物流网络、冷链物流配送节点等方面明显滞后,制约了一体化冷链物流服务能力的完善。

(二) 冷链物流企业实力亟待加强

中国冷链物流企业近年来发展迅速,但总体水平仍有待进一步提升。首先,冷链企业总体规模较小,市场集中度仍较低。2013 年冷链百强企业的总营业收入为 109.02 亿元,只约占全国冷链总收入的 10% 左右,且营收过亿的企业只有十几家②。其次,冷链业务覆盖面积较小,专业化服务能力较弱。大部分企业的冷链配送范围局限在较小区域内,服务功能以传统的运输和仓储为主,在冷链流通加工、全程冷链控制、温控供应链解决方案等高附加值业务缺乏服务能力,导致企业同质化竞争严重,利润空间进一步压缩。再次,部分企业冷链技术含量低、管理能力低、服务水平低,如部分冷链物流企业温控条件难以满足深冷货物要求,配送环节仍存在"冷热混装""冷链断链"等现象。

(三) 冷链物流技术应用较为滞后

我国冷链物流技术水平有待进一步发展,特别是一些先进冷链技术的推广应用还处在起步阶段,生鲜农产品产后预冷技术和低温环境下的分等分级、包装加工等商品化处理手段尚未在全行业普及,运输环节温度控制手段原始粗放,发达国家普遍运用的全程温度自动控制技术仍然只是在部分园区、部分企业示范应用,未能得到广泛的产业化应用。此外,现代信息技术应用不足,导致一方面企业冷链物流业务管理信息化水平较低,难以实现冷链物流产品实时监控和品质追溯,另一方面冷链物流公共信息平台建设滞后,难以通过对货物和冷链运输车辆信息的集成整合形成的物流资源配置和优化。

二、冷链物流发展趋势

(一) 冷链基础设施建设力度将继续加大

随着我国居民消费能力和消费水平的不断提高,生鲜农产品和食品的需求将持续提升,特别是生鲜电商的发展将为冷链物流带来更加广阔的市场。此外,国

---

① 中国物流与采购联合会冷链物流专业委员会,中国物流技术协会,国家农产品现代物流工程技术研究中心. 中国冷链物流发展报告(2014)[M]. 北京:中国财富出版社,2014.
② 中国物流技术协会. 关于 2013 中国冷链物流企业百强排名的通告[EB/OL]. http://www.lenglian.org.cn/xhdt/20610.shtml.

家各项规划与支持政策不断出台提供引导,如2014年银川市冷链物流中心建设获得中央财政补贴3200万元,吉林农产品冷库获补贴3639万元,浙江杭州萧山5个冷链项目获补贴1250万元等,未来政府在冷链产业上的财政支持力度将继续加大。受到以上需求和政策导向双重影响,未来我国冷链物流基础设施规模将进一步扩大,服务能力进一步提升。大型公共冷库建设总体将保持增长,同时产销端中小型冷库将释放发展潜力,流通加工、物流、电商等领域龙头企业将加速冷链物流中心布局。同时,农产品加工环节的温控设施和经济适用的农产品预冷设施将加大力度建设,与冷链物流相配套的查验与检测设施、设备将得到推广应用。

(二)专业冷链企业实力将进一步增强

冷链物流企业将通过参股控股、兼并重组、协作联盟等方式,实现企业规模扩大和实力提升。如2013年,上海郑明物流宣布获得凯辉私募基金及中法基金1.2亿元投资,同时完成对深圳曙光物流的控股,进一步壮大了自身的冷链体系发展实力。2014年中外运宣布与亿达集团、美国普菲斯公司、台湾阳明海运和庆明投资等知名企业达成合作,利用多方优势整合冷链物流业务,共同经营和发展冷藏仓储及物流配送业务。随着规模的扩大和专业能力的提升,冷链物流企业的服务范围将不仅限于传统的冷链仓储与配送,而是在冷链流通加工、监控与追溯、温控供应链解决方案等增值服务方面更深入地与客户展开合作,高层次、高附加值、个性化、一体化的冷链物流服务必将成为未来冷链物流企业的业务发展方向。

(三)冷链物流技术水平将进一步提升

各种新型冷链物流技术的自主研发、引进消化和吸收将得到进一步推动,各种高性能冷却、冷冻、分拣、清洗和加工包装设备技术水平将得到重点发展,冷链监控追溯系统、温控设施以及经济适用的农产品预冷设施、移动式冷却装置、节能环保的冷链运输工具、先进陈列销售设备的研发与推广将得到加强。此外,2014年发展和改革委颁布的《关于进一步促进冷链运输物流企业健康发展的指导意见》指出要"积极推进冷链运输物流信息化建设,加强物联网、云计算、大数据、移动互联等先进信息技术在冷链运输物流领域的应用。加强冷链物流公共信息平台建设,引导冷链运输物流企业与生产制造企业、商贸流通企业信息资源的整合,将产地产品信息、车辆信息、销售信息等联结起来,实现对货物和冷链运输车辆的全程监控和信息共享"。因此,以高新信息技术为依托推动冷链物流创新发展也是未来冷链物流的发展方向之一。

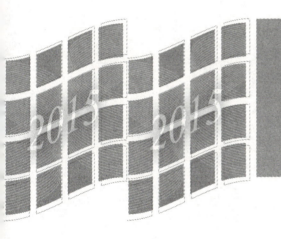

专题篇

导　言

本次报告选取了中国自由贸易区发展、中国港口转型升级、电子商务物流"最后一公里"服务以及中国物流装备发展作为专题研究内容。

2015年3月，在中国（上海）自由贸易试验区（以下简称"上海自贸试验区"）成立运营一年多之后，中共中央政治局审议通过了广东、天津和福建自贸试验区建设方案，中国第二批自贸区正式启动建设。本篇第十章"中国自由贸易试验区发展状况"主要介绍了中国自由贸易试验区的发展概况，上海自贸试验区的建设成果、粤津闽自贸区建设方案以及我国自贸区物流发展四个方面的内容。自贸试验区的发展概况方面，主要从自贸区建设的国内外背景、国际贸易规则的新变化两个方面讨论了自贸区建设的宏观环境，并梳理了中国自贸区的发展历程。上海自贸试验区的建设成果方面，主要从投资管理制度、贸易监管制度、金融开放创新、政府职能转变和政府法规体系几个方面，总结了自贸区的建设经验和发展成果。粤津闽自贸区建设方案方面，介绍了三地加快政府职能转变、扩大投资领域开放、推进金融领域开放创新和推进贸易监管制度创新等。自贸区物流发展方面，上海自贸试验区物流发展迅速，服务功能不断完善；粤津闽自贸区物流发展的未来方向主要是促进物流业转型发展，推动物流服务创新，提升物流企业国际竞争力，加速区域物流一体化发展进程等。

我国已成为世界港口大国，面对国内外新形势需要，我国中央和地方政府出台了一系列促进港口转型升级的政策，各地港口积极探索适合自身发展的港口转型升级模式。本篇第十一章"中国港口的转型升级模式与展望"主要从背景和内涵、主要模式以及发展展望三个方面讨论中国港口转型升级的问题。我国港口行业面临船舶大型化、服务功能比较单一、应对风险的能力较弱等问题，港口转型升级的主要模式包括：延伸产业链，实施多元化发展战略；实施网络化布局，增强网络型服务能力；与经济腹地实施联动，为港口转型升级提供动力支持；通过信息化建设，提升港口管理效率和服务水平以及建设绿色港口，促进港口可持续发展等。未来，中国港口的综合供应链服务能力将越来越受重视，港口的服务功能将进一步提升，全球网络布局将进一步加快，港口的区域间整合进一步强化，也将与"互联网＋"结合，实现转型升级。

电子商务的快速发展正在推动我国传统物流的运作模式发生深刻变革，其中靠近最终消费者的"最后一公里"递送、交付环节难点和问题最多,产业创新和发展空间十分巨大。本篇第十二章"电商物流'最后一公里'服务模式与发展趋势"主要讨论了电商物流"最后一公里"服务的发展背景和特征、服务模式、发展现状、存在问题以及发展趋势等相关问题。电商物流"最后一公里"服务具有需求的个性化程度高、服务具有不均衡性和双向性、附加增值服务发展空间大等特征,需要服务模式的不断创新等特征。目前,中国社会涌现出的创新模式包括快递企业的创新模式、平台类创新服务模式、特定产品的专业服务模式以及特定区域的专业服务模式。中国电商物流"最后一公里"服务行业规模不断提升、服务模式创新密集、细分市场逐步形成、服务专业化水平不断提升,未来将向跨界合作与服务整合、专业性和本地化、新技术应用等方向发展。

物流装备是物流运营系统的重要组成部分,是促进物流业发展的重要技术支撑。本篇第十三章"中国物流装备的发展现状与趋势"主要讨论了物流装备与物流业的互动发展,中国物流装备市场发展现状和问题,物流装备市场的特征与发展趋势等问题。中国载货车辆市场的竞争,由"中卡"演化成重卡、中卡、轻卡、微卡等领域的多元竞争态势,自动化立体仓库应用行业覆盖面越来越广,货架市场的繁荣发展,叉车设计和制造水平快速提升,托盘保有量创历史新高,RFID 行业也快速发展。同时,物流装备行业存在一些问题,包括国民经济增速放缓制约物流装备需求增长,产品标准化程度亟待提升,物流装备制造企业技术研发能力普遍较低,部分物流装备迫切需要升级换代等。从物流装备发展趋势来看,绿色环保、智能化和柔性化成为发展方向,物流装备企业核心竞争力转向质量和品牌,"一带一路"战略的实施加快了物流装备走出去的步伐。

第十章　中国自由贸易试验区发展状况

自由贸易试验区(以下简称"自贸试验区")是一个国家或地区的对外开放平台和参与国际竞争的重要载体,也是全球供应链网络中的重要节点。我国自贸试验区建设以制度创新为核心,为全面深化改革和扩大开放探索新路径,目前已在政府职能转变、贸易监管制度、投资管理制度、金融制度以及法制和政策保障体系等方面,取得了阶段性成果。体制机制的改革创新不仅成为自贸试验区物流业发展的基础动力,而且也为我国物流业提升企业竞争力、加快区域物流一体化和探索物流高端服务等注入了新的活力。

第一节　中国自由贸易试验区概述

国内外经济贸易发展环境和国际贸易规则的变化对我国经济开放提出了更高的要求。自贸试验区是我国对外开放体系中开放程度最高的特殊经济区域,是我国改革开放的排头兵和创新发展的先行者,承担着加快政府职能转变、探索管理模式创新、促进贸易和投资便利化等重要任务。

一、我国自由贸易试验区建设的宏观经济环境

自贸试验区作为我国经济对外开放基础体系中的高端形态,其建设将打造我国新时期面向世界、深耕亚太的战略载体,进一步提升中国在全球贸易竞争中的主导地位,促进我国成为亚太供应链乃至全球供应链的核心枢纽,对激发中国经济活力、启动新一轮对外开放、促进经济转型升级有重大意义。

(一) 自贸试验区建设的国内外经济贸易背景

当前,世界经济仍处于不稳定恢复阶段,发达经济体经济运行分化加剧,美国复苏较强,欧元区复苏乏力,日本增长放缓,发展中经济体增长不容乐观,但世界经济温和复苏态势基本确立,经济全球化总体趋势没有改变。世界经济的缓慢复苏和经济全球化发展,使世界贸易量开始低速增长。发达国家,特别是美国成为全球贸易和国际投资的主要支撑,而发展中国家进口需求下降,热点地区地缘政

治危机也对相关地区贸易复苏造成阻碍①。我国在经历了经济快速发展阶段后,正处于增长速度换档期和结构调整阵痛期,推动我国经济发展的传统动力不断减弱,对外贸易形势严峻,以加工贸易为主要形式的出口产品,在国际市场上处于产业链低端,竞争力不高,服务贸易明显滞后②。

国际国内经济贸易发展新形势对我国开放型经济建设提出了更高的要求,国务院启动了"一带一路"建设、京津冀协同发展和长江经济带等区域经济开放的新国家战略,旨在培育全方位对外开放的新优势。为了更好地推进我国对外开放建设,在改革开放新的历史条件下主动顺应全球经贸新形势,促进国际国内要素有序自由流动、资源高效配置、市场深度融合,我国启动了自贸试验区建设。

(二) 国际贸易规则的新变化

面对新的全球经济发展环境,发达国家积极寻求新的贸易优势。在世界贸易组织(WTO)贸易体系建设方面,WTO总理事会特别会议于2014年11月通过了《贸易便利化协定》议定书,这是WTO成立近20年来首份正式达成的全球性贸易促进协议③,该协议提出提高跨境贸易效率、降低全球供应链运作成本以促进全球贸易发展,建立"单一窗口"以简化海关及口岸通关程序。WTO贸易便利化协定的出台,对各国口岸管理将产生较强的约束力,对口岸放行时间、货物进出口、出口加工、跨境管理、海关合作和贸易法律等方面提出了更高的要求。

在双边和区域贸易体系建设方面,美国、欧盟和日本等发达经济体主导推动了《跨太平洋伙伴关系协定》(TPP)、《跨大西洋贸易与投资伙伴关系协议》(TTIP)、《服务贸易协定》(TISA)、《多边服务业协议》(PSA)、《日欧经济伙伴关系协定》以及《欧加自由贸易协定》等多个区域性贸易协定。这些协定制定的相关规则与原则涉及关税、贸易、投资、服务、劳工、环境、信息、非贸易壁垒等多个领域,在市场准入和监管问题上,监管的一致性、技术性贸易壁垒(TBT)及卫生与植物卫生措施(SPS)等是协定的重要内容④。国际贸易规则的不断变化和调整,一方面使得全球贸易更加便利顺畅,另一方面发达国家的先发优势也会抑制新兴国家在国际贸易谈判中作用的发挥,有可能再次将包括中国在内的新兴国家驱赶到国际贸易体系的边缘。

为此,我国要加快完善口岸制度,推动相关领域配套行政法规、监管体制机制等方面建设,营造便捷高效的通关环境,通过自由贸易试验区的先行先试,积极参

---

① IMF.世界经济展望[R].2014-10.
② 中华人民共和国商务部.中国对外贸易形势报告[R].2014年秋季.
③ 刘美룬等.世贸组织通过贸易便利化协议议定书[EB/OL].http://news.xinhuanet.com/world/2014-11/28/c_1113444045.htm.
④ 李春顶,赵美英.国际贸易规则新变化及中国对策[J].中国市场,2015,(5):73—76.

与多边贸易体系建设,以顺应全球贸易体系发展的新形势。

二、我国自由贸易试验区发展历程

我国自贸试验区的发展历程和海关特殊监管区密切相关。这些特殊经济区域按照开放程度大致可分为改革开放初期、对外开放发展期和对内对外开放相互促进的自由贸易试验区三个发展进程。

(一) 改革开放初期

改革开放之初,我国设立了经济特区与经济开发区,通过在区内降低特定企业税率、在一定年限免征所得税等优惠政策,来吸引投资、创造就业、推动经济发展。为了适应转口贸易、简单对外加工的需求,开发区内设有专门存放保税货物的保税仓库。随着我国对外贸易的快速发展,对货物保税仓储、简单加工和转口的需求也快速增加。为适应不断增加的外贸需求,我国又于1990年6月建立了第一家保税区——上海浦东外高桥保税区。① 保税区是国务院批准设立的、海关实施特殊监管措施的可以较长时间存储商品的区域,主要发展以"保税仓储、出口加工、转口贸易"为主的业务。海关对保税区实行封闭管理,对进入保税区的境外货物实行保税管理;境内其他地区货物进入保税区,视同出境(但无退税),同时,外经贸、外汇管理等部门对保税区实行比区外相对优惠的政策。随后,我国又相继设立了天津、深圳、大连、青岛、广州、厦门等14个保税区。②

同期,面临当时世界产业转移重大机遇,结合我国加工贸易占绝对优势的特点,出口加工区开始兴起。出口加工区主要针对原料来自境外,产品销往境外的"全进全出"的加工产业,通过减免关税和所得税以及提供完善的工业基础设施等办法吸引国内外厂商投资兴办第二产业。2000年,国务院批准第一批15个出口加工区试点区,区内企业享有免关税、进口环节税、出口退税和优惠的外汇管理政策等,极大推动了我国"两头在外"的贸易形式的发展。截至2013年7月,我国共设立出口加工区57个,出口加工区也从最初以保税加工为主,发展为集保税加工、物流、检测、维修和研发等功能于一体的综合区域③。

(二) 对外开放发展期

由于我国的保税区在设立之初与港口在空间上处于隔离状态,导致进出口货物进出保税区必须二次报关,这在很大程度上影响了保税区的运作效率。为充分

---

① 外高桥保税区简介[EB/OL]. http://www.china-shftz.gov.cn/wgqIndex.aspx.
② 李洲.我国保税区发展现状研究[J]. 商,2014,(5):155—155.
③ 我国将提高出口加工区准入门槛 不再新增加工区[EB/OL]. http://www.people.com.cn/GB/54918/55134/4201975.html.

利用保税区的政策优势和港口的区位优势,我国开始了"区港联动"政策试点,将保税区的保税仓储功能与邻近港口的装卸、运输功能整合起来,在保税区和港区之间开辟直通式通道,实现保税区与港口的一体化运作,提高物流效率,进而促进仓储和物流产业发展,达到吸引外资、扩大外贸出口、推动区域经济发展的目的。2003年12月我国第一个保税物流园区——上海外高桥保税物流园区成立,随后大连、天津、广州和青岛等地也相继建立了保税物流园区。

为进一步推动我国经济对外开放,整合海关特殊监管区域的功能,我国于2005年开始设立具有口岸、物流、加工等功能的保税港区,实行出口加工区、保税区和港区的"三区合一"的政策。2005年12月,我国第一个保税港区——洋山保税港区正式启用。目前,我国已有天津、大连、青岛等14个保税港区。

为了推动内陆地区经济开放,我国还在内陆地区设立了具有保税港区功能的综合保税区。综合保税区执行保税港区的税收和外汇政策,集保税区、出口加工区、保税物流区、港口的功能于一身,可以发展国际中转、配送、采购、转口贸易和出口加工等业务。2006年12月第一个综合保税区苏州工业园区获批,截止到2015年2月共有郑州新郑、沈阳、西安和新疆喀什等综合保税区41家[①]。

(三)对内对外开放相互促进期

为探索全面深化改革和扩大开放的新路径,以开放促改革、促发展,建立具有符合国际化和法治化要求的跨境投资和贸易规则体系,推动对内对外开放相互促进、引进来和走出去更好结合,加快培育参与和引领国际经济合作竞争新优势,2013年,中国(上海)自由贸易试验区率先成立。自贸试验区是党中央在新形势下推进改革开放的重大决策,与以往的海关特殊监管区不同,制度创新是自贸试验区建设的核心。自贸试验区建设围绕国家战略,以开放促改革、促转型,着力营造国际化、法制化营商环境,为全面深化改革和扩大开放探索新途径、积累新经验。

经过一年多的探索和实践,上海自贸试验区在投资管理、贸易监管、金融创新、政府服务和法律体系建设等方面取得了阶段性成果。截至2014年11月底,区内投资企业累计达2.2万多家,新设企业近1.4万家,新设外资企业2 114家,同比增长10.4倍。境外投资加速发展,已办结160个境外投资项目,中方对外投资额累计近38亿美元。货物"先进区,后报关",入库时间平均缩短2至3天,企业物流成本降低10%左右,进口通关速度增快41.3%。企业盈利水平同比增长

---

① 根据中国保税区出口加工区协会官网及海关总署官网发布的相关数据整理。

20%,设自由贸易账户6925个,存款余额48.9亿元人民币①。

2015年3月,中共中央政治局审议通过广东、天津和福建自贸试验区建设方案,标志着第二批自贸试验区建设正式启动。粤津闽三地的自贸试验区方案,在探索区域经济合作新模式和突出各地方经济发展特色的基础上,与上海自贸试验区一样,依然是以制度创新为核心,主要在加快政府职能转变、积极探索管理模式创新、促进贸易和投资便利化,建设法制化营商环境等方面进行改革创新。

第二节 上海自贸试验区的主要建设成果

上海自贸试验区作为我国第一个自贸试验区,承担着先行先试、深化改革、探索国家治理体系和治理能力现代化的核心使命。运行一年多来,上海自贸试验区在投资管理制度、贸易监管制度、金融创新制度、政府职能转变、法律保障等方面取得了重要的阶段性成果②。

一、积极改革投资管理制度

投资管理制度改革是上海自贸试验区促进市场开放的重要制度创新,主要包括采用负面清单管理模式、进一步扩大服务业开放以及建立投资服务促进体系等创新。

(一)探索负面清单管理模式

负面清单是上海自贸试验区投资管理制度的重大创新,其借鉴国际通行规则,对外商投资试行准入前国民待遇。上海自贸试验区先后公布了2013年负面清单和2014年修订版,两版均采用《国民经济行业分类》作为分类标准,修订后的负面清单特别管理措施数量调整为139条,减少了51条,进一步开放的比例达17.4%。在所有139条特别管理措施中,按措施类型分,限制性管理措施110条,完全禁止性措施29条;按产业分,第一产业6条、第二产业66条(其中制造业46条)、第三产业67条。2014版负面清单给予外商更多参与基础设施建设、自贸试验区土地开发等方面的权利,为外企尤其是境外服务企业进入中国市场提供了新渠道、新机遇。

(二)扩大服务业开放措施

上海自贸试验区设立以来,在金融、航运、商贸、专业服务、文化和社会服务六

---

① 上海市发展和改革委员会.上海自贸区扩区后首次接受集体采访 改革经验向全市辐射[EB/OL]. http://www.shdrc.gov.cn/main? main_colid=361&top_id=316&main_artid=25479.

② 下文中提到的政策、法规、通知、条例、细则及意见等文件均来自上海自贸区官网、相关部委官网及海关总署官网。

大领域暂停或取消投资者资质要求、股比限制、经营范围限制等准入限制措施(银行业机构、信息通信服务除外),营造了有利于各类投资者平等准入的市场环境,促进了国内服务贸易的优胜劣汰。2013年9月国务院公布的《中国(上海)自由贸易试验区总体方案》中公布了涉及上述六大领域的23条扩大开放措施;2014年6月,上海自贸试验区公布进一步扩大开放的31条措施,其中服务业领域的扩大开放新增14条,主要在商贸、物流、会计和医疗领域放宽了投资限制。

(三)建立投资服务促进体系

上海自贸试验区在企业投资管理、注册登记、监管等政府服务方面,建立了新型服务促进体系。在企业对外投资方面,实施境外投资一般项目备案制;在企业开办和注册方面,实施注册资本认缴制、"先照后证"登记制和企业备案制,放宽注册资本登记条件;在企业监管方面,实施年度报告公示制;在政府服务方面,建立多部门一口受理、综合审批等高效运作的服务模式。

与此同时,为推进自贸试验区体制机制创新,中央直属部门也积极探索新型服务模式。如质监部门推出了组织机构代码实时赋码;税务部门推出10项"办税一网通"创新措施,开展税收征管现代化试点。

二、全面推进贸易监管制度改革

贸易监管制度创新是我国自贸试验区先行先试的重要领域之一,主要涉及海关、质检总局、海事局和边检等对进出境人员、货物和交通工具的监管方面的创新。创新的主要目的是改革传统条块分割管理体制造成的人员、货物和交通运输工具跨境时间成本高、环节多等弊端,建立具有国际竞争力的现代口岸治理体系。

(一)创新监管模式推动贸易便利化

在上海自贸试验区成立之初,国家质检总局、检验检疫部门、海关总署和交通部分别出台了支持上海自贸试验区建设的意见、举措、措施和实施意见等推进贸易便利化发展。运行一年多来,上海自贸试验区紧紧围绕体制机制创新,形成了一系列的可推广可复制的监管制度。

海关方面,上海海关坚持以市场和企业需求为导向,积极对标国际通行规则,围绕"简政集约、通关便利、安全高效"的要求,在前期试点基础上,2014年上半年,在自贸试验区内分批推出了14项"可复制、可推广"的监管服务制度,如实行先进区后报关制度、区内自行运输制度和加工贸易工单式核销制度,并简化了通关作业随附单证等。据海关透露,自新型通关制度实行以来,上海自贸试验区进口平均通关时间较区外减少41.3%,出口平均通关时间较区外减少36.8%①。

检验检疫方面,上海检验检疫局以创新服务模式为目标,先行先试,总结出八项自贸试验区检验检疫行业标准,包括创新出入境生物材料制品风险管理,建立中转货物产地来源证管理体系,落实进口货物预检验制度,探索检验检疫分线监督管理模式等。八项检验检疫制度创新措施成效显著,如实行"预检验"后,货物进境到进口通关的整个流程时间较试行"预检验"前至少缩短50%②。

海事方面,上海海事局以创新海事监管服务模式为目标先后出台了一批监管服务新制度,如创新查验模式、污染监控方式和安全作业监管流程等,有效提高了通关效率。在边检方面,上海边检部门配合上海海关和检验检疫局不断简化报检手续,提升窗口报检接待能力。

(二) 加强口岸各部门协同创新提升监管效率

人员、货物和交通工具的跨境监管和管理涉及多个部门,其效率高低主要取决于各部门的协同水平,为此,上海自贸试验区积极探索跨部门的监管协作,在电子化一站式通关方面形成了可推广的管理模式。

2014年12月,上海自贸试验区"自主报税、自助通关、自动审放、重点稽核"作业模式试点正式展开。新模式运用"守法便利"理念,依托智能通关信息平台,让企业可以随时在线自助完成一站式通关,并时刻掌握通关进程。该模式充分发挥了企业自主性,降低了企业通关成本。例如,上海畅联物流股份有限公司作为一站式通关的首票业务尝试者,当日向海关申报进口一票计算机用主板,在登录新模式的客户端完成录入后,海关信息系统自动完成审核,税费自动缴付,货物自动放行,仅用4分钟时间就完成了全部通关作业③。

(三) 积极推动国际贸易单一窗口建设

国际贸易单一窗口已经成为世界各国参与国际贸易和国际市场竞争的重要信息化基础设施和平台。上海自贸试验区也于2014年6月启动了"国际贸易单一窗口"建设。目前,上海自贸试验区单一窗口已经建设开通了六个功能模块和一个自贸专区服务,实现了船舶出口岸联网联放、一般进口货物申报数据协同录入、随时查询审批状态等功能。未来上海自贸试验区将推动一般贸易出口货物、跨境电子商务、船舶进出口岸申报、自贸试验区货物等功能模块的上线测试,并从

---

① 陈惟.上海进口通关时间较区外少41.3% [EB/OL]. http://finance.eastday.com/m/20150131/u1a8562809.html.

② 上海自贸区全面推行预检验制度实现货物出区"零等待"[EB/OL]. http://finance.chinanews.com/cj/2014/05-09/6155293.shtml.

③ 陈静.自贸区自主报税试点启动4分钟内完成审核放行[EB/OL]. http://www.shanghai.gov.cn/shanghai/node2314/node2315/node15343/u21ai962179.html.

水运口岸扩大到空运口岸,集成银行、物流、企业等方面的数据,实现贸易数据传输分拨的单一窗口服务。

(四)推动贸易转型升级支持新型产业发展

除上海海关、边检和海事局以外,上海出入境检验检疫局也推出了支持跨境电子商务等新兴产业发展的服务体系。

一方面,上海出入境检验检疫局建立了跨境电子商务产品的质量安全溯源和监管机制,试点建立与跨境电子商务服务企业互联的检验检疫信息支撑系统,提高跨境电子商务的监管效率,促进试验区内跨境电子商务及相关服务企业的健康发展。另一方面,上海出入境检验检疫局支持试验区内生物医药、旧机电维修、入境再利用和再制造等产业发展。根据产业特点和企业需求,制定相应的审批、申报、查验和检验检疫监管措施,提高管理效率,鼓励相关企业落户区内,促进试验区对重点发展产业的集聚效用。

三、探索金融领域的开放创新

金融改革开放是上海自贸试验区制度创新探索的重要方面,上海自贸试验区在自由贸易账户体系、投融资汇兑便利、人民币跨境使用、利率市场化、外汇管理改革5个方面形成了"一线放开、二线严格管理的宏观审慎"的金融制度框架和监管模式。

(一)建成自由贸易账户体系

自由贸易账户体系是"央行30条"中的关键性内容,是促进投融资汇兑便利、扩大金融市场开放和防范风险的重要探索。在自由贸易账户内,本外币资金按统一规则管理。为落实自由贸易账户体系的安排,2014年5月,人民银行上海总部发布《中国(上海)自由贸易试验区分账核算业务实施细则(试行)》和《中国(上海)自由贸易试验区分账核算业务风险审慎管理细则(试行)》,这两项细则全面规范了试验区分账核算业务及其风险审慎管理,金融机构通过设立分账核算单元与境内业务形成风险隔离后,再为相关方面提供自由贸易账户及相关服务,这标志着有利于风险管理的自由贸易体系的建立。

自由贸易账户体系为自贸试验区先行先试融资汇兑等创新业务提供了载体。2015年2月,中国人民银行上海总部发布了《中国(上海)自由贸易试验区分账核算业务境外融资与跨境资金流动宏观审慎管理实施细则》,扩大了经济主体从境外融资的规模与渠道,率先建立了资本项目可兑换的路径与管理方式。同时,自由贸易账户体系也为后续金融创新业务发展奠定了基础。

(二)扩大人民币跨境使用

为助上海成为全球性人民币产品的定价和清算中心,2014年2月,中国人民银行上海总部发布《关于支持中国(上海)自由贸易试验区扩大人民币跨境使用的通知》,进一步简化了区内经常和直接投资项下人民币跨境使用流程,明确了区内金融机构和企业人民币境外借款的规模与使用范围、跨境双向人民币资金池、经常项下跨境人民币集中收付以及跨境电子商务人民币结算等创新业务。另外在扩大人民币跨境使用过程中加强风险防范和宏观审慎管理方面,首次推出了"宏观审慎政策参数"这一工具,让央行可以随时根据信贷调控需要,动态调整境外人民币借款规模。

(三) 稳步推进利率市场化

利率市场化改革是完善社会主义市场经济体制,发挥市场在资源配置中的决定性作用的重要举措。中国人民银行为此设计了缜密的推进路线图,确定了"先贷款后存款,先外币后本币"的四步走战略。推进外币利率市场化是执行"央行30条"提出的"稳步推动利率市场化"的关键一步。

2014年3月1日,上海自贸试验区正式对区内居民放开小额外币存款利率上限。上限放开后,自贸试验区将在全国率先实现外币存款利率的完全市场化,在负债产品市场化定价上先走一步。放开外币存款利率,是把权力放归市场的改革举措,这将进一步完善上海金融市场服务体系,提升上海国际金融中心的国际地位。

(四) 深化外汇管理改革

上海自贸试验区在外汇管理方面坚持简政放权,通过行政和职能转变,依法取消一批行政审批事项、简化单证审核等措施,大力推进管理方式从重行政审批转变为重监测分析,从重微观管理转变为重宏观审慎管理,全面提升行政效能。

2014年2月,国家外汇管理局上海市分局制定的《外汇管理支持试验区建设实施细则》,在深化外汇管理改革和防范外汇收支风险两个方面进行了探索创新。首先,在深化外汇管理改革方面,简化了经常项目收结汇、购付汇单证审核、直接投资外汇登记手续;完善了外债权债务和结售汇管理;改进了跨国公司总部外汇资金集中运营管理、外币资金池及国际贸易结算中心外汇管理试点政策;提出了银行面向区内客户开展的大宗商品衍生品柜台交易的便利措施。其次,在防范外汇收支风险方面加强了统计监测与分析预警,并强化了非现场监测与现场核查检查。

(五) 发展融资租赁业务

融资租赁行业作为集融资与融物为一体的金融服务业,对自贸试验区金融体制机制创新提出了更高的要求。上海自贸试验区出台的金融政策中涉及了独有的8条促进融资租赁便利化政策:在对内对外融资方面,融资租赁公司可开立跨境人民币专户,向境外借取跨境人民币贷款;在人民币跨境使用方面,支持开展跨境人民币双向资金池、国内、国际外汇主账户等本、外币资金池业务;在扩大经营范围方面,允许融资租赁公司兼营与主营业务有关的商业保理业务;融资租赁公司对外提供担保;在外汇管理方面,允许金融租赁公司以及中资融资租赁公司境内融资租赁收取外币资金;外商融资租赁公司的外汇资本金实行意愿结汇;融资租赁类公司开展对外融资租赁业务时,不受现行境内企业境外放款额度限制;另外,自贸试验区内融资租赁公司审批权限下放,由自贸试验区管委会经济发展局负责审批 3 亿美金以下注册资本的外资融资租赁公司。

此外,上海自贸试验区还简化了多项融资租赁审批手续,包括取消了金融类租赁公司的境外租赁等境外债券业务的逐笔审批手续,实行登记管理;下放了自贸试验区内融资租赁公司审批权限;简化飞机、船舶等大型融资租赁项目的预付款手续。目前上海自贸试验区已是我国融资租赁产业最集聚的区域之一,租赁母体公司数和注册资本数均位居国内第一。截至 2014 年 11 月底,上海自贸试验区累计引进了 264 家境内外融资租赁母体公司和 314 家项目子公司,累计注册资本超过了 800 亿元①。

四、加快政府职能转变

为了加强区内企业管理,提高政府服务水平和效率,上海自贸试验区通过立法形式,在执法互助共享、市场监管和信用体系建设等方面积极推动政府管理。由注重事先审批转为注重事中、事后监管,提高监管参与度。

(一)以管委会为核心建立联动管理框架

上海自贸试验区行使政府职能的机构主要包括三个层面,一是上海自贸试验区管理委员会;二是中央在沪有关单位以及上海市工商、质监、税务、公安四个部门设立的驻区机构;三是上海市其他有关部门和浦东新区政府。

2014 年 8 月实施的《中国(上海)自由贸易试验区条例》明确规定了三层面政府机构的管理和服务范围,并强调了管委会在综合执法工作中的核心协调地位,初步搭建了以管委会为主要协调者的驻区机构和有关部门间的合作协调和联动执法工作机制。为了进一步促进部门间监管信息共享,2014 年 10 月试行的《上海自贸试验区监管信息共享管理试行办法》提出,要通过共享平台,整合监管资源,推动全程动态监管,以提高联合监管和协同服务的效能。

(二)发挥多方力量健全市场主体监管机制

事中、事后监管集中体现在对市场主体的监管上,上海自贸试验区制定了一

---

① 建行. 自贸区融资租赁应靠向小企业[EB/OL]. http://finance.eastday.com/m/20150323/u1a8634211.html.

系列工作办法,发挥多方力量,加强对价格垄断、市场集中和外商投资中的国家安全等方面的监管。2014年10月,上海自贸试验区内开始实施《上海自贸试验区反垄断协议、滥用市场支配地位和行政垄断执法工作办法》,重点是探索在经营者集中、垄断协议和滥用市场支配地位等方面参与反垄断审查的制度安排。《反价格垄断工作办法》《经营者集中反垄断审查工作办法》也于同日实施。此外,在总结并落实上海自贸试验区负面清单监管模式的基础上,2015年4月国务院发布《自由贸易试验区外商投资国家安全审查试行办法》,重点建立了在外资企业准入阶段协助国家有关部门进行安全审查的工作机制。

另外,上海自贸试验区已初步完成了《促进社会力量参与市场监督的若干意见》,该意见重点是通过扶持引导、购买服务、制定标准等制度安排,支持行业协会和专业服务机构参与市场监督。目前,自贸试验区已经设立了社会参与委员会、第三方检验机构和商事纠结调解中心等机构。

(三) 以信息交互公开为基础推进信用体系建设

信用体系是市场经济发挥有效资源配置的基础前提之一,为深化加强信用体系建设,目前上海自贸试验区已初步形成了信用基础数据和信用奖惩机制两大体系。信用基础数据通过与上海市公共信用信息服务平台、法人库的信用数据以及司法判决执行、相关行业组织和公用事业单位的信用信息的交互,实现企业和个人的基础信用信息整合。信用奖惩机制则是发挥信用手段的作用,对企业或个人在市场准入、货物通关、贸易管理、金融业务、资质评定和财政资金使用等商业和社会活动中进行事中和事后监管,引导和鼓励企业诚信自律。截止到2014年6月底,上海自贸试验区已对区内3924家重点企业、1172家海关监管企业、15 000名企业高管进行了平台批量信用核查;已有9747家企业提交年度报告[1]。2015年2月,上海自贸试验区在信用信息交互的基础上,正式开通了信用信息综合查询平台,实现了公共信用信息查询和金融信用信息查询共享等服务功能。

为了进一步规范信用体系建设,上海自贸试验区于2014年至2015年年初根据国务院颁布的《企业信息公示暂行条例》,结合上海自贸试验区的成功经验,先后印发了《上海市人民政府关于本市贯彻国务院发布的〈企业信息公示暂行条例〉的实施意见》和《上海市政府部门公示企业信息管理办法》,从而规范政府部门企业信息公示和管理,改进和加强事中事后监管,营造守法诚信、公平竞争的市场环境。

五、主动创新政策法规体系

制度创新是自贸试验区建设的重点领域和关键环节,上海自贸试验区建设一

---

[1] 陈丽芬.中国(上海)自由贸易试验区运行成效及复制推广路径[EB/OL]. http://www.caitec.org.cn/article/xsyj/wz/201412/321.html.

方面在各部委大力支持下,充分利用现行法律制度和政策资源;另一方面也对妨碍制度创新的体制机制不断改革,同时还出台了地方性法规《中国(上海)自由贸易试验区条例》作为"基本法"对自贸试验区建设进行全面规范。

(一)国家各部委出台了一系列文件支持上海自贸试验区建设

工信部、财政部、交通运输部、文化部、司法部、中国人民银行、海关总署、税务总局、工商总局、质检总局、银监会、证监会、保监会等13个部委出台了一系列文件,以支持上海自贸试验区建设,相关文件包括中国人民银行上海总部《关于启动自由贸易账户外币服务功能的通知》《中国银监会关于中国(上海)自由贸易试验区银行业监管有关问题通知》《中国证监会发布资本市场支持促进中国(上海)自由贸易试验区若干政策措施》《保监会支持中国(上海)自由贸易试验区建设》《支持中国(上海)自由贸易试验区建设外汇管理实施细则的通知》《海关总署关于安全有效监管支持和促进中国(上海)自由贸易试验区建设的若干措施》《国家质检总局关于支持中国(上海)自由贸易试验区建设的意见》以及《交通运输部、上海市人民政府关于落实〈中国(上海)自由贸易试验区总体方案〉加快推进上海国际航运中心建设的实施意见》等。

(二)建立了调整相关法规、文件和部门规章的特别管理措施

为完善法制保障,适应进一步扩大开放的需要,全国人民代表大会常务委员会已经授权国务院在自贸试验区暂时调整《中华人民共和国外资企业法》《中华人民共和国中外合资经营企业法》《中华人民共和国中外合作经营企业法》《中华人民共和国台湾同胞投资保护法》等规定的有关行政审批。国务院发布的相应文件主要包括《国务院关于在中国(上海)自由贸易试验区内暂时调整有关行政法规和国务院文件规定的行政审批或者准入特别管理措施的决定》(国发〔2013〕51号)和《国务院关于在中国(上海)自由贸易试验区内暂时调整实施有关行政法规和经国务院批准的部门规章规定的准入特别管理措施的决定》(国发〔2014〕38号),这两部文件规定了自贸试验区内可暂时调整的行政法规、国务院文件规定的行政审批和准入特别管理措施。

自贸试验区需要暂时调整相关行政审批或者准入特别管理措施的,需要按照规定程序办理;同时需要暂时调整实施其他有关行政法规、国务院文件和经国务院批准的部门规章的部分规定的,也有相应的办理程序。上海自贸试验区还特别强调加强地方立法,对试点成熟的改革事项,适时将相关规范性文件上升为地方性法规和规章。

(三)出台了自贸试验区建设的地方性综合法规

为推进和保障中国(上海)自由贸易试验区建设,充分发挥其推进改革和提高开放型经济水平"试验田"的作用,上海市相继出台了一系列涉及负面清单、外商

投资和仲裁等内容的相关规定,如《中国(上海)自由贸易试验区外商投资准入特别管理措施(负面清单)》《中国(上海)自由贸易试验区外商投资项目备案管理办法》《中国(上海)自由贸易试验区外投资项目备案管理办法》《中国(上海)自由贸易试验区外商投资企业备案管理办法》和《中国(上海)自由贸易试验区仲裁规则》等。

2014年8月1日,我国第一部关于自由贸易试验区的地方性法规,《中国(上海)自由贸易试验区条例》开始试行,作为上海自贸试验区的综合性立法,该条例集实施性法规、自主性法规、创制性法规的性质于一身,共包括9章57条,从管理体制、投资开放、贸易便利、金融服务、税收管理,到综合监管、法治环境等方面,对推进自贸试验区建设进行了全面的规范,是上海自贸试验区的"基本法"。

第三节 粤津闽自贸试验区建设方案概要

粤津闽自贸试验区是新形势下中国全面深化改革和扩大开放的试验田。与上海自贸试验区相比,除了加快政府职能转变、扩大投资领域开放、推进金融领域开放创新和推进贸易监管制度创新等共同之处外,三大自贸试验区也各有明确的区位特色和定位。

一、广东自贸试验区

广东自贸试验区实施范围116.2平方公里,包括广州南沙新区片区、深圳前海蛇口片区和珠海横琴新区片区。其战略定位是依托港澳、服务内地、面向世界,将广东自贸试验区建设成为粤港澳深度合作示范区、21世纪海上丝绸之路重要枢纽和全国新一轮改革开放先行地[①]。

(一)探索粤港澳经济合作新模式

为探索粤港澳经济合作新模式,广东自贸试验区将主要在服务贸易自由化、国际航运服务和金融领域进行开放创新。在推进粤港澳服务贸易自由化方面,取消或放宽金融、商贸等服务业领域的投资限制并创新促进服务要素便捷流动的体制机制。在增强国际航运服务方面,打造区域物流枢纽,促进航运金融、业务创新,推动航运产业发展。金融领域在跨境人民币业务、投融资便利化、健全风险防范体系方面进行了探索。特别地,为推动粤港澳服务贸易自由化,广东自贸试验区将在配套金融制度方面进行创新。

---

① 广州自贸试验区的相关内容根据《中国(广东)自由贸易试验区总体方案》及广东自贸试验区官网发布的相关内容整理。

（二）增强辐射带动功能

带动泛珠三角区域和内地区域的产业升级是广东自贸试验区建设方案的重点内容。主要措施包括：发挥自贸试验区高端要素聚集优势，建设技术研发、知识产权等公共服务平台，开展各类服务业务；支持自贸试验区与泛珠三角区域开展广泛的经贸合作，打造泛珠三角区域发展综合服务区，带动区域产业发展。另外，广东自贸试验区依托港澳在金融服务、信息资讯、国际贸易网络、风险管理等方面的优势，将建设内地企业与个人"走出去"的重要窗口，进一步增强自贸试验区辐射带动功能。

（三）优化营商环境

广州自贸试验区方案从优化法制环境、创新行政管理体制和建立宽进严管的市场准入和监督制度三个层面，提出了建设国际化、市场化、法治化的营商环境的主要措施。与天津和福建自贸试验区相比，突出了提高行政管理效能的制度保障和创新。例如，创新性地提出了建立行政咨询体系，成立由粤港澳专业人士组成的专业咨询委员会，为自贸试验区发展提供咨询。

二、天津自贸试验区

天津自贸试验区总面积119.9平方公里，由天津港片区、天津机场片区和滨海新区中心商务片区组成，三大片区各有特色，优势互补。天津自贸试验区服务于京津冀协同发展和"一带一路"两大战略，将在建设过程中突出自身特色，在发展实体经济、壮大融资租赁业等方面实现更大突破[①]。

（一）提升融资租赁发展水平

目前，天津东疆保税港区融资租赁产业规模占中国内地融资租赁业近四分之一，在全国占有明显优势，总体方案提出要率先进行租赁业政策制度创新，形成与国际接轨的租赁业发展环境。天津自贸试验区将在不断拓展租赁领域和品种的同时，积极推进租赁资产登记、交易和租赁资产证券化，满足租赁资产的流动性和管理需求。在租赁服务体系建设方面，自贸试验区将进行租赁服务平台建设、统一内外资融资租赁企业审批流程和准入标准等制度的创新。在监管方面提出可按融资租赁企业物流的实际需要，实行海关异地监管等创新政策。

（二）海空港联动发展

海空两港共同处在自贸试验区内是天津自贸试验区的一大特色，总体方案提出要积极发挥天津港和滨海国际机场的海空联动作用。完善集疏运体系、转变口

---

① 天津自贸试验区的相关内容根据《中国（天津）自由贸易试验区总体方案》及天津自贸试验区官网发布的相关内容整理。

岸监管模式、探索海空联动运作模式、发展配套服务业等将是自贸试验区机场片区制度创新的重点。机场片区正式出台了"一中心、四基金、四专项"配套举措,即设立天津空港经济区投资担保中心、四支产业母基金和高端制造业、现代服务业、高新技术产业及人才四个专项资金来促进机场片区的创新发展和探索海空联动发展模式。

（三）服务京津冀协同发展战略

为京津冀协同发展战略服务,构建高水平对外开放平台,是天津自贸试验区的定位要求。《总体方案》将加快实施京津冀协同发展重大国家战略作为五大改革创新任务之一,要求在增强口岸服务辐射功能、促进区域产业转型升级、推动区域金融市场一体化和构筑服务区域发展的科技创新和人才高地四个方面发挥好作用。

（四）推动"一带一路"建设

天津处于"一带一路"重要节点,自贸试验区建设将充分利用京津冀区域产业聚集优势和邻近日、韩的区位优势,建设跨境物流中心,开展高端产品国际集装箱班列物流服务,实现差异化、集约化发展;培育更多运营实体和综合物流服务商,开展海上、陆路、航空货运代理服务及多式联运代理服务、集装箱班列承包等业务;优化无水港布局,复制延伸自贸试验区制度和政策创新成果,增强对沿线国家及地区转口贸易服务功能。

三、福建自贸试验区

福建自贸试验区总面积118.04平方公里,包括平潭、厦门、福州3个各有特色的片区。福建自贸试验区着力探索闽台经济合作新模式,加强与21世纪海上丝绸沿线国家和地区的交流合作,为我国对外开放积累经验[①]。

（一）推进与台投资贸易自由

为使闽台服务要素自由流动,促进服务贸易对台更深度开放,福建自贸试验区进一步推进对台扩大电信、运输、旅游、医疗、专业技术等服务领域的开放,并积极探索闽台产业合作新模式,促使闽台产业链深度融合,构建双向投资,促进合作新机制。在推动两岸人员货物自由流动方面,将探索实施更加便利的台湾居民出入境政策和积极创新监管模式,提高贸易便利化水平,逐步实现信息互换、监管互认、执法互助。

（二）推动两岸金融合作先行先试

福建自贸试验区立足于推动两岸经济深化合作,将在推动两岸金融合作先行

---

① 福建自贸试验区的相关内容根据《中国（福建）自由贸易试验区总体方案》及福建自贸试验区官网发布的相关内容整理。

先试方面进行积极探索。在扩大金融服务业对台资开放方面,探索降低台资机构准入和业务门槛,为台资法人金融机构在大陆设立分支机构开设绿色通道等;在扩大金融业业务方面,允许自贸试验区银行业金融机构与台湾同业开展跨境人民币借款业务等,探索台湾地区的银行在自贸试验区内设立的营业性机构一经开业即可经营人民币业务;在放宽投资限制方面,放宽或取消台资金融机构参股自贸试验区证券基金机构股比限制。

(三) 培育平潭开放开发新优势

平潭片区重点建设内容是打造两岸共同家园和国际旅游岛,在投资贸易和资金人员往来方面,将探索实施更加自由便利的措施;在推动航运自由化方面,探索简化船舶进出港手续、对台试行监管互认、创新和台湾之间进出口商品的检验检疫管理;在建设国际旅游岛方面,加快旅游产业转型升级,推行国际通行的旅游服务标准,对台湾居民实施更加便利的出入境制度。

(四) 推进"海丝"核心区建设

国家"一带一路"战略规划确定福州市为"21世纪海上丝绸之路(以下简称'海丝')海上合作战略支点"。福建自贸试验区将贯彻"一带一路"国家战略,拓展与"海丝"沿线国家和地区交流合作的深度和广度,建设"海丝"核心区及合作交流新平台。自贸试验区将重点在通关机制方面进行创新,将支持自贸区试验区与"海丝"沿线国家和地区开展海关、检验检疫、认证认可、标准计量等方面的合作与交流,并将探索与"海丝"沿线国家和地区开展贸易供应链安全与便利合作的新途径。

第四节　我国自贸试验区物流发展状况与展望

自贸试验区形成与国际接轨的开放经济体系需要高效、安全和智能化的物流系统的支持,并通过供应链与物流系统对区域经济的发展起到辐射带动作用。当前,上海自贸试验区物流发展迅速,服务功能不断完善,从广东、天津和福建自贸试验区出台的各项建设方案来看,未来自贸试验区建设和发展将有效促进物流业转型发展,推动物流服务创新,提升物流企业国际竞争力,加速区域物流一体化发展进程。

一、上海自贸试验区物流发展现状与展望

(一) 上海自贸试验区物流发展现状

上海自贸试验区成立以来,不断进行改革创新,有效带动了区内物流业发展。目前,海港国际竞争力优势继续提升,空港业务量发展较快,航运中心建设取得初步成果,供应链和物流运营中心开始向自贸试验区聚集,大宗商品和跨境电子商

务等高端物流得到了快速发展。

1. 海空两港业务量的发展状况

2014年上海港集装箱吞吐量3528.53万国际标准箱,增长5%,集装箱吞吐量仍位居世界第一[①]。港口业务的发展对上海港的能力提出更高的要求,洋山四期自动化码头建设于12月23日全面开工,迈出了建设自动化码头的关键一步。此外,位于上海自贸区内的浦东机场,2014年完成旅客吞吐量5168.79万人次,较上年增长9.53%,客运量跻身全球机场前20位;货邮吞吐量则达到318万吨,较上年增长9.28%,稳居世界第三位[②]。2015年浦东机场第四跑道正式投入运行,使其成为国内首个拥有四条跑道的机场,为华东空管局推行的平行进近模式提供了更大的运作空间,机场硬件基础设施更为完善。

2. 航运中心建设取得初步成果

上海自贸试验区在2013年扩大航运业开放、促进国际航运中心建设的基础上,2014年继续在船舶登记管理、中转运输、航运金融保险等方面不断创新突破,极大地推进了上海国际航运中心的建设。

(1) 创新了船舶登记和船舶管理制度。

2014年《中国(上海)自由贸易试验区国际船舶登记制度试点方案》的获批和《关于中国(上海)自由贸易试验区试行扩大国际船舶运输和国际船舶管理业务外商投资比例实施办法的公告》的发布,创新了船舶登记条件、船龄限制、船员配备和船舶登记种类,建立了自贸试验区国际船舶登记制度;放宽国际船舶管理公司准入、股份比例限制,以及运营和资本监管等制度创新,促进了国际船舶管理公司的发展。截至2014年8月底,已经有3家外商独资船舶管理企业完成落户[③]。

(2) 自贸试验区中转运输快速发展。

在上海自贸试验区实施启运港退税和放宽国内航运市场的沿海运输权的基础上,2014年11月,上海海关出台了《海运国际中转集拼业务操作方案》,在海关特殊监管区内实现了沿江、沿海、近洋和远洋货物的分拣和集拼的进出口业务,进一步促进了集装箱中转运输的发展。2014年上海港集装箱水水中转比例为

---

① 2014全球十大集装箱港吞吐量排行榜:中国港口包揽七席[EB/OL]. http://www.askci.com/chanye/2015/02/05/104043yjlu.shtml.

② 数字"量变"激发浦东机场"质变"[EB/OL]. http://gov.eastday.com/qxxc/node39/node43/node76/u1ai21761.html.

③ 上海自贸区稳妥开展外商独资船舶管理公司试点[EB/OL]. http://www.yicai.com/news/2014/09/4015162.html.

45.8%,比上年提高 0.4 个百分点;国际中转比例为 7.1%,提高 0.1 个百分点①。

(3) 航运高端服务发展较快。

在航运金融服务方面,2014 年 10 月上海建设了我国首个航运和金融产业基地,在很大程度上吸引了航运和金融产业链上的高端机构入驻,促进航运和金融的深度融合。同时,上海自贸试验区船舶融资租赁也得到了快速发展,截至 2014 年 12 月,已经有多家金融租赁公司在区内设立了共计 151 家项目子公司②;在运价衍生品交易方面,2014 年 10 月上海清算所采用 BDI 指数③,为大宗商品远期运费协议(FFA)提供中央对手清算,加强了对市场风险的监测识别,创新了航运指数衍生品发展思路。

在航运保险方面,自贸试验区放开上海航运保险协会对协会条款的试点开发,取消在沪航运保险营运中心、再保险公司在自贸试验区内设立分支机构的事前审批,并取消自贸试验区内保险支公司高管人员任职资格的事前审批,有效激发了自贸试验区航运保险发展的活力。截至 2014 年底,全国已经有近 50% 的船舶险落地上海,远洋保险也已经有 80%～85% 集聚在上海④。

在海事审判与仲裁规则方面,上海自贸区试验区实施了《中国(上海)自由贸易试验区仲裁规则》。上海海事法院还在 2015 年 4 月设立了自贸试验区法庭,进一步完善海事审判与仲裁规则。

3. 供应链与物流运营中心聚集

早在 2008 年,世界 500 强中就有 491 家企业落户上海,为了促进上海自贸试验区建成集贸易、物流、结算、支付等功能于一体的营运中心,根据国家有关政策指导,自贸试验区深化国际贸易结算中心试点,拓展专用账户的服务贸易跨境收付和融资功能,推广经常项下跨境人民币集中收付业务,使企业支付结算流程不断简化,为企业全球供应链管理创造了良好环境。据估计,世界 500 强企业中大多数亚太供应链协调中心将会从中国香港、新加坡等地移至上海,加速跨国公司供应链和物流运营中心在上海的聚集⑤。

---

① 2014 年上海港口货物吞吐量达 75529 万吨[EB/OL]. http://www.21pi.cn/news/show.php?itemid=5743.

② 上海自贸区融资租赁全国第一[EB/OL]. http://www.southmoney.com/hkstock/ggxinwen/201501/252062.html.

③ BDI 指数又称波罗的海指数,它由国际干散货市场典型航线的即期运费加权计算而成,反映即期航运市场运价波动情况,是目前国际航运市场的权威指数。

④ 唐福勇. 上海航运保险市场集聚效果日渐显现[EB/OL]. http://finance.eastmoney.com/news/1355,20150130473394546.html.

⑤ 自贸区助推长江经济带物流 沪将成亚太供应链枢纽[EB/OL]. http://finance.chinanews.com/cj/2013/09-16/5287068.shtml.

4. 大宗商品等物流增值服务快速发展

为有效提升中国机构投资者在国际大宗商品市场中的交易报价能力,2014年11月,上海自贸试验区对外发布《中国(上海)自由贸易试验区大宗商品现货市场交易管理规则(试行)》,2015年又先后批准建立了8家商品交易中心,如中汇联合大宗商品交易中心、上海自贸试验区液化品国际交易中心和上海钢联大宗商品国际交易中心等①。

在此基础上,自贸试验区大宗商品交易不断活跃,贸易、物流、结算、期货、融资和投资融合的新服务不断涌现,支持扩大期货保税交割试点品种、企业和范围,拓展商业仓储提运单据质押融资等物流高端服务不断发展。如,银行间市场清算所股份有限公司推出的人民币铁矿石、动力煤掉期中央对手清算业务,促进了大宗商品贸易与新兴金融业务和物流服务之间的融合。

此外,上海自贸试验区在进口汽车物流高端服务等其他方面也发展较快。自贸试验区积极开展汽车平行进口的先行先试,创新汽车物流服务,延伸进口汽车服务供应链,使汽车滚装业务同比增长9.1%,继续保持全国领先优势②。

5. 跨境电子商务物流快速兴起

上海自贸试验区于2013年建设了我国第一家跨境贸易电子交易平台——"跨境通"电子商务平台。2014年亚马逊又与自贸试验区签订战略合作协议,以保税进口或者海外直邮的方式引进全球产品线,开展进口业务。截止到2015年4月,亚马逊直购进口订单总货值已达3185万元,占上海跨境电商订单总额90%之多③。除亚马逊外,由国际快递业龙头DHL所承运的"新海淘"业务也在上海自贸试验区开始运营。

上海自贸试验区在跨境电子商务产品通关、结算和支付等方面的政策体制机制的创新,将进一步推动跨境电子商务发展,从而将使保税仓储、配送中心、集拼中心和配送运输,以及以自贸试验区为窗口的海外仓、境外物流中心等相关业务将得到蓬勃发展。

(二)上海自贸试验区物流发展展望

上海自贸试验区在贸易监管、投资促进、金融和政府服务等方面的体制机制创新,推进了航运服务能级提升,为自贸试验区航运、港口、航空和物流企业注入

---

① 上海自贸区八家大宗商品交易市场齐亮相[EB/OL]. http://www.cngold.com.cn/zjs/20150207d1898n38525226.html.

② 上港集团2014年年度报告[EB/OL]. http://download.hexun.com/Txtdata/stock_detail_1200753685.shtml.

③ 上海自贸区:亚马逊直购进口订单破10万票[EB/OL]. http://www.yicai.com/news/jrtt/2015/04/4608258.html.

了新的活力、提供了新的空间,降低了物流相关企业的运行成本,吸引了跨国公司供应链和物流运行中心聚集,促进了大宗商品和跨境电子商务等高端物流的发展。

在2015年正式获批的《进一步深化中国(上海)自由贸易试验区改革开放方案》中,进一步突出了自贸试验区在体制机制改革和创新的排头兵和先行者的定位。其中,在深化改革负面清单的管理模式、健全综合执法体系、推动公平竞争制度创新、完善企业准入"单一窗口"制度、贸易监管制度和继续推进贸易监管制度创新等方面,将会进一步发挥经济体制改革牵引作用,推动资源配置依据市场规则、市场价格、市场竞争实现效益最大化和效率最优化,这将深刻改变物流企业的微观商业运行环境,极大激发物流企业创新能级,不仅对区内物流企业发展产生深远的影响,也会对区外的物流和供应链服务业态的创新产生深远影响。

上海自贸试验区营商环境的不断完善和制度的不断创新,将促进贸易、金融、互联网和高端制造业与物流业的进一步融合,形成物流高端服务发展的动力源。除此之外,上海自贸试验区在完善国际船舶登记、集装箱国际中转集拼、航运运价衍生品、海事仲裁和海事保险等方面的先行先试,将进一步提升航运高端服务发展,也将带动相关物流和供应链服务业态的创新。

二、粤津闽自贸试验区物流展望

服务业对外开放、金融市场创新发展、监督管理体制机制创新及投资和服务贸易便利化为自贸试验区物流增值服务提供了广阔的发展空间,广东、天津、福建自贸试验区物流高端化发展趋势将进一步加速,物流运作效率将进一步提升,国际运作水平,多式联运和保税物流网络都将得到快速发展,形成新型区域一体化物流市场。

(一) 广东自贸试验区物流展望

近年来,珠江三角地区随着产业的优化升级,以及外向型经济的发展,地区物流业呈现向高端物流转型的趋势,国际化程度得到了提高。深圳前海建设了高端物流业的聚集区,吸引大量外资进入物流产业,参与物流基础设施建设。借助地缘优势,广东省还不断加强与港澳在城市规划与交通网络等方面的对接,如广深港高速铁路的建设和运营、珠港澳大桥建设的推进等,为粤港澳物流产业的合作和发展奠定了良好的基础。

广东自贸试验区的建立是在新形势下促进内地与港澳深度合作的重要举措,它将在国际化、市场化、法制化营商环境、强化国际贸易功能集成和深化金融领域开放创新等方面,探索粤港澳经济合作新模式,深入推进粤港澳服务贸易自由化,促进内陆与港澳经济深度合作。物流业作为广州自贸试验区服务业的重要组成部分和支撑自贸试验区进一步对外开放发展的重要基础,将迎来新的发展机遇,交通航运服务市场将进一步对港澳服务提供者开放,为内陆国际船舶运输市场带来与国际相衔接的管理标准和规则,也为自贸试验区物流企业发展提供新的活力。其次,广州自贸试验区还将进一步促进粤港澳海空港协同发展,共同打造21世纪海上丝绸之路的物流枢纽,推动港澳国际航运高端产业向内地延伸和拓展;最后,粤港澳在金融方面的创新,还将进一步促进粤港澳跨境电子商务、支付结算、航运金融和保险等高端物流业务繁荣。

广东自贸试验区还将通过打造泛珠江三角区域发展综合服务区,强化对泛珠江三角区域的市场聚集和辐射功能,开展大宗商品现货交易和国际贸易,探索构建国际商品交易中心、信息中心和价格形成中心,通过内外贸联动,促进物流业与贸易金融的融合,在推动物流业高端化的同时将进一步提升物流业的辐射服务能力。

(二) 天津自贸试验区物流展望

天津作为我国北方重要的港口城市,航运和物流业是城市发展的重要产业,也是实现新时期国家对天津定位的基础保障。经过多年的发展,天津充分发挥其区位优势,港航物流的辐射范围沿着"一路"向西北纵深腹地不断扩展,物流业与高端制造业融合程度不断加深,国际物流网络体系日益完善。

天津自贸试验区建设方案将以开放促改革、促发展、促转型为核心,在增强口岸服务辐射功能、促进区域产业转型升级、推动区域金融市场一体化和构筑服务区域发展的科技创新人才高地四个方面,紧紧围绕京津冀协同发展战略,打造高水平对外开放平台。京津冀协同发展,尤其是区域通关一体化改革、保税物流网络的建设、专属京冀两地的物流园区的建设,将进一步推动京津冀区域物流一体化,推进港航专业化物流和保税物流发展,促进京津冀同城化物流服务的创新。京津冀一体化发展还将推动区域航空物流市场的繁荣,滨海国际机场货运服务网络将更加完善,从而带动海空联动发展,进一步推动京津冀物流市场空间一体化和服务专业化发展。

天津自贸试验区作为"一带一路"的重要节点,自贸试验区建设将进一步发挥北方无水港网络体系的优势,重要的货运交通走廊将日益完善,多式联运体系将得到快速发展,物流国际化服务水平进一步提升,跨境电子商务物流运作效率进一步提高,从而为我国北方对外开放提供更加便利的高水平便利化平台。

(三) 福建自贸试验区物流展望

福建省是我国东南沿海区域和东部沿海交汇点,是海峡西岸经济区的中心,闽台产业合作与交流活跃,其物流产业呈现以港口为依托,以福州、厦门等中心城市为重点的现代物流业"大网络、大服务、大产业"的发展格局,两岸物流通道逐步形成,口岸特色物流快速发展。

立足于推动两岸经济深化合作,福建自贸试验区将创新两岸合作机制,探索产业合作新模式,推动两岸金融合作先行先试,促进货物、服务、人员、资金等各类要素自由流动。借助区位优势和对台政策的先行先试,福建自贸试验区将成为两岸物流和供应链的运营和管理中心,辐射能力得到增强,区域物流将进一步发展。自贸试验区还将通过海上丝绸之路的建设推进区域辐射能力,吸引腹地进出口物流业务,并借助金融的体制机制改革,创新对台物流服务模式,进一步推动两岸合作,从而形成更广范围上的对台物流枢纽。

福建自贸试验区建设还将整合区域物流资源、带动区域物流发展。通关便利化、贸易自由化的发展,将促进保税监管服务、保税物流网络和综合保税区网络不断完善,将有序拓展沿线区域物流布局,自贸试验区将成为海上丝绸之路的重要物流节点。

三、自贸试验区对我国物流业未来发展的影响

(一)促进物流业转型发展

发展环境的变化要求物流企业的专业化程度不断提升,空间服务范围不断扩展,物流功能要素不断整合,服务模式不断创新。自贸试验区对服务业的扩大开放将带来国际海上运输业务、国际海运货物装卸、国际海运集装箱站和堆场业务,以及相关物流增值服务的快速增长,物流企业将面临更为广阔的专业化细分市场,广阔市场的规模经济效应将降低企业特色物流的运营成本,促使物流企业进一步与商贸、高端制造业融合,从而促进物流业向专业化、高端化转型发展;随着负面清单管理模式改革的不断深化,物流企业的投资环境将进一步改善,推动企业以兼并重组为突破口,实现更大范围的区域化和网络化运营,尤其是以跨境、过境为主的国际物流的网络化运作将促进物流业运营空间的转型发展;自贸试验区严格实施的经营者集中反垄断审查,探索在经营者集中、垄断协议和滥用市场支配地位等方面参与反垄断审查的制度安排,将为物流业提供更为完善的市场竞争环境,促进物流企业更高效地通过资源优化配置整合物流服务,不断拓展供应链服务的广度和深度,从而进一步加快物流服务的转型发展。

(二)推动物流服务创新

随着自贸试验区基础设施建设的完善,监督管理体制的创新,金融政策的开放,贸易环境的改善,我国自贸试验区将不断探索建立国际大宗商品交易和资源配置平台,开展能源产品、基本工业原材料和大宗农产品国际贸易,扩大期货保税交割试点,拓展仓单质押融资等功能,实施适应境外股权投资和离岸业务发展等促进贸易的税收政策,推动跨境贸易在信息流、物流、资本流等方面的融会贯通,

加快贸易和物流深度融合,从而促进物流业服务不断创新。未来,随着国际化分工和贸易全球化的推进,供应链金融、供应链服务平台、跨境电商物流等新兴企业将逐渐聚集,同时随着互联网技术的发展,互联网将进一步与金融、贸易和物流相互融合,从而产生更多的物流创新服务,促进物流业态繁荣发展。

(三) 有效提升我国物流企业的国际竞争力

随着自贸试验区贸易监管制度改革,自由贸易账户的建立、人民币的跨境使用和外汇管理体制等金融制度改革,以及人才培养模式的不断创新,我国物流企业的综合竞争力将得到提升;在贸易监管制度改革中,海关、检验检疫、边检、海事等部门采取了多项制度措施,创新监管服务模式,加快了监管机构互联互通,这促进了自贸试验区内货物、服务等各类要素自由流动,降低进出口平均通关时间和通关成本,完善国际物流网络;金融体制机制创新将降低我国物流企业的融资成本到低成本资金,为物流企业的对外投资提供便利,从而增强我国物流企业的国际竞争能力;同时,自贸试验区还将不断发挥国家自主创新示范区政策叠加优势,推动腹地科研机构、高校、企业协同创新,加快国际化物流人才培养,这将为物流企业的国际竞争力提升提供高端人才保障。

(四) 加快区域物流一体化进程

自贸试验区作为改革开放的桥头堡,对区域经济的"溢出效应"和"辐射效应"显著。京津冀地区、长江经济带、珠江三角洲地区,以及"一带一路"的建设发展,将助推区域经济一体化,并将逐步形成高端化区域物流节点和重要枢纽。随着区域经济一体化建设进程的不断加快与完善,区域内产业承接与转移,贸易、金融等监管体制不断创新,物流企业供应链运作空间不断延伸,自贸试验区作为区域经济发展的重要引擎,将充分发挥对外开放优势,以国际物流为抓手,构建区域物流大通道和节点网络,推动区域内形成宽领域、深层次、高水平、全方位的物流合作,加深区域物流一体化进程。

第十一章 中国港口的转型升级模式与展望

港口是国家的重要基础设施和综合交通运输体系的重要枢纽。目前,我国已成为世界港口大国,我国港口在世界十大港口中占据八个,世界十大集装箱港口中占据七个(包括香港港)。近年来,国内外经济与社会发展环境发生了巨大变化,要求港口提升服务功能,由主要追求吞吐量增长向着力提升质量和效益转变。面对新的形势与要求,我国中央和地方政府出台了一系列促进港口转型升级的政策,各地港口积极探索适合自身发展的港口转型升级模式。

第一节 我国港口转型升级的内涵及发展背景

我国港口的发展条件和环境正在发生深刻的变化。近年来,我国港口吞吐量已由高速增长进入稳定增长的新常态,船舶大型化对港口设备及运作服务能力提出了新的要求。我国港口发展迫切需要拓展服务功能,改变传统的增长方式。为促进港口转型升级,国家及沿海地区均出台了相关政策。

一、港口转型升级的内涵

港口转型升级是指转变港口发展方式,向创新驱动、资源节约、安全绿色转变,满足港口可持续发展的需要。通过拓展港口功能、全面优化港口产品结构、技术结构、提升服务能力,为客户提供更加高效、便捷的服务,不断提升港口的核心竞争力。

港口转型升级涉及理念的转变、模式的转型和结构的改变,是由传统发展道路向新型发展道路的转变,是一个战略性、全局性、系统性的变革过程[①]。港口转型升级的核心问题是提质增效:港口发展由主要依靠增加资源投入向主要依靠科技进步、劳动者素质提高和管理创新转变;由主要提供装卸服务向提供装卸服务和现代港口服务并重转变;由主要追求吞吐量增长向着力提升质量和效益转变。

---

① 张宝晨.我国港口转型升级中的政府角色[J].中国党政干部论坛,2014,(7):57—60.

二、我国港口转型升级的宏观背景

(一) 国际、国内经济形势转变,以规模扩张为主的港口发展模式难以持续

从港口的吞吐能力来看,经过十几年的大力发展,我国港口的吞吐能力已大幅度提高。截至 2012 年年底,我国沿海港口共有生产性泊位 4100 多个,吞吐能力 64.9 亿吨,集装箱通过能力 1.6 亿 TEU。[1] 交通运输部水运科学研究院分析研究认为,如果按照码头实际通过能力与所完成货物吞吐量的比值来计算码头能力适应度,我国沿海港口码头现在的能力适应度是 1.22,能力不足已经不再是主要矛盾。[2]

从港口需求来看,由于经济社会形势的发展,我国港口未来需求总体上将呈现平稳增长态势,持续高速增长的状况短期内很难再发生。

首先,在世界经济增长动力仍显不足、国内结构调整不断深化的大背景下,我国宏观经济运行面临着下行压力,经济增速持续放缓成为我国经济近年来逐渐凸显的一大特点。从 2012 年开始,我国经济增速已由原来将近 10% 左右的增速下降到 8% 以下。

其次,国际经济形势也呈现出不利于港口需求快速增长的情形。第一,全球经济进入低速增长区。对于未来几年的全球经济,联合国[3]、国际货币基金组织[4]、瑞银证券[5]、世界经济论坛[6]等机构均呈现谨慎的乐观态度。据 IMF 预测,2020 年前全球 GDP 增速的中轴将由 4% 向 2% 下降。这不仅意味着未来一段时间内世界经济增长的新增值将减少,也将引起国际贸易的一系列紧缩反应。第二,欧美发达国家在 2008 年金融危机后实施的"再工业化"策略,将在一定程度上改变原材料、半成品和工业品的国际流向,进而减缓港口需求增长。第三,跨境电子商务的兴起,以及我国自贸区将覆盖主要港口区域,将较大程度减少不合理运输,对港口的服务模式提出新的挑战。

在港口能力基本满足经济社会发展需求,未来港口需求增长速度放缓的情况下,我国过去十几年延续的以规模扩张为主的港口发展模式难以持续,未来港口

---

[1] 徐杏,郝军.我国沿海港口管理体制深化改革的思考[J].中国港口,2014,(2):1—4.
[2] 张宝晨.我国港口转型升级中的政府角色[J].中国党政干部论坛,2014,(7):57—60.
[3] 孙雨辉.联合国发布 2014 年世界经济形势与展望[EB/OL]. http://www.shekebao.com.cn/shekebao/2012skb/hwdt/userobject1ai6885.html.
[4] 国际货币经济组织.世界经济展望[EB/OL]. http://www.imf.org/external/chinese/.
[5] Larry Hatheway, Andrew Cates, Paul Donovan, Sophie Constable. 全球经济透视[EB/OL]. www.ubs.com/economics.
[6] 张璐晶,胡跃.复苏的经济 世界经济论坛授权本刊发布《2013—2014 年全球竞争力报告》[J].中国经济周刊,2013,(35):34—39.

企业的发展更多地需要通过提升服务质量、水平和能力,实现内涵式发展。

(二) 政府直接配置港口资源功能减弱,港口将更多地依靠市场力量发展

我国港口管理体制存在政企不分的现象,港口管理和码头经营合二为一,港口经营处于政府主导的相对垄断状态。这也导致我国港口企业实行粗放式的发展模式,盲目追求吞吐量规模的扩张、忽视企业效益的提高,严重影响了港口企业的国际竞争力,阻碍了港口企业的可持续发展。

党的十八届三中全会已经对全面深化改革做出重要部署,将进一步完善现代市场体系,充分发挥市场在资源配置中的决定性作用,推动资源配置依据市场规则实现效益和效率最大化。

根据全面深化改革的要求,我国未来将大幅度减少政府对港口资源的直接配置。政府未来在港口发展中的主要职能是加强和优化公共服务、维护市场秩序、保障公平竞争、弥补市场失灵和推动创新与可持续发展。未来港口发展将依据市场规则、市场价格,通过市场竞争实现效益最大化和效率最优化。

三、港口转型升级的行业背景

(一) 船舶大型化对港口发展提出新要求

船舶大型化是航运业发展的一种趋势,全球 5000 标准箱以上的船舶运力比例已经从 2000 年的 13% 增长到 2014 年的 56%。根据行业机构德鲁里(Drewry)的数据,未来五年,全球将至少交付 10000 到 12000 标准箱船舶 34 艘,12000 标准箱及以上船舶 106 艘①。

船舶大型化对港口产生以下影响:

第一,导致港口层级体系的重构。从经济性角度看,超大型船舶不可能挂靠过多的港口,这必然导致港口体系的重构,全球性和区域性枢纽港的地位作用更加凸显,附近的港口将不得不扮演其"喂给港"的角色。

第二,要求港口从硬件条件、操作效率、运营管理,以及陆上衔接等各环节整体提升服务等级。船舶大型化后,为进一步控制成本以提高其竞争力,船公司对港口装卸操作效率的要求越来越高。船舶大型化要求港口企业升级换代港口装卸机械,提升装卸机械的规格和标准,如岸桥加高和吊臂加长,以便更好地适应大船停靠。除了设备升级外,船舶大型化还要求港口要有更深的航道、更高等级的泊位、容量更大的货物堆场,以及更便捷的通道,保证货物从仓储到配送、分拨等环节做到畅通无阻。此外,要求港口向主要依靠科技进步、劳动者素质提高和

---

① 船舶扩容任性,港口或将"洗牌"[EB/OL]. http://www.port.org.cn/info/201504/184424.htm.

管理创新的发展模式转变,由主要追求吞吐量增长向着力提升质量和效益的转变。

（二）我国港口的服务功能比较单一,应对风险的能力较弱

我国港口企业大多经营模式单一,港口企业收入对码头装卸、仓储等传统业务的依赖性较大,其收入所占比例一般在60%~90%,而美国、中国香港等国际港口的收入来源更加广泛,见表11-1。

表11-1　国内外典型港口企业营业收入构成对比表　　　单位(%)

港口		洛杉矶	香港	北海	厦门	唐山	天津	上海	大连	日照	盐田	宁波
港口装卸		23	29	60	18	61	33	59	73	85	81	62
港口物流	仓储	4		1				17	27	2		38
	理货				4		1					
	代理	7	34		10		3					
	加工	9										
	运输	28	28		9	2				17		
	其他				1	4						
港口服务	船舶供应	17						24				
	贸易销售			39	46	27	53					
	拖轮业务				12		3					
	港务管理					6				9		
	其他	12	9				7			6		

注：① 物流加工包括包装、检测等物流增值服务；② 运输包括船舶运输及经营管理、陆路运输。

资料来源：刘铁鑫,王海霞.中国港口企业转型升级发展动因及策略探讨[J].中国港口,2012,(06):9—12.

从表11-1可以看出,我国大部分港口的非装卸服务占港口服务的比例不足50%,而发达国家这一比例达70%。我国港口功能相对简单,使得港口企业应对成本上升风险的能力较弱。如近年来随着我国劳动力成本的增长、港口安全环保成本投入的增大,我国港口企业的传统主业毛利率由2008年的52.7%下降为2012年的44.5%[①],使得港口企业的经营越来越困难。

---

① 张宝晨.我国港口转型升级中的政府角色[J].中国党政干部论坛,2014,(7):57—60.

四、港口转型升级的政策背景

为了推进我国港口转型升级,实现推动港口的内涵式发展,进一步提升港口的竞争力,交通运输部出台一系列推进港口转型升级的政策,一些沿海省市也出台了促进港口转型升级的政策。

(一)国家层面的政策

1. "资源节约型和环境友好型"港口发展政策

2009年2月,《交通运输部关于印发资源节约型环境友好型公路水路交通发展政策的通知》发布,提出公路水路交通要走资源节约、环境友好的发展道路。2010年5月,交通运输部在河北省唐山港召开的开资源节约型和环境友好型港口建设经验现场交流会上,明确提出交通运输行业2020年"两型"港口发展目标,在2005年的基础上,2020年全国港口单位长度生产性泊位完成的货物吞吐量提高50%左右,岸线资源集约利用取得显著成效;港口生产单位吞吐量综合能耗下降10%左右,能源利用效率显著提高;港口粉尘综合防治率达到70%,港口污水综合处理率达到100%,主要污染物排放量显著下降。

2. 关于推进港口转型升级的指导意见

2014年6月,交通运输部发布《关于推进港口转型升级的指导意见》。指导意见提出了我国港口转型升级的目标、主要任务、升级路径等。

我国港口转型升级的主要目标是以加快转变港口发展方式为主线,着力改革创新,调整优化结构,夯实发展基础,拓展港口功能,推进平安港口、绿色港口建设,促进港口提质增效升级。到2020年,基本形成质量效益高、枢纽作用强、绿色安全、集约发展、高效便捷的现代港口服务体系,适应我国经济社会发展需求。

我国港口升级的主要任务包括六个方面:一是拓展服务功能,发展现代港口业;二是完善港口运输系统,推进综合交通枢纽建设;三是科学配置港口资源,引导港口集约发展;四是加强技术和管理创新,推动港口绿色发展;五是加强港口安全管理,深化港口平安建设;六是提升港口信息化水平,促进港口服务高效便捷。这六方面任务体现出未来我国港口转型升级将主要围绕"三化""三型"重点发力。所谓"三化",即发展港口服务的现代化、推进综合交通枢纽化建设,以及引导港口集约化发展;所谓"三型",即绿色型、平安型、智慧型。

我国港口转型升级的主要路径包括以改革促转型升级、充分发挥标准化的基础性作用、通过规划推动港口转型升级。

(二)地方层面政策

为了推进港口转型升级,各地方政府结合自身的实际情况,也出台了一些政策措施,见表 11-2。

表 11-2 部分省市发布的促进港口转型升级的政策

发布省份	发布时间	政策名称	主要内容
上海市	2011.12	上海港"资源节约型、环境友好型"港口建设指导意见	到 2015 年和 2020 年,上海港口生产单位吞吐量综合能耗比 2010 年分别下降 5% 和 8%;港口生产单位吞吐量 CO_2 排放比 2005 年分别下降 10% 和 12%;SO_2、NOX 排放量显著下降。到 2015 年,轮胎式集装箱门式起重机(RTG)实施"油改电"、混合动力等节能减排改造达到 100%。到 2020 年,在国际邮轮码头、主要客运码头,以及 30% 大型集装箱码头和散货码头实现靠港船舶使用岸电;港口粉尘综合防治率达到 70%;港口污水综合处理率达到 100%;到港船舶污水和垃圾接收率均达到 100%
江苏省	2014.06	沿海开发六大行动方案	提出"1520"港口功能提升行动方案:"1"是完善一个港口的规划,以规划引领沿海港口功能的提升。"5"是提升沿海港口的五大能力,包括码头的通过能力、集疏运能力、物流集聚能力、服务能力和对外开放能力。"20"指具体实行提升港口的 20 项行动计划。主要目标是到 2015 年,沿海港口功能提升取得重大进展,通过能力基本适应运输的发展需求
福建省	2014.08	关于加快港口发展的行动纲要	港口转型升级的目标是通过推进港口转型升级,实现港口与产业、城市互动发展,将福建省港口建成面向世界、连接两岸、服务中西部地区发展的现代化港口群,打造福建港口成为两岸海上直接往来的主通道、主枢纽,并提出港口转型升级的八大主要任务
河北省	2014.11	河北省人民政府关于加快沿海港口转型升级为京津冀协同发展提供强力支撑的意见	提出河北省港口的"三大战略任务":一是明确港口功能定位,河北省沿海港口是国家"北煤南运"运输大通道的重要节点,我国煤炭装船港的主体,是北方腹地和欧亚"新丝绸之路"的重要出海口,打造环渤海第一大港口群和重要港口商贸物流枢纽,成为河北推进沿海地区率先发展增长极和河北融入京津冀协同发展的重要依托,在更大范围、更广领域、更高层次成为河北参与经济全球化的重要战略资源。二是明确港口发展目标,河北省港口将重点建设以唐山港为中心,黄骅港、秦皇岛港为两翼,布局合理、分工明确、优势互补、绿色环保的现代化综合性港群体系。三是提出"地主港"建港模式。政府对有条件的公用港区及后方一定范围的土地、海域及岸线资源,实施自主经营或者租赁经营,形成统一的港区投资、建设、运营和服务体系,促进港口资源的集约利用,更多地为社会提供公共运输服务

2011年，上海市交通运输与港口管理局出台的《上海港"资源节约型、环境友好型"港口建设指导意见》提出了上海港2015年、2020年能耗目标和废气排放目标。2014年6月，江苏省出台的《沿海开发六大行动方案》提出了江苏省沿海港口"1520"功能提升方案。2014年8月，福建省出台的《关于加快港口发展的行动纲要》提出了福建省港口转型升级的目标和八大主要任务。2014年11月，河北省出台的《河北省人民政府关于加快沿海港口转型升级为京津冀协同发展提供强力支撑的意见》则对河北省港口发展提出了三大战略任务。

第二节 我国港口转型升级的主要模式

我国港口近年来结合自身发展实际对转型升级进行了积极探索，形成了一些有效地拓展港口功能、提升质量效益、服务水平的转型升级模式。我国港口转型升级的主要模式包括延伸产业链，实施多元化发展战略；实施网络化布局，增强网络服务能力；与经济腹地实施联动，为港口转型升级提供动力支持；通过信息化建设，提升港口管理效率、服务水平；建设绿色港口，促进港口可持续发展。

一、延伸产业链，实施多元化发展战略

（一）由传统的港口物流向现代物流转型

随着全球经济一体化的发展，港口作为供应链中的一个重要节点，其战略地位日益加强。现代港口已不再是传统意义上的水路交通枢纽，已经成为支持世界经济、国际贸易发展的国际大流通体系的重要组成部分，成为链接全球生产、交换、分配和消费的中心环节。现代物流逐步成为现代港口的重要发展方向，国内的港口企业越来越意识到港口发展现代物流的重要性。港口除了继续发挥其装卸集装箱船货的运输功能外，还开始主动参与和组织与现代物流有关的各个物流环节的业务活动，实现从单一的运输、仓储等分段服务到消费者全过程物流服务的转变，为用户提供报关、流通加工、包装、配送等增值服务。

上海港提出"大通关"工程，积极开发货物分类、包装、加工、配送等新的服务领域，使港区的辐射功能和综合服务功能不断得到新的提升。上海港还成立了长江港口物流公司，业务由单一的码头装卸发展成向货主提供门到门的服务。

天津港大力开展以港口为核心的全程物流项目，目前天津港已经形成汽车物流、冷链物流等几种物流形态。天津港北疆港区国际汽车物流中心，提供进出口汽车及零配件港口仓储、报关、报检等港口服务，机动车安全环保检测、PDI检测、LI检测、美容维护等技术服务。2013年，天津港集装箱物流中心普菲斯冷链分拨中心投入使用，冷链分拨中心将成为联结城市与口岸的区域型冷链物流中转配送

中心。①

河北省港口集团积极推进港口煤炭物流建设。河北省港口集团从煤炭贸易、仓储配送、流通加工、高端增值物流服务等方面入手,提高专业化服务程度,打造煤炭全产业供应链②。

(二) 重视大宗商品交易市场的建设

各港口重视商贸功能的拓展和大宗商品交易市场的建设。天津港建立散货交易市场,打造各类市场平台,涵盖汽车、房车、快消品、大宗商品等领域,形成较为完善的分拨、配送、监管、贸易等功能。北部湾港培育了煤炭、石油、铁矿、锰矿、镍矿、硫黄、重金石、粮食等大宗商品市场。大连港现正努力打造汽车交易平台、粮食交易平台。河北港口集团凭借资源优势建设煤炭电子交易平台。舟山港正努力打造国际化的大宗资源类、能源类商品交易平台等。

(三) 发展物流金融业务

天津港正在打造金融物流平台,主要业务是货物监管,实时掌握货物动态,降低金融风险,进而搭建起畅通的金融物流体系。天津港金融物流业务的主要内容是通过金融机构向客户企业授信,客户企业将在天津港港内中转的货物抵押给银行,获得贷款,实现资产盘活的业务。2012年,天津港散货交易公司与宁夏天元锰业有限公司签署战略合作协议,就金融物流、供应链管理等进行深度合作,打造"金融物流链"。

(四) 港口地产的开发

交通运输部在《推进港口转型升级的指导意见》征求意见稿中明确提到,鼓励港口企业发展港口地产,合理利用岸线资源。上海港和天津港近年来都开始重视港口地产的开发。如,上海港在近年来推进了"上海长滩"、汇山地块、海门路地块等港口商务地产项目的建设。

(五) 发展邮轮经济

邮轮产业作为港口转型发展和产业结构调整的重要抓手,受到了各港口的重视。截至2013年年底,我国已有16个港口有过国际邮轮的接待经验③。上海、厦门、天津、三亚4个国际邮轮母港已投入使用,香港、大连、青岛、舟山、烟台等港口正在大力建设邮轮码头,珠海、海口等港口也正在规划建设邮轮码头④。

上海港为了更好地开发邮轮经济,于2010年成立了上海港国际邮轮旅行社,依托上海港国际邮轮码头的运作平台,整合全球邮轮精品航线,打造专业邮轮平

---

① 甘琛.冷商机助力港口转型升级[N].中国水运报,2014-10-24(006).
② 河北港口集团.河北港口集团全力打造物流供应载体[N].现代物流报,2014-01-21(A08).
③ 程爵浩.2013—2014中国邮轮市场发展报告[R].上海国际航运研究中心邮轮经济研究所,2014.
④ 颜晨广,朱彬姣.中国邮轮母港综合评价及发展建议[J].交通与港航,2014,(5):52—58.

台。其业务不仅销售从上海出发的母港邮轮,还销售各大邮轮公司的长线邮轮。2014年,上海港国际邮轮旅行社通过了4A级旅行社评定。上海港建设了邮轮电子商务平台,2014年6月,"邮游通—邮轮票务销售渠道服务平台"发布,平台包括航次、产品、订单、积分、报表、系统等管理模块,目前,在平台注册供应商有55家,供应商产品数量约930条,平台销售商数量达到623家①。

二、实施网络化布局,增强网络型服务能力

为了拓展运营网络,强化港口的核心竞争力,我国的港口以及码头运营商开始走出区域,甚至走出国门,通过投资、经营国内、国外码头,与国内外港口、航运企业、物流企业的战略合作,增强为客户提供网络型服务的能力。

(一)打造国内港口网络

1. 通过投资参股码头打造国内港口网络

上海港实施"长江战略",通过资本、技术和管理的输出,与长江沿岸各地合作。近年来,上海港先后投资南京、江阴等5个城市的集装箱码头,以及武汉、九江两地的港口集团;控股和参股四家航运公司②;航线覆盖江苏、浙江、安徽、江西、湖北、湖南、四川、重庆等省市的港口,形成了一条完整的"长江经济链"。

宁波港集团深化与上海、南京、太仓、连云港等长三角港口的合作,在太仓、南京投建专业化散货码头,布局长江沿线,塑造港口经济"紧密圈"③。

2014年12月,青岛港国际股份有限公司和滨州港务集团有限责任公司董事长,签订滨州港青港国际码头有限公司合资合同,双方共同进行滨州港的建设和运营。

2014年,盐田港与黄石市交通投资公司合资成立黄石棋盘洲港股份有限公司,未来将建设、经营棋盘洲港口一期4个泊位。

2. 建立区域性港口联盟

2011年,长江下游的南京、镇江、扬州、泰州、江阴、张家港、南通港7个港口集团成立了"下游七港联席会",建立了高层领导定期会晤机制,搭建了信息沟通和交流合作的平台,共同推进港口间业务合作、区域物流合作等事宜。

2014年12月,长江沿线的宜宾、泸州、重庆、宜昌、荆州、岳阳、武汉、黄石、安庆、池州、铜陵、芜湖、合肥、马鞍山、淮安、南京等16个城市的港口及相关企业共同发起"长江经济带港口物流区域合作联席会"④。"长江经济带港口物流区域合

---

① 上海国际港务(集团)股份有限公司2014年可持续发展报告[EB/OL]. http://www.sse.com.cn/.
② 上海港打活长江牌[EB/OL]. http://news.xinhuanet.com/local/2013-04/15/c_115394095.htm.
③ 宁波港转型升级促质变[EB/OL]. http://www.port.org.cn/info/201412/181672.htm.
④ 港口发展:联盟联动成新常态[EB/OL]. http://www.port.org.cn/info/201503/183471.htm.

作联席会"有助于进一步增进长江沿线港航物流企业间的互动交流,推进各港航企业间开展更深层次、更宽领域的业务合作,资本合作及区域物流合作,形成上中下游良性互动发展格局。

3. 政府主导区域港口整合

福建、广西、河北、重庆等地区已经开始了省内港口整合,由统一主体经营管理,避免产能重复建设和恶性竞争。

2005年12月,浙江省政府将宁波和舟山两港合一,设立宁波—舟山港管理委员会,主要负责宁波、舟山港口的规划管理和深水岸线的有序开发,协调两港一体化重大项目建设和两港经营秩序,以及有关规章制度的制定和执行,负责两港统计数据的汇总、上报和统一发布,以及协调两港对外宣传和招商引资工作。2014年9月,宁波港集团与舟山港集团签署战略合作框架协议,两港将以"资本为纽带、项目为载体",积极开展宁波—舟山港开发建设。

(二)布局国际网络

近年来,我国港口开始实施国际化发展战略,通过参股投资、获得特许经营权、建立战略联盟、合作等方式逐步布局国际网络,见表11-3。如,招商局国际在2013年通过收购Terminal Link港口公司49%的股权,间接拥有了法国、美国、比利时等多个国家的码头的股权。

表11-3 我国港口企业布局国际网络的主要事件

时间	港口企业	布局国际网络事件
2008年	中远太平洋	获得希腊比雷埃夫斯港2号码头及3号码头的经营权,该项特许经营权主要包括:发展、营运及以商业方式利用现有的2号码头;兴建、营运及以商业方式使用3号码头的东面部分。码头特许专营权期限为30年,若能按时完成3号码头的兴建,30年到期时可再延长5年至35年
2011年	招商局国际	与斯里兰卡港务局共同合资成立科坡伦国际集装箱码头有限公司(CICT),赢得建设、营运科伦坡港南集装箱码头的35年的合约
2013年	招商局国际	耗资4亿欧元收购达飞轮船全资拥有的Terminal Link港口公司49%股份,Terminal Link持有法国、摩洛哥、马耳他、美国、科特迪瓦、比利时、中国及韩国等国家的多个码头股权
2014年	青岛港	与迪拜环球港务集团签订《青岛港集团与迪拜环球港务集团加强港口战略合作框架协议》

(续表)

时间	港口企业	布局国际网络事件
2014年	连云港	与哈铁快运股份公司签署"中哈合作连云港物流堆场项目"合资协议,双方将以哈铁快运股份公司拥有的物流网络资源为基础,以连云港港口集团在过境货物运输为依托,成立合资公司,在连云港港口建设和经营物流堆场项目
2015年	上海港	中标以色列海法新港2021年至2046年的码头经营权

三、与经济腹地实施联动,为港口转型升级提供动力支持

港口腹地与港口间存在着相互依存、相互作用的关系。腹地经济越发达,对外经济联系越频繁,对港口的运输需求也越大,由此推动港口规模扩大和服务升级;港口的发展又为腹地经济发展创造条件,可促使港口腹地范围的进一步扩展。我国港口非常重视与腹地之前的联系,采用多种方式加强这种联系。

(一)通过无水港的形式加强与腹地的经济联系

以无水港为节点的内陆物流网络已经成为连接港口与内陆地区的重要纽带。天津港在内陆腹地建设了23个无水港和5个区域营销中心①。天津港无水港业务范围已涵盖进出口货物报关、报检、货物运输、仓储、箱务管理等范围,并通过区域通关模式,实现一次报关,货到港口即可放行。通过无水港的建设,天津港对内陆地区的辐射力进一步增强,2013年,天津港七成以上的货物吞吐量、近六成的集装箱吞吐量和五成以上的贸易额来自内陆②。天津港还在2014年4月推出"线上无水港"。该平台的启动,通过线上线下协同,集成和提升了天津港的功能和服务水平,进一步加强了天津港与腹地之间的经济联系。

到2014年底,宁波港集团已在浙江省内建设了9个无水港,在浙江省外建设了3个无水港,这些无水港有力地增强了宁波港的辐射力。

(二)通过海铁联运加强与腹地的经济联系

近年来,宁波港重点推进"千里浙赣线、万里甬新欧"两条海铁联运线路建设。宁波至江西海铁联运专列已实现"天天班",宁波至新疆海铁联运专列则将港口腹地延伸至丝绸之路经济带。

连云港与内陆各地合作紧密,与河南、陕西、甘肃、新疆等地口岸建立了战略

---

① 毛振华.天津港建设23个内陆"无水港",七成吞吐量来自内陆[EB/OL]. http://money.163.com/14/0512/15/9S2BAMJC00254TI5.html.
② 天津港"线上无水港"服务平台正式上线[EB/OL]. http://news.enorth.com.cn/system/2014/04/09/011804096.shtml.

合作关系,先后开通了侯马、陶家寨、无锡、阿拉山口等集装箱"五定"班列[①]。

(三)通过水水联运加强与腹地的经济联系

上海港近年来一直在推动"长江发展战略",主要采取了以下措施:第一,积极推动江海联运标准化的实施;第二,联合长江沿线港口加快信息化创新,加强起运港和目的港之间的信息联系;第三,鼓励航运公司把长江业务做到江海直达。江海联运的发展使上海港能更好地服务于长江流域的经济发展。上海港重视内河码头发展,加强与腹地内河港口的支线合作,重点开发了安吉川达内河港、嘉兴内河港、独山港到上海港的水水中转航线,有力地增强了上海港对浙北和苏南地区的辐射力。

四、通过信息化建设,提升港口管理效率和服务水平

信息化是当今世界经济与社会发展的大趋势,大力推进港口企业的信息化建设,是发展现代航运业的根本要求,也是提高港口管理效率和服务水平的主要途径。港口信息化建设主要包括港口管理信息平台、电子口岸建设,以及物流中心信息化建设。

(一)港口管理信息平台建设

港口管理信息平台的建设可以提高工作效率,为港口经营人、船主、货主提供更加全面、快捷的服务,提升港口行政管理部门的工作水平,港口管理信息平台的建设还能为与其他口岸管理部门交换数据提供接口,避免因多头重复输入为相关企业带来的不便和出现差错的可能,提高通关效率。部分港口企业管理信息平台建设情况见表11-4。

表11-4 部分港口企业管理信息平台建设情况

港口	管理信息平台建设主要内容	达到的效果
上海港	2014年1月,上海港船舶调度平台正式运行。通过图形与图案配合的预警式管理的表现形式将TOPS实时数据传入,并辅以现场视频使港口企业能随时掌控码头船舶的实时信息	港口企业通过该平台完成了航信、船、费率、客户、码头、箱、效率等多种代码的标准化和统计报表的一致性
大连港	TOP+智能化集装箱码头操作系统。应用物联网和互联网技术,使集装箱码头全部根据电子指令进行作业	不仅减少了现场业务人员数量,降低了安全风险和人工成本,同时也提高了数据采集处理的及时性
天津港	用射频卡代替装箱单,集装箱箱单内涉及的船名、航次、提单号等信息均可在射频卡中录入	为取消集港装箱单、简化集港作业流程创造了可能

---

① 陈思等.创新交通运输模式,走可持续发展道路[J].全国商情,2012,(16):16—21.

（二）电子口岸建设

建设电子口岸是发展现代港口的一种重要方式。由于电子口岸连接了各专业平台和各支撑系统，因此通过这个平台就能实现整个口岸业务的电子化。

2014年6月，上海港在上海保税港区开展了"单一窗口"试点。按照上海国际贸易"单一窗口"建设工作方案，"单一窗口"主要功能包括货物申报、运输工具申报、进出口相关许可、企业资质管理、支付结算，以及信息查询等六个模块。目前，作为"单一窗口"的核心功能，货物模块的进口申报、出口申报、一线进出境申报，以及运输工具模块的国际船舶联网核放、船舶申报等项目，都已上线运行。

2015年，"单一窗口"推广到沿海地区口岸。目前沿海地区口岸如天津、广东、福建、浙江、江苏、辽宁等一些贸易大省都在稳步推进"单一窗口"建设。

（三）物流中心信息化建设

物流中心信息化建设以建立现代化物流为目标，紧密连接货主、客户、内外贸公司、仓储公司、运输公司、生产和供销单位，共同开发、建设、管理、经营，最终实现"产、路、港、航一条龙，产、供、销、贸一体化"的战略格局。

青岛港的海道网以电子商务和网络公共平台为依托，以网络交易、网络结算、网络物流金融、信誉体系等多元化网络服务为手段，整合青岛区域的物流行业资源和贸易客户资源，打造的物流服务平台。海道网通过船期运价平台、订舱服务平台、传媒平台这三大板块实现信息便捷检索、有效订舱和城市最大信息库的建立。

河北港口集团利用信息共享、数据挖掘、云计算、虚拟化等技术，实现信息技术与港口煤炭传统业务的深度融合。秦皇岛海运煤炭交易市场以信息技术为支撑，成为整合煤炭生产、铁路、港口、用煤单位、煤炭经营者等相关单位的市场、物流、信息资源的"一站式"信息、物流、交易和服务平台。

五、建设绿色港口，促进港口可持续发展

近年来，我国港口发展越来越重视港口对区域环境的负面影响，将和谐相处的理念渗透到各项相关工作中，逐步加快推进低能耗、低污染、高效率新型港口的建设。

（一）推动岸电模式的应用

所谓岸电系统，就是船舶在靠泊期间停止使用船舶上的发电机，改用陆地电源供电，从而减少废气排放量的船舶供电方式。船用岸电作为一项有效减少港口污染物排放的技术手段越来越受到港口的重视，也得到了交通运输部和各省市政府的政策支持。

从2010年起，交通运输部陆续启动了上海港、连云港港、蛇口港集装码头共7个泊位船舶靠港使用岸电改造的示范工作。2011年，交通运输部在《交通运输行

业节能减排工作要点》中提出"继续推广应用靠港船舶使用岸电技术",在《公路水路交通运输节能减排"十二五"规划》中提出"推广靠港船舶使用岸电"。2012年,交通运输部制定发布了靠港船舶使用岸电的技术标准、安全操作规程和设计规范,并利用交通运输节能减排专项资金对已经实施的项目提供相当于建设成本20%的资金奖励。

2013年,上海市政府发布《上海市清洁空气行动计划(2013—2017)》,将推进靠港船舶使用岸基供电列为上海市推进大气污染防治工作的一项重要任务。为促进岸电系统的有效使用,2014年9月,深圳市出台《深圳市港口、船舶岸电设施和船用低硫油补贴资金管理暂行办法》。

国内一些港口在政策的大力支持下,加大了岸电项目的投资力度。如从2013年开始到2014年年底,天津港集团完成了36座低压岸电装置建设,实现了所有港作船舶停靠期间岸基供电。目前,国内港口中,蛇口、沧州、宁波、天津、上海、连云港、深圳盐田、黄骅等港口"船用岸电"项目已经投入运用。2014年11月,由连云港港主编的《港口船舶岸基供电系统技术条件——高压上船》和《港口船舶岸基供电系统操作技术规程——高压上船》经过两年正式施行,正式成为国家标准。

(二)推动港口使用液化天然气

2013年10月,《交通运输部关于推进水运行业应用液化天然气的指导意见》颁布。2014年9月,交通运输部办公厅发布《水运行业应用液化天然气试点示范工作实施方案》,推出了7个试点项目、6个示范项目和3个示范区项目。

(三)其他生态港口建设实践

除了普遍实施的船用岸电技术以及港口使用液化天然气外,各港口还结合自身的特色,对绿色港口建设进行了大量实践,如表11-5所示。如上海港的轮胎式集装箱龙门起重机采用锂电池供电节能改造,每年可节省燃油约6.8万升/轮胎吊。

表11-5 我国部分绿色生态港口建设实践

港口	典型举措	目标与效果
上海港	轮胎式集装箱龙门起重机采用锂电池供电节能改造	每年节省燃油约6.8万升/轮胎吊
青岛港	集卡"最优路径"	每年可节约能源1344吨标准煤
宁波港	集装箱码头"一拖双挂"运输模式	重箱转场可节油44%,空箱转场可节油40%,整体节能37.25%
连云港港	新苏港30万吨级矿石码头节能减排综合技术	每年节约电能232.3万千瓦,减少二氧化碳排放3476吨,节约燃油379吨,共折合标准煤1490.7吨

（续表）

港口	典型举措	目标与效果
天津港	焦炭专业化泊位"零空闲变速操作化"	生产效率提高29.9%，每年节电405.56万千瓦，折合标准煤1638.5吨
日照港	矿石卸船机综合节能技术	每年可节电约76.5万千瓦，节约电费近80万元，实现节能量254.7吨标准煤
重庆港	新型325TEU节能集装箱船推广	年节能量折算标准煤4330吨，减少二氧化碳排放量10637.51吨，减少NO_x排放量67.55吨，减少SO_x排放量71.45吨，减少烟尘排放量41.57吨

资料来源：交通运输部体改法规司.节能减排示范项目推广材料.http://jtjnw.mot.gov.cn/shifangdx/.

第三节 我国港口转型升级的展望

港口转型升级是长期的过程，未来港口转型升级既受到社会经济发展的影响，也受到技术进步的影响。我国港口未来转型升级发展一方面需要与国家重大发展战略结合，更好地为国家经济社会发展服务。另一方面，我国港口转型升级也受技术进步推动，"互联网+"、云计算、大数据、物联网、电子商务等新模式、新技术的快速发展，将对港口转型升级产生重大影响。

一、港口的综合供应链服务能力将越来越受重视

现代港口物流实质上就是一个以港口为基础节点的供应链体系。中国港口转型升级的基本方向在于大力发展基于供应链管理的现代港口物流，促进港口企业由传统港口装卸运输企业向现代港口物流企业转型。

越来越多的港口规划向综合物流商转型。如根据规划，上海港将发展汽车物流、区域分拨中心和冷链仓储等新业态，以加快从单一装卸工向综合物流商的转型。

天津港提出来要做大做强物流服务功能，着力打造大通道、发展大物流，更好地提供中转集拼、运输仓储、加工配送、物流金融等服务，加快成为国际物流中心和资源配置中心。

河北港口集团未来将依托以港口为中心的集疏运体系，根据电厂等买家需要，对从卖家进来的煤炭进行配比加工，实现物流供应链上的增值。

二、港口的服务功能将进一步提升

随着自贸区政策的全面实施，原有的机制体制约束将进一步被打破，实现航

运要素和资源的集聚,港口的服务功能将进一步提升。

(一)"自贸区"政策将大幅度提高国内港口的国际中转能力

目前,我国港口基本是腹地型港口,国际中转量极为有限。以货物吞吐量世界排名第一的上海港为例,国际中转比例在5%左右,而新加坡、韩国釜山等地分别达到85%和50%。自贸区一线放开的环境,将吸引东南亚等区域的出口货物在上海、深圳、福州、天津港中转。同时允许非五星旗船开展沿海捎带,将把原来国内由釜山等地的国际中转货物改由国内的港口中转①。如果未来政策进一步放开,允许外资公司开展沿海捎带,将进一步提升国内港口的国际中转能力。

(二)"自贸区"政策推动港口由物流运输集散港向物流交易集成港转变

自贸区出台了一系列政策,将有助于港口完善现货交易平台,拓展期货交易功能,加快发展"物流+金融""物流+贸易""物流+电子商务"业务,推动港口由传统的物流运输集散港向物流交易集成港转变。

第一,自贸区在大宗商品交易以及临港商务发展方面的政策,为港口企业开展商贸业务提供了条件。《中国(上海)自由贸易试验区总体方案》中提出了"探索在试验区内设立国际大宗商品交易和资源配置平台,开展能源产品、基本工业原料和大宗农产品的国际贸易""加快培育跨境电子商务服务功能,试点建立与之相适应的海关监管、检验检疫、退税、跨境支付、物流等支撑系统",为港口企业开展临港商贸业务创造了条件。《中国(天津)自由贸易试验区总体方案》提出依法合规开展大宗商品现货交易,探索建立与国际大宗商品交易相适应的外汇管理和海关监管制度。

第二,自贸区为物流金融大发展提供了政策支持。《中国(上海)自由贸易试验区总体方案》中提出了"扩大完善期货保税交割试点,拓展仓单质押融资等功能",为港口企业拓展物流金融服务提供了发展空间。港口企业拥有仓库、堆场等资源,可以通过对货物监管,实时掌握货物动态,具备开展仓单质押等业务的优势条件。在自贸区政策的支持下,未来港口的物流金融将迎来较好的机遇。

三、港口全球网络布局将进一步加快

现代港口作为供应链中的一个环节,强调港口之间的互动。码头运营商通过扩张和兼并,在全球进行网络化布局是现代港口发展的重要特征。

2015年,国家发展改革委、外交部、商务部共同发布了《推动共建丝绸之路经济带和21世纪海上丝绸之路的愿景与行动》,提出要"推动口岸基础设施建设,畅

---

① 新华网.三方面促进港口升级,自贸区不依赖土地升值[EB/OL]. http://news.xinhuanet.com/fortune/2013-10/14/c_117707292.htm.

通陆水联运通道,推进港口合作建设,增加海上航线和班次,加强海上物流信息化合作"。

中国的港口企业有着丰富的基础设施建设和运营经验,同时,"21世纪海上丝绸之路"中东南亚及南亚国家存在强烈的建设大港口的需求,中国的港口企业面临着良好的"走出去"的机遇。可以预期,在"一带一路"战略下,中国港口未来"走出去"参与国外重点港口的建设、运营,融入全球航运体系的步伐将进一步加快。

国内港口布局全球网络体系时,应关注各种风险,尤其是政治风险,以降低对我国港口海外布局造成的不利影响。如2015年3月,斯里兰卡叫停由中国企业投资建设的科伦坡港口城项目的施工,称上届政府批准的这一项目缺乏相应法律文件许可,需要重新评估。希腊新政府宣布将重新考核上届政府启动的向中远集团出售比雷埃夫斯港口股权的进程,称将根据希腊人民的利益重新审核与中远集团的交易①。

四、港口的区域间整合进一步强化

随着国际国内形势的变化,以往条块分割式的区域发展战略已不能满足时代的新要求。我国提出了以京津冀协同发展、沿长江经济带为支撑的协同均衡与重点推进并行战略。区域协同发展战略对港口的区域间整合提出了一些新的要求,国家也出台了相关政策来推动港口的区域间整合。

(一) 区域港口之间横向整合将进一步增强

以资产为纽带的区域港口集团横向整合趋势显现,如2014年8月,天津港集团与河北港口集团共同出资组建的渤海津冀港口投资发展有限公司挂牌成立。该公司未来将统筹规划利用天津、河北两地的港口资源及航运要素,按照市场化原则,进一步优化区域港口资源配置,实现两地优势互补,发挥好港口对京津冀的带动作用。长三角区域港口未来可能将围绕上海国际航运中心建设的目标形成战略联盟,以资本投资为纽带,通过相互投资参股、持股、码头泊位共建共享等方式,建设上海国际航运中心组合港群。

(二) 区域港口间的专业化分工和功能定位分工将强化

未来港口的竞争将主要体现为港口群间的竞争,以全球性或区域性国际航运中心港口为主体、以地区性枢纽港和支线港为辅助的港口网络已经形成。目前,我国区域内港口定位和分工不清,同质化竞争激烈。例如,由于津冀两地港口腹地空间重叠、产业结构趋同,使得两地港口吞吐的货类较为接近,特别是在大宗干

---

① "一带一路"为中国港航产业发展带来发展机遇[N].中国水运报,2015-04-22(001).

散货类方面的业务严重趋同。

在区域协同发展战略背景下,为了提升港口群的竞争力,区域内大中小港口的有效衔接布局、功能互补、专业化合理分工在政策的支持下可能会有所突破。目前,区域港口之间的专业化分工和功能定位分工的趋势已经有所显现,如根据上港集团的计划,外高桥将不再承接长江上游集装箱中转洋山港业务,长江34家支线船公司承运的重庆、武汉、长沙、九江等长江上游地区外贸集装箱全部转移集并至太仓港①。

五、港口将向"互联网+"升级

2015年的政府工作报告中首次提出"互联网+"行动计划,将互联网纳入国家战略。政府工作报告指出,政府将制定"互联网+"行动,推动移动互联网、云计算、大数据、物联网等与现代制造业结合,促进电子商务、工业互联网和互联网金融健康发展,引导互联网企业拓展国际市场。"互联网+"战略的实施,将推动港口将互联网思维、物联网技术、大数据技术、云计算技术、地理信息系统(GIS)等信息技术应用到港口生产中,未来"互联网+港口"的信息化趋势将更明显。

"互联网+港口"使港口由海运物流链条上的空间节点升级为信息服务节点。对港口的升级有两方面作用:第一,在港口内部的联系上,将互联网向传感网延伸,形成港口物联网,实现数据自动采集和处理,实时在线跟踪、监控、统计和查询。通过数据流的有效组织和融合,可以整合码头的信息资源,实现港口大数据平台和码头作业调度的云计算平台。多个码头可以共享云计算服务,实现码头作业运营的标准化和智能化。

第二,港口更好地挖掘和满足客户的服务需求。一方面,将港口内部的生产操作主体直接显现在平台上,使港口经营者更容易感知货主和船公司等服务对象的需求变化,港口服务将更加贴近市场;另一方面,港口服务以大客户为中心的商业模式将被颠覆,中小型客户的需求将通过这一平台而被整合和放大。港口可以借助于互联网平台提供面向中小客户的定制式服务,从而激发中小客户对港口服务的需求。"互联网+"有助于港口整合并延伸港口物流服务产业链,引导港口企业从生产型向服务型转变。

---

① 长江下游港口走向竞合,通关一体化改革启动[EB/OL]. http://money.163.com/14/1106/00/AAB2D1M000253B0H.html.

第十二章 电商物流"最后一公里"服务模式与发展趋势

电子商务的快速发展正在推动我国传统物流的运作模式发生深刻变革,其中靠近最终消费者的"最后一公里"递送、交付环节难点和问题最多,产业创新和发展空间十分巨大。有效解决电商物流"最后一公里"问题,不仅能够推动电商物流行业转型和提升企业经济效益,而且可以促进物流服务网络深入城市社区和改善居民物流服务水平。在电子商务快速发展和国家城市物流政策的共同推动下,我国电商物流"最后一公里"服务模式日益多样化,已经成为城市社区服务和民生发展的重要组成部分。

第一节 电商物流"最后一公里"服务的发展背景及特征

随着互联网经济的快速发展,社会商业体系逐步实现商流、资金流、信息流三种虚拟流程在线上的整合,物流则发展为相对独立的实体流程,并呈现出专业化、细分化的发展特征。由于电子商务对终端用户消费体验的重视,电商物流末端"最后一公里"交付过程,已经成为当前中国电商物流和城市物流发展的热点和难点问题。

一、电商物流"最后一公里"服务概念内涵

物流服务包含一系列过程,其中"最后一公里"(Last Mile)物流服务一般是指在经过运输装卸、仓储分拨、流通加工、城市配送等作业环节后,根据客户的不同要求,将货物送到最终客户手中的终端配送和交付环节。

对于不同的物流细分行业,"最后一公里"服务往往有更具体的含义。例如公路货运领域的"最后一公里"是指干线专线运输完成后的城市配送阶段;快递物流"最后一公里"多指城市落地配的社区配送阶段;铁路货运的"最后一公里"多指铁路干线运输完成后,从铁路场站到工厂和客户指定地点的终端配送阶段。以终端客户的性质来划分,"最后一公里"又分为对商业企业的终端配送交付服务(2B),以及对最终消费者的终端配送交付服务(2C)。

本书所指的电子商务物流"最后一公里"服务,是指网络零售包裹在经历一系列物流服务过程之后,在城市社区、自提网点等终端根据最终消费者需求实现包裹配送和交付的过程。从终端用户来看,本文所指的电商物流"最后一公里"服务,是面向最终消费者(2C)的配送和交付服务,不包括面向企业或零售终端(2B)的城市配送服务。

电商物流"最后一公里",是电商物流整个服务过程中,唯一与终端用户面对面接触的环节。因此,"最后一公里"服务是电商物流客户体验的重要组成部分,是电子商务整个供应链与消费者的直接接触点和服务窗口。

二、电商物流"最后一公里"服务的发展背景

电商物流"最后一公里"服务的发展是在互联网经济和电子商务飞速发展的基础上,物流服务网络逐步向城市、社区布局从而产生的一种物流服务模式。随着电子商务消费经济向产品和服务的个性化发展,电商物流"最后一公里"已经引起了人们的普遍重视。

(一)行业转型升级引致快递企业"最后一公里"核心竞争力角逐

随着国家经济进入新常态发展阶段,我国现代物流产业结构调整与转型升级的步伐也不断加快,快递企业之间的竞争也开始从单一的价格竞争向网络覆盖能力和服务水平转变。"最后一公里"城市终端网络不仅是物流网络延伸的方向,也是快递企业提升竞争力的关键点之一。快递企业"最后一公里"的布局不仅关系物流服务的服务质量、物流时效和服务成本,而且和代收货款、上门收货等物流快递增值服务能力密切相关,因此成为企业提升竞争力的重要支撑。

(二)日趋个性化的消费需求催生"最后一公里"配送多元化发展

"最后一公里"配送所面对的目标客户主要是年轻网络购物人群,他们已经形成网络购物习惯,且消费需求更加个性化,对物流服务的要求也更加多元化,他们对于配送的时间、地点、方式等要求各不相同,对于配送服务质量要求也比较高。加上网络购物产品品类逐步扩展,生鲜易腐、家居大件、小批量多批次的快消品等对终端配送要求也各不相同,迫使企业在"最后一公里"服务上不断提升水平。

(三)电商物流的渠道下沉推动"最后一公里"服务升级

自20世纪90年代中期以来,互联网在中国逐步普及,电子商务物流配送服务也随之快速发展。在网络零售平台以及诸多C2C、B2C电商蓬勃发展的带动下,送货上门成为电商物流发展的核心形式,电商物流企业也开始注重针对城市社区的"最后一公里"配送服务。随着移动电子商务、O2O商业模式的快速发展,电子商务的社区化、本地化市场获得进一步深度开发,电商物流服务渠道也随之下沉到社区服务,人口聚集的城市社区、相对发达的农村地区等细分区域的"最后一公里"物流服务网络不断搭建。

(四)高峰期的快递"爆仓"要求"最后一公里"增加服务柔性

网络购物需求的波动性对"最后一公里"服务提出了挑战,尤其是"双11""双12"①等大型购物平台的促销活动,在短时间内推动网络购物订单爆发,造成"最后一公里"服务能力相对不足,常常面临包裹"爆仓"的风险,无法及时实现配送交付。2014年的"双11"全天,阿里巴巴淘宝和天猫平台总交易额达到571亿元,产生包裹运送量2.78亿个。日益增长的快递网络零售包裹快件物流需求要求企业提升"最后一公里"服务能力,储备旺季服务能力,减少各级仓库的包裹分拨压力,提升物流服务的柔性。

三、电商物流"最后一公里"服务的主要特征

与一般的物流配送和交付过程相比,电商物流"最后一公里"有着比较鲜明的特征。这些特征产生的基本原因是快递企业需要更加重视终端消费者的购物体验,即从时间、服务和便利性上满足消费者的个性化需求。

(一)电商物流"最后一公里"服务需求的个性化程度高

电商物流"最后一公里"服务主要面向终端消费者,消费者的物流配送和交付需求具有动态性和多样性,不同的消费者服务需求差异较大。例如,校园里的学生需要根据上下课时间安排配送和交付策略,城市社区居民需要按照不同的出行要求安排送货上门的时间。又如,一些消费者希望将快递包裹送入没有安装电梯的居住楼层,另一些消费者出于安全的考虑希望将快件送到工作单位的传达室。此外,一些客户需要包裹尽快送达,另一些客户则希望包裹在某个特定的时间范围内送到。由于这些个性化需求的存在,电商快递物流企业需要根据客户需求的差异动态布局配送网点和规划行动路线,提供个性化、差异化的"最后一公里"服务。

(二)电商物流"最后一公里"服务具有不均衡性和双向性

电商物流终端配送和交付服务的不均衡性体现在时间和空间的不均衡两个方面。时间上的不均衡性是指服务需求具有淡季和旺季之分,如一些电子商务的促销活动会大幅提升某个时间的快递需求。空间上的不均衡性是指不同地区、不同社区的"最后一公里"物流服务需求差异较大,如城市和农村地区的"最后一公

---

① "双11""双12"是指每年的11月11日和12月12日,以天猫、淘宝、京东为代表的大型电子商务网站利用这些特殊日期进行的一些大规模打折促销活动,以提高销售额度。从2009年开始,这些节日已经成为中国互联网最大规模的商业活动。阿里巴巴集团控股有限公司于2011年11月1日向国家商标局提出了"双十一"商标注册申请,2012年12月28日取得该商标的专用权。

里"服务差别十分明显,商场、企业所在地与居民社区在道路通行、安保条件、交付需求等也有较大差异。由于网络购物退换货需求的存在,电商物流"最后一公里"服务具有正向、逆向物流交织的双向性特征。同时,这种双向物流也具有不均衡性,一般普通居民社区快递的送件需求大于上门取件的逆向物流要求。

(三)电商物流"最后一公里"的附加增值服务发展空间大

作为可以接触到终端用户的唯一界面,"最后一公里"服务有可能成为电商和快递企业扩展线上线下全渠道服务的载体形式,因此具有扩展各类增值服务和附加服务的巨大发展空间。最常见的增值服务模式包括定时定点送达、代收货款、包裹代收、包裹暂存、退换货、上门收件、多选一收货、夜间送货、使用讲解、试穿试用、安装调试等。最常见的附加服务包括社区代购、商品代卖、自助银行、自助缴费、工具租赁、安装维修等社区服务。从理论上讲,社区化"最后一公里"服务可以成为居民聚集区的综合性便利服务中心,具有提供全方位生活服务的业务拓展空间。

第二节 电商物流"最后一公里"主要服务模式

我国的电子商务行业目前处于桌面电子商务、移动电子商务、跨境电子商务以及线上线下协同型电子商务融合、叠加发展时期,与之配套的电商物流在订单处理、仓储分拨、城市配送等方面也不断创新。在电商物流"最后一公里"服务方面,很多企业都在积极探索服务模式创新,已形成四大类服务模式,依次为快递企业的创新服务模式、平台类的创新服务模式、特定产品的专业服务模式和特定区域的专业服务模式。

一、快递企业的创新服务模式

快递企业是传统电商物流的主要服务提供商,其最初的"最后一公里"服务也相对简单,以"城市分仓+分片递送"形式完成终端配送,以"电话联系+面对面交接"的形式实现交付。其中,城市分仓的运营包含自营网点或"落地配"公司①加盟等方式。随着电商物流包裹业务量的提升,快递企业"最后一公里"服务商也在创新服务模式,不断改进,提升服务效率。

(一)服务产品差异化模式

服务产品差异化模式是指由消费者根据需要自主选择交付时间、交付地点、

---

① "落地配"公司是服务于城市社区终端配送的区域性快递公司,一般采用直营或加盟的方式在快递包裹需求量较大的城市片区设立终端分拨配送网点,并由分片包干的快递员完成送件入户。"落地配"公司一般的业务包括社区分拨、同城转运、面对面交付等。

交货方式(面对面交接、代收、自提)等,再根据消费者的决策形成几种相对标准化的服务产品,实现"最后一公里"服务的差异化,并差别定价。这种模式是快递企业较早采用的终端配送差异化模式。例如目前圆通、中通、申通等快递公司都在提供标准快递服务的同时,提供时效快递产品,包括8小时同城、12小时次晨达、24小时次日达、36小时隔日达等。在增值服务方面都提供到达付款、代收货款、代理取件、签单返还、电子面单、快件保价、仓配一体化等。这种服务产品差异化的模式不仅实现了服务个性化,提升了客户体验,而且可以了解客户真实需求,积累社区服务数据,对提升服务效率、合理控制服务成本等有现实意义。中国快递企业通常提供的时效快递产品和增值服务如表12-1所示。

表12-1 快递企业一般的时效快递产品和增值服务

快递企业 服务产品	时效快递产品	8小时同城
		12小时次晨达
		24小时次日达
		36小时隔日达
	增值服务	到达付款
		代收货款
		代理取件
		签单返还
		电子面单
		快件保价
		仓配一体化

资料来源:根据各快递企业网站业务收集整理。

(二) 大数据基础上的预先服务模式

物流需求大数据的积累是电商快递物流区别于传统物流的重要特征。在"最后一公里"服务中,根据以往大数据需求预测的结果,提前规划和实施物流先期作业,将产品部署到区域分仓,甚至将"最后一公里"变为顾客在网络零售平台下单后的"唯一一公里"物流,目前这种模式已经成为快递企业终端快递服务应对快递高峰期的服务手段。

例如,2014年"双11"购物节期间,天猫平台商家利用菜鸟物流的仓库网络优势,由菜鸟公司根据商品类目、交易数据、物流路径效率等因素为入驻商家提供一个建议备货量,并与商家自己的预测值匹配。确定数量的商品由快递企业提前放入区域分仓仓库,待客户下单后由快递公司立即从"最后一公里"仓库直接出货配送。这一服务成为天猫在"双11"当天推出的"当日达"服务的重要内容,推动天猫在"双11"当天实现了全国多个城市的消费者"当日收货"。再如,虽然北京"双11"购物节当天同时在召开APEC(亚太经济合作组织)会议,城市交通面临严格管控,但京东物流依托大数据预测和提前部署,"双11"当天95%的客户仍然享受到了京东物流提供的当天下单、当天到达服务。

(三)众包模式

城市快递"最后一公里"对人力、交通资源占用巨大,部分快递企业也在尝试以互联网"众筹"①思路,通过整合社区闲散递送资源的方式,降低"最后一公里"服务的社会运营成本。这种模式利用互联网平台发布电商快递"最后一公里"服务需求信息,由众多签约加盟的兼职递送人员根据自己的出行行程和闲暇时间响应该需求,并按照相应服务流程完成物流递送和交付服务。典型的企业如快递众包领域的人人快递,本地生活领域的"达达"等。人人快递的众筹模式如图12-1所示。

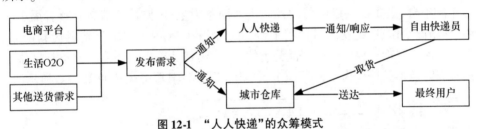

图12-1 "人人快递"的众筹模式

人人快递(rrkd.cn)是中国电商物流"最后一公里"领域的代表企业。人人快递通过手机App的移动互联网平台,签约广大"自由快递人",实现快递"最后一公里"递送人力资源整合,并发布快件递送需求信息,实现物流需求与供给服务的精准对接。这些"自由快递人"包括临时工、义工、实习生、各类兼职快递员等,平台对这些"自由快递人"进行必要的培训。目前,这种服务模式还在发展初期,相关的法律和政府管理规范有待进一步完善。

二、平台类的创新服务模式

(一)购物引流为主的实体平台模式

以购物引流为主的物流交付平台既是电商物流"最后一公里"交付平台,又是

---

① 众筹(crowdfunding):在互联网金融领域使用,指由发起人、跟投人、平台构成的一种向群众募资,以支持、发起某个投资项目的行为。众筹一般通过网络平台连接赞助者与提案者。目前广泛应用于灾后重建、民间集资、竞选活动、创业募资、艺术创作、自由软件、设计发明、科学研究以及公共金融项目中。随着互联网平台的发展,众筹"人人参与"的思路开始在很多非金融领域获得应用,又被称为"众包"。

网络零售 O2O 实体连锁店,具有线下到线上引流功能的零售体系。作为服务于 B2C、C2C 购物的社区物流节点,这类平台具有代收货物、代收货款、退货换货、送二选一、社区配送等快递"最后一公里"功能;作为 O2O 购物门店,这类平台具有产品展示、使用体验、下单引流的功能,也可以增加 ATM 自助银行业务、购票、缴费、洗衣等社区服务业务。目前较为典型的购物引流型物流交付平台包括顺丰"嘿客"、阿里"猫屋"等。例如顺丰"嘿客"在 2014 年 5 月 18 日在全国统一开业,518 家名为"嘿客"的网购服务社区店,主要服务包括商品预购、产品体验和下单、快件自寄自取以及一些社区服务,如 ATM 银行业务、衣服干洗、飞机票预订、话费充值、缴水电费等。"嘿客"的电商平台初具规模,实体连锁店体系形成了线上线下结合的零售商业模式,同时具有代收货和自助取件、送件的快递物流"最后一公里"服务能力。

(二) 生活服务为主的网络平台模式

生活服务为主的平台一般不提供快件代收服务,也没有实体门店,是轻资产运作的平台,主要以一定区域的社区生活服务为主,主要社区消费者整合周边实体、网络商家信息,建立网络代销平台,并为服务区域内下单的消费者代购产品、送货到家。目前主要的代购产品为餐饮、快速消费品等生活用品。这类社区服务模式有时被形象地称为"外卖"服务或"跑腿"服务,其服务模式如图 12-2 所示。

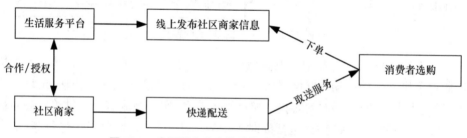

图 12-2　生活服务为主的网络平台具体服务模式

例如,餐饮外卖"饿了么"(ele.me)整合了线下餐饮品牌和线上网络资源,消费者可以通过手机、电脑搜索周边餐厅,在线订餐、在家等候送货上门。截至 2014 年 9 月,该平台在线订餐服务已覆盖全国近 200 个城市,日均订单超过 100 万单①。又如,北京的"社区 001"(shequ001.com),其"最后一公里"服务主要包括网上超市、社区代购、社区配送等服务,在 5 公里半径的社区生活圈内开展各种代购和快递服务。比较相似的还有"生活半径"(SHBJ.com)等。此外,一些大型电商平台也在运营类似的社区服务,如"美团外卖""百度外卖"、淘宝的"淘点点"等。

---

① 专访"饿了么"张旭豪[EB/OL]. http://tech.qq.com/zt2014/people/05.htm.

（三）代收货服务为主的实体平台模式

包裹交付是电商物流"最后一公里"的主要业务之一。目前快递企业在电商包裹门到门服务中，经常面临送货无人接收、联络无人应答的问题，导致电商物流交付过程中快递作业人员时间和精力的浪费。随着行业专业分工的深化，代收货服务逐步成为电商物流"最后一公里"的独立服务内容。目前，代收货服务模式可以分为有人值守模式和无人值守模式两种。

1. 有人值守的连锁加盟模式

很多的电商企业、物流快递企业甚至具有连锁网络的零售企业都在布局电商物流"最后一公里"的代收货网点。有人值守的代收货网点一般需要有实体店铺，目前大多采用各类社区门店（连锁药店、洗衣店、物业、便利店）加盟的形式。这类代收点可以开展包裹代收、自提、代理验货、商品展示、目录销售、代收货款、退换货等服务，如图12-3所示。开展代收货业务的连锁加盟网点企业包括万达物业的"幸福驿站"、天猫电商的"天猫服务站（菜鸟驿站）"、全家连锁超市、嘉兴优肯得商贸的"快E点"等。

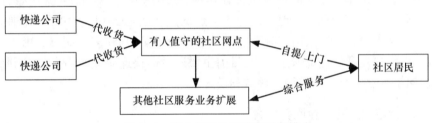

图12-3　有人值守的代收货服务模式

例如，"收货宝"创立于2011年4月，采用第三方代收货的业务模式运营，是中国代收货领域发展较快的企业，目前已经在北京、上海、广州、深圳等城市设立了超过1.5万个代收货加盟网点，可为客户免费代收货并保管包裹5天①。由于用户一般选择从工作单位回家这段路程中更靠近家的地点来提货，因此网点最繁忙的时段一般在晚上18:00至20:00之间。"收货宝"整合了电商、快递和社区实体连锁店加盟网络，大大提升了电商物流"最后一公里"的服务效率和专业化程度。

2. 无人值守的"快递箱"模式

代收货业务还可以参照家庭信件邮箱的方式，以包裹快递箱的形式接收快件。这种模式无需值守人员，也无需实体建筑，只需设置具有存放包裹功能的快

---

① "收货宝"与用户约定，在代收网点存放超过30天的包裹视为用户放弃收件，包裹会原路送回。收货宝服务会提醒用户存放天数。本部分数据来源于收货宝官方主页，http://www.shouhuobao.com/index.html. 2015年5月20日。

递箱,并根据需求设计快递箱的数量和网格孔的几种尺寸大小。与有人值守的收货网点相比,这种快递箱更加节省成本,但附加增值业务的开展也相对困难。

快递箱可以分为两大类,一是标准快递柜或邮箱柜,二是智能快递柜。所谓智能快递柜,即具有扫码开箱等功能的快递箱,快递员交货后可以将开箱密码发送给客户,客户凭密码开箱取货。智能快递柜服务可以积累用户数据,也可以通过派件收费、超期收费、寄件收费、广告业务收费四种方式获得盈利。"快递箱"服务模式如图12-4所示。

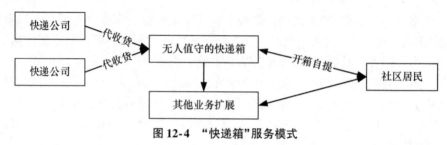

图12-4 "快递箱"服务模式

目前经营快递箱业务的企业包括速递易、中国邮政、宝盒速递、派速魔方等。其中,速递易在成都、重庆等地区进行了重点试点。截至2014年10月,速递易在全国一线城市、高端小区、网购频繁的区域总共建设了7000多个网点。由于这种模式可以大幅提升快递员派送效率,目前主要通过向快递企业收费获取盈利。同时,快递箱运营企业也在扩展多种盈利模式。

三、特定产品的专业服务模式

一些"最后一公里"服务平台将服务内容聚焦在某一大类产品的专业物流方面,并根据产品特征和特殊需求形成配送和交付的全流程解决方案。目前需要专业的"最后一公里"物流服务的产品品类主要集中在大件电器产品、生鲜低温产品等。

(一)大件电器产品

大件电器产品的"最后一公里"物流服务一般需要具有延伸的安装功能,运输车辆、装备和装卸等作业流程也需要专业化运营。例如国美物流、苏宁物流等大型家具卖场都在扩展电器物流服务能力,同时也十分重视物流终端配送和交付服务。又如海尔"日日顺"物流在"最后一公里"服务上,一方面打通上游供应链,扩展线上商品电器的零售、定制生产功能,另一方面按照本地化需求扩展门店、管理品类,提供集上门送货、安装服务于一体的"最后一公里"服务模式。日日顺在2013年12月获得阿里巴巴战略投资,目前服务已覆盖范围广大的城市和农村市场。到2014年年底,其直营和加盟的实体门店规模已经达到7600多家县级专卖店、2.6万个乡镇专卖店和19万个村级联络站①。

（二）生鲜低温产品

生鲜低温产品的"最后一公里"物流服务需要合理的保温、监控手段,需要保证快递的时效性,同时还要解决交付的及时性问题。近年来,中国社区生鲜电子商务快速发展,"最后一公里"配送支持发挥了关键作用,为生鲜电商行业提供了宝贵的成功经验。例如提供社区一小时配送的O2O企业爱鲜蜂（beequick.cn）,主要服务品类是酸奶、咖啡、冰淇淋、卤味、小海鲜等小吃和冷鲜食品,2014年5月上线,目前在北京市区设有2000多个配送点,可以实现核心地域30～120分钟的快速生鲜配送。此外,该平台没有自己的全职配送队伍,采用外包物流闲置资源共享方式进行配送。家事易（justeasy.com）在华中地区主打家庭生鲜产品服务供应链,以社区内安装的"电子菜箱"来解决终端交付和临时暂存问题。

四、特定区域的专业服务模式

（一）乡镇农村配送

由于消费能力和物流服务能力的制约,电商下乡成为中国电商物流发展的薄弱环节之一。乡镇农村地区地域广大,居住密度相对较小,"最后一公里"物流服务需要通过设立实体物流配送网络,宽延平台产品品类,同时注意扩展相应附加服务,如塑造农村特色产品平台和双向物流。

山东时时顺物流与速卖商城（isubuy.com）平台合作,以社区为单位将服务网络延伸到乡镇及村街,主要产品包括日用百货、快速消费品、农用生产资料、小家电等。2014年该企业已经在山东泰安的88个乡镇建设106个实体物流门店,且在实体门店中配有速买网购物、话费充值、彩票购买、水电气暖费用缴纳、火车票机票预订、银行转账、信用卡还款、农村养老金取现等农村便民服务,形成了适应农村发展特征的商业与物流结合的服务体系。

（二）校园配送

在校大学生集中在校园内部和周边,是电商物流服务相对集中的区域,校园"最后一公里"配送具有交付时间集中（学生有比较固定的上课时间）、门禁限制较多（多数学校控制快递车辆进入校园的数量）等特点,可以通过集中配送、集中交付的方式,提升终端配送效率。

小麦公社（imxiaomai.com）是主要面向校园提供"最后一公里"配送服务的物流公司,计划在全国300所高校内以实体物流营业厅模式服务于大学生电商物流的终端配送。他们整合主流快递公司,集中向校内学生提供全天候的自提点服务

---

① 赵光.盘点:2014年中国最后一公里商业模式[EB/OL].http://www.pintu360.com/52673.html.

和售后退换货服务。同时客户还可选择"麦客配送",即将包裹再次配送到客户指定的地点,以及提供校园内点对点配送搬运服务。小麦公社的递送员可以由熟悉学校情况的学生兼职。总体上看,小麦公社提供了一种特定区域"最后一公里"自提、退货、二次配送、"点到点"配送的服务模式,实现了符合小区域特点的"最后一公里"物流服务整合。

第三节 电商物流"最后一公里"服务发展现状与问题

中国电商物流"最后一公里"服务虽然早已存在,但其服务模式的多样化在最近3～5年才集中出现,很多新兴的O2O复合服务模式都在2014年刚刚诞生,行业总体上处于起步发展阶段,很多服务模式并不成熟,仅仅在部分地区进行尝试。但是,电商物流"最后一公里"服务已经成为各类相关企业关注的焦点领域,新的创业项目不断获得大量风险投资支持。

一、行业规模不断提升,服务模式创新密集

我国电商物流"最后一公里"服务需求规模不断提升。按照国家邮政局的统计数据,2014年,中国快递业业务总量达到139.6亿件,同比增长51.9%。2008—2014年,全国快递业务量年平均增长达到44.82%。这七年正是电子商务加速发展的阶段,很大比例的快递包裹都来自电商物流需求,也需要实现"最后一公里"的终端配送和交付服务。同时,我国电商物流"最后一公里"的服务模式不断创新,从快递企业、电商企业到社区便利店等连锁网点都在参与电商物流"最后一公里"服务,电商物流的终端配送和交付服务已经成为行业技术创新和商业模式创新密集的业务种类。

二、服务质量有待提升,服务投诉居高不下

我国电商快递"最后一公里"服务质量有待提升。从国家邮政局统计数据来看,2014年快递服务在投递服务、收寄服务和代收货款服务等与"最后一公里"直接相关的服务项目上受理的有效投诉分别达到8.22万件、0.80万件和0.21万件,比2013年受理的相应有效投诉均有所增加,且这些问题项目投诉的增长率较高,分别达到43.2%、37.4%和1.4%。对比2013年,投递业务和收寄业务的投诉率在全部投诉问题中增长最快,具体如表12-2所示。

表 12-2　2013—2014 年中国快递业务投诉情况

项目(单位)	投递服务	延误	丢失短少	损毁	收寄服务	违规收费	代收货款	其他	合计
2013 年(件)	57 412	85 164	30 921	12 562	5800	1691	2046	450	196 046
占全部比例(%)	29.3	43.4	15.8	6.4	3.0	0.9	1.0	0.2	100.0
2014 年(件)	82 188	82 988	40 679	15 551	7969	1781	2075	1466	234 697
占全部比例(%)	35.0	35.4	17.3	6.6	3.4	0.8	0.9	0.6	100.0
同比增加(件)	24 776	-2176	9758	2989	2169	90	29	1016	38 651
同比增长(%)	43.2	-2.6	31.6	23.8	37.4	5.3	1.4	225.8	19.7

资料来源：根据国家邮政局年度统计数据整理。

电商物流"最后一公里"服务质量较低、投诉率较高的原因在于三个方面。首先，快递行业目前的竞争手段仍以价格竞争为主，利润空间被严重压缩，快递员一般采用计件工资制度，完成递送数量是快递员的首要任务。其次，在物流配送和交付过程中，顾客需求多样，无法标准化的服务造成协调和操作的难度增加，例如，一般服务模式下，快递员对几乎每个包裹都需要与客户联系，双方达成一致的见面时间与地点的协调成本巨大。再次，大城市交通状况、"最后一公里"交付设施不健全、服务模式不合理、快递从业人员素质有待提升等主客观条件也造成服务投诉率较高。

三、区域发展极不均衡，一线城市模式较为丰富

中国电商物流"最后一公里"服务在不同城市和地区的发展水平极不平衡。在北京、上海、广州、深圳等一线城市，"最后一公里"服务模式较多，电商平台自营物流比例较高，快递企业网点和运力资源投入也较高。在发展水平相对落后的二、三线城市和乡镇农村地区，电商物流"最后一公里"服务则相对落后。电商快递网络发展的重点方向依然停留在服务网络覆盖方面，网络零售、物流等相关企业在服务差异化、增值服务方面的投入严重不足。

此外，即使同一区域乃至同一城市，承接"最后一公里"服务的快递企业运营模式不同，管理能力不同，服务效率和服务质量也可能存在较大差异。不同类型的社区，如城市中心商业区、学校、企业、老城居住区、城市新区，其"最后一公里"服务需求也存在差异，服务水平发展也不尽相同。一般情况下，人口密集、网络购物较为频繁的社区，"最后一公里"服务模式选择更多，服务质量更高。反之，传统零售为主、需求量不足的社区，其"最后一公里"服务模式也会相对单一和落后。

四、细分市场逐步形成,服务专业化水平不断提升

电商物流"最后一公里"服务也在向细分化、专业化方向发展。首先,"最后一公里"服务在同城配送、仓配一体化、终端配送、包裹交付等不同环节逐步扩展,形成细分市场和专业的服务提供商,如"三通一达"等大型电商快递企业可以提供"仓配一体化"的城市配送整体解决方案;"万象""飞远"等区域落地配企业专注于市内配送和市内分仓的网点建设。

其次,针对不同服务产品、不同社区类型,"最后一公里"服务也在逐步专业化。不同服务产品方面,例如"挑食""家家送"平台专注社区火锅外卖和送货上门,"e袋洗"平台服务于上门取送和清洗衣物服务。甚至一些服务业也在探索O2O上门服务,减少消费者物流活动,如"阿姨帮"的社区家政服务,"河狸家"的上门美甲服务等①。不同社区类型方面,例如服务于中高端社区的"到家美食会"外卖物流等,一些创业项目也在将关注重点放在写字楼的外卖物流业务等。

再次,一些"最后一公里"服务企业也在各类人流聚集的公共场合完成交付服务。例如北京的"青年菜君"(qingniancaijun.com)主要为消费者提供半成品加工食材,他们将顾客预订的食材洗好、切好、配好,并搭配菜品加工所需的调料,然后将产品"最后一公里"终端交付的地点选在北京人流密集的地铁口,实现在特定场所针对特定人群的精准服务。

五、参与竞争的企业多样化,盈利模式有待挖掘

随着中国电商物流"最后一公里"服务模式的多样化,参与市场竞争的企业在类型和数量上不断增加,很多企业跨界经营进入"最后一公里"物流业务。不仅包括像京东、天猫这样的电子商务平台,像"幸福驿站"这样的小区物业企业,也包括各类连锁零售的便利店、药店、洗衣店等社区服务门店。一些城市和优质社区的"最后一公里"服务市场已经进入多家企业竞争的阶段。

尽管社区"最后一公里"服务市场的潜力巨大,但是目前进入市场参与竞争的企业大多依靠风险投资的支持进行前期的服务网络布局,社区商业物流服务的低利润率、实体门店的高投入、非标准服务带来的口碑差评、对产品上游供应链的整合能力、客户的引流和重复使用等问题都成为制约企业利润提升的因素。目前,多数企业还在探索企业直接和间接的盈利模式。

---

① 严格来讲,这些O2O上门服务业态并不过多涉及产品的"最后一公里"递送和交付,主要是一种服务的O2O上门,但一些服务在上门过程中也涉及一些相关产品的捎带、推荐配送服务。

六、政府监管体系亟待完善

中国电商物流"最后一公里"服务的法律法规体系尚待建立,相关的政府规章、管理办法和标准亟待完善。例如,与物流"最后一公里"服务相关的城市物流配送管理制度有待完善,各地区在小型配送车辆(如三轮电动车)上路、停车、通行等方面的管理缺少统一标准,制定的政策也存在执行不力等问题,致使物流配送车辆对城市交通、出行安全产生负面影响。又如,在"最后一公里"服务中存在的寄送违禁产品、快件保险赔付、代收货纠纷等问题也没有出台明确的管理办法和处理依据。

第四节 电商物流"最后一公里"服务的发展趋势

中国电商物流"最后一公里"服务发展迅速,很多新技术、新装备和新的商业模式不断涌现。在互联网、移动电子商务、大数据和智能化等新技术革命加速推进的背景下,中国电商物流的发展水平也将不断提升,"最后一公里"物流服务也将逐步成熟和完善。

一、企业跨界合作与服务整合将进一步加快

随着"最后一公里"服务模式的多样化,拥有不同服务资源和服务能力的企业跨界合作和服务整合将进一步加快,消费者根据不同需求选择多种服务模式的目标将逐步实现。在行业市场发展到一定程度之后,区域性的市场整合将不可避免,大企业的网络资源、服务水平将不断提升,市场垄断能力也随之拓展。由于"最后一公里"服务的城市、社区、人群和产品品类差异,大企业也将被迫不断提升自身的多样化服务能力。

二、专业性和本地化将成为企业重要发展方向

电商物流"最后一公里"服务的专业性较强,先行企业的服务壁垒和核心竞争力也相对比较容易建立。因此专业性的"最后一公里"服务企业未来也将拥有相对稳定的生存空间。服务于特定城市甚至特定社区的企业,都可能通过长期积累的客户关系和经验获得核心竞争力,成为城市社区服务体系的重要组成部分。例如本地电商和物流服务平台"淘常州",其发展的特色之一在于本地化的O2O和社会化营销,提升了物流"最后一公里"服务的社交属性,提升了客户的互动和参与感,使企业在常州本地建立了良好的口碑,从而形成了独特的本地化服务竞

争力。

未来,服务于消费者极具个性化的需求,并形成相对牢固的客户忠诚度和社区口碑,以及依托本地化客户的重复购买和沟通成本的节省,将是电商物流"最后一公里"服务企业竞争力的重要组成部分。

三、无人机等新技术可能颠覆服务模式

新兴技术的发展对企业商业模式的选择具有决定性作用。未来,无人机、3D打印、工业4.0、大数据和云计算等新兴技术的发展和应用可能颠覆电商物流"最后一公里"的服务模式。例如,亚马逊已经开始探索"配送车+无人机"终端配送和交付服务,即由配送车完成主干道路上的终端配送,再派出无人机进行最后小路的配送和交付。在配送成本上,无人机的耗电费用只有2美分左右,而一辆普通配送车每公里的燃油成本都在50美分左右。又如,3D打印技术可以直接将一些简单的产品按照顾客需要将产品打印生产出来,这些产品的物流配送和"最后一公里"服务需求可能会大幅降低。

四、节能环保要求日益凸显

低碳环保是全球产业发展的方向之一,对于电商物流"最后一公里"服务行业尤其不容忽视。"最后一公里"的很多作业在城市中进行,车辆污染排放、能源消费问题影响加大。目前,很多发达国家都在进行"绿色快递"行动,在绿色包装、新能源汽车、建筑节能、参与碳补偿计划等方面做出尝试和探索,如美国邮政强制采用绿色包装材料、推行电动车社区快递等。中国也在快递行业推行新能源车辆应用推广工作。未来,绿色快递可能逐步成为物流"最后一公里"服务的基本要求。

第十三章　中国物流装备的发展现状与趋势

物流装备是物流运营系统的重要组成部分,是促进物流业发展的重要技术支撑。近年来,我国物流装备与物流业呈现出互动发展的趋势。物流市场的快速发展不仅带动了物流装备市场的平稳增长,还有力地推动了物流装备技术的不断创新。物流企业通过应用先进的物流装备,提升了物流服务的自动化、信息化和专业化能力,促进了物流企业技术装备的升级换代。随着国家对物流业和装备制造业发展重视程度的增加,物流装备将拥有更广阔的市场发展空间,物流装备也将逐渐向低碳环保、智能化、柔性化、国际化的发展趋势转变。

第一节　物流装备概述

物流装备是完成物流各项活动的工具与手段,广泛应用于物流活动的各个环节。我国物流装备的主要应用行业以烟草、医药、汽车等传统需求行业为主,但其在电子商务等行业的需求正呈现爆发式增长。近年我国物流装备的市场环境、政策环境和技术环境都有很大改善,物流装备迎来了发展的黄金期。

一、物流装备的基本概念及分类

物流装备是指进行各项物流活动所必需的成套器物,包括机械设备、运输工具、仓储设备、电子计算机、通信设备等。它是完成物流各项活动的工具,是组织物流活动的物质技术基础。[①] 物流装备的类型按照物流各项活动主要可以分为7类,具体如表13-1所示。

物流装备广泛地应用于物流活动的各个环节,如运输环节、仓储环节、装卸搬运环节、流通加工环节、包装环节以及信息处理环节等。例如,货车主要应用于运输环节,立体库和货架主要应用于仓储环节,叉车和托盘主要应用于装卸搬运环节,RFID设备主要应用于信息处理环节。由此可见,物流活动与物流装备有着密不可分的联系,物流运作能否顺利开展一定程度上取决于物流装备的正确运用。为方便后文讨论,本章将选取6种具有代表性且在物流活动主要环节中应用较

---

① 邓爱民.物流设备与运用[M].北京:人民交通出版社,2003.

为广泛的物流装备进行探讨,分别是货车、立体库、货架、叉车、托盘及 RFID 设备。

表 13-1　物流装备的分类

运输设备	载货汽车	厢式货车、罐式货车、自卸车、半挂牵引车、冷藏车
	铁道货车	平车、罐车、粮食漏斗车、敞车、棚车、保温车、特种车、长大货车
	水运设备	杂货船、散货船、冷藏船、油轮、液化汽船、集装箱船、滚装船、驳船、推船、拖船、载驳船
	管道设备	管道、吊管器、对口器、逆变焊机、管道内喷涂机、管道内涂层补口车、管道内焊口磨光车、管道内窥车
储存设备	存储设备	货架、堆垛机、提升机、水平式回转自动库、垂直式回转自动库、托盘式自动库
	单元运输设备	重力式输送机、动力式输送机、配套零部件、综合输送系统
	分拣设备	堆块分拣系统、交叉带分拣系统、轨道台车分拣机、摇臂式分拣系统、斜导轮式分拣机、垂直式分拣系统
	计量设备	电子台秤、地重衡、轨道衡、电子吊秤、自动检重秤
	安全设备	火灾自动报警设备、防盗报警设备、消防器材、安全生产装备
装卸搬运设备	起重机械	小型起重设备、门式起重机、桥式起重机、悬臂式起重机、垂直提升机械
	运输机械	连续运输机械、非连续运输机械
	装卸机械	汽车吊、塔吊、桥吊、门吊、浮吊、叉车、铲车、叉车零部件、装载机、铲运车
	工业车辆	起升车辆、固定平台搬运车、牵引车、推顶车
	管道气力输送装置	液体(气体)管道气力输送、散料管道气力输送
	装卸搬运车辆	叉车、电动平车、牵引车、叉车属具、叉车配套零部件
包装设备		包装材料、捆扎机、缠绕机、封口机械、贴标机械、包装容器、特种包装
流通加工设备		剪板机、卷板机、折弯机、切割机、混凝土搅拌机、金属加工设备、搅拌混合设备、木材加工设备、其他流通加工设备
集装单元化设备		集装箱、集装袋、集装网、托盘、周转板、滑板、其他集装器具
物流信息采集与传输设备		条码扫描器、条码打印机、RFID 射频识别系统、数据采集器、IC 卡读卡器、POS 中端、GPS 接收机

资料来源:肖生苓.现代物流装备[M].北京:科学出版社,2009.本报告有修改。

二、物流装备的主要应用市场

2005年,中国物流与采购联合会物流规划研究院组织了一次有关中国物流装备市场的大规模调查。① 调查显示,物流装备应用市场排名前三位的行业依次是:汽车行业(71%的企业选择)、电子行业(57%的企业选择)、家电行业(47%的企业选择)。此外,各有40%和25%的企业认为物流装备的应用市场在药品和烟草行业会更为突出。2014年1月,中国物流技术协会信息中心发布了《2013年中国物流系统技术与装备调研报告》,调研结果显示,物流装备在我国物流市场中的主要应用行业仍以烟草、医药、汽车等传统需求行业为主,但其在电子商务等行业的需求正呈现爆发性增长。根据以上调研结果,本报告认为我国物流装备具有代表性的应用市场如下。

(一) 汽车行业

汽车行业是物流装备需求量较大的传统行业之一。2014年我国全年累计生产汽车2372.29万辆,同比增长7.3%,销售汽车2349.19万辆,同比增长6.9%。② 汽车行业产销量的稳定增长使汽车行业对托盘、货架、叉车等基础设备的需求增长较为稳定。2011—2020年是我国由汽车工业大国向汽车工业强国转变的十年,这一时期我国汽车产业很可能达到其长期的产销峰值,并且中国有望成为全球最大的汽车出口基地。因此可以预计,汽车行业对物流输送装备等现代物流装备的需求将大幅增加,国内优秀的智能物流装备制造商将迎来广阔的发展空间。③

(二) 烟草行业

我国是全球最大的烟草生产国与消费国,生产并消费了全球1/3的卷烟。我国烟草行业很早就认识到物流的重要性,在国家烟草专卖局的统一规划和领导下,我国烟草行业物流建设不仅起步早,而且在信息化水平和技术装备水平方面均遥遥领先于其他行业。烟草行业对自动化物流系统有较大的需求。据统计,在我国已建成的自动化物流系统中,烟草领域占17%,位居第一,烟草行业的自动化物流系统普及率超过46%,远高于全国20%左右的平均水平,因此烟草行业被称为"物流自动化发展的助推器"④。近年来烟草行业大力推动卷烟工业企业组织结构调整及合并重组,加快了烟草物流配送中心的建设和发展,同时对物流技术装

---

① 中国物流与采购联合会.2005年中国物流装备市场调查报告[R].
② 中华人民共和国工业和信息化部.2014年1—12月汽车工业经济运行情况[EB/OL]. http://www.miit.gov.cn/n11293472/n11293832/n11294132/n12858417/n12858612/16418555.html.
③ 中国智能物流成套装备行业市场供求状况及变动原因分析[EB/OL]. http://www.askci.com/news/201406/13/1315544740355.shtml.
④ 中国物流技术协会信息中心.2013年中国物流系统技术与装备调研报告[R].2014-01-01.

备也有极大的需求拉动作用。

（三）医药行业

医药行业是货架的主要需求行业,除了货架之外,受新医改政策影响,医药配送中心建设步伐加快,医药企业与医药流通企业在建自动化立体库项目也逐渐增多。2012年1月,工信部发布的《医药工业"十二五"发展规划》预计"十二五"期间,我国医药工业总产值将保持年均20%的增速,工业增加值年均增长16%,2015年工业总产值将超过3万亿元。根据经济合作与发展组织预测,2020年,我国药品市场规模将会达到全球第二,仅次于美国,医药行业对物流装备的需求也呈现出快速增长趋势。

（四）食品行业

食品行业是物流装备的重要需求行业。在食品市场刚性需求拉动下,2014年度食品制造行业主营业务收入增速达到12.25%,超过轻工行业平均增速3.53个百分点。[①] 随着内需增速的加快,食品行业景气度将持续,食品工业生产将继续保持平稳增长。食品行业特别是冷冻食品、休闲食品行业的快速发展已逐渐成为中国物流装备主要的市场需求领域,每年兴建的许多食品物流中心,对物流装备的系统集成需求旺盛,对叉车、托盘、货架等物流装备产品也有较大需求。

（五）电子商务领域

我国近年来的电子商务交易额持续快速增长,电子商务的迅猛发展给物流装备行业带来了生机。2014年全国电子商务交易额达5.85万亿元人民币,同比增长34.5%[②],大批电商配送中心的建设推动了物流装备需求的快速增长。例如,2014年菜鸟物流继续布点圈地,建设物流配送中心；京东等电商企业加大了对物流仓储的建设与投资；顺丰速运、中邮速递、"四通一达"等企业继续在全国重点地区进行网络布局,建设重点城市与地区的物流配送中心。这些现代化的物流配送中心建设,带动了物流装备需求的增长。

三、物流装备的发展环境

近年来,我国物流装备的市场环境、政策环境和技术环境都有很大改善,物流装备迎来了发展的黄金期。

（一）物流市场发展带动物流装备需求稳步增长

全球金融危机爆发以来,中国经济由高速增长期逐渐过渡到中速增长期,经

[①] 2014年食品行业主营业务收入位居轻工行业第三［EB/OL］. http://www.clii.com.cn/zhhylm/201502/t20150209_3867146.html.

[②] 闫晓虹.2014年中国电子商务交易额同比增三成五网上做生意成主流［EB/OL］. http://finance.chinanews.com/it/2015/01-22/6996533.shtml.

济结构在产业转型、消费升级等政策调整的作用下出现较大幅度的调整。在这一宏观经济背景下,物流市场的发展也呈现出稳中有进的增长趋势,由图13-1可以看出,近十年来,我国物流产业增加值持续增长,且增长率逐步趋于稳定,维持在10%～15%之间,整个物流行业呈现出蓬勃的发展趋势。作为物流装备的需求方,物流产业的快速发展有力地带动了物流装备需求的稳步增长。

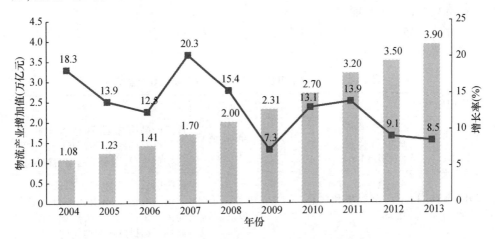

图 13-1　2004—2013 年中国物流业增加值及增速情况

资料来源:根据国家发展改革委、国家统计局、中国物流与采购联合会联合公布的历年《全国物流运行情况》相关数据整理。

(二) 物流装备制造业受到中央及地方政府部门的政策支持

近年来,中央政府陆续出台多项政策鼓励物流装备制造业的发展。2006年和2009年,国务院先后出台了《国务院关于加快振兴装备制造业的若干意见》(国发〔2006〕8号文)和《装备制造业调整和振兴规划实施细则》,这两个重要文件均阐明了装备制造业的振兴目标和基本原则,确定了主要任务、实现重点和突破方向。

自2009年后,国家政策支持方向主要集中在对物流装备的标准化改造方面,通过推进物流装备的标准化,解决我国物流装备制造市场原有的装备标准不统一、通用性不强等问题,以降低物流装备的对接成本。例如,在2009年,由国务院发布的《物流业调整与振兴规划》(国发〔2009〕8号文)提出,应加快对现有仓储、转运设施和运输工具的标准化改造;鼓励企业采用标准化的物流设施和设备,实现物流设施、设备的标准化。

2011年以后,物流装备市场的竞争日益激烈,物流市场面临高端技术和装备的革新,中央政府陆续出台了多项政策以支持高端物流装备及技术的发展。2011年,《国民经济和社会发展第十二个五年规划纲要》《国务院办公厅关于促进物流业健康发展政策措施的意见》(国办发〔2011〕38号文)等中央政府文件中,明确提出要推进物流技术创新和应用,加快先进物流设备的研制,提高物流装备的现代化水平。2014年发布的《物流业发展中长期规划(2014—2020年)》(国发〔2014〕42号),也明确要求加强物流核心技术和装备研发,鼓励物流企业采用先进适用技术和装备;推广铁路重载运输技术装备,积极发展专用货车以及高铁快件等运输技术装备,加强物流装备技术的研发和推广应用;吸收引进国际先进物流技术,提高物流技术自主创新能力。

此外,部分省市也出台了关于装备制造业发展的文件,相关文件均涉及物流装备制造业,具体汇总如表13-2所示。

表13-2 部分省市出台的装备制造业发展规划及意见

发布时间	发文部门	规划及意见名称	主要内容
2011年6月8日	山东省经济和信息化委员会鲁经信装字〔2011〕309号	山东省装备制造业"十二五"规划	逐步向高附加值、高技术含量、高可靠性及环保型产品转变,加快发展挖掘机、叉车等工程建筑机械
2011年11月22日	厦门市经济和信息化局	厦门市装备制造业"十二五"发展规划	以跨国公司全球中压和低压配电设备研发基地、林德叉车自主研发能力为依托,培育高档配电设备、高档搬运机械成为厦门的"名片"
2012年8月23日	重庆市人民政府渝府发〔2012〕86号	重庆市装备制造业三年振兴规划(2013—2015年)	物联网设备,重点研发传感器、射频标签技术和产品,促进其在工业过程控制、智能交通系统、物流运行系统中的应用
2012年11月19日	上海市经济和信息化委员会沪经信装〔2012〕815号	上海市高端装备制造业"十二五"发展规划	自动化物流成套设备方面,重点发展集装箱自动化码头成套设备、岸边集装箱起重机、自动导航小车(AGV)、自动化跨运车、智能化堆场系统、自动化轨道吊、智能化散货装卸系统等
2013年2月20日	安徽省发展和改革委员会皖发改高技〔2013〕89号	安徽省发展改革委关于加快发展我省智能制造装备产业的指导意见	积极研发自动化物流等关键技术,包装印刷成套装备等
2013年9月10日	沈阳市人民政府沈政发〔2013〕37号	沈阳市"十二五"战略性新兴产业发展规划	重点发展物流与仓储自动化成套装备等智能装备系统
2013年11月22日	鄂尔多斯市人民政府办公厅鄂府发〔2013〕67号	鄂尔多斯市装备制造业发展规划	重点发展煤炭洗选设备、刮板运输机、高端液压支架等;重点发展LNG槽车、LNG储罐等

(续表)

发布时间	发文部门	规划及意见名称	主要内容
2014年3月26日	浙江省人民政府浙政发〔2013〕23号	浙江省人民政府关于推动现代装备制造业加快发展的若干意见	围绕现代物流装备等领域,组织实施目标具体明确的装备制造产业技术攻关重大专项;湖州发展现代物流装备产业
2014年4月14日	北京市人民政府	北京技术创新行动计划（2014—2017年）	机器人及成套装备在汽车制造、物流搬运、养老健康、文化教育等领域得到广泛应用
2014年8月31日	吉林省人民政府吉政发〔2014〕35号	吉林省关于加快建设装备制造支柱产业的意见	针对汽车、物流等领域的需求,开发先进光电设备;支持发展生产线自动导航AGV设备
2014年10月23日	湖南省经济和信息化委员会湘经信装备〔2014〕433号	湖南省经济和信息化委员会关于加快推进智能制造装备产业发展的意见	在现代物流等生产性服务业领域,积极采用工业机器人等智能制造装备改造传统产业;推进智能化物流车间等生产工艺示范工作
2014年11月18日	河南省人民政府豫政发〔2014〕87号	河南省人民政府关于印发先进制造业大省建设行动计划的通知	重点提升装载机、挖掘机、叉车、起重机械等优势产品机电液一体化水平,发展快递、冷藏、金融、机场等商业服务类专用汽车
2015年2月10日	浙江省经信委	浙江省高端装备制造业发展规划（2014—2020年）	仓储物流方面,重点发展仓储、运输、货运代理、包装、装卸、搬运、流通加工、配送、信息处理等服务

资料来源:根据各地方政府网站政策文件资料整理。

（三）物流行业协会积极促进物流装备的应用

行业协会发挥行业协调和行业自律作用,是促进行业发展政策环境形成的重要力量。目前,国内已陆续成立了多个国家级物流装备协会,如中国物流采购联合会物流装备专业委员会、中国交通运输协会物流技术装备专业委员会。部分地区如四川、广东也响应国家号召成立了相应的地方物流装备协会,助推物流装备行业的发展。

中国物流与采购联合会物流装备专业委员会成立于2006年,重点工作方向是物流技术、装备和冷链3个领域。2014年3月,中国物流与采购联合会物流装备委员会印制了《物流技术装备推荐目录》[1],以引导物流企业选择优质装备与技术,更好地推进先进物流技术装备企业成长。中国交通运输协会物流技术装备专

---

[1] 中物联装备委印发《物流技术装备推荐目录》[EB/OL]. http://www.chinawuliu.com.cn/lhhkx/201403/07/284962.shtml.

业委员会成立于 2008 年,是中国交通运输协会下属专业协会。自设立以来,主要向国内外物流与物流技术装备领域内的有关政府部门和相关企业提供行业性服务工作,开展行业调查研究咨询、行业发展规划、行业交流会议会展、行业标准及政策法规的建立与完善等工作。

在地方协会中,2013 年 8 月,四川省机械工业协会召开物流装备专委会成立筹备会①,旨在加强省内行业交流,推动行业发展,促进物流装备制造企业的交流合作。广东省物流行业协会物流装备委员会自 2010 年起每年举办中国(广州)国际物流装备与技术展览会②,旨在提供亚洲物流装备顶级交流平台,推进物流装备产品的供需合作。

(四) 物流装备技术与标准化工作快速推进

随着移动互联技术的进步,信息化和大数据将成为推动物流行业发展的核心力量。尤其是云计算、物联网技术的成熟,推动了以大数据应用为标志的智慧物流产业的兴起③,"中国制造 2025"和"工业 4.0 时代"的开启,倡导一切人、设备、产品尽在智能化物流网络中实现大互联思维。智慧物流极大地促进了物流产业优化和管理的透明度,实现了物流产业各个环节信息共享和协同运作,以及社会资源的高效配置,对物流生产的组织方式产生了重大的影响,也直接推动着我国物流装备技术朝着自动化、智能化方向快速发展。

在全国物流标准化技术委员会和国家相关部门的大力支持下,物流装备标准化工作取得了显著进展和阶段性成果。根据 2014 年 6 月发布的新版《物流标准目录手册》,有关物流装备的标准共计 155 项。④ 2014 年 5 月,由国家标准化管理委员会、商务部联合下发《关于加快推进商贸物流标准化工作的意见》明确要求"加快重点领域标准制修订",强调物流标准化工作应"重点抓好物流装备标准制定,树立单元化理念,抓好商贸物流装备单元化标准制修订,带动上下游及横向各环节装备的衔接"。标准化工作的持续推进对物流装备制造企业的规范生产经营产生了有力的约束,为物流装备的循环利用创造了良好的环境。

---

① 四川筹备成立物流装备专委会促进物流设备产业有序发展[EB/OL]. http://www.5648.cc/Product_News/Detail/11883.html.
② 2014 广州国际物流包装设备与技术展[EB/OL]. http://www.cangchu.org/zh_view.asp?id=150.
③ 张艳. 物流行业如何拥抱大数据[EB/OL]. http://news.xd56b.com/shtml/xdwlb/20131126/278112.shtml.
④ 2014 版《物流标准目录手册》完成[EB/OL]. http://www.chinawuliu.com.cn/lhhkx/201407/03/291467.shtml.

第二节 物流装备与物流业的互动发展

物流业是融合运输业、仓储业、货代业和信息业等的复合型服务产业,是国民经济的重要组成部分,涉及领域广,在促进产业结构调整、转变经济发展方式和增强国民经济竞争力等方面发挥着重要作用。物流装备作为支持物流业发展的重要设施设备,在行业技术进步与市场发展上都呈现出与物流业互动发展的趋势。

一、物流装备与物流业发展的紧密关系

物流装备与物流业发展存在紧密的联系。物流业是物流装备的主要应用行业。物流市场的快速发展给物流装备市场的平稳增长提供了基础。此外,物流业的发展不仅为物流装备带来了需求,并且有力地推动物流装备产业的不断创新。特别是电子商务物流的高速发展,不仅带动了物流信息化与标准化发展,而且促进了物流机械化与自动化发展,为物流装备市场带来了新的机遇。

物流装备的快速发展也促进了物流企业专业化。伴随物流装备技术的进步,我国逐渐形成了以储存、输送分拣、装卸搬运、集装单元化,以及物流系统集成、信息化、咨询规划服务等为主体的物流装备产业链,已经覆盖了所有的物流装备环节。物流企业通过应用先进的物流装备,提升了物流服务的自动化、信息化和专业化的服务能力,促进了物流企业技术装备的升级换代,物流系统的运作效率显著改进,许多物流企业的单位运作成本也开始呈现减少趋势。

此外,双方的互动发展,也有助于物流产业的集约高效运行,降低物流社会成本占GDP的比率,提高社会物流运作的效率和效益,共同提高装备制造企业和物流企业的国际竞争力,促进我国经济运行质量的提高。

二、物流装备与物流业发展的阶段性互动特征

从双方互动发展的阶段性特征来看,根据我国物流装备与物流业的历史发展过程,大致可以分为以下四个阶段。

(一)萌芽阶段(中华人民共和国成立初期—1995年)

中国物流装备与物流业互动发展的萌芽阶段是一个长期缓慢的过程。这一时期物流产业尚未形成,物流装备发展处于起步阶段,两者之间缺乏有机的联系。例如,从1958年第一台叉车开始,物流技术装备开始了从无到有的艰难起步,经过二十年的发展,在20世纪70年代产生了中国第一座自动化立体库,但并未进入批量生产和大规模应用阶段,物流业发展整体处于萌芽的状态,作为市场主体的专业化物流企业尚未形成。部分储运企业开始应用物流装备技术,但应用范围很小,技术层次较低。

(二) 起步阶段(1995—2008年)

这一时期的主要特点是随着物流市场主体的逐步形成,物流装备在专业化的物流企业中开始得到应用,双方的互动发展开始起步。1995年以来,中国市场经济逐步走上正轨,经济快速发展,带动了现代物流系统的需求上升,中国物流装备市场需求与行业规模迅速扩大,技术稳步提升。这一时期国内涌现出大批物流装备制造企业。随着销售额和实施项目的增加,很多国内企业如合力叉车等逐渐形成了规模,树立了品牌。国产叉车生产突破万台,现代仓储系统、分拣系统以及自动化立体仓库技术在各行业开始得到应用,现代工业货架系统在仓储业获得广泛认同,托盘制造与应用也开始普及。但由于此时物流各类要素资源价格较低,物流生产效率的获得主要通过初级劳动要素和管理要素获得,物流企业对物流装备的需求较小,需求层次较低,此时物流装备的增速缓慢。

(三) 成长阶段(2009—2013年)

2009—2013年,在物流业发展到成长期,物流各类要素资源价格上升,科技投入和技术装备成为物流企业的劳动生产率获得的重要途径,对物流装备的需求明显上升。尤其是2008年年末开始的金融风暴,使中国经济面临着艰难的挑战,物流产业的宏观环境发生巨大变革。受物流各类要素成本上涨的压力以及电子商务新兴商业模式的快速发展,加上2009年《物流业调整与振兴规划》和《装备制造业调整和振兴规划实施细则》的相继出台,我国物流装备进入了快速发展阶段。[1] 国内物流企业纷纷加大对物流装备技术与设施的投入,产业转型力度明显加快,物流装备市场呈现出一片繁荣景象。

(四) 成长期到成熟期的过渡阶段(2014年起)

自2014年起物流服务资源进入过剩时代[2],物流企业竞争不断加剧,受近年来经济结构调整和宏观经济中速增长的影响,物流行业的增加值进入增速放缓阶段,由于滞后效应的存在,物流装备的需求也将逐步从高速增长过渡到中速增长。一批优势的物流企业将从物流装备的技术进步中获得更高的生产效率,继续保持领先态势,部分落后的物流企业将被市场淘汰。

三、新常态背景下鼓励物流装备与物流业互动发展的政策导向

当前,世界经济仍处在国际金融危机后的深度调整期,我国经济发展已步入"新常态"。物流业正处于产业地位的提升期、现代物流服务体系的形成期和物流强国的建设期,物流业国际化发展的步伐明显加快,迫切需要先进的物流装备

---

[1] 喜崇彬.中国物流装备企业竞争力分析[J].物流技术与应用,2013,(1):60—64.
[2] 中国物流与采购网.重视统计数据 揭示物流发展规律[EB/OL]. http://www.chinawuliu.com.cn/lhhkx/201504/16/300481.shtml.

支撑。在新常态背景下,物流装备和物流业互动发展作为推进产业转型升级的重要手段,要加大政策扶持力度。

一是要积极支持物流装备企业向专业领域渗透,鼓励大型物流装备企业做强做大,中小装备企业做精做细,发展各类企业在专业化分工基础上的联合协作。鼓励物流装备企业深入了解供应链生产模式和物流服务模式,真正具备为物流企业提供先进的物流技术装备及其配套服务的能力。

二是要鼓励物流企业应用先进物流装备,推动北斗导航、物联网、云计算、大数据、移动互联等技术在产品可追溯、在线调度管理、全自动物流配送、智能配货等领域的应用,提升物流企业服务水平。

三是要完善物流装备技术开发与物流企业需求的对接机制,鼓励物流装备企业与物流企业建立合作联盟,利用行业协会力量建立双方的技术与标准的动态联系机制。

第三节 中国物流装备市场发展现状和问题

本节根据物流装备的功能分类,对货车、自动化立体库、货架、叉车、托盘和RFID等典型物流装备的市场销量情况、重点生产企业现状及技术发展应用情况进行分析,进而阐述了我国物流装备在市场需求、产品技术、标准化建设等方面存在的问题。

一、典型物流装备的发展现状

(一)载货车辆发展现状

载货车辆是物流装备中的重要组成部分。长期以来,中国载货车市场曾经以"中卡"为主导,"缺重少轻"。进入21世纪后,伴随着我国货车平均运距的不断增加,载货车市场需求结构呈现出长、大、重载的发展趋势,载货车市场竞争,由"中卡"演化成重卡、中卡、轻卡、微卡等领域的多元竞争态势。

从我国载货车销量情况看,2014年,受宏观经济结构调整和增速下调趋势的影响,载货汽车生产也呈现结构性调整态势。2014年我国实现载货车生产319.59万辆,销售318.44万辆,销售同比下降8.9%。[①] 其中,重型载货车、中型载货车和轻型载货车的生产和销售均比2013年有所下降,但微型载货车的产量和销售同比略有增长,具体如图13-2所示。

如图13-3所示,从重型载货车辆的主要构成来看,重型卡车中牵引车和自卸

---

① 潘增友.载货车行业:需求低迷徘徊,市场格局调整[J].物流技术与应用,2015,(3):59—61.

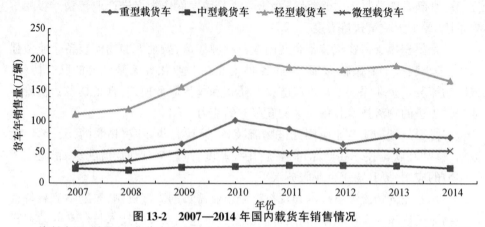

图 13-2　2007—2014 年国内载货车销售情况

资料来源:潘增友.载货车行业:需求低迷徘徊,市场格局调整[J].物流技术与应用,2015,(3):59—61.本报告有修改。

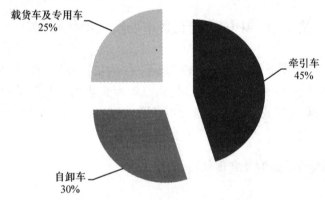

图 13-3　2014 年重型载货车销售构成情况

资料来源:根据中国汽车工业协会发布 2014 中国汽车产销量相关数据整理。

车是主力车型,2014 年的市场销售比重分别是 45% 和 30%,载货车和专用车市场占有率仅占 25%。中国的重型卡车企业如中国重汽、陕汽、重庆重汽、北汽福田等国内主要重型卡车企业产品结构都以牵引车和自卸车为主,高速公路的快速发展也为牵引车提供了发挥运输作用和效率优势的空间。

在载货车辆的技术发展趋势上看,装卸省力化和环保化是其发展的重要趋势。例如,采用与装载机配套作业的自卸车、随车起重设备、可升降装卸平台、可翻转与可升降式的栏板及可传送液状或粒状的气压或液压装置等都是体现装卸省力化的重要方面。此外,载货汽车运输是产生大气污染的重要来源。随着中国环保意识加强和政府节能减排力度加大,许多车辆制造企业采用了多种先进技术对车辆进行改进,包括改进燃料混合驱动(如油电混合驱动),以无公害燃料电池取代了汽油燃料(如使用新能源汽车)等,从而减少碳排放和大气污染物。

(二) 自动化立体仓库发展现状

自20世纪70年代中期自动化立体仓库进入中国以来,经过40多年的发展,中国自动化立体仓库保有量已超过2100座①,具体增长情况如图13-4所示。从分布来看,自动化立体仓库应用行业覆盖面越来越广。据统计,自动化仓储系统主要分布在烟草(16%)、医药(13%)、连锁零售(10%)、机械制造(9%)、汽车(8%)、食品饮料(7%)、军队(6%)等行业②,具体如图13-5所示。

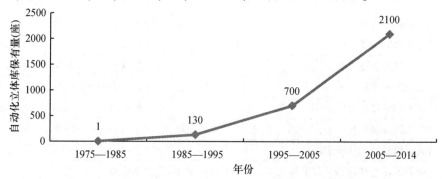

图13-4 1975—2014年中国自动化立体仓库保有量增长情况

资料来源:根据中国物流技术协会信息中心《2013年中国物流系统技术与装备调研报告》相关数据整理。

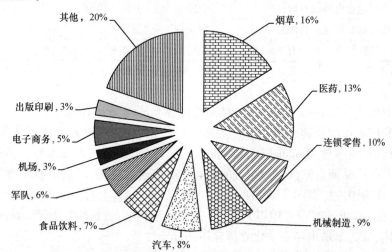

图13-5 2013年我国自动化立体仓库应用行业的分布情况

资料来源:根据中国物流技术协会信息中心《2013年中国物流系统技术与装备调研报告》相关数据整理。

① 祁庆民.自动化立体仓库:技术创新发展,市场稳步扩大[J].物流技术与应用,2014,(4):62—65.
② 中国物流技术协会信息中心.2013年中国物流系统技术与装备调研报告[R].2014-01.

自动化立体仓库的建设主要由物流系统集成商来承担。目前在中国自动化立体仓库市场上,国内外厂商数量稳定在50家左右,本土品牌和外资品牌数量各占一半。按2013年度项目数量划分,本土企业约占80%,外资品牌约占20%;按年度合同总额划分,本土企业约占60%,外资约占40%[①],相比较而言,国内本土企业具有较大优势。国内本土自动化立体仓库主要的生产与研制企业见表13-3。

表13-3 我国自动化立体仓库的主要生产与研制企业

序号	企业名称	企业属性	主要角色	主要领域
1	沈阳新松机器人自动化股份有限公司	股份制企业	系统集成商	综合
2	昆明船舶设备集团有限公司	国企	系统集成商	烟草、军队、综合
3	北京起重运输机械研究所	国企	系统集成商	烟草、服装、综合
4	太原刚玉物流工程有限公司	股份制企业	立体仓库集成商	机械、冷库、乳品
5	普天物流技术有限公司	国企	系统集成商	烟草、图书、邮政
6	今天国际物流技术有限公司	股份制企业	系统集成商	烟草
7	北京机械自动化研究所	国企	立体仓库集成商	化工、军队
8	上海精星仓储设备工程有限公司	股份制企业	货架制造商	综合
9	南京音飞货架有限公司	股份制企业	货架制造商	综合
10	江苏六维物流设备实业有限公司	股份制企业	货架制造商	综合
11	山东剑蓝物流科技有限公司	股份制企业	系统集成商	烟草
12	无锡中鼎物流设备有限公司	股份制企业	系统集成商	综合
13	北京高科物流研究所有限公司	股份制企业	立体仓库集成商	机械、冷库、军队

资料来源:党小红.自动仓储系统,在探索中前进.物流技术(装备版)[J].2012(9):14—16.本报告有修改。

随着物流技术的发展和创新,自动化立体仓库呈现出存储单元微型化、SKU多样化和作业速度高速化等趋势。为适应这些发展趋势、满足客户需求,两种新产品应运而生:一是 Miniload 速堆垛机,二是以穿梭车为核心的新型立体存储系统。这两种产品源自欧洲,欧洲厂商的生产技术较为成熟,产品的技术性能也遥遥领先,成为国内厂商争先效仿的目标。随着国际交流合作的广泛开展,我国对以上新产品的研发技术有望得到提高,并且基于性能的优越性,新产品将逐渐被客户采用,成为未来十年自动化立体仓库的标志性产品。[②]

(三)货架装备发展现状

中国经济的快速发展带动物流和仓储业迅猛发展,对货架的需求量急剧攀

---

① 祁庆民.自动化立体库:技术创新发展,市场稳步扩大[J].物流技术与应用,2014,(4):62—65.
② 同上。

升。专业的、规模化的货架制造厂商数量的增加促进了货架的专业化、标准化生产。从区域来看,国内货架销售主要集中在华东、华北及华南地区;从行业来看,商业(包含电商)、医药和食品饮料等三大行业占据了货架销售50%以上的市场份额,机械装备、汽车及电子电器等工业行业也保持了稳定的增长,在烟草行业,依靠部分大项目支撑因此市场表现良好。① 从市场发展速度看,2014年货架系统市场增长保持中速,增长速度在16%左右,市场规模约64亿元。②

随着货架市场的繁荣发展,货架新技术新设备层出不穷。表13-4列出了仓储系统中常用的货架类型,其中后推式货架、重力式货架、穿梭板式货架系统属于较先进的货架系统,既保留了传统货架的核心功能,又适应了现代仓储对空间利用率的高要求。以穿梭车货架系统技术为例,这项技术正在国内货架制造业快速推广,在2013年亚洲国际物流技术与运输系统展览会上,绝大多数的国内货架企业均展示了此类货架系统。③

表13-4 货架系统类型与特点

货架系统类型	空间利用率	设计最大深度	存取货顺序	叉车选用	对托盘的要求	货架投资成本	备注
横梁式货架	30%~35%	1	任意存取	一般叉车	一般	1	传统货架系统
窄巷式货架	45%~60%	1	任意存取	VNA叉车	一般	1.3	传统货架系统
双深度货架	45%~60%	2	1/2任意存取	双深度叉车	一般	1.3	传统货架系统
驶入式货架	60%~70%	10	先进后出	一般叉车	较高	1.5	
后推式货架	60%	5	先进后出	一般叉车	一般	2.5	较先进的货架系统
重力式货架	80%	15	先进后出	一般叉车	较高	6	较先进的货架系统
穿梭车货架	80%	30	先进先出/先进后出	一般叉车	较高	2	较先进的货架系统

注:设计最大深度一列中,1代表一个托盘深度;货架投资成本一列中,其他货架成本以横梁式货架投资成本为基准。

资料来源:徐晶晶.穿梭车货架系统及其应用[J].物流技术与应用,2013,(2):69—71.

(四)叉车装备发展现状

20世纪50年代末,中国第一台电动叉车和内燃叉车先后在辽宁诞生,20世纪

---

① 崔雄.货架行业:竞争升级前景广阔[J].物流技术与应用,2014,(3):57—61.
② 物流搜索.2014年货架市场应势而动—需求中速增长[EB/OL].http://www.soo56.com/news/20140325/68333m1_0.html.
③ 徐晶晶.穿梭车货架系统及其应用[J].物流技术与应用,2013,(2):68—73.

80年代以后通过引进国外先进技术,中国叉车的设计和制造水平得到快速提高。① 进入21世纪以来,中国叉车步入了高速发展阶段,年均销量以20%～25%的超高速度增长,国内叉车销售量由2000年的2.2万台发展到2013年的32.9万台,具体增长情况如图13-6所示。②

图13-6 2000—2013年国内叉车销量

资料来源:雷晓卫.我国叉车行业发展状况分析和趋势展望[J].物流技术与应用,2014,(1):105—110.本报告有修改。

进入21世纪以来,中国叉车出口业务呈现快速增长态势。2005年,中国叉车出口额为2.96亿美元,开始由逆差变为顺差,2012年出口额达到了15.96亿美元,同2000年相比增长了32倍,展现出中国叉车企业在国际叉车市场的日渐活跃。③ 根据欧美发达国家的发展经验,当叉车市场保有量达到一定数量时,叉车行业就将进入"后市场时代"。④ 后市场中的活动即围绕叉车使用过程中各种后继需要和服务而产生一系列交易活动,包括叉车保养与维修、二手叉车销售、叉车租赁、叉车配件供应等服务。后市场时代的来临将给中国叉车企业带来新的机遇和挑战。

(五) 托盘装备发展现状

截止到2013年12月初,我国五大类托盘保有量创历史新高,达到9.1亿片,与2012年相比增长5.8%,增加5000万片,如图13-7所示。从托盘生产企业的地域分布来看,上海、广东、江苏、浙江四省市的厂商数量所占份额较大,累计超过全国的73%,如图13-8所示。

在2012年中国托盘的构成中,木托盘所占比例为80%,塑料托盘占12%,纸

---

① 张启君,等.国内外叉车行业现状及发展战略探讨[J].建筑机械化,2003,(9):4—9.
② 张洁.叉车环保型叉车增幅较大[J].工程机械与维修,2014,(12):50—52.
③ 雷晓卫.我国叉车行业发展状况分析和趋势展望[J].物流技术与应用,2014,(1):105—110.
④ 赵皎云.叉车后市场:叉车行业新蓝海[J].物流技术与应用,2013,(8):53—57.

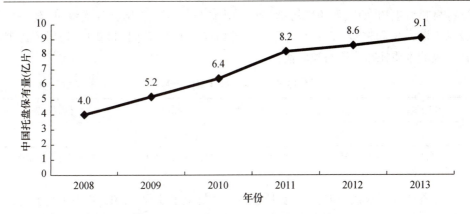

图 13-7　2008—2013 年中国托盘保有量情况

资料来源：根据中国物流与采购联合会托盘专业委员会《2013 年第三次全国托盘普查报告》相关数据整理。

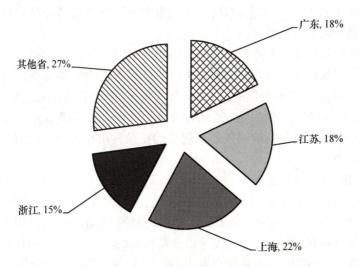

图 13-8　托盘企业的区域分布

资料来源：根据中国物流与采购联合会托盘专业委员会《2013 年第三次全国托盘普查报告》相关数据整理。

托盘、金属托盘亦有小幅增长，以废纸、废塑料、木屑、秸秆、树枝为原材料生产复合材料托盘等也逐渐进入市场（见表 13-5）。目前，托盘生产企业经过大胆创新，努力探索，托盘技术不断创新，近年来已有大量新产品投放市场。例如，将新研制的 EVA 改性复合材料用于托盘制造，这种材料属于新型环保塑料的发泡材料，通过改性发泡复合即可变成缓冲性能好、抗震、隔热、防静电的理想托盘材料，并且这种材料可生物降解、无环境污染、成本低、重量轻、耐水、抗寒等优势。① 随着科技的不断发展和进步,未来中国托盘市场必将出现更多新材料新技术,对资源消耗严重的木质托盘将逐渐被取代。

表 13-5　各类托盘拥有量比例　　　　　　　　(单位:%)

木托盘	塑料托盘	纸托盘	金属托盘	复合材料托盘等
80	12	5	2	1

资料来源:根据中国物流与采购联合会托盘专业委员会《2013 年第三次全国托盘普查报告》相关数据整理。

随着托盘需求快速增长,托盘质量认证也提上了议程。2012 年中国物流与采购联合会托盘专业委员会在全国托盘工作会议上围绕托盘质量保证体系问题进行了探讨,并成立了托盘质量认证工作调研小组。2013 年首批托盘质量认定试点企业发布,包括无锡前程等十家托盘企业。② 2014 年,托盘专业委员会推行的"中国托盘质量保障体系"工作全面铺开,向托盘专业委员会申请托盘质量认证的考核评测的企业数量大幅增加。

为实现高效物流和资源有效循环以及降低客户的托盘使用成本要求,托盘共用系统建设也加快了发展步伐。近年来已有几家有实力的外资托盘系统公司在中国市场运营,外资公司如集保(CHEP)有超过 50 年的成熟运营经验,在全球范围内(包括中国)都处于领先地位。2012 年 6 月,"全亚供应链管理(上海)有限公司"正式注册成立,这是目前国内最具规模的托盘共用系统公司,已有 20 余家托盘企业加盟。③

(六) RFID 设备发展现状

RFID(Radio Frequency Identification)装备,又称无线射频识别装备,是物流信息化的重要装备之一,近年来随着物流业快速发展,其在中国的应用步伐明显加快。根据国际物联网贸易与应用促进协会发布的《2014 年中国 RFID 行业研究报告》,2013 年中国 RFID 行业市场规模达 238.53 亿元,同比 2012 年增长 31.71%,一举扭转了近三年来中国 RFID 行业市场规模增长率逐步变缓的趋势,行业再次进入快速发展阶段。④ 该报告还对 2014 年至 2018 年中国 RFID 行业的市场规模

---

　　① 托盘业踊跃大量新技术、新材料、新产品[EB/OL]. http://www.soo56.com/news/20140123/66992m1_0.html.
　　② 首批托盘质量认定试点企业发布[EB/OL]. http://www.chinatuopan.cn/news_view.asp?newsid=17232.
　　③ 靳伟. 托盘行业:保持增长,再创佳绩[J]. 物流技术与应用,2013,(3):62—65.
　　④ IIPA. 2014 年中国 RFID 行业市场规模将达 311 亿元[EB/OL]. http://news.rfidworld.com.cn/2014_10/8165ab096862e6a2.html.

进行了预测,未来四年,RFID 的年平均增长率约 29.63%,显示出中国 RFID 行业发展仍然呈现快速发展态势。具体趋势如图 13-9 所示。

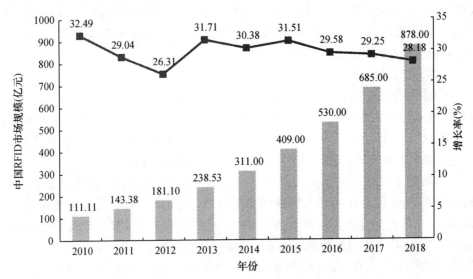

图 13-9 2010—2018 年中国 RFID 市场规模预测

资料来源:根据国际物联网贸易与应用促进协会(IIPA,简称国际物促会)发布的《2014年中国 RFID 行业研究报告》中相关资料整理。

近年来,政府以及各行业的龙头企业纷纷加大了 RFID 设备在物流领域应用的推广力度。我国的物联网产业未来将着力突破核心芯片、智能传感器等一批核心技术,并要积极开展物联网应用示范和规模化应用。2014 年 10 月,交通运输部提出研究加快推进全国高速公路 ETC(电子不停车收费)联网工作。此外,2014年,我国多个 RFID 酒类应用项目成功落地:江苏洋河酒厂股份有限公司承担的商务部"酒类流通 RFID 追溯体系建设试点项目"一期通过验收,贵州茅台酒股份有限公司"基于射频识别的瓶装酒防伪和追溯系统的研发与应用"项目通过鉴定,稻花香酒业公司与上海天臣合作实施的 RFID 电子追溯项目正式启动,上海外高桥酒中心 RFID 追溯系统启动。

二、物流装备发展存在的问题

(一)国民经济增速放缓制约物流装备需求增长

以"高投入、高污染、低质量、低效益"为特征的传统增长模式长期主导着中国的经济发展,这种增长方式在资源环境形成的倒逼机制下将不能实现可持续发展。① 因此,经济发展方式急需转型升级,进入新常态模式发展。产业转型升级一方面刺激物流企业改善物流装备,提升服务效率和服务水平;另一方面,中国经济进入中速发展状态也间接地导致了工商企业对物流服务需求的增速趋缓。尤其是数量庞大的中小型物流企业,受到资金实力制约和客户服务需求不足的影响,对物流装备的需求增速已开始趋缓。

(二) 产品标准化程度亟待提升

标准化问题是中国物流装备发展面临的长期性、基础性、根本性问题。随着国内、国际贸易量的不断攀升,对物流装备的标准化普及率提出了更高的要求。尽管国家、行业标准体系不断完善,但由于绝大多数标准为推荐性标准,国家鼓励企业自愿采用而非强制执行,导致行业内很难形成统一标准。

以托盘为例,托盘作为最为基础的物流单元器具,涉及各方面的物流装备与物流作业,托盘标准作为其他标准的参照和依据,是物流标准化的重要突破口。2003 年,国际托盘标准化技术委员会对《联运通用平托盘主要尺寸及公差》标准进行了修订,具有代表性的托盘规格国际标准共有五种(见表 13-6),我国于 2008 年选定 1200 mm × 1000 mm 和 1100 mm × 1100 mm 两种规格作为托盘国家标准。但中国标准规格托盘数量占托盘保有量的比例只有 23%,与同为亚洲国家的日本(35%)、韩国(26.7%)相比还有一定的差距,与欧洲国家(70%)、美国(55%)相比更是差距甚大。②

表 13-6 国际市场的主要托盘标准 (单位:mm)

欧洲	澳大利亚	加拿大、墨西哥	日本、韩国
1200 × 800	1165 × 1165	1200 × 1000	1100 × 1100

资料来源:根据王继祥《2014 年中国托盘行业研究报告》相关数据整理。

(三) 物流装备制造企业技术研发能力普遍较低

我国大多数生产物流装备的制造企业普遍规模小,研究开发能力薄弱,技术创新能力低,这极大地制约了物流装备高端市场的发展,阻碍了中国物流装备竞争力的提升。就目前的技术研发情况来看,开展研发的高技术人才也相对匮乏,且分布不合理。研究开发经费和人员主要集中于研究机构和大学,相对发达国家建立的工程技术中心而言较为分散,并且与制造业企业脱节,研究成果的推广和应用较为困难。

---

① 孔伟杰. 制造业企业转型升级影响因素研究[J]. 管理世界,2013,(9):120—131.
② 王继祥. 2013 年中国物流装备业发展分析[EB/OL]. http://www.56products.com/News/2014-2-13/76648J5I20D212D259.html.

（四）部分物流装备迫切需要升级换代

目前在中国生产和使用的部分物流装备对资源和环境影响较大,迫切需要升级换代。以托盘行业为例,中国每年生产的托盘中80%以上是木制托盘。木托盘最大的优点是材料易得、加工简单便利、成本低廉。但每只木制托盘需要消耗0.05立方米木材,即使每年仅生产2.27亿片,也需要消耗1135万立方米的木材。另一种对环境造成较大影响的物流装备是叉车。国内生产和使用的叉车基本分为两种:内燃叉车与电动叉车,其中内燃叉车以柴油为主要燃料。目前国际市场上电动叉车的占比约为50%,日本、欧美等发达国家和地区的电动叉车比重更是高达70%,而中国的柴油叉车仍占据着80%左右的市场份额,许多柴油叉车尾气排放不达标,造成的环境污染十分严重。[①]

第四节 物流装备市场的特征与发展趋势

随着国家对物流业和装备制造业发展的重视程度增加,物流装备将拥有更广阔的发展空间,市场规模将逐渐扩大,物流装备也将逐渐向低碳环保、智能化、柔性化、国际化的发展趋势转变。

一、中国物流装备市场的主要特点

中国物流装备自2009年步入快速发展阶段,物流装备市场在经历了需求的大幅增长和物流装备制造企业的快速成长之后,发展呈现出一些典型的特点,具体表现在以下四个方面。

（一）物流装备的应用率与普及率不断提高

近年来,一些物流装备专业机构,如中国物流与采购联合会物流装备专业委员会以及中国物流技术协会信息中心分别在2010年和2013年对国内相关企业物流装备的使用情况做过多次抽样调查。调查显示:无论是在生产环节的生产、仓储,流通过程的运输、配送,物流中心的包装加工、搬运装卸,各种类型的物流装备都得到了越来越广泛的应用。尤其是随着物流各环节分工的不断细化,新型的专业化物流装备不断涌现,物流装备的普及和应用率不断提高。例如,中国物流技术协会信息中心2013年的调研数据显示,中国自动化物流系统普及率不断上升,在烟草行业已超过46%,在医药行业也已经超过40%,具体情况如图13-10所示。

---

① 段雅丽.中国叉车制造业的腾飞之路[J].物流技术(装备版),2013,(3):10—13.

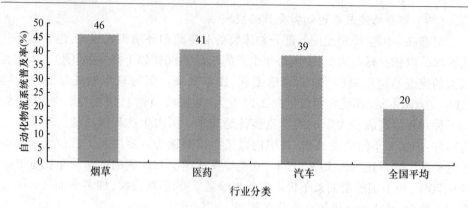

图 13-10 2013 年中国自动化物流系统行业普及率情况

资料来源：根据中国物流技术协会信息中心《2013 年中国物流系统技术与装备调研报告》相关数据整理。

（二）装备企业整体服务能力成为新标准

许多物流装备制造与经销企业在继续扩大市场份额的同时，更加注重整体服务能力。在物流装备的应用与实施过程中，不仅需要供应商掌握物流系统知识，还要对客户企业情况及其所处行业特点有深刻的理解。因此，物流装备企业在对物流装备的设计、生产、安装、使用过程中，都需要与客户进行充分沟通交流，深入了解客户的需求。并且，物流装备并非一次性消费品，其后期的维护、保养等专业服务，对于物流装备的作用发挥和客户体验都非常重要，物流装备企业后期服务能力正逐渐受到客户的重视。①

（三）细分市场竞争日趋激烈

在一些工艺难度不大、进入门槛较低的低端物流装备制造行业，大量小企业不断涌入市场，造成企业数量多、市场集中度较低的局面。以货架为例，目前国内货架企业有 100 余家，但生产规模较大、知名度较高的仅有南京音飞、江苏六维、南京华德、上海精星、东联仓储、厦门鹏远等几家货架企业。同样，国内叉车企业数量也有 100 余家，但质量和技术均达到出口要求的仅有合力、杭叉、龙工、柳工等几大主流叉车企业。② 物流装备制造企业市场集中度较低，整个行业的市场竞争日趋激烈。

---

① 中国物流装备企业竞争力分析［EB/OL］. http：//www. 56products. com/News/2013-1-15/BG74CFFHD29BAD72619. html.

② 崔忠付. 我国物流技术装备发展现状与趋势［EB/OL］. http：//www. chinawuliu. com. cn/lhhkx/201407/14/291750. shtml.

（四）物流装备技术创新需求日趋明显

近年来，物流市场创新越来越受到重视，随着经济全球化特别是科学技术的发展，许多企业开展了各种模式的物流创新，并收到良好的经济效益和社会效益，这些创新的方向也影响着物流装备的发展趋势。例如，许多物流企业开始通过整合社会资源，提高现有资源利用效率，降低运输仓储等环节能源消耗，加强精细化管理，改变粗放的经营模式。这些发展趋势要求物流装备朝节能、环保、高效的方向发展。

二、中国物流装备的未来发展趋势

（一）绿色环保将成为物流装备发展的新方向

随着资源与环境约束日益趋紧，物流装备向绿色化和可持续方向发展已成为必然趋势。政府部门已提出相关政策以支持物流装备的环保化发展。例如，当前商务部已经开始推行中国绿色仓储与配送行动计划，该计划以标准化为核心，鼓励企业开展绿色物流装备的供应与采购。[①] 2015年2月，由工信部会同国家发展改革委、科技部、财政部等部门编撰的中国版工业4.0规划"中国制造2025"的纲要文件——《中国制造业发展纲要（2015—2025）》初稿已发布，其战略目标之一便是实现制造业由依赖资源消耗的粗放制造向绿色制造转变。

（二）物流装备将呈现智能化和柔性化的发展趋势

随着"中国制造2025"战略逐步成型，中国制造也将加速向"中国智造"转型。在物流技术与装备领域，借助物联网技术，实现设备的自动化与智能化作业得到了快速发展，尤其是电商、第三方物流、冷链生鲜等新兴流通方式的崛起将带动中高端智能物流需求井喷式增长。伴随移动互联技术的深入发展，物流装备的智能化趋势日益明显，客户对自动化、智能化物流技术装备的需求进入快速增长期。

随着物流装备需求的市场规模逐步扩大，自动化程度将越来越高，如何使物流装备和物流系统在不断升级换代中，实现平稳连接，将是影响物流装备健康发展的关键问题。此外，为适应客户需求的不断调整和变化，第三方物流企业也将加大物流装备投入力度，加快物流装备更新换代步伐，这也给物流装备的柔性化提出了更高的要求。

（三）物流装备企业核心竞争力转向质量和品牌

物流技术装备市场的竞争方式，正在逐步由价格竞争向质量和品牌双重竞争转变。中国物流装备市场发展速度逐渐放缓，基础产品如叉车、托盘、载货车辆、

---

① 绿色仓储在行动——记2014中国（国际）绿色仓储与配送大会［EB/OL］. http：//www.chinarta.com/html/2014-4/2014416153911.htm.

货架等的生产能力过剩,客户在购买产品时选择空间更为广阔。产品质量水平高,可靠度高的品牌,更容易得到客户的认可。因此未来物流装备企业应将核心竞争力的提升重点放在产品质量与品牌树立方面,实现由低成本竞争优势向质量品牌竞争优势转变。

(四)"一带一路"加快物流装备走出去步伐

"一带一路"是当前我国经济发展的重要国家战略,是国家有意识地打造陆地物流发展战略及海上物流发展战略,形成陆地和海上两大物流通道,促进我国多种物流体系的形成与发展的重要战略。① "一带一路"的建设将给国内物流企业集群式"走出去"提供重大机遇,推动铁路、汽车、飞机等物流装备迈出中国、走向世界,有利于整个物流装备行业的全球竞争力的提升。我国物流装备在"一带一路"的工程建设和物流服务输出中将发挥重要的作用,这一战略的实施,将加快我国物流装备迈开"走出去"步伐,实现全产业链"走出去",极大地拓展物流装备的应用市场空间。

---

① "一带一路"战略下,中国物流业迎来发展新机遇[EB/OL]. http://www.chinawuliu.com.cn/zixun/201504/21/300578.shtml.

附 录

附录 A 2014 年中国物流相关政策规划一览表

发布部门	文号	题目	相关内容	发布时间	实施时间
全国人大	主席令〔2014〕17 号	中华人民共和国航道法	《航道法》旨在规范和加强航道的规划、建设、养护、保护。既要服从综合交通运输体系建设和防洪总体安排，保障航道畅通和通航安全，促进水路运输发展；也要统筹兼顾供水、灌溉、发电、渔业等需求，发挥水资源的综合效益	2014.12.28	2015.03.01
国务院	国发〔2014〕18 号	国务院批转发展改革委关于 2014 年深化经济体制改革重点任务意见的通知	《意见》提出 2014 年深化经济改革相关指导意见共计 9 项。其中特别指出提高服务业发展水平，依靠改革推动和开放倒逼机制，加快健康服务业、养老服务业、节能环保产业、现代物流、电子商务等产业的发展	2014.05.20	2014.05.20
国务院	国发〔2014〕26 号	国务院关于加快发展生产性服务业促进产业结构调整升级的指导意见	《意见》鼓励企业向价值链高端发展，提出当前我国生产性服务业重点发展研发设计、第三方物流、融资租赁、信息技术服务、电子商务等方面。特别指出第三方物流行业的主要任务是优化物流企业供应链管理服务，提高物流企业配送的信息化、智能化、精准化水平，推广企业零库存管理等现代企业管理模式	2014.08.06	2014.08.06

（续表）

发布部门	文号	题目	相关内容	发布时间	实施时间
国务院	国发〔2014〕28号	国务院关于近期支持东北振兴若干重大政策举措的意见	《意见》要求巩固扩大东北地区振兴发展成果、努力破解发展难题。以全面深化改革为引领,提出11个方面的政策措施。其中,物流方面相关措施包括加强粮食仓储和物流设施建设、加快综合交通网络建设、打造一批包括综合保税区和保税物流中心在内的重大开放合作平台	2014.08.19	2014.08.19
国务院	国发〔2014〕32号	国务院关于促进海运业健康发展的若干意见	《意见》提出通过优化海运船队结构、完善全球海运网络、推动海运企业转型升级、发展现代航运服务业、深化海运业改革开放等措施,推动海运业健康发展,达到稳增长、促改革、调结构、惠民生的目的	2014.09.03	2014.09.03
国务院	国发〔2014〕39号	国务院关于依托黄金水道推动长江经济带发展的指导意见	《意见》提出在长江水道上通过增强干线航运能力、改善支流通航条件、优化港口功能布局、加强集疏运体系建设、扩大三峡枢纽通过能力等措施,实现长江黄金水道的进一步开发,加快推动长江经济带发展	2014.09.25	2014.09.25
国务院	国发〔2014〕42号	国务院关于印发物流业发展中长期规划(2014—2020年)的通知	《规划》提出到2020年,基本建立布局合理、技术先进、便捷高效、绿色环保、安全有序的现代物流服务体系的发展目标,以及着重降低物流成本,提升物流企业的规模化、集约化水平,加强物流基础设施网络建设等三项发展重点。此外,规划还提出七大主要任务、十二项重点工程以及相关九项保障措施	2014.10.04	2014.10.04

(续表)

发布部门	文号	题目	相关内容	发布时间	实施时间
国务院	国发〔2014〕53号	国务院关于发布政府核准的投资项目目录（2014年本）的通知	《通知》中对交通运输业中，新建铁路、公路、独立公（铁）路桥梁、隧道、煤炭、矿石、油气专用泊位、集装箱专用码头、内河航运、民航的核准程序做了明确规范	2014.11.18	2014.11.18
国务院	国发〔2014〕67号	国务院关于促进服务外包产业加快发展的意见	《意见》在产业发展导向方面提出，推进信息技术、业务流程和知识流程外包服务，提出加快发展文化创意、教育、交通物流、健康护理等领域服务外包，支持一批"专、精、特、新"的中小型服务外包企业。鼓励企业特别是工业企业打破"大而全""小而全"的一体化格局	2015.01.16	2015.01.16
国务院办公厅	国办函〔2014〕54号	国务院办公厅关于印发推进长江危险化学品运输安全保障体系建设工作方案的通知	《通知》提出通过优化沿江石化、化工产业布局，构建长江危险化学品动态监管信息平台，加强长江危险化学品运输装备设施建设以及完善危险化学品应急救援体系等措施，推进长江水系化学品运输安全保障体系建设，确保长江危险化学品运输安全和居民饮用水安全	2014.06.23	2014.06.23
国务院办公厅	国办发〔2014〕35号	国务院办公厅关于加快新能源汽车推广应用的指导意见	《意见》提出要扩大公共服务领域新能源汽车应用规模。各地区、各有关部门要在公交车、出租车等城市客运以及环卫、物流、机场通勤、公安巡逻等领域加大新能源汽车推广应用力度	2014.07.21	2014.07.21

(续表)

发布部门	文号	题目	相关内容	发布时间	实施时间
国务院办公厅	国办发〔2014〕37号	国务院办公厅关于支持铁路建设实施土地综合开发的意见	《意见》提出实施铁路用地及站场毗邻区域土地综合开发利用政策,将铁路建设与新型城镇化相结合、政府引导与市场自主开发相结合,以及盘活存量铁路用地与综合开发新老站场用地相结合。支持盘活现有铁路用地推动土地综合开发,并鼓励新建铁路站场实施土地综合开发,以及完善土地综合开发配套政策	2014.08.11	2014.08.11
国务院办公厅	国办发〔2014〕51号	国务院办公厅关于促进内贸流通健康发展的若干意见	《意见》提出要推进现代流通方式发展,加强流通基础设施建设,深化流通领域改革创新以及着力改善商户经营环境等共计14项指导意见。重点涉及电子商务规范发展、加快发展物流配送、大力发展连锁经营等方面,提出要支持流通企业做大做强,增强中小商贸流通企业发展活力,加强市场整治	2014.11.16	2014.11.16
国务院办公厅	国办发〔2014〕55号	国务院办公厅关于实施公路安全生命防护工程的意见	《意见》提出在全国范围内实施公路安全生命防护工程。2020年年底前,基本完成乡道及以上行政等级公路安全隐患治理,实现农村公路交通安全基础设施明显改善、安全防护水平显著提高,公路交通安全综合治理能力全面提升	2014.11.28	2014.11.28

（续表）

发布部门	文号	题目	相关内容	发布时间	实施时间
国务院办公厅	国办发〔2014〕63号	国务院办公厅关于加快应急产业发展的意见	《意见》旨在指导为突发事件的预防与应急准备、监测与预警、处置与救援提供专用产品和服务的应急产业的发展。提出加强应急仓储、中转、配送设施建设，提高应急产品物流效率	2014.12.24	2014.12.24
商务部、国家发展改革委等十三部委	商建发〔2014〕60号	商务部等13部门关于进一步加强农产品市场体系建设的指导意见	《意见》明确提出需完善农产品市场骨干网络，加快培育农产品综合加工配送企业和第三方冷链物流企业，提高农产品冷链流通率。在全国重要流通节点和优势农产品区域，加快打造一批具有国内外影响力的农产品集散中心、价格形成中心、物流加工配送中心和国际农产品展销中心	2014.03.21	2014.03.21
财政部、交通运输部、国家发展改革委、工业和信息化部	财建〔2014〕24号	关于印发《老旧运输船舶和单壳油轮报废更新中央财政补助专项资金管理办法》的通知	《通知》旨在规范老旧运输船舶和单壳油轮报废更新中央财政补助专项资金的管理。对补助范围和标准、补助资金的申请等进行了规定	2014.02.24	2014.02.24
财政部、工业和信息化部等四部委	财企〔2014〕38号	关于印发《中小企业发展专项资金管理暂行办法》的通知	《办法》在综合性服务中，明确将仓储物流作为资金重点支持对象	2014.04.11	2014.04.11
财政部、工业和信息化部	财企〔2014〕87号	关于印发《国家物联网发展及稀土产业补助资金管理办法》的通知	《通知》旨在规范物联网及稀土产业补助资金的管理。明确了补助资金的支持内容、支持方式及标准、申请条件等内容	2014.05.30	2014.05.30

（续表）

发布部门	文号	题目	相关内容	发布时间	实施时间
国家发展改革委、财政部、交通运输部	发改基础〔2014〕1433号	关于印发《铁路发展基金管理办法》的通知	《办法》从股东职责、基金公司职责、投资管理、收益分配、资金退出以及财务会计和监管等方面，对铁路发展基金的管理进行了规范	2014.06.25	2014.06.25
国家发展改革委、国家测绘地信局	发改地区〔2014〕1654号	国家发展改革委 国家测绘地信局关于印发国家地理信息产业发展规划（2014—2020年）的通知	《规划》提出推进地理信息与北斗卫星导航定位的融合，面向交通管理、物流、渔业、农业等领域提供服务。通过促进地理信息资源开发利用，提升地理信息产业核心竞争力	2014.07.18	2014.07.18
国家发展改革委、工业及信息化部等共八部委	发改高技〔2014〕1770号	关于印发促进智慧城市健康发展的指导意见的通知	《意见》提出运用物联网、云计算、大数据、空间地理信息集成等新一代信息技术，促进城市规划、建设、管理和服务智慧化。强调物流基础设施信息化，加快建立城市职能物流配送体系，建设智能物流信息平台	2014.08.27	2014.08.27
国家发展改革委等七部委	发改环资〔2014〕2451号	关于印发燃煤锅炉节能环保综合提升工程实施方案的通知	《通知》明确指出在主要煤炭消费地、沿海沿江主要港口和重要铁路枢纽，建设大型煤炭储配基地和煤炭物流园区，开展集中配煤、物流供应试点示范，提高煤炭洗选加工能力，推广符合细分市场要求的专用煤炭产品	2014.10.29	2014.10.29
国家发展改革委、交通运输部等七部委	发改运行〔2014〕2613	关于我国物流业信用体系建设的指导意见	《意见》旨在提高我国物流业的诚信意识和信用水平，规范市场竞争秩序，实现健康可持续发展。提出加强物流信用服务机构培育和监管等共11项保障措施	2014.11.18	2014.11.18

(续表)

发布部门	文号	题目	相关内容	发布时间	实施时间
中国民用航空局、国家发展改革委	民航发〔2014〕107号	关于进一步完善民航国内航空运输价格政策有关问题的通知	《通知》提出放开民航国内航线货物运输价格,同时,航空公司要严格遵守有关法律法规:落实明码标价规定,要不断提高经营管理水平,为广大货主、旅客提供质价相符的航空运输服务	2014.11.25	2014.12.15
商务部、环境保护部、工业和信息化部	商流通函〔2014〕973号	关于印发《企业绿色采购指南(试行)》的通知	《指南》提出企业采购需要遵循绿色供应链原则,综合考虑产品设计、采购、生产、包装、物流、销售、服务、回收和再利用等多个环节的节能环保因素,在仓储和物流运输等环节,推行智能化、信息化和便捷化的节约能源和减少污染物排放的措施	2014.12.22	2015.01.01
国家发展改革委、财政部等共十部委	发改经贸〔2014〕2933号	关于进一步促进冷链运输物流企业健康发展的指导意见	《意见》旨在解决冷链运输物流企业集中度不高,专业化服务能力不强,运输效率低、成本费用高等问题。提出通过大力提升冷链运输规模化、集约化水平等共10项措施,促进我国冷链运输物流企业健康发展	2014.12.26	2014.12.26
国家发展改革委	发改基础〔2014〕981号	国家发展改革委关于发布首批基础设施等领域鼓励社会投资项目的通知	《通知》决定在基础设施等领域首批推出80个鼓励社会资本参与建设营运的示范项目,其中涵盖铁路、公路、港口等交通基础设施,以加快投融资体制改革,推进投资主体多元化,进一步发挥社会资本作用	2014.05.18	2014.05.18

（续表）

发布部门	文号	题目	相关内容	发布时间	实施时间
国家发展改革委	发改运行〔2014〕2087号	国家发展改革委关于继续组织实施社会物流统计报表制度的通知	《通知》对社会物流统计报表制度进行了重新修订,要求高度重视物流统计工作,进一步提高统计质量,切实加强数据分析应用,严格遵守报送要求,以准确把握我国物流运行情况和发展趋势	2014.09.10	2014.09.10
国家发展改革委	发改价格〔2014〕2739号	国家发展改革委关于下放和放开部分交通运输服务价格的通知	《通知》旨在使市场在资源配置中起决定性作用和更好发挥政府作用,决定下放部分交通运输价格定价权限,放开部分交通运输服务收费	2014.12.02	2014.12.02
国家发展改革委	发改经贸〔2014〕2827号	促进物流业发展三年行动计划	《计划》旨在落实《物流业发展中长期规划》,提出五个方面62项重点工作任务,并对计划中每项任务设立了牵头单位、具体目标和完成时限	2014.12.12	2014.12.12
国家发展改革委	发改价格〔2014〕2928号	国家发展改革委关于放开部分铁路运输产品价格的通知	《通知》提出对散货快运价格、铁路包裹运输价格,铁路运输企业可以自主确定具体运输价格,另要求铁路运输企业加强管理,优化作业流程,提高服务质量,各级价格主管部门要加强对铁路运输价格的监督检查	2014.12.23	2014.12.23
商务部	商秩司函〔2014〕64号	关于做好2014年全国药品流通行业管理工作的通知	《通知》要求促进企业兼并重组,提高行业集中度,发展现代医药物流,转变行业发展模式,宣贯行业标准,规范流通秩序,以实现加强药品流通行业管理	2014.04.04	2014.04.04

(续表)

发布部门	文号	题目	相关内容	发布时间	实施时间
商务部	商办秩函〔2014〕584号	商务部办公厅关于抓好肉类蔬菜中药材流通追溯体系运行管理工作的通知	《通知》要求在肉类蔬菜中药材流通中,完善保障机制,强化日常管理,完善激励约束机制,并加强宣传引导,形成市场倒逼机制。此外还要加强数据分析利用,不断拓展追溯体系功能	2014.07.22	2014.07.22
商务部	商建函〔2014〕699号	商务部关于加快推进环渤海等11个主要商业功能区建设的实施意见	《意见》明确提出主要任务有,统筹流通基础设施布局,重点搞好批发市场、物流节点、储备设施和会展平台等流通基础设施的规划和布局,加强资源整合与集约利用	2014.09.02	2014.09.02
商务部	商流通函〔2014〕790号	商务部关于促进商贸物流发展的实施意见	《意见》提出,为贯彻落实《物流业发展中长期规划》,努力提升商贸物流社会化、专业化、标准化、信息化、组织化、国际化水平,促进商贸物流发展,降低物流成本,引导企业做大做强,完善服务体系,更好地保障供给	2014.09.22	2014.09.22
交通运输部	交通运输部令2014年第2号	国内水路运输管理规定（中华人民共和国交通运输部令2014年第2号）	《规定》明确了水路运输经营者的从业资格、条件及其经营行为,给出了外商投资企业和外国籍船舶从业条件的特别规定。明确了水运市场监督检查机制,以及水路运输经营者的法律责任。旨在规范国内水路运输市场管理,维护水路运输经营活动各方当事人的合法权益,促进水路运输事业健康发展	2014.02.11	2014.03.01

（续表）

发布部门	文号	题目	相关内容	发布时间	实施时间
交通运输部	交通运输部令2014年第3号	国内水路运输辅助业管理规定(中华人民共和国交通运输部令2014年第3号)	《规定》在交通部2号法令基础上,进一步明确水路运输辅助业相关行业规范,全面维护水路运输事业健康发展	2014.02.11	2014.03.01
交通运输部	交通运输部令2014年第4号	外商投资道路运输业管理规定(中华人民共和国交通运输部令2014年第4号)	《规定》明确了外商投资道路运输业的基本要求,以促进道路运输业的对外开放和健康发展,并规范外商投资道路运输业的审批管理	2014.02.11	2014.01.11
交通运输部、公安部和商务部	交运发〔2014〕35号	交通运输部、公安部和商务部关于加强城市配送运输与车辆通行管理工作的通知	《通知》提出强化城市配送运力需求管理、优化城市配送车辆通行管理措施等8项措施,以改善城市配送车辆通行环境,缓解城市交通拥堵,促进物流业健康发展	2014.02.12	2014.02.12
交通运输部	交通运输部令2014年第5号	道路运输车辆动态监督管理办法(中华人民共和国交通运输部 中华人民共和国公安部 国家安全生产监督管理总局令2014年第5号)	为了加强道路运输车辆动态监督管理,预防和减少道路交通事故,《办法》明确了道路运输车辆卫星定位系统的建设标准要求以及车辆监控中的管理要求,并在此基础上提出监督检查办法和相关法律责任	2014.03.04	2014.07.01

(续表)

发布部门	文号	题目	相关内容	发布时间	实施时间
交通运输部	交运发〔2014〕61号	交通运输部关于促进道路运输行业集约发展的指导意见	《意见》提出将发展龙头骨干企业作为促进道路运输行业集约发展的重要抓手,形成一批实力雄厚的龙头骨干企业,改善运输市场经营主体结构,营造良好的发展环境,发挥龙头骨干企业引领带动作用,健全工作保障机制。以加快转变道路运输发展方式,发展现代道路运输业	2014.03.13	2014.03.13
交通运输部	交海发〔2014〕79号	交通运输部关于加强水上交通安全管理的意见	《意见》对航运企业安全投入进行了明确的规定,提出10项安全监管方式,要求加强对"四类重点船舶"及"六区一线"重点水域的安全监管,加强巡航检查,以营造安全、公平、有序的水上交通环境	2014.03.26	2014.03.26
交通运输部	交运发〔2014〕88号	交通运输部关于进一步加强道路危险货物运输安全管理工作的通知	《通知》通过严格落实管理责任、加强运输装备管理、人员管理以及安全监督检查,落实道路危险品运输规范	2014.04.21	2014.04.21
交通运输部	交公路发〔2014〕100号	交通运输部关于推行农村公路建设"七公开"制度的意见	《意见》提出农村公路建设的7项公开内容,要求接受社会监督,以有效规范农村公路建设管理,进一步做好新时期农村公路建设工作	2014.05.21	2014.05.21

（续表）

发布部门	文号	题目	相关内容	发布时间	实施时间
交通运输部	交水发〔2014〕112号	交通运输部关于推进港口转型升级的指导意见	《意见》提出拓展港口服务功能、发展现代港口业、推进综合交通枢纽建设、科学配置港口资源、引导港口集约发展、加强技术和管理创新和安全管理、提升港口信息化水平等主要任务，并提出加强分类指导、深化港口改革开放等6项相关保障措施，以推进我国港口转型升级，实现持续健康发展	2014.06.10	2014.06.10
交通运输部	交安监发〔2014〕211号	交通运输部关于加强危险品运输安全监督管理的若干意见	《意见》提出严格危险品运输市场准入、强化危险品运输安全监督管理、推进危险品运输安全生产风险管控、加强从业人员培训和监管队伍建设、严肃危险品运输安全生产事故调查处理、建立危险品运输安全生产长效机制，以避免危险品运输安全生产重特大事故	2014.10.14	2014.10.14
交通运输部	交安监发〔2014〕233号	交通运输部关于加强公路水运工程质量和安全管理工作的若干意见	《意见》提出夯实工程质量和安全基础、加强工程项目质量和安全管理、增强质量和安全工作保障共21项指导意见及保障措施。以进一步提高公路水运工程质量和安全生产管理水平，推动交通运输科学发展	2014.12.01	2014.12.01

(续表)

发布部门	文号	题目	相关内容	发布时间	实施时间
交通运输部	交通运输部令2014年第18号	邮政行政执法监督办法（中华人民共和国交通运输部令2014年第18号）	《办法》明确了邮政行业的监督机构及职责，规定了监督范围和方式，规范了监督程序和处理方式，并依此进行行政执法责任追究。旨在加强邮政行政执法监督，及时查处和纠正邮政行政执法中的违法、不当和不作为行为，保证邮政法律、法规及规章的正确实施，维护公民、法人和其他组织的合法权益	2014.12.09	2015.01.01
交通运输部	交通运输部令2014年第19号	铁路运输企业准入许可办法（中华人民共和国交通运输部令2014年第19号）	《办法》提出了铁路运输企业从事铁路运营的许可条件、许可程序以及监督管理方式，以维护社会资本投资建设经营铁路的合法权益，规范铁路运输市场秩序，保障公众生命财产安全	2014.12.09	2015.01.01
交通运输部	交政研发〔2014〕242号	交通运输部关于全面深化交通运输改革的意见	《意见》提出完善综合交通运输体制机制、现代市场体系，完善交通运输转型升级体制机制，加速改变政府职能，推进交通运输法治建设，深化交通运输投融资体制改革以及公路、水路管理体制改革，完善现代运输服务体系，全面深化交通运输改革的组织领导。旨在推进交通运输治理体系和治理能力现代化，并于2020年，在交通运输重要领域和关键环节改革上取得决定性成果	2014.12.31	2014.12.31

(续表)

发布部门	文号	题目	相关内容	发布时间	实施时间
交通运输部	交运发〔2014〕254号	交通运输部关于开展综合运输服务示范城市建设的通知	《通知》提出确立综合运输服务示范城市的申报流程,旨在提高城市综合运输服务能力、提升综合运输效率和带动区域经济发展	2014.12.22	2014.12.22
交通运输部	交办水〔2014〕233号	交通运输部办公厅关于进一步加强引航管理 提升服务水平的意见	《意见》提出完善引航管理机制,健全引航安全管理体系,建设高素质的引航队伍、设备,提升引航服务质量,建立健全引航监督体系,为我国水运事业持续健康发展提供有力支撑	2014.12.29	2014.12.29
交通运输部	交办运〔2014〕237号	交通运输部办公厅关于开展危险货物道路运输电子运单管理制度试点工作的通知	《通知》为督促危险货物道路运输企业严格落实安全生产主体责任,决定在北京、江苏、浙江、四川、重庆、陕西等六省(市)开展危险货物道路运输电子运单管理制度试点工作	2014.01.04	2014.01.04
工业和信息化部	工信厅联科〔2014〕74号	关于做好2014年物联网发展专项资金项目申报工作的通知	《通知》明确了关键技术研发项目、重点领域物联网系统研制项目等资金支持重点,并规范了申报条件及程序要求	2014.05.04	2014.05.04
工业和信息化部	工信厅节函〔2014〕825号	工业和信息化部办公厅关于进一步做好机电产品再制造试点示范工作的通知	《通知》明确将再制造试点工作组织管理体系、检验检测体系、旧件逆向物流体系纳入试点考察范围中	2014.12.17	2014.12.17

(续表)

发布部门	文号	题目	相关内容	发布时间	实施时间
财政部	财税〔2014〕50号	关于国际水路运输增值税零税率政策的补充通知	《通知》就2013年财税〔2013〕106号文件进行补充说明,对特定提供国际水路运输服务企业,使用零税率政策	2014.06.13	2014.07.01
财政部	财税〔2014〕71号	关于进一步支持小微企业增值税和营业税政策的通知	《通知》提出加大对小微企业的税收支持力度,2014年10月1日起至2015年12月31日,月销售额2万元(含本数,下同)至3万元的增值税小规模纳税人,免征增值税;对月营业额2万元至3万元的营业税纳税人,免征营业税	2014.09.25	2014.10.01
国家邮政局	国邮发〔2014〕12号	关于印发《无法投递又无法退回邮件管理办法》的通知	《办法》对邮政企业寄递的无法投递又无法退回的信件和其他邮件的保管、处理及销毁等进行了规范	2014.02.11	2014.02.11
国家邮政局	国邮发〔2014〕89号	国家邮政局关于发布《快递业温室气体排放测量方法》邮政行业标准的通知	《方法》规定了快递业温室气体的排放源,以及温室气体的测量原则、测量方法和测量指标。旨在切实提高快递业对节能减排重要性的认识,促使快递企业主动承担起保护环境的社会责任	2014.05.09	2014.10.01

附录 B 2010—2014年中国物流相关统计数据

一、国内生产总值

表 B-1 国内生产总值及三次产业构成情况

年份	指标	国内生产总值	第一产业增加值	第二产业增加值	第三产业增加值
2010	增加值（亿元）	397 983	40 497	186 481	171 005
	占国内生产总值（%）	100	10.2	46.8	43.0
2011	增加值（亿元）	471 564	47 712	220 592	203 260
	占国内生产总值（%）	100	10.1	46.8	43.1
2012	增加值（亿元）	519 322	52 377	235 319	231 626
	占国内生产总值（%）	100	10.1	45.3	44.6
2013	增加值（亿元）	568 845	56 957	249 684	262 204
	占国内生产总值（%）	100	10.0	43.9	46.1
2014	增加值（亿元）	636 463	58 332	271 392	306 739
	占国内生产总值（%）	100	9.2	42.6	48.2

资料来源：根据《中华人民共和国国民经济和社会发展统计公报》(2010—2014)相关数据整理。

二、农业

表 B-2 主要农产品产量　　　　　　　　　　（单位：万吨）

产品名称	2010年	2011年	2012年	2013年	2014年
粮食	54 641	57 121	58 957	60 194	60 710
夏粮	12 310	12 627	12 995	13 189	13 660
早稻	3132	3276	3329	3407	3401
秋粮	39 199	41 218	42 633	43 597	43 649
棉花	597	660	684	631	616
油料	3239	3279	3476	3531	3517

(续表)

产品名称	2010年	2011年	2012年	2013年	2014年
糖料	12 045	12 520	13 493	13 759	13 403
肉类	7925	7957	8384	8536	8707
水产品	5366	5600	5906	6172	6450
木材(万立方米)	7284	7272	8088	8367	8178
烤烟	271	287	320	—	—
茶叶	145	162	180	193	209

资料来源:根据《中华人民共和国国民经济和社会发展统计公报》(2010—2014)相关数据整理。

三、工业

表B-3 全国规模以上工业企业工业增加值增长速度 (单位:%)

指标	2010年	2011年	2012年	2013年	2014年
规模以上工业	15.7	13.9	10.0	9.7	8.3
其中:国有及国有控股企业	13.7	9.9	6.4	6.9	4.9
集体企业	9.4	9.3	7.1	4.3	1.7
股份制企业	16.8	15.8	11.8	11.0	9.7
外商及港澳台投资企业	14.5	10.4	6.3	8.3	6.3
私营企业	20	19.5	14.6	12.4	10.2
其中:纺织业	11.6	8.3	12.2	8.7	6.7
农副食品加工业增长	15.0	14.1	13.6	9.4	7.7
通用设备制造业	21.7	17.4	8.4	9.2	9.1
电气机械及器材制造业	18.7	14.5	9.7	10.9	9.4
非金属矿物制品业	20.3	18.4	11.2	11.5	9.3
黑色金属冶炼及压延加工业	11.6	9.7	9.5	9.9	6.2
化学原料及化学制品制造业	15.5	14.7	11.7	12.1	10.3
有色金属冶炼及压延加工业	13.2	13.6	13.2	14.6	12.4
电力热力生产和供应业	11.0	10.1	5.0	6.2	2.2
石油加工炼焦及核燃料加工业	9.6	7.6	6.3	6.1	5.4
高技术产业	16.6	16.5	12.2	11.8	12.3

资料来源:根据《中华人民共和国国民经济和社会发展统计公报》(2010—2014)相关数据整理。

表 B-4　规模以上工业企业实现利润　　　　　　　　　　（单位：亿元）

指　　标	2010 年	2011 年	2012 年	2013 年	2014 年	2014 年与上年同比增长(%)
规模以上工业	38 828	54 544	55 578	62 831	64 715	3.3
其中:国有及国有控股企业	11 924	14 989	14 163	15 194	14 007	-5.7
集体企业	689	882	819	825	538	0.4
股份制企业	21 100	31 651	32 867	37 285	42 963	1.6
外商及港澳台投资企业	11 131	14 038	12 688	14 599	15 972	9.5
私营企业	10 430	16 620	18 172	20 876	22 323	4.7

注:2010 年为 1～11 月数据,其余年份为全年数据。

资料来源:根据《中华人民共和国国民经济和社会发展统计公报》(2010—2014)相关数据整理。

表 B-5　主要工业产品产量

产品名称	单位	2010 年	2011 年	2012 年	2013 年	2014 年
纱	万吨	2717.0	2900.0	2984.0	3200.0	3379.2
布	亿米	800.0	837.0	840.8	882.7	893.7
化学纤维	万吨	3090.0	3390.0	3800.0	4121.9	4389.8
彩色电视机	万台	11 830.0	12 231.4	12 823.3	12 776.1	14 128.9
家用电冰箱	万台	7300.8	8699.2	8427.0	9261.0	8796.1
房间空气调节器	万台	10 899.6	13 912.5	13 281.1	13 057.2	14 463.3
一次能源生产总量	亿吨标准煤	29.9	31.8	33.3	34.0	36.0
原煤	亿吨	32.4	35.2	36.5	36.8	38.7
原油	亿吨	2.0	2.0	2.0	2.09	21 142.9
粗钢	万吨	62 695.9	68 388.3	71 716.0	77 904.1	82 269.8
钢材	万吨	79 775.5	88 258.2	95 317.6	106 762.2	112 557.2
十种有色金属	万吨	3092.6	3434.4	3672.2	4054.9	4380.1
水泥	亿吨	18.8	20.9	22.1	24.2	24.8
乙烯	万吨	1418.9	1527.5	1486.8	1622.6	1696.7
化肥(折100%)	万吨	6740.6	6217.2	7296.0	7037.0	6887.2
汽车	万辆	1826.99	1841.6	1927.7	2211.7	2372.5
大中型拖拉机	万台	38.4	40.2	46.3	58.7	64.4
移动通信手持机	万台	99 827.4	113 257.6	118 154.3	145 561.0	162 719.8
微型电子计算机	万台	24 584.5	32 036.7	35 411.0	33 661.0	35 079.6

资料来源:根据《中华人民共和国国民经济和社会发展统计公报》(2010—2014)相关数据整理。

四、固定资产投资

表 B-6　固定资产投资额　　　　　　　　　　　　　　　（单位：亿元）

指　标	2010 年	2011 年	2012 年	2013 年	2014 年	2014 年与上年同比增长（％）
全社会固定资产投资	278 140	311 022	374 676	447 074	512 761	15.3
其中：农户投资	36 725（农村）	9089	9841	10 547	10 756	2.0
不包括农户投资	241 415（城镇）	301 933	364 835	436 528	502 005	15.7
其中：第一产业	3966	6792	9004	9241	11 983	33.9
第二产业	101 048	132 263	158 672	184 804	208 107	13.2
第三产业	136 401	162 877	197 159	242 482	281 915	16.8
其中：东部地区	115 970	130 319	151 742	179 092	206 454	15.4
中部地区	62 894	70 783	87 909	105 894	124 112	17.6
西部地区	61 875	71 849	88 749	109 228	129 171	17.2
东北地区	30 726	32 687	41 243	47 367	46 096	2.7

资料来源：根据《中华人民共和国国民经济和社会发展统计公报》（2010—2014）相关数据整理。

表 B-7　分行业城镇固定资产投资额　　　　　　　　　　（单位：亿元）

行　业	2010 年	2011 年	2012 年	2013 年	2014 年
总计	241 415	301 933	364 835	436 528	502 005
农、林、牧、渔业	3966	6792	9004	11 611	14 697
采矿业	9653	11 810	13 129	14 750	14 681
制造业	74 528	102 594	124 971	147 370	166 918
交通运输、仓储和邮政业	27 820	27 260	30 296	36 194	42 984
信息传输、计算机服务和软件业	2392	2161	2834	3216	4187
批发和零售业	5216	7322	9816	12 695	15 669
房地产业	57 557	75 685	92 357	111 424	123 690
科学研究、技术服务和地质勘查业	1288	1650	2176	—	4205
水利、环境和公共设施管理业	22 261	24 537	29 296	37 598	46 274

资料来源：根据《中华人民共和国国民经济和社会发展统计公报》（2010—2014）相关数据整理。

表 B-8　交通固定资产投资新增主要生产能力

指标	单位	2010年	2011年	2012年	2013年	2014年	2014年与上年同比增长(%)
新建铁路投产里程	公里	4986	2167	5382	5586	8427	50.9
增建铁路复线投产里程	公里	3747	1889	4763	4180	7892	88.8
电气化铁路投产里程	公里	5948	3398	6054	4810	8653	79.9
新建公路	公里	104 457	55 285	58 672	70 274	65 260	-7.1
其中:高速公路	公里	8258	9124	9910	8260	7394	-10.5
港口万吨级码头泊位新增吞吐能力	万吨	27 202	26 639	49 522	33 119	43 553	31.5

资料来源:根据《中华人民共和国国民经济和社会发展统计公报》(2010—2014)相关数据整理。

五、国内贸易

表 B-9　社会消费品零售总额　　（单位:亿元）

类别	2010年	2011年	2012年	2013年	2014年	2014年与上年同比增长(%)
社会消费品零售总额	156 998	183 919	210 307	237 810	262 394	12.0
其中:城市消费品零售额	136 123	159 552	182 414	205 858	226 368	11.8
县及县以下消费品零售额	20 875	24 367	27 893	31 952	36 027	12.9
其中:批发和零售业零售额	139 350	163 284	186 859	212 241	234 534	12.2
餐饮业零售额	17 648	20 635	23 448	25 569	27 860	9.7

资料来源:根据《中华人民共和国国民经济和社会发展统计公报》(2010—2014)相关数据整理。

表 B-10　限额以上批发零售业零售额增长情况　　（单位:%）

类别	2010年	2011年	2012年	2013年	2014年
汽车类	34.8	14.6	7.3	10.4	7.7
石油及制品类	—	—	—	9.9	6.6
通信器材类	21.8	27.5	28.9	20.4	32.7
家用电器和音像器材类	27.7	21.6	7.2	14.5	9.1
建筑及装潢材料类	32.3	30.1	24.6	22.1	13.9
日用品类	25.1	24.1	17.5	14.1	11.6
家具类	37.2	32.8	27.0	21.0	13.9
服装类	25.8	25.1	17.7	11.6	10.9

资料来源:根据《中华人民共和国国民经济和社会发展统计公报》(2010—2014)相关数据整理。

六、对外经济

表 B-11　进出口主要分类情况　　　　　　　　　　　（单位：亿美元）

指标	2010年	2011年	2012年	2013年	2014年（单位：亿元人民币）	2014年与上年同比增长（%）
货物进出口总额	29 728	36 421	38 668	41 600	264 334	2.3
货物出口额	15 779	18 986	20 489	22 096	143 912	4.9
其中：一般贸易	7207	9171	9880	10 875	73 944	9.6
加工贸易	7403	8354	8628	8605	54 320	1.8
其中：机电产品	9334	10 856	11 794	12 652	80 527	2.6
高新技术产品	4924	5488	6012	6603	40 570	-1.0
其中：国有企业	2344	2672	2563	—	—	—
外商投资企业	8623	9953	10 227	—	—	—
其他企业	4813	6360	7699	—	—	—
货物进口额	13 948	17 435	18 178	19 504	120 423	-0.6
其中：一般贸易	7680	10 075	10 218	11 099	68 162	-1.0
加工贸易	4174	4698	4812	4970	32 211	4.5
其中：机电产品	6603	7533	7824	8400	52 509	0.7
高新技术产品	4127	4630	5068	5582	33 876	-2.2
其中：国有企业	3876	4934	4954	—	—	—
外商投资企业	7380	8648	8712	—	—	—
其他企业	2693	3852	4512	—	—	—
出口大于进口	1831	1551	2311	2592	23 489	—

注：此表数据单位2014年改为亿元人民币。
资料来源：根据《中华人民共和国国民经济和社会发展统计公报》(2010—2014)相关数据整理。

表 B-12 我国对主要国家和地区进出口额

(单位:亿美元)

国家和地区	2010年		2011年		2012年		2013年		2014年(单位:亿元人民币)		2014年与上年同比增长(%)	
	出口额	进口额	出口额	进口额	出口额	进口额	出口额	进口额	出口额	进口额	出口额	进口额
欧盟	3112	1685	3560	2112	3340	2121	3390	2200	22787	15031	8.3	9.7
美国	2833	1020	3245	1222	3518	1329	3684	1525	24328	9764	6.4	3.1
中国香港	2183	123	2680	155	3235	180	3848	162	22307	792	-6.6	-21.5
日本	1211	1767	1483	1946	1516	1778	1503	1623	9187	10027	-1.4	-0.5
东盟	1382	1546	1701	1928	2043	1958	2441	1996	16712	12794	10.3	3.3
韩国	688	1384	829	1627	877	1686	912	1831	6162	11677	8.9	2.8
俄罗斯	296	258	389	403	441	441	496	396	3297	2555	7.2	3.7
印度	409	208	505	234	477	188	484	170	3331	1005	10.7	-4.6
中国台湾	297	1157	351	1249	368	1322	406	1566	2843	9337	12.7	-3.9

注:2014年全国统计公报中发布的进出口值数据单位由亿美元改为亿元人民币。
资料来源:根据《中华人民共和国国民经济和社会发展统计公报》(2010—2014)相关数据整理。

表 B-13 外商投资企业投资额及投资行业情况

指标	2010年		2011年		2012年		2013年		2014年	
	绝对数	所占比重(%)	绝对数	所占比重(%)	绝对数	所占比重(%)	绝对数	所占比重(%)	绝对数	所占比重(%)
新设立外商直接投资企业(家)	27406	—	27712	—	24925	—	22773	—	23778	—
实际使用外商直接投资金额(亿美元)	1057.4	—	1160.1	—	1117	—	1175.9	—	1195.6	—
其中:制造业	495.9	46.9	521.0	44.9	488.7	43.8	455.5	38.7	399.4	33.4

（续表）

指标	2010年 绝对数	2010年 所占比重（%）	2011年 绝对数	2011年 所占比重（%）	2012年 绝对数	2012年 所占比重（%）	2013年 绝对数	2013年 所占比重（%）	2014年 绝对数	2014年 所占比重（%）
房地产业	239.9	22.7	268.8	23.2	241.2	21.6	288.0	24.5	346.3	29.0
租赁和商务服务业	71.3	6.7	83.8	7.2	82.1	7.4	103.6	8.8	124.9	10.4
交通运输、仓储和邮政业	22.4	2.1	31.9	2.7	34.7	3.1	42.2	3.6	44.6	3.7

资料来源：根据《中华人民共和国国民经济和社会发展统计公报》（2010—2014）相关数据整理。

表 B-14 外商直接投资分行业情况

行业名称	2010年 企业数（家）	2010年 实际使用金额（亿美元）	2011年 企业数（家）	2011年 实际使用金额（亿美元）	2012年 企业数（家）	2012年 实际使用金额（亿美元）	2013年 企业数（家）	2013年 实际使用金额（亿美元）	2014年 企业数（家）	2014年 实际使用金额（亿美元）
总计	27 406	1057.4	27 712	1160.1	24 925	1117.2	22 773	1175.9	23 778	1195.6
农、林、牧、渔业	—	—	865	20.1	882	20.6	757	18.0	719	15.2
制造业	11 047	495.9	11 114	521.0	8970	488.7	6504	455.5	5178	399.4
交通运输、仓储和邮政业	396	22.4	413	31.9	397	34.7	401	42.2	376	44.6
信息传输、计算机服务和软件业	1046	24.9	993	27.0	926	33.6	796	28.8	981	27.6
批发和零售业	5100	53.9	7259	84.2	7029	94.6	7349	115.1	7978	94.6
房地产业	569	168.0	466	268.8	472	241.2	530	288.0	446	346.3

资料来源：根据《中华人民共和国国民经济和社会发展统计公报》（2010—2014）相关数据整理。

七、交通、邮电

表 B-15 交通邮电行业指标完成情况

指标	单位	2010年	2011年	2012年	2013年	2014年
交通运输、仓储和邮政业增加值	亿元	19 132.2	22 432.8	24 959.8	—	—
规模以上港口完成货物吞吐量	亿吨	80.2	90.7	97.4	106.1	111.6
其中:外贸货物吞吐量	亿吨	24.6	27.5	30.1	33.1	35.2
全国港口集装箱吞吐量	万标准箱	14 500	16 231	17 651	18 878	20 093

注:表中标有"*"的内容不包括三轮汽车和低速货车。

资料来源:交通运输、仓储和邮政业增加值根据《中国统计年鉴》(2014)相关数据整理,规模以上港口完成货物吞吐量、外贸货物吞吐量、全国港口集装箱吞吐量根据《中华人民共和国国民经济和社会发展统计公报》(2010—2014)相关数据整理。

八、交通基础设施建设

表 B-16 交通固定资产投资完成情况(公路及其他)

(单位:万元)

地区	公路建设					其他建设				
	2010年	2011年	2012年	2013年	2014年	2010年	2011年	2012年	2013年	2014年
总计	103 958 321	114 092 638	114 717 399	124 455 394	140 763 493	2 668 936	2 586 592	2 189 078	1 541 104	1 288 322
东部地区	34 787 199	36 328 492	37 475 248	37 993 208	42 496 895	1 442 577	1 446 307	1 062 796	464 225	532 536
中部地区	30 008 672	31 787 316	30 316 434	32 989 226	35 133 395	750 927	672 290	398 283	270 734	146 349
西部地区	39 162 450	45 976 830	46 925 717	53 472 960	63 133 203	475 432	467 995	727 999	806 145	609 437
北京	560 808	604 251	559 897	691 830	551 018	—	733	—	1851	4067
天津	857 611	1 233 844	612 042	868 637	1 368 950	4180	5523	2969	788	1036
河北	5 771 203	6 369 110	6 476 832	5 865 470	6 401 483	43 976	84 538	126 542	64 671	98 645
山西	5 783 467	6 480 131	5 611 167	3 735 081	2 570 102	—	—	43 225	26 650	12 547
内蒙古	3 885 641	5 024 490	5 590 612	6 560 867	6 620 722	2520	3063	4500	6448	10 151

（续表）

地区	公路建设					其他建设				
	2010年	2011年	2012年	2013年	2014年	2010年	2011年	2012年	2013年	2014年
辽宁	1 930 948	1 961 681	2 363 051	1 576 998	2 519 540	51 115	20 168	38 472	14 846	12 439
吉林	2 663 894	1 298 265	1 107 197	1 366 881	2 293 322	—	—	—	800	3915
黑龙江	3 303 579	2 996 473	2 105 797	1 281 809	1 402 576	2264	3210	8080	20 650	19 507
上海	1 350 385	936 146	860 358	1 154 283	1 306 559	1 013 225	1 063 338	735 519	269 616	290 231
江苏	3 887 519	4 335 417	3 850 564	3 488 864	3 361 255	5704	6676	14 911	11 635	8531
浙江	4 784 009	4 975 280	5 496 963	6 390 856	6 838 678	6878	21 501	18 288	7014	10 874
安徽	1 777 434	2 257 129	2 897 750	5 936 339	6 376 737	9508	11 623	6530	12 511	3400
福建	5 231 489	5 814 165	6 630 332	6 421 612	6 397 212	5450	8882	17 874	12 062	18 825
江西	2 414 960	2 868 963	2 418 424	2 650 654	3 283 987	5983	850	2944	2755	3557
山东	3 501 717	3 863 002	4 430 410	4 083 350	4 438 025	146 637	26 803	24 340	31 125	14 751
河南	2 774 990	3 391 776	4 387 109	4 392 354	4 304 494	1999	2527	15 590	—	42 126
湖北	4 259 926	4 665 344	4 821 825	7 407 763	9 400 876	731 173	637 308	310 126	189 931	49 491
湖南	7 030 422	7 829 235	6 967 165	6 218 345	5 514 847	—	16 772	11 788	17 437	10 806
广东	6 731 848	6 034 575	5 783 864	7 078 287	9 040 787	94 550	122 012	5771	4803	41 030
广西	3 917 376	4 837 878	4 856 582	5 190 333	4 925 354	33 019	36 182	87 357	25 973	33 248
海南	179 662	201 021	410 935	373 021	273 389	70 862	86 133	78 110	45 814	32 108
重庆	3 033 164	2 852 790	3 469 284	3 883 608	3 541 480	36 884	48 655	53 767	82 128	108 235
四川	6 972 305	9 235 964	9 884 656	9 690 604	11 785 283	256 689	289 758	431 429	442 565	207 967
贵州	3 793 835	4 814 788	5 554 464	8 206 629	10 876 590	2926	473	2895	5671	3649
云南	5 821 218	5 723 329	4 197 961	5 150 866	6 143 941	1125	6970	5184	16 345	10 163

（续表）

地区	公路建设					其他建设				
	2010年	2011年	2012年	2013年	2014年	2010年	2011年	2012年	2013年	2014年
西藏	713 747	801 255	960 100	1 110 663	1 512 874	—	500	650	300	150
陕西	5 434 600	5 084 245	3 263 754	2 988 934	5 172 860	15 287	4307	965	16 267	2697
甘肃	2 064 876	2 358 252	3 345 847	4 263 780	5 309 399	93 372	77 257	96 754	102 676	123 156
青海	1 057 336	1 318 648	1 554 942	1 817 166	2 566 083	12 610	830	44 498	93 792	98 161
宁夏	581 400	754 190	727 320	908 120	1 280 380	—	—	—	2900	620
新疆	1 886 952	3 171 001	3 520 195	3 701 390	3 412 387	21 000	—	—	11 080	11 240

注：各年数据均为 1~11 月份数据。
资料来源：中华人民共和国交通部网站，http://www.moc.gov.cn。

表 B-17　交通固定资产投资完成情况（航运）

（单位：万元）

地区	内河建设					沿海建设				
	2010年	2011年	2012年	2013年	2014年	2010年	2011年	2012年	2013年	2014年
总计	2 809 342	3 352 238	4 227 414	4 891 969	4 565 755	7 179 719	9 407 960	9 377 492	8 871 823	8 433 200
东部地区	1 199 923	1 360 032	1 672 188	1 836 726	1 748 932	6 692 546	8 684 587	8 621 509	8 480 281	8 052 114
中部地区	793 740	1 096 901	1 499 321	1 792 417	1 758 075	—	—	—	—	—
西部地区	815 679	895 305	1 055 905	1 262 826	1 058 748	487 173	723 373	755 983	391 542	381 086
天津	—	—	—	—	—	1 149 213	1 216 237	1 246 317	1 248 022	1 150 536
河北	—	—	—	—	—	608 160	1 461 752	1 772 009	1 707 452	1 640 438
内蒙古	4664	1300	580	552	4000	—	—	—	—	—
辽宁	4664	550	1055	805	490	1 337 112	1 764 408	738 978	533 172	937 893
吉林	172	260	439	348	18	—	—	—	—	—
黑龙江	20 760	25 152	24 733	19 235	10 180	—	—	—	—	—

（续表）

地区	内河建设					沿海建设				
	2010年	2011年	2012年	2013年	2014年	2010年	2011年	2012年	2013年	2014年
上海	150 453	59 670	36 865	14 968	94 647	441 111	271 495	111 454	123 954	52 029
江苏	819 723	1 012 930	1 331 222	1 446 314	1 287 928	365 653	585 330	584 625	520 993	632 593
浙江	142 305	142 229	168 295	203 908	321 759	820 615	1 190 389	1 195 670	1 044 435	978 803
安徽	189 336	264 635	330 477	446 756	473 838	—	—	—	—	—
福建	9200	800	3500	3000	—	762 405	843 936	955 666	1 007 995	915 290
江西	29 816	36 696	134 528	47 397	16 825	—	—	—	—	—
山东	24 225	104 311	91 858	137 690	17 758	713 526	723 085	930 278	894 091	908 223
河南	15 238	21 410	80 320	109 128	89 240	—	—	—	—	—
湖北	432 492	578 502	658 103	891 332	896 670	—	—	—	—	—
湖南	105 926	170 246	270 721	278 221	271 304	—	—	—	—	—
广东	49 353	39 542	39 393	30 041	26 350	408 725	449 869	709 563	1 113 908	609 510
广西	273 670	274,992	355 642	352 513	347 629	487 173	723 373	755 983	391 542	381 086
海南	—	—	—	—	—	86 026	178 086	376 949	286 259	226 799
重庆	310 525	312 148	278 433	294 298	223 688	—	—	—	—	—
四川	191 687	253 101	356 124	458 014	253 465	—	—	—	—	—
贵州	17 106	21 730	34 090	117 881	176 149	—	—	—	—	—
云南	15 702	16 667	15 841	22 472	42 464	—	—	—	—	—
陕西	259	5040	3758	2313	—	—	—	—	—	—
甘肃	4700	5672	5837	8488	3509	—	—	—	—	—
青海	2030	4655	3500	4395	2080	—	—	—	—	—
宁夏	—	—	2100	1900	5764	—	—	—	—	—

注：各年数据均为1～11月份数据。
资料来源：中华人民共和国交通运输部网站．http://www.moc.gov.cn.

九、货运总量和货运周转量

表 B-18 各种运输方式完成货物运输量

指标	单位	2010年	2011年	2012年	2013年	2014年	2014年与上年同比增长（%）
货物运输总量	亿吨	320.3	368.5	412.1	450.6	439.1	7.1
铁路	亿吨	36.4	39.3	39.0	39.7	38.1	-3.9
公路	亿吨	242.5	281.3	322.1	355.0	334.3	8.7
水运	亿吨	36.4	42.3	45.6	49.3	59.6	6.4
民航	万吨	557.4	552.8	541.6	557.6	593.3	5.7
管道	亿吨	4.9	5.4	5.3	6.6	6.9	5.2
货物运输周转量	亿吨公里	137 329	159 014.1	173 145.1	186 478.4	184 619.2	9.9
铁路	亿吨公里	27 644.1	29 465.8	29 187.1	29 173.9	27 530.2	-5.6
公路	亿吨公里	43 005.4	51 333.2	59 992.0	67 114.5	61 139.1	9.7
水运	亿吨公里	64 305.3	75 196.2	80 654.5	86 520.6	91 881.1	15.7
民航	亿吨公里	176.6	171.7	162.2	168.6	186.1	9.3
管道	亿吨公里	2197.6	2847.2	3149.3	3500.9	3882.7	10.9

资料来源：根据《中华人民共和国国民经济和社会发展统计公报》（2010—2014）相关数据整理。

（一）铁路运输

表 B-19 铁路全行业主要指标完成情况

指标	计算单位	2010年	2011年	2012年	2013年	2014年	2014年与上年同比增长（%）
货运总发送量	万吨	364 271	393 263	390 438	396 697	381 334	-3.90
其中：国家铁路	万吨	309 541	329 535	323 559	322 207	306 942	-4.70
合资铁路（非控股）	万吨	35 641	41 549	43 971	49 491	27 984	-43.46

续表

指标	计算单位	2010年	2011年	2012年	2013年	2014年	2014年与上年同比增长(%)
地方铁路	万吨	19 089	22 179	22 907	24 999	26 689	6.76
货物发送量	万吨	362 929	391 852	389 215	396 100	328 734	-17.01
其中:国家铁路	万吨	308 209	328 136	322 346	321 600	274 068	-14.78
合资铁路(非控股)	万吨	35 630	41 537	43 963	49 500	27 977	-43.48
地方铁路	万吨	19 089	22 178	22 906	25 000	26 689	6.76
行包发送量	万吨	1342	1411	1222	598	1324	121.40
其中:国家铁路	万吨	1332	1399	1214	593	1317	122.09
合资铁路(非控股)	万吨	10.3	12.0	8.3	5.0	7.3	46.00
地方铁路	万吨	0.3	—	—	0.2	—	—
日均装车数	车	157 277	168 746	166 072	168 482	144 868	-14.02
货运总周转量	亿吨公里	27 644.13	29 465.79	29 187.09	29 173.89	27 530	-5.60
其中:国家铁路	亿吨公里	25 937.35	27 631.67	27 220.50	26 845.01	25 103	-6.50
合资铁路(非控股)	亿吨公里	1590.72	1695.4	1830.41	2173.94	1304.87	-39.98
地方铁路	亿吨公里	116.07	138.72	136.18	154.94	148.25	-4.32
货物周转量	亿吨公里	27 332.68	29 130.3	28 891.9	29 031.61	24 828.39	-14.48
其中:国家铁路	亿吨公里	25 626.19	27 296.49	26 925.53	26 702.85	23 375.48	-12.46
合资铁路(非控股)	亿吨公里	1590.45	1695.1	1830.19	2173.82	1304.66	-39.98
地方铁路	亿吨公里	116.04	138.71	136.18	154.93	148.25	-4.31
行包周转量	亿吨公里	311.45	335.49	295.18	142.28	289.65	103.58
其中:国家铁路	亿吨公里	311.16	335.17	294.96	142.16	289.44	103.60
合资铁路(非控股)	亿吨公里	0.27	0.31	0.21	0.12	0.21	75.00
地方铁路	亿吨公里	0.03	—	—	0.01	—	—

资料来源:2010—2012年数据来自铁道部《中华人民共和国铁道部铁道统计公报》(2010—2012),2013—2014年数据来自国家铁路局《铁道统计公报》(2013—2014)。

(二) 公路运输

表 B-20 公路货物运输量

地区	货运量（万吨）					货运周转量（亿吨公里）				
	2010 年	2011 年	2012 年	2013 年	2014 年	2010 年	2011 年	2012 年	2013 年	2014 年
全国总计	2 220 862	2 555 412	2 922 522	3 227 161	3 036 432	39 219.04	46 400.70	54 170.71	60 709.76	55 447.95
北京	17 197	18 856	23 063	24 317	23 378	80.85	92.60	126.95	137.54	151.73
天津	19 110	21 633	26 163	29 467	28 652	212.00	245.33	305.29	339.46	321.30
河北	122 010	151 590	179 546	204 848	170 371	3614.81	4746.74	5649.39	6394.82	6440.56
山西	55 339	59 377	65 888	71 830	80 355	887.81	954.51	1083.31	1199.53	1229.1
内蒙古	77 671	94 841	114 926	131 544	116 869	2042.16	2495.57	3020.76	3472.07	1951.65
辽宁	116 918	140 182	162 003	180 564	173 667	1749.03	2128.97	2472.87	2721.81	2816.93
吉林	30 384	36 198	43 626	49 785	38 541	608.65	726.91	876.59	1003.33	1093.67
黑龙江	36 666	40 275	43 201	45 479	43 787	683.60	753.53	829.62	876.77	918.93
上海	37 430	39 135	39 321	40 189	39 358	239.24	256.89	260.98	272.00	275.25
江苏	108 846	124 541	138 744	154 645	103 376	1027.20	1179.36	1317.29	1478.80	1789.94
浙江	94 833	99 446	103 627	106 490	106 453	1188.42	1303.08	1386.88	1426.80	1285.84
安徽	166 772	199 479	235 575	272 301	285 295	4522.28	5537.70	6578.00	7633.74	6659.66
福建	42 693	47 579	53 656	62 022	74 340	531.10	590.39	691.10	799.02	877.32
江西	80 680	89 245	102 269	112 962	123 883	1686.06	1875.40	2268.15	2683.31	2789.00
山东	241 107	255 051	271 585	284 278	208 708	5658.93	6040.92	6417.28	6819.22	5185.42
河南	165 422	198 239	227 873	256 482	161 601	4400.28	5368.72	6206.85	6971.51	4334.20
湖北	64 060	74 277	87 250	97 850	105 360	975.64	1147.35	1401.43	1624.23	2126.14

（续表）

地区	货运量（万吨）					货运周转量（亿吨公里）				
	2010年	2011年	2012年	2013年	2014年	2010年	2011年	2012年	2013年	2014年
湖南	114 523	128 243	148 343	167 387	155 072	1376.42	1667.35	2125.82	2436.89	2311.85
广东	128 831	149 593	171 907	196 060	244 527	1569.20	1892.22	2266.54	2563.07	2900.23
广西	84 415	101 862	121 303	136 107	120 255	1045.85	1323.59	1659.73	1887.06	1844.41
海南	12 394	13 052	14 755	15 679	9972	79.18	83.76	98.03	109.15	73.91
重庆	63 006	75 115	86 575	73 317	74 698	551.22	704.56	831.52	760.95	735.36
四川	109 523	126 345	143 234	157 155	127 850	881.45	1017.77	1184.87	1329.13	1362.96
贵州	27 912	33 463	40 903	46 718	66 275	257.73	319.01	422.29	512.86	673.16
云南	40 637	50 497	58 327	66 318	95 225	480.61	554.54	639.73	740.07	923.43
西藏	905	929	990	1186	1789	23.99	24.47	25.10	29.31	78.39
陕西	70 939	83 238	96 248	107 394	108 848	1084.07	1336.93	1586.66	1777.80	1743.89
甘肃	21 726	26 005	35 567	—	46 460	469.46	581.62	801.17	—	905.03
青海	7311	8240	8945	9701	10 330	210.56	238.59	258.72	280.65	209.18
宁夏	23 103	26 157	29 301	32 614	31 419	487.68	549.00	631.83	702.86	482.59
新疆	38 498	42 729	47 808	52 761	59 720	593.59	663.34	745.95	824.67	957.14

注：公路货物运输量每年均截至11月底。
资料来源：中华人民共和国交通运输部网站 http://www.moc.gov.cn。

(三) 水路运输

表 B-21　全国沿海主要港口指标完成情况

（单位：万吨）

港口名称	2010年 货物吞吐量	2010年 外贸货物吞吐量	2011年 货物吞吐量	2011年 外贸货物吞吐量	2012年 货物吞吐量	2012年 外贸货物吞吐量	2013年 货物吞吐量	2013年 外贸货物吞吐量	2014年 货物吞吐量	2014年 外贸货物吞吐量
全国总计	734 820	226 030	832 452	252 741	890 960	276 735	974 935	304 979	1 022 690	323 927
沿海合计	498 858	206 869	564 557	230 902	607 976	252 300	668 201	277 803	706 247	294 833
大连	29 020	9898	31 049	9756	34 214	9941	37 736	10 709	—	—
营口	20 766	4502	24 134	5054	27 753	4592	30 264	5797	—	—
秦皇岛	24 218	1591	26 248	1126	24 787	1047	24 745	1215	25 224	1392
天津	36 946	18 844	41 333	20 273	43 744	22 186	46 166	24 488	49 281	1369
烟台	13 940	5211	16 565	6794	18 513	6681	20 400	8232	21 794	7249
青岛	31 979	23 628	34 485	24 407	37 489	26 317	41 261	28 615	42 621	28 721
日照	20 777	13 900	23 549	15 609	26 107	18 501	28 879	20 432	30 821	20 321
上海	51 471	27 633	57 021	30 869	58 332	32 793	62 606	34 606	61 406	35 094
连云港	11 586	7016	14 484	8256	15 929	8838	17 399	9732	18 065	10 202
宁波—舟山港	57 557	25 563	64 104	29 100	68 348	31 697	74 927	35 433	80 398	38 630
福州	6498	2459	7404	2974	10 318	4741	11 702	5522	13 097	5915
泉州	7051	1239	7781	1703	8638	1774	9509	2010	10 237	2839
厦门	10 039	5054	11 517	6326	14 303	7330	15 690	7760	18 684	9294
深圳	17 502	12 989	20 209	15 626	20 341	16 004	20 907	16 285	20 301	16 742
广州	33 557	7492	36 834	8182	39 288	8785	39 766	9851	43 814	10 847
湛江	10 457	4113	12 425	4327	14 305	5011	15 612	5128	18 536	5968

注：全国沿海主要港口指标完成情况每年截至11月。
资料来源：中华人民共和国交通运输部网站．http://www.moc.gov.cn．

表 B-22　全国港口国际标准集装箱吞吐量前 10 名排序表

排名	2010年 港名	吞吐量(万TEU)	2011年 港名	吞吐量(万TEU)	2012年 港名	吞吐量(万TEU)	2013年 港名	吞吐量(万TEU)	2014年 港名	吞吐量(万TEU)
1	上海	2657.63	上海	2907.70	上海	2972.44	上海	3095.17	上海	3528.50
2	深圳	2070.88	深圳	2069.77	深圳	2107.00	深圳	2130.38	深圳	2403.00
3	宁波—舟山港	1215.22	宁波—舟山港	1356.82	宁波—舟山港	1497.34	宁波—舟山港	1598.96	宁波—舟山港	1945.00
4	广州	1130.69	广州	1288.75	广州	1330.87	青岛	1437.82	青岛	1662.44
5	青岛	1098.17	青岛	1196.39	青岛	1323.10	广州	1390.89	广州	1616.00
6	天津	916.58	天津	1060.38	天津	1129.47	天津	1196.84	天津	1405.00
7	厦门	527.46	厦门	583.32	大连	731.51	大连	906.60	大连	1012.76
8	大连	479.19	大连	578.42	厦门	649.97	厦门	728.29	厦门	857.24
9	连云港	361.59	连云港	444.19	连云港	455.36	连云港	502.19	营口	576.82
10	营口	310.46	营口	377.78	营口	451.21	营口	497.32	连云港	500.54

注：全国沿海主要港口指标完成情况每年截至11月。
资料来源：中国港口网. www.chineseport.cn.

表 B-23　国际港口集装箱吞吐量排名前 10 名排序表

排名	2010年 港名	吞吐量(万TEU)	2011年 港名	吞吐量(万TEU)	2012年 港名	吞吐量(万TEU)	2013年 港名	吞吐量(万TEU)	2014年 港名	吞吐量(万TEU)
1	上海	2907	上海	3174	上海	3253	上海	3377.3	上海	3528.5
2	新加坡	2843	新加坡	2994	新加坡	3165	新加坡	3257.9	新加坡	3390.0
3	香港	2363	香港	2440	香港	2313	深圳	2327.8	深圳	2403.0
4	深圳	2251	深圳	2257	深圳	2294	香港	2228.8	香港	2228.3

（续表）

排名	2010年		2011年		2012年		2013年		2014年	
	港名	吞吐量（万TEU）	港名	吞吐量（万TEU）	港名	吞吐量（万TEU）	港名	吞吐量（万TEU）	港名	吞吐量（万TEU）
5	釜山	1428	釜山	1618	釜山	1703	釜山	1767.5	宁波—舟山	1945.0
6	宁波—舟山	1314	宁波—舟山	1451	宁波—舟山	1617	宁波—舟山	1735.5	釜山	1875.0
7	广州	1212	广州	1440	广州	1455	青岛	1552.2	青岛	1662.4
8	青岛	1201	青岛	1302	青岛	1450	广州	1530.9	广州	1616.0
9	迪拜	1150	迪拜	1160	迪拜	1328	迪拜港	1364.1	迪拜港	1525.0
10	鹿特丹	1110	鹿特丹	1110	天津	1230	天津港	1301.2	天津港	1405.0

资料来源：2010—2014年数据来源于中国港口网，www.chineseport.cn。

（四）航空运输

表 B-24 民航各运输机场吞吐量和飞机起降架次统计

机场吞吐量及排名

机场	2011年	排名	2012年	排名	2013年	排名	2014年	排名
合计	11 577 677.2		11 993 970.853		12 585 175.1		13 560 841	
上海浦东	3 085 267.7	1	2 938 156.944	1	2 928 527.1	2	3 181 654.1	2
北京	1 640 231.8	2	1 799 863.700	2	1 843 681.1	1	1 848 251.5	1
广州	1 179 967.7	3	1 248 763.783	3	1 309 745.5	3	1 454 043.8	3
深圳	828 375.5	4	854 901.358	4	913 472.1	5	963 871.2	5
上海虹桥	454 069.4	6	429 813.850	6	435 115.9	4	432 176.4	4
成都	477 695.2	5	508 031.403	5	501 391.2	7	545 011.2	7
杭州	306 242.6	7	338 371.139	7	368 095.3	11	398 557.6	11

飞机起降架次及排名

	2011年	排名	2012年	排名	2013年	排名	2014年	排名
	5 979 664		6 603 207		7 315 440		7 933 110	
	344 086	1	361 720	3	371 190	3	402 105	3
	533 166	2	557 159	1	567 757	1	581 952	1
	349 259	3	373 314	2	394 403	2	412 210	2
	224 329	4	240 055	5	257 446	4	286 346	4
	229 846	6	234 942	7	243 916	7	253 325	7
	222 421	5	242 658	4	250 532	6	270 054	6
	149 480	7	166 340	12	190 639	11	213 268	11

(续表)

机场	机场吞吐量及排名								飞机起降架次及排名							
	2011年	排名	2012年	排名	2013年	排名	2014年	排名	2011年	排名	2012年	排名	2013年	排名	2014年	排名
昆明	272 465.4	8	262 272.291	9	293 627.7	9	316 672.4	9	191 744	10	201 338	5	255 546	5	270 529	5
厦门	260 575.1	9	271 465.836	8	299 490.8	13	306 385.0	10	135 618	13	146 183	13	166 837	12	174 315	12
南京	246 572.2	10	248 067.469	11	255 788.6	14	304 324.8	11	120 534	15	128 440	17	134 913	16	144 278	16
天津	182 856.7	11	194 241.042	13	214 419.8	20	233 358.6	13	84 831	23	83 700	21	100 729	21	114 557	21
重庆	237 572.5	12	268 642.354	10	280 149.8	12	302 335.8	12	166 763	11	195 333	9	214 574	9	238 085	9
青岛	166 533.1	13	171 891.873	14	186 195.7	17	204 419.4	14	105 835	18	116 176	18	129 751	18	142 452	18
西安	172 567.4	14	174 782.673	15	178 857.5	10	186 412.6	15	185 079	9	204 427	8	226 041	8	245 971	8
大连	137 859.1	15	136 546.806	18	132 330.4	18	133 490.0	19	94 344	20	100 231	20	107 709	20	115 284	20
沈阳	133 903.5	16	131 931.328	17	136 066.1	23	138 318.4	18	77 866	24	82 294	24	92 300	26	97 172	26
武汉	122 762.4	17	128 196.236	19	129 450.3	16	143 029.6	14	117 010	17	132 417	14	148 524	13	157 596	13
长沙	114 831.1	18	110 608.037	20	117 588.7	15	125 037.8	16	116 727	16	127 041	15	137 843	14	152 359	14
乌鲁木齐	107 580.5	19	131 372.499	16	153 275.3	19	162 711.3	17	97 801	22	118 701	16	135 874	19	142 266	19
海口	99 944.899	21	121 131.4	22	111 813.6	22	73 824	22	83 057	22	87 245	22	94 436	23	105 861	23
郑州	151 193.475	15	370 420.7	8	255 712.7	21	84 180	20	93 014	19	109 249	19	127 835	15	147 696	15
福州	96 948.099	22	121 383.4	21	110 239.4	26	62 108	26	67 866	29	72 512	27	83 406	27	86 944	27
哈尔滨	85 947.828	23	106 559.8	23	92 309.6	28	61 002	28	62 520	28	74 626	26	84 532	25	97 746	25
济南	74 070.169	27	80 503.1	27	72 560.9	25	69 145	24	77 856	26	78 465	28	80 746	28	83 551	28
长春	66 213.584	28	73 560.9	30	68 031.6	37	42 199	41	41 364	39	49 732	36	56 850	36	60 751	36
贵阳	79 586.501	25	82 063.4	26	77 425.2	27	61 231	27	67 759	27	77 173	23	93 646	22	113 424	22
无锡	84 026.727	24	96 120.4	24	87 641.6	47	21 978	49	26 040	51	28 499	54	31 844	52	35 781	52
宁波	61 662.382	29	78 024.5	28	64 247.3	40	39 289	40	44 083	41	44 924	43	46 468	42	53 897	42
南宁	78 134.365	26	90 353.2	25	86 949.6	30	52 396	31	59 181	31	61 793	31	71 408	29	80 496	29
温州	49 714.058	31	68 828.4	31	59 787.1	33	49 854	34	49 995	38	50 211	35	58 867	37	59 135	37

（续表）

机场	机场吞吐量及排名							飞机起降架次及排名							
	2011年	排名	2012年	排名	2013年	排名	2014年	排名	2011年	排名	2012年	排名	2013年	排名	2014年	排名
三亚	52 603.854	30	75 645.8	29	62 945.5	24	70 575	25	74 392	25	81 456	25	90 748	24	102 074
烟台	37 233.868	36	38 603.3	38	45 319.1	45	27 932	47	26 573	47	31 301	49	38 252	46	43 091
太原	42 258.881	33	44 863.9	36	44 354.4	29	57 525	28	62 746	30	68 789	30	76 546	32	73 211
桂林	33 762.384	39	35 841.5	41	32 985.8	34	48 103	38	47 431	40	48 531	41	50 696	35	60 804
南昌	37 856.940	35	46 066.4	34	40 389.0	32	51 820	33	50 177	34	55 783	32	64 029	34	65 402
合肥	42 602.368	32	46 426.0	33	39 984.2	35	46 452	37	48 001	36	51 641	38	52 872	43	53 056
兰州	35 946.856	37	46 967.0	32	41 752.4	43	33 700	43	34 510	44	43 146	40	51 799	38	57 481
石家庄	39 660.939	34	45 554.5	35	42 976.2	31	51 929	32	54 903	35	54 647	39	51 980	41	56 216
泉州	35 711.084	38	41 232.8	37	38 771.7	49	20 123	53	19 992	59	21 211	61	25 102	60	27 105
呼和浩特	28 673.598	41	36 752.3	40	32 599.9	36	43 331	35	48 870	33	55 990	34	62 799	33	65 690
银川	26 900.968	42	31 132.6	42	29 105.0	46	26 334	45	29 889	45	33 950	47	39 230	47	43 025
潍坊	17 083.228	48	18 670.9	47	16 579.3	94	3376	98	3699	107	3741	119	3611	111	5300
珠海	16 270.384	44	22 128.2	45	22 667.1	42	37 651	36	48 059	42	43 815	44	44 725	44	50 939
北京南苑	30 053.964	40	37 249.9	39	37 091.9	53	16 507	51	21 642	50	29 365	48	38 661	49	42 638
拉萨	15 339.329	45	22 211.1	44	20 967.7	57	11 720	61	13 932	62	17 084	63	21 035	64	24 079
西宁	15 278.148	46	20 256.8	46	19 940.1	54	15 645	54	18 176	54	23 864	58	28 792	54	33 753
汕头	—	—	—	—	—	51	16 761	55	17 903	—	—	—	—	—	—
西双版纳	4888.406	58	6123.7	58	6580.9	50	17 772	56	17 729	58	21 234	57	29 164	57	30 924
常州	11 057.622	48	18 241.1	49	15 250.7	71	6765	68	10 160	56	22 367	64	19 348	67	22 438
包头	9265.220	51	10 139.1	50	10 011.6	58	11 502	65	11 261	65	13 623	69	14 965	71	17 105
绵阳	4935.189	57	5464.0	60	4856.3	8	189 906	7	207 140	8	207 112	10	201 022	10	214 558
南通	11 104.881	47	28 030.0	44	21 593.4	44	28 435	46	27 538	46	32 092	55	30 749	62	26 104
延吉	5391.378	55	6315.9	57	5787.9	67	7962	74	7884	80	7972	84	9060	86	10 369

(续表)

机场	机场吞吐量及排名								飞机起降架次及排名							
	2011年	排名	2012年	排名	2013年	排名	2014年	排名	2011年	排名	2012年	排名	2013年	排名	2014年	排名
柳州	6214.217	53	2787.8	63	4576.8	88	3949	71	9136	68	11 931	80	10 706	102	6908	
义乌	2696.637	70	5292.0	67	3452.7	77	6148	77	6746	78	8330	81	10 632	83	10 749	
徐州	6069.184	54	6432.1	55	6298.0	64	8951	64	11 523	52	28 091	50	37 822	55	31 400	
威海	5092.485	56	2656.0	58	5683.6	59	10 579	62	12 006	71	10 548	73	13 263	104	6231	
德宏	4882.112	59	5669.4	64	4437.7	86	4528	91	4927	87	6605	83	9248	88	10 136	
喀什	4744.303	60	7595.2	56	6280.5	76	6189	69	9880	75	9406	79	10 862	81	13 094	
宜昌	3995.523	66	4294.0	62	4628.4	66	8204	39	45 492	43	43 354	46	39 444	50	40 400	
鄂尔多斯	9752.399	50	6610.4	51	9455.7	65	8862	60	14 118	55	22 912	56	29 584	58	29 009	
丽江	6951.264	52	7037.7	54	6356.1	48	21 085	52	20 138	53	26 097	51	37 015	48	42 710	
北海	4260.232	63	4011.0	61	4813.5	60	10 553	50	24 931	60	21 096	78	11 412	78	14 138	
攀枝花	—	181	1003.4	137	193.0	124	1696	161	588	181	—	173	744	161	1848	
西昌	2306.377	75	1369.3	96	1502.9	84	4702	88	5156	105	3842	116	3658	123	4139	
赣州	4566.770	61	5543.0	66	3795.5	82	5066	81	6106	83	7041	97	7038	96	7881	
宜宾	2760.547	69	2608.8	77	2497.8	93	3429	95	3859	114	3511	112	4506	105	6111	
海拉尔	4045.444	65	6135.9	59	5590.8	74	6202	96	3846	74	9640	75	12 685	77	14 597	
万县	1741.153	83	2281.1	91	1791.0	87	4471	76	7181	102	4117	107	4902	121	4448	
临沂	4097.864	64	4662.7	65	4100.4	69	6979	72	9065	79	8015	88	8539	85	10 388	
湛江	2427.905	72	3412.4	73	2663.4	63	8993	101	3518	72	9697	76	12 180	75	15 655	
泸州	2138.366	79	2916.1	78	2399.8	98	2974	122	2462	104	3916	106	5124	97	7880	
达州	2160.543	78	2361.9	94	1597.5	118	1986	73	8132	123	2492	128	2874	132	3346	
运城	2430.224	71	2556.1	72	2818.7	70	6820	118	2558	73	9641	82	9507	82	12 028	
盐城	2842.351	67	2162.1	70	3034.6	115	2092	90	5024	116	3350	115	3668	109	5536	
黄山	1884.979	82	2636.7	76	2520.7	89	3752	70	9381	92	5932	98	6508	99	7574	

(续表)

机场	机场吞吐量及排名								飞机起降架次及排名							
	2011年	排名	2012年	排名	2013年	排名	2014年	排名	2011年	排名	2012年	排名	2013年	排名	2014年	排名
张家界	2224.926	81	1404.4	98	2301.7	62	9363	107	3173	76	9234	87	8557	90	9872	90
满洲里	1709.490	80	2195.1	86	2314.5	111	2323	146	1090	112	3563	118	3617	116	4762	116
锦州	1120.360	100	1127.6	109	1339.2	137	1144	103	3428	148	1326	145	2142	170	1438	170
大同	2133.500	86	2068.5	91	1965.1	112	2305	8	198086	81	7426	70	14121	69	19712	69
洛阳	1060.842	99	1507.8	97	1421.6	6	212738	84	5408	7	211798	12	180126	17	144046	17
连云港	1387.849	97	1612.4	96	1462.9	79	5548	80	6160	89	6229	86	8668	101	6978	101
库尔勒	2345.713	69	3954.8	67	3066.6	72	6360	123	2230	82	7244	90	8097	87	10284	87
佳木斯	615.781	115	776.3	118	742.3	117	2038	87	5249	101	4182	110	4767	113	5143	113
武夷山	1657.600	79	2115.9	90	2392.1	78	5740	161	588	90	6040	91	8094	94	8213	94
牡丹江	1472.873	101	1368.5	102	1230.7	97	3126	106	3202	100	4240	111	4716	119	4580	119
和田	1408.845	95	1903.1	94	1544.5	110	2326	105	3236	99	4262	109	4816	103	6428	103
济宁	366.343	106	1137.6	108	935.4	96	3284	115	2712	113	3534	117	3634	118	4612	118
迪庆	460.408	116	788.5	117	686.2	92	3440	93	4167	95	4790	102	5606	112	5190	112
恩施	1420.569	119	1376.2	100	623.8	99	2962	129	1677	128	2158	138	2652	134	3242	134
井冈山	1574.625	87	2532.1	82	1831.0	106	2614	102	3502	97	4400	108	4870	115	4982	115
长治	1617.238	109	1253.1	105	919.5	83	4982	82	5555	88	6459	96	7230	98	7799	98
南阳	812.052	110	1069.3	110	821.2	38	39850	57	16256	66	12527	52	33328	51	36500	51
榆林	2408.102	71	3112.3	70	2875.3	61	9774	67	10304	69	11691	71	13924	76	15543	76
丹东	1404.001	103	1276.6	104	1031.2	143	972	143	1160	142	1548	156	1482	160	1923	160
临沧	495.271	111	768.8	119	819.7	130	1412	139	1304	146	1358	146	2066	140	3066	140
伊宁	1669.044	85	2587.0	79	2000.7	75	6201	78	6562	84	7009	95	7340	95	8068	95

（续表）

机场	机场吞吐量及排名							飞机起降架次及排名						
	排名	2011年	排名	2012年	排名	2013年	2014年	排名	2011年	排名	2012年	排名	2013年	2014年
林芝	111	696.157	112	1377.1	99	803.2	135	1296	136	1362	124	2438	126	2970	126	3614
普洱	112	692.289	117	469.5	127	633.8	105	2628	117	2572	126	2337	133	2817	137	3104
齐齐哈尔	108	857.972	107	919.1	113	930.8	136	1230	137	1354	139	1712	144	2150	144	2824
通辽	90	1485.209	88	3106.2	71	1810.7	113	2217	104	3351	85	6809	85	8722	91	9577
襄樊	103	1025.355	82	—	—	2151.7	39	39388	42	40434	37	50955	37	55014	—	—
景德镇	104	1022.415	118	1808.6	95	631.0	103	2666	109	3104	106	3820	120	3604	124	4048
大理	117	596.212	122	1202.8	106	569.0	102	2764	100	3559	103	4090	100	5923	92	8407
阿克苏	101	1113.755	89	3065.0	72	1802.4	81	5168	—	—	91	5962	92	7554	93	8250
舟山	122	425.146	131	254.9	140	286.2	68	7644	66	10314	67	12317	74	12839	74	15697
保山	124	368.005	128	420.4	132	354.3	123	1704	127	1740	136	1804	131	2822	142	3028
赤峰	98	1244.986	90	2707.7	75	1801.4	85	4553	92	4757	94	5290	93	7533	89	10049
昌都	123	402.206	123	920.9	112	525.9	146	872	155	816	149	1319	155	1592	154	2102
南充	97	1377.797	83	2584.7	80	2102.0	41	39188	44	33690	48	31030	59	27764	63	25424
秦皇岛	116	605.610	108	694.9	120	919.6	100	2900	110	3046	127	2286	124	3014	133	3268
常德	134	161.936	138	179.9	143	185.3	52	16717	30	60399	22	86496	29	80554	30	79187
锡林浩特	96	1378.844	84	2136.9	89	2074.0	91	3568	—	—	70	11675	66	18086	72	15997
嘉峪关	105	945.984	104	1194.0	107	1000.0	125	1650	120	2521	119	2843	113	4429	125	3731
衢州	120	470.209	113	629.8	122	771.4	122	1716	133	1474	144	1540	152	1782	163	1748
东营	119	476.932	121	563.9	124	570.4	128	1486	135	1448	93	5326	68	15850	65	23306
敦煌	132	182.849	125	431.7	130	465.6	95	3312	97	3796	96	4666	105	5155	122	4216
文山	139	85.433	148	116.0	149	64.0	151	774	130	1563	153	1222	169	882	168	1552
黑河	133	167.482	126	464.7	129	421.5	141	1036	141	1232	134	1915	148	2035	148	2488
乌海	99	1220.326	98	2017.8	92	1438.6	114	2115	114	2778	111	3607	101	5864	110	5352
乌兰浩特	110	745.230	92	1987.2	93	1649.2	119	1980	108	3137	109	3694	121	3532	136	3108

（续表）

机场	机场吞吐量及排名								飞机起降架次及排名							
	2011年	排名	2012年	排名	2013年	排名	2014年	排名	2011年	排名	2012年	排名	2013年	排名	2014年	排名
格尔木	275.040	124	693.6	121	511.1	155	651	153	885	155	1166	161	1265	166	1623	166
铜仁	54.549	155	14.8	174	43.7	133	1355	138	1326	130	2008	139	2542	150	2412	150
九江	317.624	120	522.3	125	578.0	129	1442	131	1516	150	1312	151	1848	162	1836	162
漠河	85.137	136	141.9	147	218.5	148	814	148	1026	133	1954	141	2426	149	2,464	149
延安	61.389	140	264.0	138	154.1	101	2860	116	2614	118	2906	140	2456	150	2,412	150
昭通	39.555	142	175.3	144	104.4	161	488	158	694	167	547	168	886	155	2080	155
库车	103.103	133	348.4	135	267.7	138	1140	144	1152	121	2639	125	2988	135	3226	135
长白山	218.739	143	40.9	164	76.1	126	1623	125	2052	117	3196	114	3954	117	4745	117
永州	5.509	165	38.7	165	9.8	153	678	159	632	171	410	174	694	176	1266	176
邯郸	69.837	147	201.2	142	66.4	108	2497	111	2879	122	2584	89	8534	68	22 044	68
汉中	—	193	2.0	182	—	162	480	174	480	180	6	193	—	193	397	193
安庆	254.715	141	89.7	153	127.9	121	1732	128	1720	131	1978	136	2720	153	2138	153
哈密	98.191	135	424.2	131	218.6	150	808	132	1484	143	1544	137	2676	128	3450	128
那拉提	20.723	159	35.9	167	30.6	164	422	167	310	163	750	166	1016	182	1058	182
梅县	35.591	149	53.1	160	63.1	127	1566	124	2052	129	2114	135	2774	138	3092	138
阿勒泰	132.152	134	304.5	137	247.2	109	2481	112	2814	120	2836	129	2860	151	2356	151
中卫	51.821	146	60.5	158	69.9	134	1320	59	14 139	49	30 930	42	46 520	39	56 358	39
兴义	33.322	153	148.5	146	52.8	142	1012	126	1990	132	1962	123	3176	131	3370	131
梧州	25.153	157	23.1	172	40.0	56	12 113	85	5357	141	1627	65	19 049	45	48 527	45
天水	11.095	164	7.9	176	10.3	166	344	170	190	170	462	175	647	184	916	184
且末	—	192	0.0	202	—	169	258	173	82	182	—	192	17	202	0.0	202
阜阳	131.193	129	389.4	133	316.6	107	2512	121	2518	115	3468	77	11 427	77	17 266	70

（续表）

机场	机场吞吐量及排名								飞机起降架次及排名							
	2011年	排名	2012年	排名	2013年	排名	2014年	排名	2011年	排名	2012年	排名	2013年	排名	2014年	排名
克拉玛依	54.330	145	113.1	152	58.0	150	2659	63	11 606	61	17 744	60	25 675	56	31 204	56
黎平	4.254	162	33.1	162	17.9	158	624	164	522	164	684	165	1038	175	1292	175
塔城	6.640	159	7.7	167	7.8	152	749	157	696	159	938	158	1392	169	1540	169
喀纳斯	3.424	163	0.8	171	1.8	149	808	150	978	140	1644	159	1330	185	884	185
安康	—	183	—	191	—	170	200	—	—	183	—	—	230	80	13 126	80
怀化	39.089	151	48.1	163	17.6	162	1753	145	1096	157	1106	132	2818	120	4501	120
朝阳	1.970	164	133.4	166	9.2	168	296	148	26 094	32	59 984	33	63 841	31	77 436	31
庆阳	—	178	13.3	170	3.9	145	952	—	—	178	218	94	7442	79	13 899	79
黔南州	0.021	168	0.0	185	—	171	175	166	348	179	183	183	334	180	1086	180
吐鲁番	—	174	0.0	177	0.0	194	—	168	240	172	389	177	599	195	342	195
九寨沟	—	169	890.3	178	—	115	15 126	58	14 946	63	16 632	72	13 592	73	15 960	73
安顺	—	177	88.9	156	41.9	154	2077	113	2790	173	389	147	2058	147	2769	147
百色	—	173	0.0	176	0.0	190	1400	142	1167	169	474	171	808	179	1126	179
连城	—	170	68.4	181	—	157	504	156	730	162	768	180	538	191	422	191
甘孜	—	172	0.0	182	—	191	445	163	542	166	644	176	646	187	670	187
固原	—	175	0.0	184	—	192	—	151	940	64	14 226	62	25 037	59	27 224	59
黔江	49.734	148	578.1	151	59.5	172	—	160	614	145	1498	153	1774	181	1081	181
日喀则	4.675	161	86.5	150	61.8	155	—	171	148	176	275	182	358	194	386	194
金昌	1.189	166	55.4	169	5.9	159	—	172	142	154	1172	150	1910	157	1986	157
长海	—	179	0.0	187	—	197	—	172	450	175	333	181	489	192	405	192
张掖	1.191	165	50.4	158	36.1	161	—	172	70	165	664	167	945	177	1214	177
阿尔山	29.003	154	112.3	144	74.4	151	—	175	16	176	1252	170	852	178	1164	178
巴彦淖尔	656.681	113	1285.2	105	986.9	103	—	176	8	152	1731	134	2804	139	3081	139
鞍山	—	176	3.3	186	—	179	—	177	6	138	238	187	134	165	1628	165

(续表)

机场	机场吞吐量及排名							飞机起降架次及排名						
	2011年	排名	2012年	排名	2013年	排名	2014年	2011年	排名	2012年	排名	2013年	排名	2014年
台州	4384.648	62	7410.2	52	6912.1	172	—	6212	110	3638	104	5208	108	5660
玉树	606.077	115	468.0	128	756.0	172	—	910	158	1098	160	1274	172	1346
大庆	2288.109	76	2164.8	87	2592.7	172	—	3645	98	4351	103	5596	114	5000
腾冲	884.871	107	820.6	116	410.3	172	—	5258	86	6694	99	6254	106	6044
佛山	2840.217	68	578.1	123	1614.1	172	—	1016	147	1335	162	1238	181	1081
鸡西	260.135	128	260.3	139	269.5	172	—	1236	125	2348	142	2385	143	2956
广元	184.655	131	314.9	136	165.7	172	—	1066	151	1258	157	1482	159	1950
唐山	905.746	106	905.1	114	1212.6	172	—	2537	135	1809	149	1967	145	2807
二连浩特	74.8	141	383.0	134	295.3	172	—	1466	137	1780	143	2321	158	1956
伊春	42.667	149	36.8	166	48.4	172	—	842	156	1164	154	1726	183	928
阿里	52.178	146	41.2	163	71.0	172	—	214	174	362	178	558	186	744
博乐	28.834	155	32.5	170	27.2	172	—	560	160	931	127	2954	61	26 989

资料来源：根据《民航机场生产统计公报》（2010—2014）相关数据整理。

十、物流业

表 B-25 社会物流主要指标统计

项目	计算单位	2010年	2011年	2012年	2013年	2014年	2014年与2013年同比增长（%）
社会物流总费用	万亿元	7.1	8.4	9.4	10.2	10.6	+6.9
其中：运输费用	万亿元	3.8	4.4	4.9	5.4	5.6	+6.6
管理费用	万亿元	0.9	1.0	1.2	1.3	1.3	+7.9
保管费用	万亿元	2.4	2.9	3.3	3.6	3.7	+7.0

（续表）

项目	计算单位	2010年	2011年	2012年	2013年	2014年	2014年与2013年同比增长（%）
社会物流总额	万亿元	125.4	158.4	177.3	197.8	213.5	+7.9
其中：工业品物流总额	万亿元	113.1	143.6	162	181.5	196.9	+8.3
进口货物物流总额	万亿元	9.4	11.2	11.5	12.1	12.0	+6.4
农产品物流总额	万亿元	—	—	—	—	3.3	+4.1
再生资源物流总额	万亿元	—	—	—	—	8455	+14.1
单位与居民物品物流总额	万亿元	—	—	—	—	3696	+32.9

项目	计算单位	2010年	2011年	2012年	2013年	2014年	2014年与2013年同比增长（%）
物流业增加值	万亿元	2.7	3.2	3.5	3.9	3.5	9.5
其中：交通运输业增加值						2.4	8.3
贸易物流业增加值	亿元					6781	7.9
仓储业增加值							4.8
邮政业增加值							35.6

项目	计算单位	2010年	2011年	2012年	2013年	2014年	2014年与2013年同比增长（%）
物流企业效益指标							
物流业总收入	万亿元					7.1	6.9
重点物流企业的主营业务收入增长							8%
重点物流企业收入利润率						5.0%	0.9
其他指标							
单位GDP物流需求系数					3.48	3.35	

注：表中2014年与2013年同比增长数据为扣除价格因素后的实际增长率。

资料来源：根据国家发展改革委、国家统计局、中国物流与采购联合会联合发布《2010—2014年全国物流运行情况通报》整理。

参 考 文 献

[1] 国家统计局.2014年世界经济形势回顾与2015年展望. http://www.stats.gov.cn/tjsj/zxfb/201502/t20150227_686531.html.

[2] 干散货运输市场波罗的海综合运价指数BDI. http://app.finance.ifeng.com/data/indu/jgzs.php?symbol=58?.

[3] 国家统计局.2014年国民经济在新常态下平稳运行. http://www.stats.gov.cn/tjsj/zxfb/201502/t20150211_682459.html.

[4] 中央经济工作会议在北京举行. http://news.xinhuanet.com/fortune/2014-12/11/c_1113611795.htm.

[5] 2014年中国餐饮行业O2O发展报告. http://www.pintu360.com/article/54d701f414ec53c11661063e.html.

[6] 阿里研究院.电子商务催生中国版工业4.0. http://www.mofcom.gov.cn/article/difang/henan/201503/20150300912911.shtml.

[7] 孙丽朝,武威."抢搭"中欧班列.中国经营报.2015-01-19.

[8] 边顺荣.2014年,他们有速度. http://www.itrans.cn/i/8731.html.

[9] 2014年快递业发展回顾与2015年展望. http://www.cecss.com/index.aspx?cat_code=sxgwzl&article_id=39989.

[10] 国家统计局.国民经济和社会发展统计公报(2009—2014).

[11] 国家统计局.中国统计年鉴(2011—2014).

[12] 交通运输部.公路水路交通运输行业发展统计公报(2006—2012).

[13] 交通运输部.2013年交通运输行业发展统计公报.2014-05-13.

[14] 交通运输部.2014年交通运输行业发展统计公报.2015-04-30.

[15] 国家铁路局.2014年铁道统计公报.2015-04-27.

[16] 中国民用航空局.2014年全国机场生产统计公报.2015-04-03.

[17] 杨传堂部长在2015年全国交通运输工作会议上的讲话. http://www.moc.gov.cn/zfxxgk/bnssj/zcyjs/201501/t20150108_1756508.html.

[18] 何黎明.2014年我国物流业发展回顾与2015年展望. http://www.chinawuliu.com.cn/lhhkx/201501/16/297616.shtml.

[19] 中物联冷链物流专业委.2014年部分在建万吨以上冷库项目介绍. http://www.v2gg.com/lady/shishangzixun/20140125/69898.html.

［20］ 中国民航局.2015年全国民航工作会议暨航空安全工作会议召开.http://www.caacnews.com.cn/newsshow.aspx？idnews=262104.

［21］ 张洁.2014年国内外工业车辆市场概况.中国储运.2015(3):79—81.

［22］ 中国物流金融服务平台上线运营.http://www.xd56b.com/zhuzhan/wlzx/20140617/15649.html.

［23］ 海驿.中国首个云服务智能物流园启动.http://www.zgjtb.com/zhitong/2014-12-26/content_16105.htm.

［24］ 国家标准委启动《物流标准化中长期发展规划》编制工作.http://www.chinawuliu.com.cn/lhhkx/201410/24/294823.shtml.

［25］ 商务部.商贸物流标准化专项行动计划.http://www.mofcom.gov.cn/article/resume/n/201411/20141100810989.

［26］ 2014年中国仓储业十大事件.http://www.56products.com/News/2015-1-29/K10JBDFH0JJ414I4621.html.

［27］ 中国物流与采购联合会,全国物流标准化技术委员会.物流标准目录手册(2014年版).2014-6.

［28］ 中国物流与采购联合会.物流标准化动态(2014年1～12月刊).

［29］ 政治局通过广东天津福建自贸区方案.http://news.xinhuanet.com/city/2015-03-25/c_127619793.htm.

［30］ 中国海关总署.推进大通关 畅通大通道——海关总署解读《落实"三互"推进大通关建设改革方案》.http://fangtannew.customs.gov.cn/tabid/335/InterviewID/65/Default.aspx.

［31］ 推动共建丝绸之路经济带和21世纪海上丝绸之路的愿景与行动.http://world.people.com.cn/n/2015/0328/c1002-26764633.html.

［32］ 中华人民共和国海关总署.2014年12月自部分国家(地区)进口商品类章金额表(美元值).http://www.customs.gov.cn/publish/portal0/tab49667/info730644.htm.

［33］ 2014年中国原油进出口大盘点.http://www.cpcia.org.cn/news/hyfx/2015-1/144924.shtml.

［34］ 三大港口群分享"一带一路"盛宴.http://www.chinaship.cn/policy/2015/0419/3663.html.

［35］ 中国牵头筹建泰国克拉地峡运河 可避开马六甲.http://finance.people.com.cn/n/2014/0313/c66323-24628149.html.

［36］ 国家统计局.中国统计年鉴(2006—2014).

［37］ 国家统计局.2014年国民经济和社会发展统计公报.

［38］ 北京市统计局,国家统计局北京调查总队.北京市国民经济和社会发展统计公报(2006—2014).

［39］ 天津市统计局,国家统计局天津调查总队.天津市国民经济和社会发展统计公报(2006—2014).

［40］ 天津市统计局,国家统计局天津调查总队.2014 年天津统计年鉴.2015-02-28.

［41］ 河北省统计局,国家统计局河北调查总队.河北省国民经济和社会发展统计公报(2006—2014).

［42］ 广东省统计局,国家统计局广东调查总队.2014 年广东省国民经济和社会发展统计公报.2015-02-17.

［43］ 上海市统计局,国家统计局上海调查总队.2014 年上海市国民经济和社会发展统计公报.2015-02-28.

［44］ 江苏省统计局,国家统计局江苏调查总队.2014 年江苏省国民经济和社会发展统计公报.2015-02-17.

［45］ 广州市统计局,国家统计局广州调查队.2014 年广州市国民经济和社会发展统计公报.2015-03-24.

［46］ 深圳市统计局,国家统计局深圳调查队.2014 年深圳市国民经济和社会发展统计公报.2015-04-24.

［47］ 珠海市统计局,国家统计局珠海调查队.2014 年珠海市国民经济和社会发展统计公报.2015-04-24.

［48］ 佛山市统计局,国家统计局佛山调查队.2014 年佛山市国民经济和社会发展统计公报.2014-04-01.

［49］ 惠州市统计局,国家统计局惠州调查队.2014 年惠州市国民经济和社会发展统计公报.2015-02-26.

［50］ 东莞市统计局,国家统计局东莞调查队.2014 年东莞市国民经济和社会发展统计公报.2015-04-17.

［51］ 中山市统计局,国家统计局中山调查队.2014 年中山市国民经济和社会发展统计公报.2014-03-19.

［52］ 江门市统计局,国家统计局江门调查队.2014 年江门市国民经济和社会发展统计公报.2015-03-13.

［53］ 肇庆市统计局,国家统计局肇庆调查队.2014 年肇庆市国民经济和社会发展统计公报.2015-03-10.

［54］ 石家庄市统计局,国家统计局石家庄调查队.2014 年石家庄市国民经济和社会发展统计公报.2015-03-31.

［55］ 唐山市统计局,国家统计局唐山调查队.2014 年唐山市国民经济和社会发展统计公报.2015-04-21.

［56］ 秦皇岛市统计局,国家统计局秦皇岛调查队.2014 年秦皇岛市国民经济和社会发展统计公报.2015-04-02.

［57］ 邯郸市统计局,国家统计局邯郸调查队.2014 年邯郸市国民经济和社会发展统计公报.2015-03-30.

［58］ 邢台市统计局,国家统计局邢台调查队.2014年邢台市国民经济和社会发展统计公报.2015-04-03.

［59］ 保定市统计局,国家统计局保定调查队.2014年保定市国民经济和社会发展统计公报.2015-06-10.

［60］ 张家口市统计局,国家统计局张家口调查队.2014年张家口市国民经济和社会发展统计公报.2015-03-20.

［61］ 承德市统计局,国家统计局承德调查队.2014年承德市国民经济和社会发展统计公报.2015-02-26.

［62］ 沧州市统计局,国家统计局沧州调查队.2014年沧州市国民经济和社会发展统计公报.2015-03-26.

［63］ 廊坊市统计局,国家统计局廊坊调查队.2014年廊坊市国民经济和社会发展统计公报.2015-03-19.

［64］ 衡水市统计局,国家统计局衡水调查队.2014年衡水市国民经济和社会发展统计公报.2015-03-25.

［65］ 中华人民共和国国务院.国务院关于调整城市规模划分标准的通知.http://www.gov.cn/zhengce/content/2014-11/20/content_9225.htm.

［66］ 天津双轮驱动优化产业结构 制造业高端化服务业现代化.http://news.hexun.com/2012-09-04/145433005.html.

［67］ 河北省情——产业概况.http://www.hbzmq.com/hbls.jhtml.

［68］ 为国家试制度为地方谋发展 努力建国际一流自贸区.http://news.163.com/15/0423/13/ANT12JE300014AED.html.

［69］ 河北省交通宣传中心.河北省交通运输厅2014年工作计划.http://www.hbsjtt.gov.cn/zwgk/content/2014-04/16/content_348782.htm.

［70］ 天津市发展与改革委员会.天津市现代物流业发展"十二五"规划.2011-11.

［71］ 河北省发展和改革委员会.河北省现代物流业"十二五"发展规划.2011-12.

［72］ 唐山港概况.http://www.chinaports.com/port/weekport/tangshan/index.html.

［73］ 秦皇岛港简介.http://zt.cast.org.cn/n435777/n435799/n13818194/n13822307/n13872611/14001939.html.

［74］ 沧州市黄骅港上半年集装箱业务同比增七成.http://www.he.xinhuanet.com/zfwq/cangzhou/news/2014-07/09/c_1111531314.htm.

［75］ 天津滨海国际机场.http://www.cah.com.cn/news.php?id=2274.

［76］ 机场概况.http://www.hebeiairport.cn/jcgk.html.

［77］ 海关总署7月1日开始启动京津冀通关一体化改革.http://news.xinhuanet.com/fortune/2014-05/14/c_1110683295.htm.

［78］ 北京市商务委员会,北京市发展和改革委员会.北京市"十二五"时期物流业发展规划.2011-11.

[79] 中华人民共和国海关总署.海关总署出台京津冀海关区域通关一体化改革方案.http://www.customs.gov.cn/publish/portal0/tab49564/info706219.htm.2015-05-14.

[80] 天津港简介:世界一流大港.http://news.enorth.com.cn/system/2012/09/06/009954438.shtml.

[81] 专访刘剑刚:天津自贸区将成为制度创新先行者.http://news.enorth.com.cn/system/2015/04/23/030181585.shtml.

[82] 中国民用航空局.2014年全国机场生产统计公报.http://www.caac.gov.cn/I1/K3/201504/t20150403_73469.html.

[83] 周艳华."长江经济带"为航运物流企业带来发展新机遇.中国远洋航务.(7):60—61,2014.

[84] 长江经济带综合立体交通走廊规划(2014—2020年).http://leaders.people.com.cn/n/2014/0925/c58278-25733885.html.

[85] 齐天乐.流域经济视角下长江航运发展战略研究.四川省社会科学院.2014.

[86] 杨邦杰,严以新,安雪晖.长江流域"黄金水道"问题分析及对策建议.中国发展.2015,15(1):1—7.

[87] 长江干线水运经济进入新常态.http://epaper.zgsyb.com/html/2015-01-25/content_113963.htm.

[88] 游士兵,任静儒,彭东方.长江航运与流域经济互动影响研究.区域经济评论.2014,(4).

[89] 董鸿瑜.依托长江航运发展现代物流服务长江流域经济带建设.水运管理.2014,36(10):15—21.

[90] 唐冠军.长江黄金水道建设与江海航运一体化发展.武汉交通职业学院学报.2014,16(4):1—4.

[91] 一季度全国铁路完成货运量8.7亿吨,同比下降9.4%.http://finance.chinanews.com/cj/2015/04-21/7222648.shtml.

[92] 去年中国快递量世界第一.http://news.china.com.cn/2015-01/07/content_34497135.htm.

[93] 樊烨.铁路适应运输需求发展的比较优势分析.铁道经济研究.2010,(4):21—27.

[94] 黄世瑾.国内首条货物运价市场化铁路诞生.大陆桥视野.19,2014-04.

[95] 交通运输部.2014年交通运输行业发展统计公报.2015-04-30.

[96] 武云亮,黄少鹏.我国煤炭物流网络体系优化及其政策建议.中国煤炭.2008,(10):27—33.

[97] 铁道货运.铁路"十二五"物流发展规划.2012,(4):46—57.

[98] 中国铁路总公司.中铁集装箱公司全力打造国际物流知名企业.http://www.china-railway.com.cn/xwdt/jrtt/201502/t20150210_46939.html.

[99] 关于2014年度中国物流企业50强排名的通告. http://www.chinawuliu.com.cn/lhhkx/201412/25/296899.shtml.

[100] 赵海宽,王涛,宋锴. 加快铁路货场物流化改造 提升铁路物流能力和质量. 中国铁路. 2014,(9):1—5.

[101] 谢旭申. 铁路货场向现代物流基地转型发展的思考. 铁道货运. 2014,1—6.

[102] 中国物流与采购联合会. 物流趋势观察. http://www.chinawuliu.com.cn/zixun/uploadfiles/2015-05/20150515121654516 3.pdf.

[103] 陆欣. 中国铁路总公司负债预测及关键解决途径研究. 北京交通大学. 2014.

[104] 胡亚东. 推动集装箱铁水联运更好更快发展. 大陆桥视野. 2013,(1):29—31.

[105] 熊玲玲,谷海,张艺. 我国铁路货运市场现状及营销发展战略研究. 科技和产业, 2012,(4):1—6.

[106] 刘静. 中国铁路总公司实施货运组织改革. 工人日报. 2013-06-12.

[107] 王瑶. 铁路货运市场现状分析及发展对策. 铁道货运. 2013,(5):11—14.

[108] 张晓东,卫晓菁. 2013年铁路物流发展回顾与2014年展望. 中国物流与采购, 2014,(11):60—63.

[109] 中欧班列助推新丝绸之路经济带建设. http://society.people.com.cn/n/2014/0801/c1008-25387546.html.

[110] "铁老大"如何变身"快递哥". http://news.xinhuanet.com/2014-12/06/c_111354 58-65.htm.

[111] 《中国航空物流发展研究报告》摘要. http://www.caacnews.com.cn/newsshow.aspx?idnews=261864.

[112] 中国民用航空局. 2014年全国机场生产统计公报. http://www.caac.gov.cn/I1/K3/201504/t20150403_73469.html.

[113] 叶海燕. 我国农产品冷链物流现状分析及优化研究. 商品储运与养护. 2007,(3):38—42.

[114] 招商证券生鲜产品电子商务报告. http://www.logclub.com/thread-150284-1-1.html.

[115] 中国物流与采购联合会冷链物流专业委员会,中国物流技术协会,国家农产品现代物流工程技术研究中心. 中国冷链物流发展报告(2014). 北京:中国财富出版社,2014.

[116] 阿里研究院. 阿里农产品电子商务白皮书2013. http://i.aliresearch.com/img/20140312/20140312151517.pdf.

[117] 俞玮. 我国冷链物流系统技术的革新与展望. 信息与电脑. 2008,(9):20—24.

[118] IMF,世界经济展望. 2014-10.

[119] 中华人民共和国商务部. 中国对外贸易形势报告. 2014年秋季.

[120] 世贸组织通过贸易便利化协议议定书. http://news.xinhuanet.com/world/2014-11/28/c_1113444045.htm.

[121] 李春顶,赵美英. 国际贸易规则新变化及中国对策. 中国市场. 2015,(5):73—76.

[122] 李洲. 我国保税区发展现状研究. 商. 2014,(5):155—155.

[123] 上海自贸区扩区后首次接受集体采访 改革经验向全市辐射. http://www.shdrc.gov.cn/main?main_colid=361&top_id=316&main_artid=25479.

[124] 上海进口通关时间较区外少41.3%. http://finance.eastday.com/m/20150131/u1a8562809.html.

[125] 上海自贸区全面推行预检验制度实现货物出区"零等待". http://finance.chinanews.com/cj/2014/05-09/6155293.shtml.

[126] 自贸区自主报税试点启动 4 分钟内完成审核放行. http://www.shanghai.gov.cn/shanghai/node2314/node2315/node15343/u21ai962179.html.

[127] 建行:自贸区融资租赁应靠向小企业. http://finance.eastday.com/m/20150323/u1a8634211.html.

[128] 陈丽芬. 中国(上海)自由贸易试验区运行成效及复制推广路径. http://www.caitec.org.cn/article/xsyj/wz/201412/321.html.

[129] 2014全球十大集装箱港吞吐量排行榜:中国港口包揽七席. http://www.askci.com/chanye/2015/02/05/104043yjlu.shtml.

[130] 数字"量变"激发浦东机场"质变". http://gov.eastday.com/qxxc/node39/node43/node76/u1ai21761.html.

[131] 国务院:上海自贸区稳妥开展外商独资船舶管理公司试点. http://www.yicai.com/news/2014/09/4015162.html.

[132] 自贸区助推长江经济带物流 沪将成亚太供应链枢纽. http://finance.chinanews.com/cj/2013/09-16/5287068.shtml.

[133] 张宝晨. 我国港口转型升级中的政府角色. 中国党政干部论坛. 2014,(7):57—60.

[134] 徐杏,郝军. 我国沿海港口管理体制深化改革的思考. 中国港口. 2014,(2):1—4.

[135] 联合国发布2014年世界经济形势与展望. http://www.shekebao.com.cn/shekebao/2012skb/hwdt/userobject1ai6885.html.

[136] 国际货币经济组织. 世界经济展望. http://www.imf.org/external/chinese/. 2014-01.

[137] Larry Hatheway,Andrew Cates,Paul Donovan,Sophie Constable. 全球经济透视. www.ubs.com/economics. 2012-10-31.

[138] 张璐晶,胡跃. 复苏的经济 世界经济论坛授权本刊发布《2013—2014年全球竞争力报告》. 中国经济周刊. 2013,(35):34—39.

[139] 船舶扩容任性,港口或将"洗牌". http://www.port.org.cn/info/201504/184424.htm.

[140] 刘铁鑫,王海霞. 中国港口企业转型升级发展动因及策略探讨. 中国港口. 2012,(06):9—12.

[141] 甘琛. 冷商机助力港口转型升级. 中国水运报. 2014-10-24(006).

[142] 河北港口集团. 河北港口集团全力打造物流供应载体. 现代物流报. 2014-01-21(A08).

[143] 程爵浩.2013—2014中国邮轮市场发展报告.上海国际航运研究中心邮轮经济研究所,2014.

[144] 颜晨广,朱彬姣.中国邮轮母港综合评价及发展建议.交通与港航.2014,(5):52—58.

[145] 上海国际港务(集团)股份有限公司2014年可持续发展报告.http://www.sse.com.cn/.

[146] 上海港打活长江牌.http://news.xinhuanet.com/local/2013-04/15/c_115394095.htm.

[147] 宁波港转型升级促质变.http://www.port.org.cn/info/201412/181672.htm.

[148] 港口发展:联盟联动成新常态.http://www.port.org.cn/info/201503/183471.htm.

[149] 天津港建设23个内陆"无水港".七成吞吐量来自内陆.http://money.163.com/14/0512/15/9S2BAMJC00254TI5.html.

[150] 陈思,等.创新交通运输模式,走可持续发展道路.全国商情.2012,(16):16—21.

[151] 信息化助力港口转型升级.http://www.moc.gov.cn/zhuzhan/jiaotongxinwen/xinwenredian/201310xinwen/201310/t20131008_1492801.html.

[152] 交通运输部体改法规司.节能减排示范项目推广材料.http://jtjnw.mot.gov.cn/shifangdx/.

[153] "一带一路"为中国港航产业发展带来发展机遇.中国水运报.2015-04-22(001).

[154] 专访"饿了么"张旭豪.http://tech.qq.com/zt2014/people/05.htm.

[155] 盘点:2014年中国最后一公里商业模式.http://www.pintu360.com/52673.html.

[156] 邓爱民.物流设备与运用.北京:人民交通出版社.2003.

[157] 肖生苓.现代物流装备.北京:科学出版社.2009.

[158] 中国物流技术协会信息中心.2013年中国物流系统技术与装备调研报告.2014-01-01.

[159] 中国物流技术协会信息中心.中国物流技术与装备发展报告(2010).2010-01-01.

[160] 中国物流与采购联合会托盘专业委员会.2013年第三次全国托盘普查报告.2013-11-06.

[161] 喜崇彬.中国物流装备企业竞争力分析.物流技术与应用.2013,(1):60—64.

[162] 祁庆民.自动化立体库:技术创新发展,市场稳步扩大.物流技术与应用.2014,(4):62—65.

[163] 托盘行业:2013喜忧相伴,2014迎接春天.物流技术与应用.2014,(12):60—64.

[164] 工业和信息化部.2014年1—12月汽车工业经济运行情况.http://www.miit.gov.cn/n11293472/n11293832/n11294132/n12858417/n12858612/16418555.html.

[165] 中物联装备委印发《物流技术装备推荐目录》.http://www.chinawuliu.com.cn/lhhkx/201403/07/284962.shtml.

[166] 物流行业如何拥抱大数据.http://news.xd56b.com/shtml/xdwlb/20131126/278112.shtml.

[167] 2014版《物流标准目录手册》完成. http://www.chinawuliu.com.cn/lhhkx/201407/03/291467.shtml.

[168] 崔忠付:我国物流技术装备发展现状与趋势. http://www.chinawuliu.com.cn/lhhkx/201407/14/291750.shtml.

[169] "一带一路"战略下,中国物流业迎来发展新机遇. http://www.chinawuliu.com.cn/zixun/201504/21/300578.shtml.

[170] 首批托盘质量认定试点企业发布. http://www.chinatuopan.cn/news_view.asp?newsid=17232.

[171] IIPA.2014年中国RFID行业市场规模将达311亿元. http://news.rfidworld.com.cn/2014_10/8165ab096862e6a2.html.

[172] 绿色仓储在行动——记2014中国(国际)绿色仓储与配送大会. http://www.chinarta.com/html/2014-4/2014416153911.htm.